高职大数据与会计专业立体化课程改革系列教材

FINANCIAL ACCOUNTING

财务会计

郭红梅　王雪梅○主编

图书在版编目(CIP)数据

财务会计 / 郭红梅,王雪梅主编. —上海：立信会计出版社,2023.12
高职大数据与会计专业立体化课程改革系列教材
ISBN 978-7-5429-7495-2

Ⅰ.①财… Ⅱ.①郭…②王… Ⅲ.①财务会计—高等职业教育—教材 Ⅳ.①F234.4

中国国家版本馆CIP数据核字(2023)第239818号

策划编辑	余 榕
责任编辑	余 榕
助理编辑	窦乔伊
美术编辑	吴博闻

财务会计
CAIWU KUAIJI

出版发行	立信会计出版社		
地　　址	上海市中山西路2230号	邮政编码	200235
电　　话	(021)64411389	传　　真	(021)64411325
网　　址	www.lixinaph.com	电子邮箱	lixinaph2019@126.com
网上书店	http://lixin.jd.com		http://lxkjcbs.tmall.com
经　　销	各地新华书店		
印　　刷	上海华业装璜印刷有限公司		
开　　本	787毫米×1092毫米　1/16		
印　　张	25		
字　　数	624千字		
版　　次	2023年12月第1版		
印　　次	2023年12月第1次		
书　　号	ISBN 978-7-5429-7495-2/F		
定　　价	59.00元		

如有印订差错,请与本社联系调换

高职大数据与会计专业立体化课程改革系列教材编委会

主　任　卢吉强

编　委　（排名不分先后）

杨智慧　万颀钧　王雪梅

郭红梅　王亚静　杨淑慧

孙志海　朱海燕　孙玉红

徐　烨　孙中平　袁东霞

邱明明　公　华　杨　璐

张　逸　董胜囡　陈　丽

总 序
PREFACE

党的二十大报告指出:"统筹职业教育、高等教育、继续教育协同创新,推进职普融通、产教融合、科教融汇,优化职业类型定位。"2022年5月1日起实施的《中华人民共和国职业教育法》明确规定,职业教育是指为了培养高素质技术技能人才,使受教育者具备从事某种职业或者实现职业发展所需要的职业道德、科学文化与专业知识、技术技能等职业综合素质和行动能力而实施的教育。高等职业院校要加强产学研合作,培养服务区域发展的技术技能人才。因此,高职大数据与会计专业应当以培养高端技术技能型人才为目标。这就要求大数据与会计专业教学在兼顾会计基本原理的基础上,注重对学生会计实务操作能力的培养,同时加强对学生会计基本技能的训练。教材在会计教学中起着至关重要的作用,优秀实用的教材不仅能够帮助教师进行课程教学设计和实施,而且能够指导学生课前预习、课中自学和课后训练,最终实现上述教学目标。基于此,我们组织行业企业专家及专业骨干教师编写了本系列教材。

本系列教材以"能力导向、项目(任务)载体、素养贯穿、课证结合"为整体设计理念并确定基本框架和结构,是进行项目导向、任务驱动等"教学做"一体的教学模式改革的阶段性成果,也是校企深度合作的成果体现。本系列教材具有以下特色:

一是在内容设计上,突出了对学生实务操作能力的培养,同时兼顾学生考证的需要。从内容上看,本系列教材提供了大量企业经营中涉及的原始凭证,帮助学生在进入工作岗位时能直接根据原始凭证识别经济业务,避免了教学中过多使用文字叙述经济业务的弊端;明确区分了会计的日常业务和期末业务内容,使学生对会计工作的日常处理和期末处理能够有较为完整的理解;通过内容对接和习题训练,将课程教学与学生会计专业技术资格考试密切结合。

二是在结构设计上，将学生职业素养的培养贯穿始终。从结构上看，本系列教材根据会计岗位任职要求设计了若干项目和任务，每个任务以"任务布置"作为引导，后面进一步为学生完成任务提供"知识链接"。值得一提的是，本系列教材在每个任务下为每个教学单元设计了子任务。课前学生通过自学"知识链接"分组完成每个单元的子任务；课上学生展示任务成果并与教师和其他同学讨论之后，由教师进行点评和知识要点总结；课后学生通过完成教材提供的对应实训项目进一步巩固知识和能力。总之，上述设计方便教师采用"教学做"的教学模式开展教学，使学生在训练会计实务操作能力的同时提升计算机办公软件应用能力、团队协作能力、交流能力、表达能力等职业素养。

本系列教材作为校本教材，已在山东外贸职业学院大数据与会计专业学生中使用。本系列教材在使用过程中不断征询学生、相关授课老师和校外专家的意见和建议，每次课程结束时都对学生进行问卷调查，并根据他们提出的意见和建议进行了多次修改。

本系列教材理论与实务相结合，习题、实训及其答案、PPT课件等一应俱全，能够充分满足高职层次学生提升操作能力和学习知识的需要。因此，授课教师普遍反映本系列教材是课程教学的好帮手；学生也喜欢使用本系列教材上课以大幅度提高学习效率，毕业后也能迅速适应会计岗位工作。

本系列教材的出版得到了立信会计出版社的大力支持，特别是余榕编辑的大力协助，在此致以衷心的谢意。

本系列教材所做的探索是初步的，教材中如有考虑不周甚至错误之处，敬请读者批评指正。

高职大数据与会计专业立体化
课程改革系列教材编委会
2023年10月

前　言
FOREWORD

教学改革，教材先行。2022年10月，党的二十大召开，习近平总书记在大会中提出，育人的根本在于立德。全面贯彻党的教育方针，落实立德树人根本任务，培养德智体美劳全面发展的社会主义建设者和接班人；加强教材建设和管理。结合2019年国务院在其制定的《国家职业教育改革实施方案》中提出，建设一大批校企"双元"合作开发的国家规划教材，以及根据国家对职业教育人才培养的要求，考虑到高职学生的学习特点与就业岗位需求，我们设计编写了本书。

《财务会计》模拟企业发生的实际经济业务，以真实的会计工作岗位为项目导向，下设任务驱动，将学生职业素养的培养贯穿其中。本书分为11个项目（其中前10个项目为会计核算项目），分别是：项目1往来岗位；项目2存货岗位；项目3固定资产岗位；项目4无形资产岗位；项目5负债筹资岗位；项目6权益筹资岗位；项目7交易性金融资产岗位；项目8长期股权投资岗位；项目9财务成果岗位；项目10财务报表岗位；项目11综合实训。本书在每个项目下，根据不同的岗位的实际工作内容设置了不同的任务；在每个任务下，根据高职学生的特点和职业要求，配合学生技能培养和知识学习的需要，设置了若干个子任务。本书要求学生了解实际工作中设置的会计工作岗位，融入"思政案例"及"思政小知识"，引导学生了解每个会计工作岗位应该具备的职业素养，并在此基础上根据会计职业道德掌握每个会计工作岗位的会计核算职责及其基本核算方法，力求培养学生全方位掌握各个会计工作岗位的实际工作能力。

本书主要特色如下：

(1) 重组框架结构。本书的框架以实际会计核算岗位为基本结构,打破了传统财务会计教材以会计六大要素为框架的结构模式,坚持"能力导向,项目载体,素养贯穿、课证结合"的理念,在内容上突出培养学生实务操作能力,以适应当前会计核算岗位的需要。

(2) 深化校企合作,产教融合。本书是校企"双元"合作开发,对接最新行业标准、职业和岗位规范,课、岗、证、赛融合一体的特色教材。

(3) 突出目标教学。本书每个项目后配有该项目思维导图框架,供学生总结本项目知识点,扎实掌握每个会计核算项目内容。

(4) 融入思政元素。本书以党的二十大报告为指引,每个项目根据具体内容将"思政案例"或"思政小知识"与知识点有机地融合,以实现全程育人、全方位育人。

本书由郭红梅、王雪梅担任主编,共同确定基本框架结构,并最后进行统纂和修改;由杨璐、邱玉霞、王亚静担任副主编;其他参编人员有周静、王越、刘安祺。在本书编写过程中,青岛可信财税事务所有限公司经理朱海燕给予了指导性建议,山东省国际贸易集团经理助理孙志海、青岛在真橡胶科技有限公司会计主管匡静提出了宝贵意见,同时山东外贸职业学院财会金融系大数据与会计教研室其他老师也给予了大力支持和帮助,在此深表谢意!

本书可作为高职大数据与会计专业及相关专业的教材,也可作为实务工作者的参考用书。

本书结构新颖,将职业素养贯穿始终,如有不完善之处,敬请读者批评指正,以便再版时修正。

编者

2023 年 10 月

目 录
CONTENTS

项目1 往来岗位 ·· 1
    任务1.1　建立往来信息目录 ··· 1
    任务1.2　客户往来款项的记录与核对 ·· 5
    任务1.3　供应商往来款项的记录与核对 ·· 35
    任务1.4　其他往来款项的记录与核对 ·· 55
    项目练习 ·· 68

项目2 存货岗位 ·· 73
    任务2.1　建立存货信息目录 ··· 73
    任务2.2　记录存货收、发、存信息 ··· 77
    任务2.3　核对期末存货信息 ··· 112
    项目练习 ·· 119

项目3 固定资产岗位 ··· 129
    任务3.1　固定资产岗位的核算任务和业务流程 ···································· 129
    任务3.2　记录固定资产变更信息 ··· 133
    任务3.3　核对期末固定资产信息 ··· 151
    项目练习 ·· 166

项目4 无形资产岗位 ··· 175
    任务4.1　无形资产概述 ·· 176
    任务4.2　无形资产岗位的核算 ·· 177
    项目练习 ·· 187

项目5 负债筹资岗位 ··· 190
    任务5.1　建立贷款信息索引表 ·· 190
    任务5.2　记录贷款借入和偿还信息（日常业务） ································ 193
    任务5.3　计提贷款利息（期末业务） ·· 198
    项目练习 ·· 201

项目6 权益筹资岗位 ··· 205
    任务6.1　建立所有者信息档案 ·· 205

任务 6.2　记录增资信息 ·· 207
　　项目练习 ·· 212

项目 7　交易性金融资产岗位 ·· 216
　　任务 7.1　建立交易性金融资产档案 ·· 216
　　任务 7.2　记录交易性金融资产变更信息 ·· 219
　　任务 7.3　核对期末交易性金融资产信息 ·· 228
　　项目练习 ·· 233

项目 8　长期股权投资岗位 ·· 236
　　任务 8.1　建立长期股权投资档案 ··· 236
　　任务 8.2　成本法记录长期股权投资信息 ·· 238
　　任务 8.3　权益法记录长期股权投资信息 ·· 242
　　任务 8.4　核对期末长期股权投资信息 ··· 248
　　项目练习 ·· 250

项目 9　财务成果岗位 ·· 253
　　任务 9.1　记录收入 ·· 253
　　任务 9.2　记录费用 ·· 273
　　任务 9.3　计算利润 ·· 284
　　项目练习 ·· 294

项目 10　财务报表岗位 ·· 301
　　任务 10.1　认识财务报表 ·· 301
　　任务 10.2　编制资产负债表 ··· 307
　　任务 10.3　编制利润表 ··· 315
　　任务 10.4　编制现金流量表 ··· 319
　　项目练习 ·· 331

项目 11　综合实训 ··· 338

项目 1

往 来 岗 位

能力目标
1. 能够准确地建立往来信息目录。
2. 能够正确地根据往来岗位的经济业务填制记账凭证。
3. 能够根据记账凭证正确地登记相应会计账簿并进行账证核对和账账核对。

知识目标
1. 了解往来岗位的重要性。
2. 熟悉往来岗位的岗位职责。
3. 掌握往来岗位的核算内容及核算方法。

素质目标
1. 培养学生高尚的职业道德：讲诚信、遵纪守法等。
2. 积极启发学生主动地思考问题，培养学生分析问题和解决问题的能力。
3. 提升学生沟通技巧和团队协作精神。
4. 培养学生严谨的工作态度。
5. 培养学生自主学习能力。

任务 1.1　建立往来信息目录

一、任务布置

【任务 1-1】　建立往来信息目录案例

青岛宏达服装有限公司位于美丽的海滨城市——青岛，该公司主要经营服装的生产与销售业务，经过多年的经营与发展，其资产及经营规模迅速扩大，业务频繁。该公司生产服装需要购买面料、胆料、里料、纽扣、拉链、缝纫线等原料与辅料，供应商主要有青岛汇智服装辅料有限公司、山东创新服装材料有限公司、兴达服装配料店、青岛欧华服装辅料有限公司、力星拉链厂、广州新盛服装辅料商行、广州圣园服装辅料商行等。该公司生产的服装主要批发给上海泉海服装商贸公司、济南福民服装有限公司、广州四季青服装股份有限公司、烟台时尚股份有限公司、上海大红门服装批发商行、成都荷花服装商贸公司、青岛美天服装店等。

2023年12月，公司销售给济南福民服装有限公司衬衣2 000件、广州四季青服装股份有限公司西裤10 000条，金额分别为234 000元、585 000元，款项均未收到；烟台时尚股份有限公司预定春季流行服装3 000套，交付定金100 000元；销售给老客户上海泉海服装商贸公司牛仔裤一批，收到商业汇票一张，金额为702 000元；收到上海大红门服装批发商行7月女裙欠款1 000 000元；收到青岛美天服装店的定金10 000元；发出成都荷花服装商贸公司11月预定的羽绒服1 000套，金额为585 000元，收到余款500 000元。

2023年12月，公司从青岛汇智服装辅料有限公司赊购面料，价税合计为58 500元，开出一张面值为58 500元的商业汇票；从青岛欧华服装辅料有限公司购买一批胆料，价税合计为234 000元，开出一张转账支票支付部分货款12 000元，其余暂欠；预付给兴达服装配料店50 000元里料的定金；支付11月欠力星拉链厂的货款80 000元；支付9月从山东创新服装材料有限公司购买纽扣的欠款30 000元；从广州新盛服装辅料商行购进缝纫线，价税合计为3 510元，款未付；11月从广州圣园服装辅料商行购买的里料到货，补付广州圣园服装辅料商行40 000元货款。

2023年12月，员工贾红华月初从财务部门预借8 000元的差旅费；孙凡从财务部门借现金50 000元；收到青岛根香有限公司租赁设备的押金100 000元；归还青岛东明有限公司承租设备的押金60 000元；为金凤有限公司垫付审计费20 000元；从宾业租赁公司承租10台电脑，交付押金20 000元。

假如你是公司的会计，根据给定的情境资料完成如下任务：

1. 公司的客户和供应商分别有哪些？两者有什么区别？

2. 对于赊购、赊销、预收款、预付款等业务，应该设置哪些账户来反映？有没有必要进行详细、具体的反映？为什么？

3. 在以上分析的基础上，请同学们尝试填制往来信息一览表（表1-1）。

表1-1　　　　　　　　　　往来信息一览表

编制单位：青岛宏达服装有限公司　　　　　　　　　　　　　　　　　　　单位：元

应收账款			
序号	客户名称	金额	备注（账龄、信用等）
应收票据			
序号	客户名称	金额	备注（账龄、信用等）
预收账款			
序号	客户名称	金额	备注（信用等）

(续表)

应付账款			
序号	供应商名称	金额	备注(账龄、联系电话等)

应付票据			
序号	供应商名称	金额	备注(账龄、联系电话等)

预付账款			
序号	供应商名称	金额	备注(账龄、联系电话等)

其他应收款			
序号	单位(个人)名称	金额	备注(联系人、联系电话等)

其他应付款			
序号	单位(个人)名称	金额	备注(联系人、联系电话等)

注意:此表格中备注可根据实际情况增加相应的信息,另外,同学们也可以使用Excel表格分别建立客户、供应商等的财务信息档案。

二、知识链接

(一)往来结算的重要性

在市场经济条件下,企业与企业的经济往来更加频繁,不可避免地就会出现"你欠我、我欠他"等现象,这种业务称为往来业务,当然,往来业务还包含诸如员工借款、预借差旅费等对内业务。与往来业务有关的款项即往来款项。

往来款项是指企业在日常生产经营过程中发生的各种债权、债务款项,包括因采购而产生的应付账款、应付票据和预付账款,因销售而产生的应收账款、应收票据和预收账款,因代收、暂收产生的其他应付款,因代付、暂付和暂借而产生的其他应收款等。往来款项是企业资产负债管理的重要内容。

往来款项主要涉及企业与客户及供应商之间的资金往来。企业原材料、设备等的供货商称为供应商；企业产品的销售对象称为客户。往来业务中欠款的支付、货款的回收等货币资金的清算称为往来结算。

往来款项属于流动性比较强的资产，仅次于货币资金，对企业的经济活动和企业的营运状况有重要的影响。往来款项的项目往来反复，很容易发生错误。如果把企业比作一个人，那么资金就如同人身体里的血液，贯穿全身。如果人没有血液，就无法存活；同样，如果企业没有资金，也无法运转。可见，资金对于企业很重要。例如，收账环节如果不能及时、有效地回笼资金，货款收不回来，就没有钱购买材料、发放员工薪酬，进而无法进行生产，甚至导致企业倒闭、破产等。因此，企业对往来款项的管理必须引起足够的重视。

（二）往来岗位的职责

往来岗位的职责是建立往来款项结算制度、办理往来款项结算，以及进行往来款项的明细分类核算。它具体包括如下职责。

1. 进行客户/供应商档案管理

往来岗位应根据企业的客户及供应商的档案资料，建立客户及供应商的财务信息档案。财务信息档案至少包括所属类别（客户/供应商）、地区名称、客户/供应商名称、联系人、电话、专营业务员名称、分管部门名称等。某公司的客户档案信息与供应商档案信息见图1-1。

客户档案

序号	选择	客户编码	客户名称	客户简称	地区名称	发展日期	联系人	电话	专营业务员名称	分管部门名称
1		001	华宏公司	华宏公司	华北地区	2010-03-09			王丽	销售部
2		002	昌新贸易公司	昌新贸易	华北地区	2010-03-12			王丽	销售部
3		003	精益公司	精益公司	华东地区	2010-03-12			孙健	销售部
4	Y	004	利氏公司	利氏公司	华东地区	2010-03-12			孙健	销售部

供应商档案

序号	选择	供应商编码	供应商名称	供应商简称	地区名称	发展日期	联系人	电话	专营业务员名称	分管部门名称
1		001	兴华公司	兴华公司	华北地区	2010-03-09			白雪	采购部
2		002	建昌公司	建昌公司	华北地区	2010-03-09			白雪	采购部
3		003	泛美商行	泛美商行	华东地区	2010-03-09			李平	采购部
4		004	艾德公司	艾德公司	华东地区	2010-03-09			李平	采购部

图1-1　客户和供应商档案信息

2. 登记往来账簿

各相关部门及时将往来款项的原始记录传递到会计部门，（往来）会计人员定期对签章的单据进行审核并填制记账凭证，登记相关账簿。对除购销业务以外的各项往来款项，要按照单位和个人分户设置明细账，根据审核后的记账凭证逐笔登记明细账及总账。

3. 依据谨慎性原则计提坏账准备

根据会计制度的规定，企业应于期末及时编制应收账款账龄分析报告，根据账龄分析报告对应收款项计提坏账准备，并做好调整账务处理的工作。

4. 核对往来账

每家企业应根据业务量的大小，按月份、季度、半年度、年度定期对账，如发现问题应及时沟通，查找原因，保证双方账目余额一致。往来账的核对是一项系统的工作，而不是独立的工作，在与对方单位核对余额之前，企业应进行往来账自查。核对的技巧主要包括三点：往来账自查、余额核对、发生额核对。

> **温馨提示**

(1) 往来账自查：审查往来账余额的大小及方向，查看是否有不正常的余额和方向，如出现异常情况，应重点审查相应的明细账；审查明细账时，应当逐笔浏览该账户借贷方是否有不正常的发生额，是否有异常的摘要。如果存在异常的发生额或者摘要等，应审查相应的记账凭证及原始凭证，以确定往来账无错记金额等错误。逐笔审查期初至期末业务的记账凭证及原始凭证，并记录日期、金额、发票编号等，以备在与对方单位对账时使用。

(2) 余额核对：在往来账自查无误的基础上，与对方单位进行余额核对，如果双方余额一致，则表明双方记录余额均无误；如果双方余额不一致，则要计算两者差额，并对差额的方向和大小进行分析，查看是否有与差额相同的业务发生，判断是否有未达账项。

(3) 发生额核对：双方余额不一致通常有很多原因，如果通过分析差额无法确定双方余额不一致的原因时，则需要进行发生额核对。核对发生额，有两种方法：一是核对本企业的往来账中借贷发生额，勾出借贷发生额对应的业务，如果此类业务对余额不产生影响，则问题可能存在于没有借贷对应关系的业务中，如此可缩小详细核对的范围，从而减少对账的工作量。二是核对双方的业务发生额，可不按照时间顺序逐笔核对，而是分别核对借方发生额或者贷方发生额，如专门核对付款业务或专门核对购销业务，以确定双方是错记了收付款还是错记了购销业务。

5. 催收呆账

负责登记往来业务的会计人员应定期跟踪分析客户的欠款情况，应当将客户所欠的应收账款余额及时书面告知公司外销人员，以加速款项的回笼；对超期未还的应收款及时通知销售部门催收，防止出现坏账。对预借的差旅费，要督促及时办理报销手续，收回余额，不得拖欠，不准挪用。

任务 1.2　客户往来款项的记录与核对

一、任务布置

【任务 1-2】 客户往来款项的记录与核对案例

在[任务 1-1]中，青岛宏达服装有限公司已经列出了客户的相关信息，2023 年 12 月初，"应收账款"总账账户借方余额是 1 199 470 元，其中"应收账款——济南福民"账户借方余额为 32 000 元，"应收账款——广州四季青"账户借方余额为 87 650 元；"应收账款——上海大红门"账户借方余额为 1 000 000 元；"应收账款——上海泉海"账户借方余额为 79 820 元。"应收票据"总账账户借方余额为 278 000 元，其中"应收票据——广州四季青"账户借方余额为 152 000 元；"应收票据——上海泉海"账户借方余额为 126 000 元。"预收账款"总账账户贷方余额为 95 000 元，其中"预收账款——青岛美天"账户贷方余额为 10 000 元；"预收账款——成都荷花"账户贷方余额为 65 000 元。该公司 2023 年 12 月发生的经济业务如下：

(1) 5 日，销售裤子。有关单据见图 1-2。

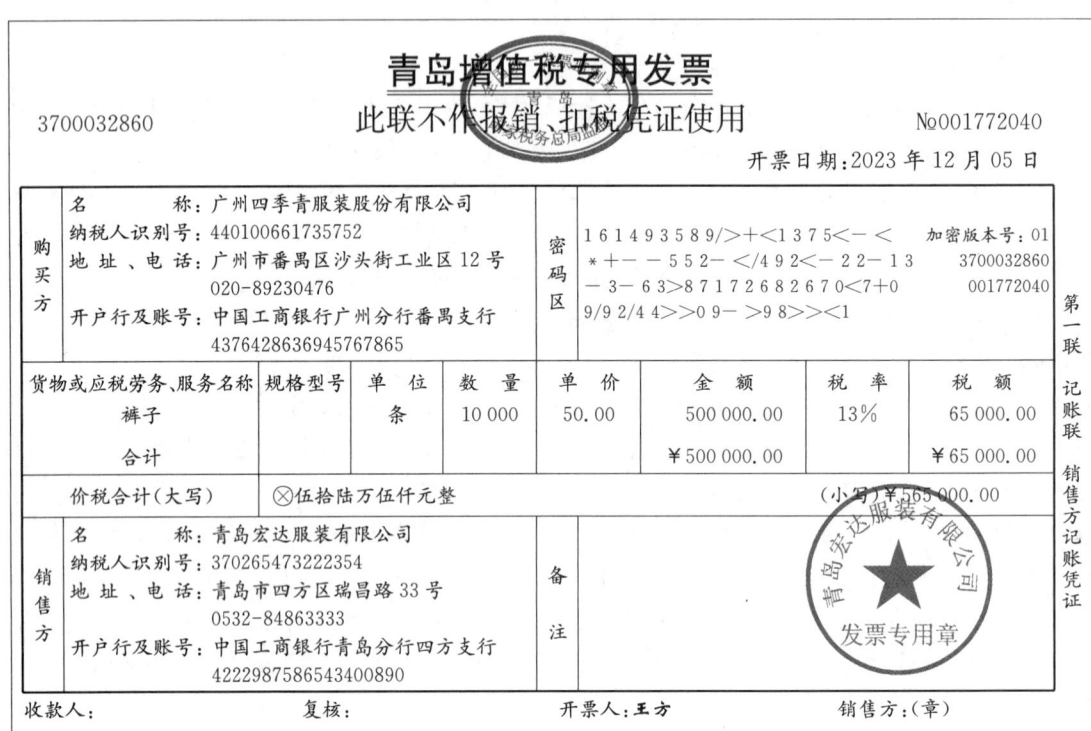

图1-2 增值税专用发票

(2) 5日，销售衬衣。有关单据见图1-3。

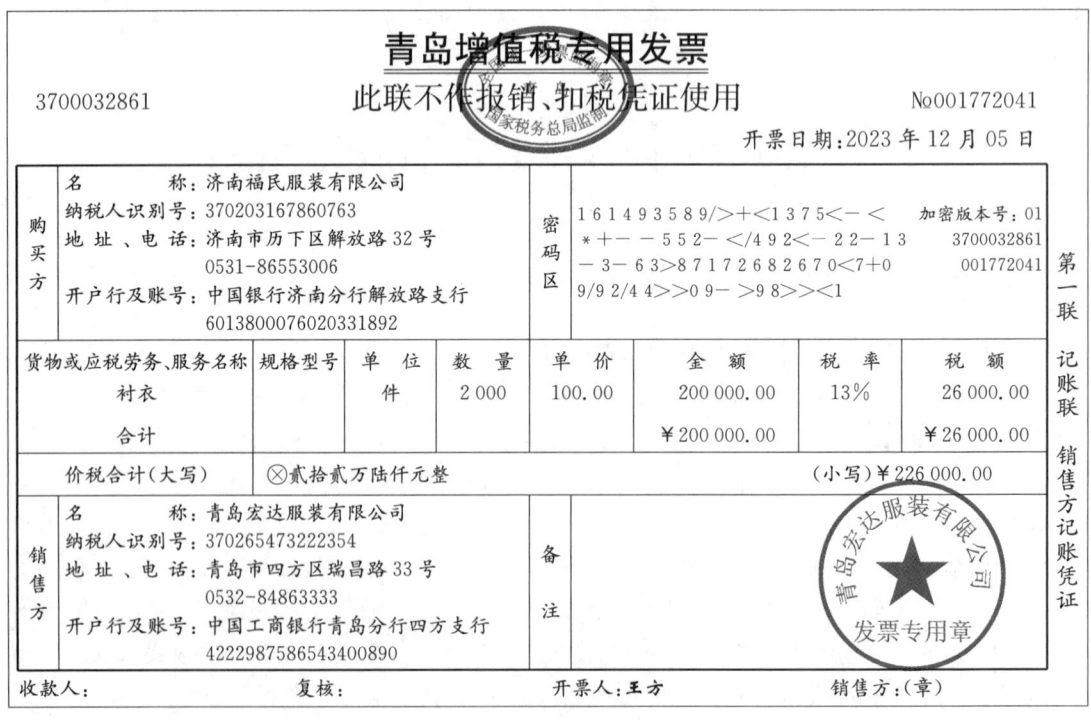

图1-3 增值税专用发票

（3）8日，收到客户前欠货款。有关单据见图1-4。

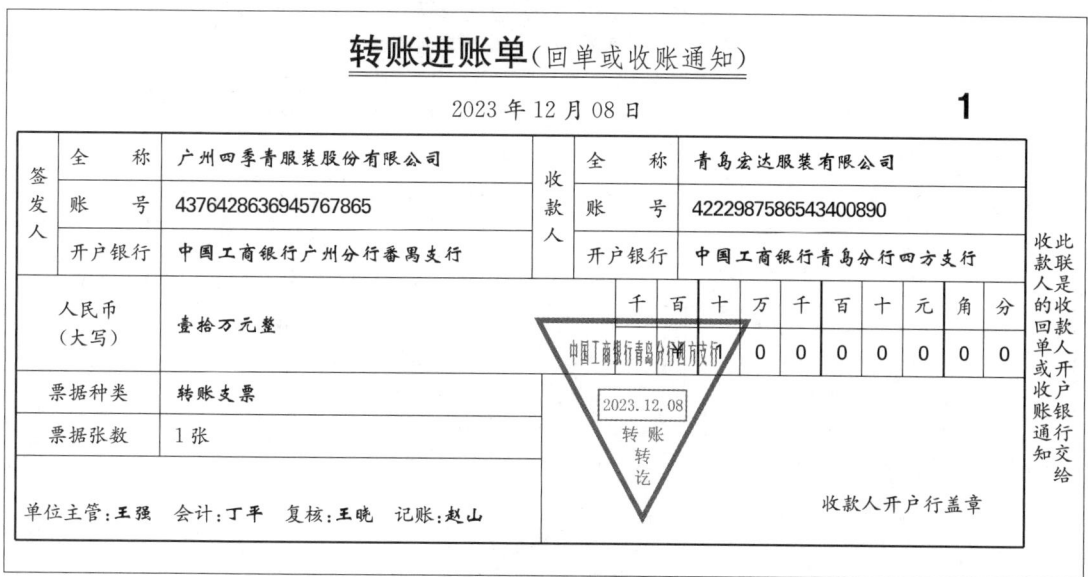

图1-4　转账进账单

（4）10日，销售牛仔裤。有关单据见图1-5和图1-6。

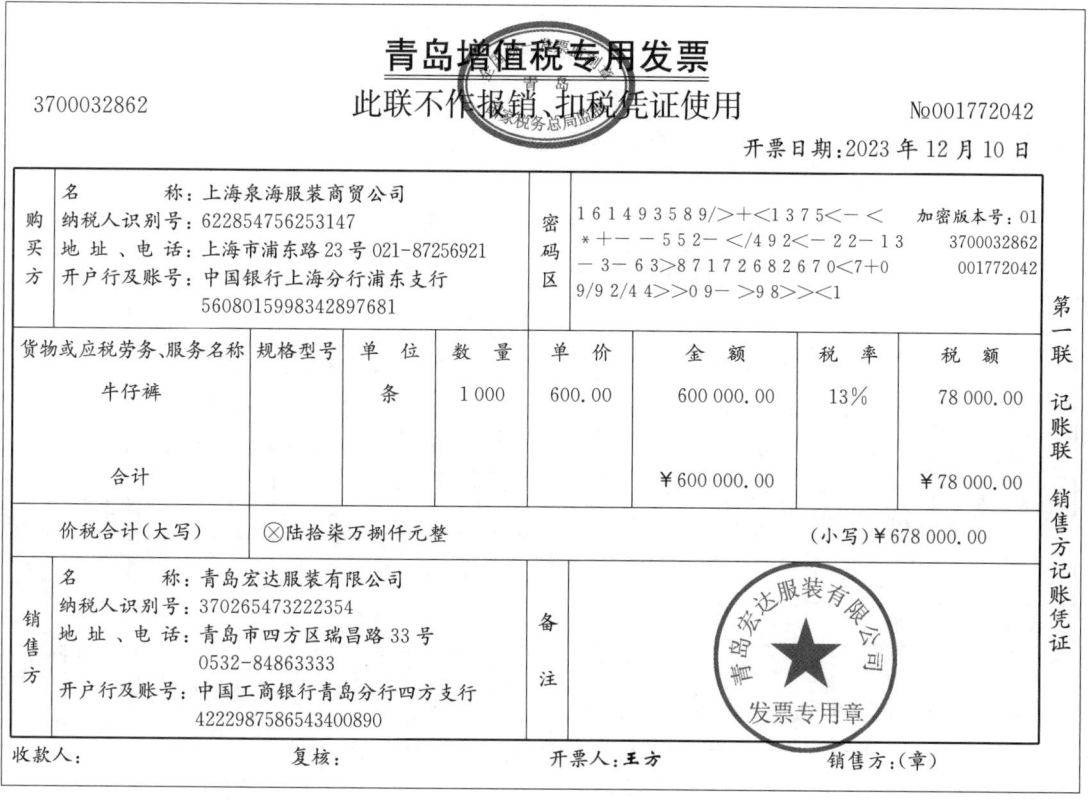

图1-5　增值税专用发票

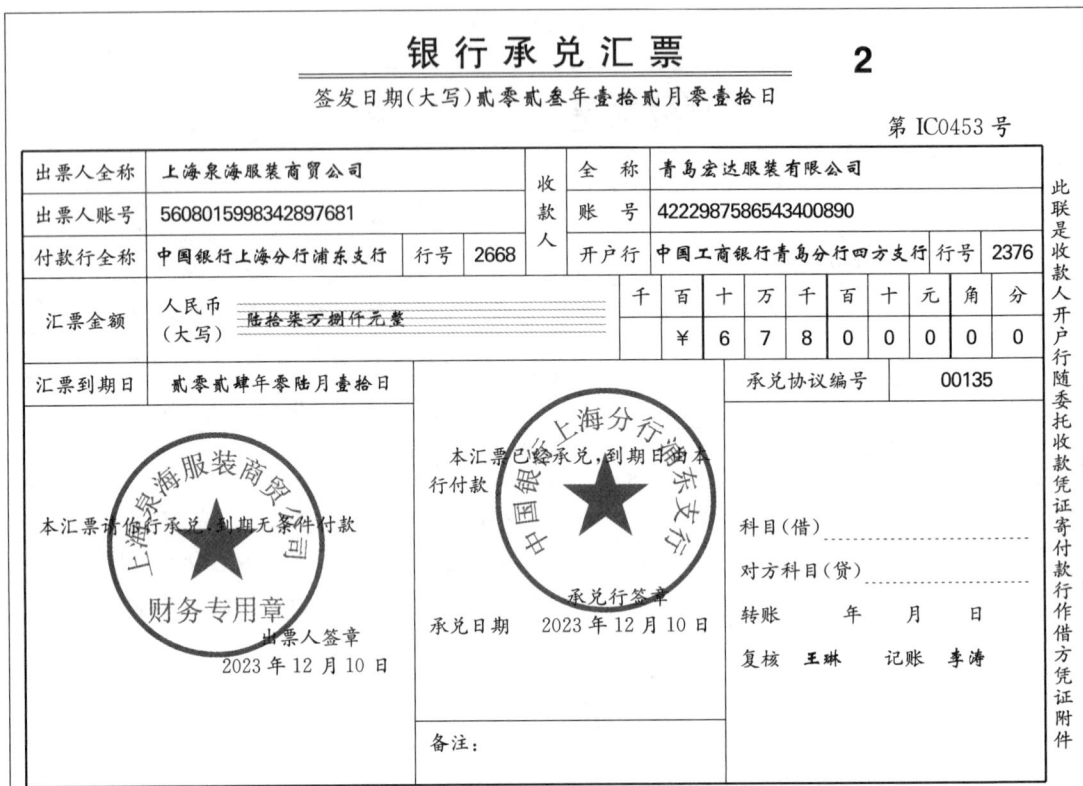

图1-6 银行承兑汇票

(5) 15日,收到客户前欠货款。有关单据见图1-7。

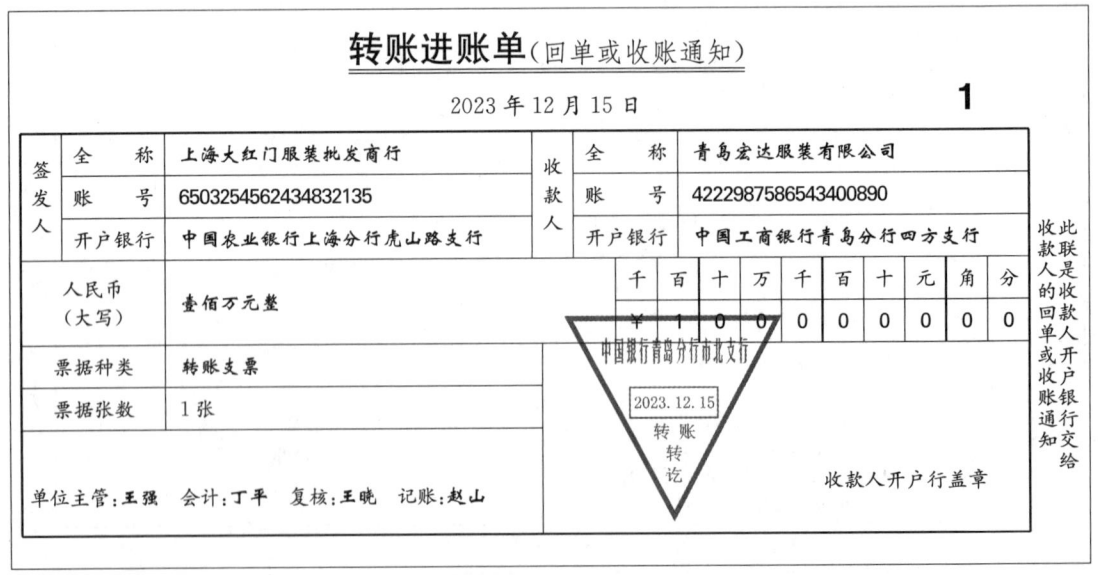

图1-7 转账进账单

（6）17日，预收货款。有关单据见图1-8。

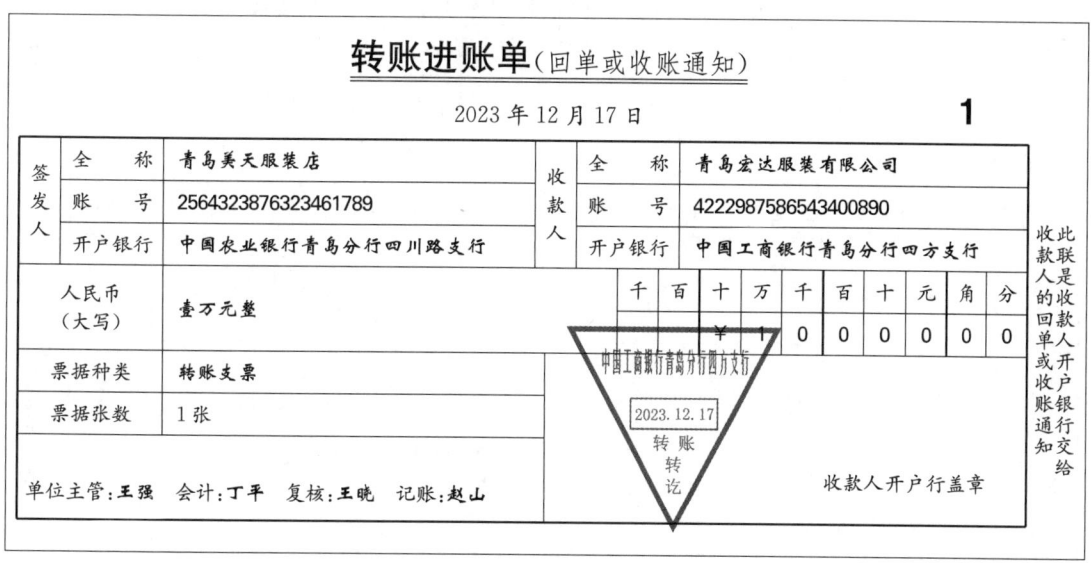

图1-8 转账进账单

（7）18日，销售羽绒服。有关单据见图1-9和图1-10。

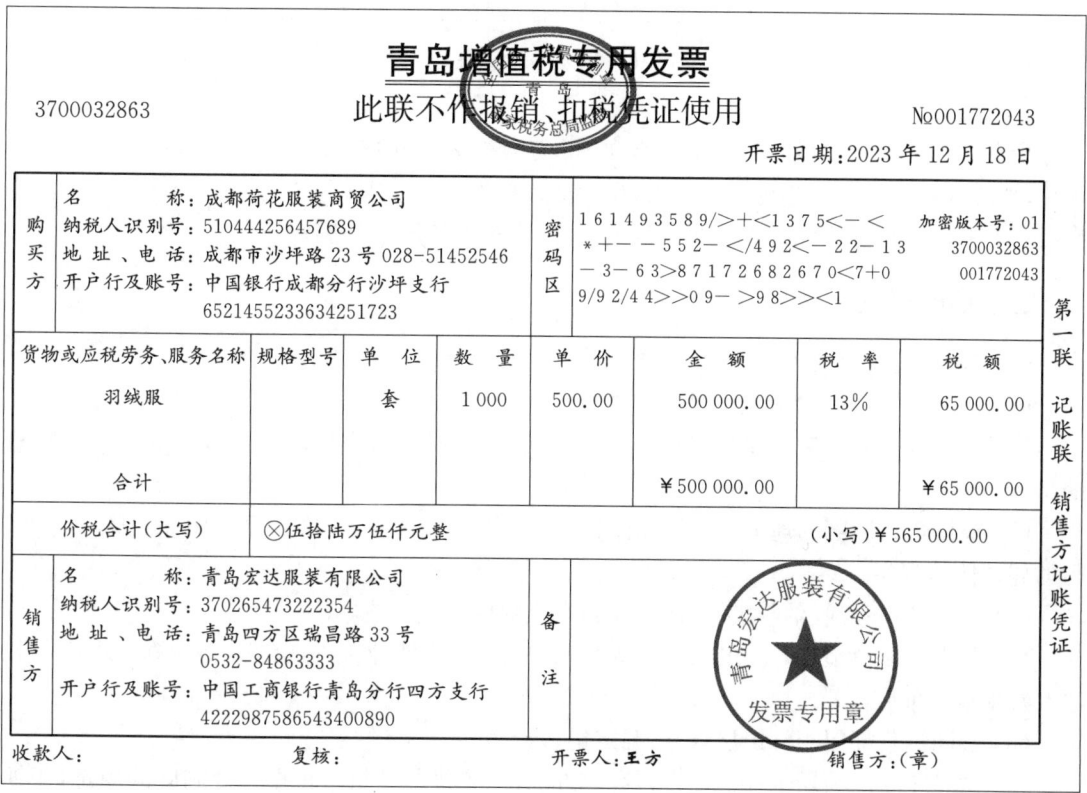

图1-9 增值税专用发票

委邮 **委托收款**凭证(收账通知) 4 委托号码:0013489

委托日期 2023 年 12 月 20 日 付款期限 2023 年 12 月 20 日

付款人	全称	成都荷花服装商贸公司	收款人	全称	青岛宏达服装有限公司
	账号或地址	6521455233634251723		账号	42229875865400890
	开户银行	中国银行成都分行沙坪支行		开户银行	中国工商银行青岛分行四方支行 行号 2376

委收金额	人民币(大写) 伍拾万元整	千	百	十	万	千	百	十	元	角	分
			¥	5	0	0	0	0	0	0	0

款项内容	货款	委托收款凭据名称		附寄单证张数	1

备注:	上列款项 √1. 已全部划回收入你方账户。 2. 已收回部分款项收入你方账户。 3. 全部未收到。	中国工商银行青岛分行四方支行 2023.12.20 转账 转讫	收款人开户行盖章 2023 年 12 月 20 日

单位主管 会计 复核 记账 付款人开户银行收到日期 2023 年 12 月 20 日

支付日期 2023 年 12 月 20 日

此联是收款人开户银行在款项收妥后给收款人的收账通知

图 1-10 委托收款凭证

青岛宏达服装有限公司财务经理专门让实习生王涛负责有关客户往来款项的记录与核对工作,包括根据发生的业务填制记账凭证、登记往来账户的总账与明细账并进行账证核对及账账核对。王涛完成得非常出色。如果你是王涛,你能胜任这份工作吗?

二、知识链接

(一) 应收及预收款项会计岗位的职责

应收及预收款项会计岗位的具体职责如下:

(1) 会同有关部门建立健全应收及预收款项手续制度,拟定应收及预收款项管理与核算的具体办法。

(2) 根据会计制度的规定,要求各业务环节必须提供真实、合法的原始凭证,制定切合实际的凭证传递程序。

(3) 制定、审核应收催收措施,严格控制应收款项的机会成本。

(4) 负责应收及预收款项的有关原始凭证的审核、收回业务的明细分类核算。对应收款项要督促清理催收。

(5) 会同销售部门制订销售计划、确定销售价格。

(6) 做好应收款项期末计价工作,及时对应收款项进行分析。根据会计制度的规定,于期末及时对应收款项计提坏账准备并做好调整账务处理的工作。

(7) 及时提供预收款项的会计信息,以便及时根据合同发出商品。

(二)应收及预收款项的核算内容

1. 应收票据

【任务 1-2-1】 编制记账凭证

2023 年 3 月 1 日,青岛东兴股份有限公司财务部门持有的原始凭证有:①增值税专用发票的记账联(甲商品,数量为 1 000 件,单价为 96 元,增值税税率为 13%,购买方为济南广大有限公司)。②银行承兑汇票(出票人为济南广大有限公司;承兑行为中国银行济南分行历下支行;面值为 112 320 元;期限为 3 个月)。③出库单(甲商品,实际成本为 62 000 元)。2023 年 6 月 1 日,公司收到转账进账单,金额为 108 480 元。

请根据以上原始凭证分别编制销售时和收到货款时的记账凭证。

应收票据是指企业因销售商品、产品或提供劳务等收到的已承兑的商业汇票,包括商业承兑汇票和银行承兑汇票。企业收到应收票据时,按照应收票据的票面价值,即票面金额入账。

温馨提示

商业汇票是指由出票人签发,由承兑人承兑,并于到期日向收款人或被背书人支付款项的一种票据。商业汇票按其承兑人的不同,可以分为商业承兑汇票和银行承兑汇票;按其是否带息,可以分为带息商业汇票和不带息商业汇票。

为了反映和监督应收票据的取得和到期收回情况,企业应设置"应收票据"账户。该账户应按照商业汇票的种类设置明细账户,并设置"应收票据备查簿"来登记商业汇票的到期日、票面利率和贴现等情况。

不带息应收票据的业务流程及所涉及的原始凭证见图 1-11。

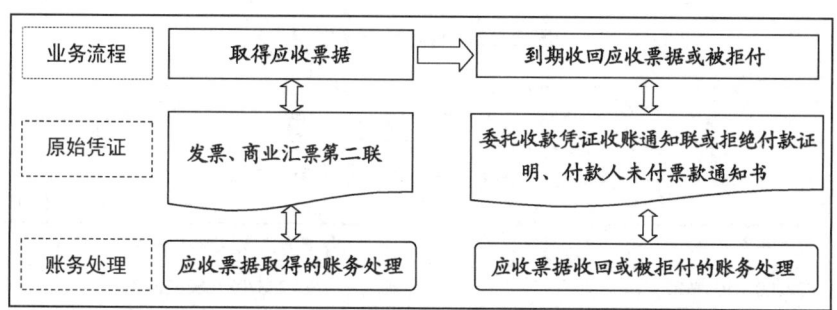

图 1-11 不带息应收票据的业务流程及所涉及的原始凭证

1)应收票据的一般账务处理

(1)一般账务处理方法。不带息应收票据的到期价值等于应收票据的面值。企业收到商业汇票时,按应收票据的面值,借记"应收票据"账户,按实现的营业收入,贷记"主营业务收入"账户,按增值税专用发票上注明的增值税额,贷记"应交税费——应交增值税(销项税额)"账户。应收票据到期收回时,按票面金额,借记"银行存款"账户,贷记"应收票据"账户。当商业承兑汇票到期、承兑人违约拒付或无力偿还票款时,收款企业应将到期票据的票面金额转入"应收账款"账户。

(2)实训例题。

【例 1-1】 2023 年 10 月 1 日,青岛东方股份有限公司销售水泥,收到银行承兑汇票。有关原始凭证见图1-12和图1-13。

图1-12 增值税专用发票

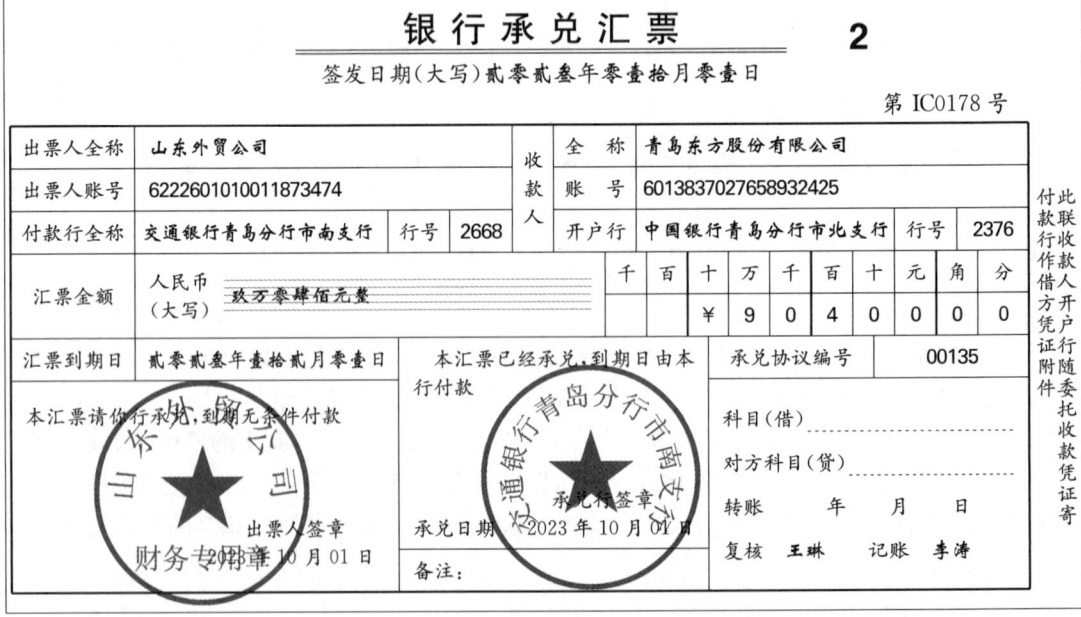

图1-13 银行承兑汇票

要求:填制记账凭证(图1-14)。

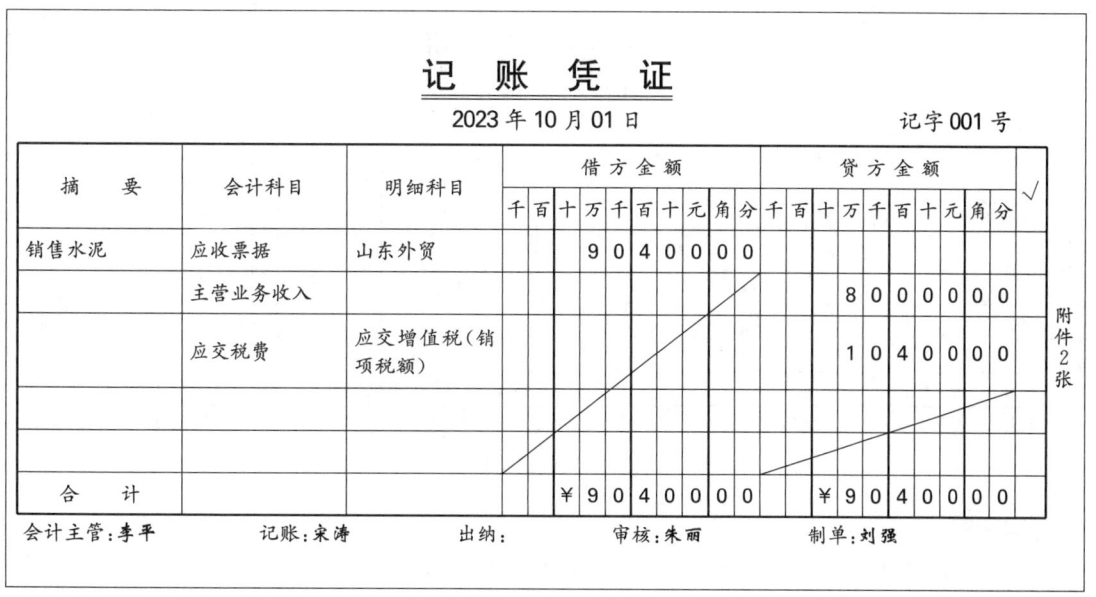

图1-14 记账凭证

【例1-2】 2023年12月1日,青岛东方股份有限公司收到货款,原始凭证见图1-15。

图1-15 委托收款凭证

要求：填制记账凭证(图1-16)。

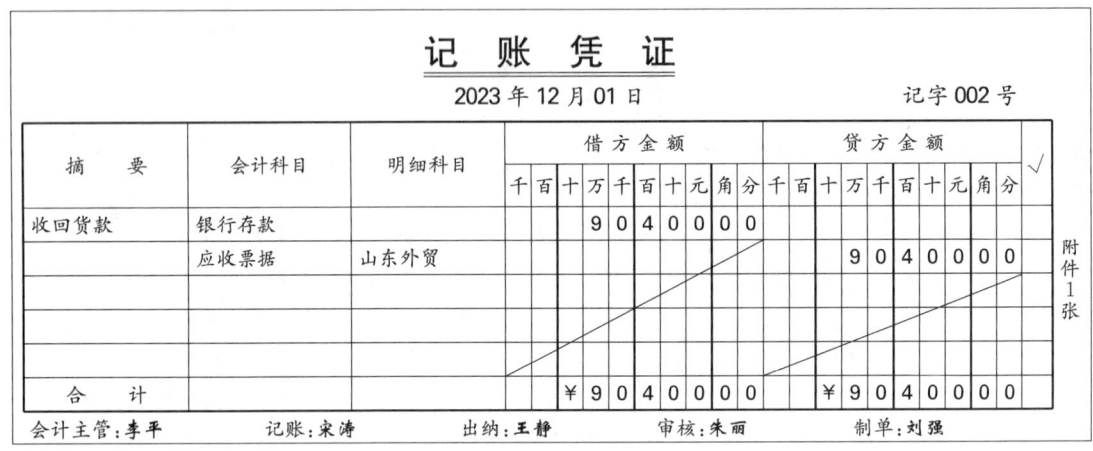

图1-16 记账凭证

聪明屋

（1）如果商业承兑汇票到期收不回票款，收款方该如何处理？
（2）银行承兑汇票一般情况下存在到期收不回票款的情况吗？为什么？

2）应收票据的贴现

【任务1-2-2】 计算应收票据贴现的金额

承[任务1-2-1]，如果青岛东兴股份有限公司于2023年4月17日持未到期商业汇票去银行贴现，年贴现率为8%，财务部门收到票据贴现凭证的收账通知联，请你计算一下贴现的金额及需要编制的记账凭证。

（1）贴现的含义。贴现是指持票人在应收票据到期前为获得票款向银行贴付一定利息，而将应收票据的债权转让给银行的一种票据转让行为。贴现后，以应收票据到期值扣除从贴现日起到应收票据到期日止的利息后的票款，付给申请贴现人。应收票据到期时，银行凭票向付款人按应收票据到期值收取票款。

（2）贴现的计算。贴现日的计算，应按照贴现日(头)和到期日(尾)，遵循算头不算尾或算尾不算头的原则，以每月的实际天数相加得出。

贴现的相关计算公式如下：

$$到期值 = 应收票据票面金额 + 到期利息$$
$$= 应收票据票面金额 + 应收票据票面金额 \times 票面利率 \times 期限$$
$$贴现息 = \frac{应收票据}{到期值} \times \frac{年贴现率}{} \times \frac{实际贴现天数（贴现日起到应收票据到期日止）}{360}$$

实收贴现金额(贴现净额、贴现收入、贴现所得额) = 应收票据到期值 − 贴现息

（3）贴现的账务处理。贴现时，按实收贴现金额借记"银行存款"账户，按应收票据的账面余额贷记"应收票据"账户，差额借记或贷记"财务费用"账户。如果贴现的商业汇票到期，承兑人的银行账户不足支付，银行则将已贴现的应收票据退回申请贴现的企业，同时从贴现企业的账户中将票款划回。此时，贴现企业应将所付票据本息转入"应收账款"账户，借记"应收账款"账户，贷记"银行存款"账户。如果申请贴现企业的银行存款账户余额不足，银行将作为逾期贷

款处理,贴现企业应借记"应收账款"账户,贷记"短期借款"账户。

(4) 实训例题。

【例 1-3】 2023 年 12 月 3 日,青岛东方股份有限公司销售大芯板,有关原始凭证见图 1-17 至图 1-19。

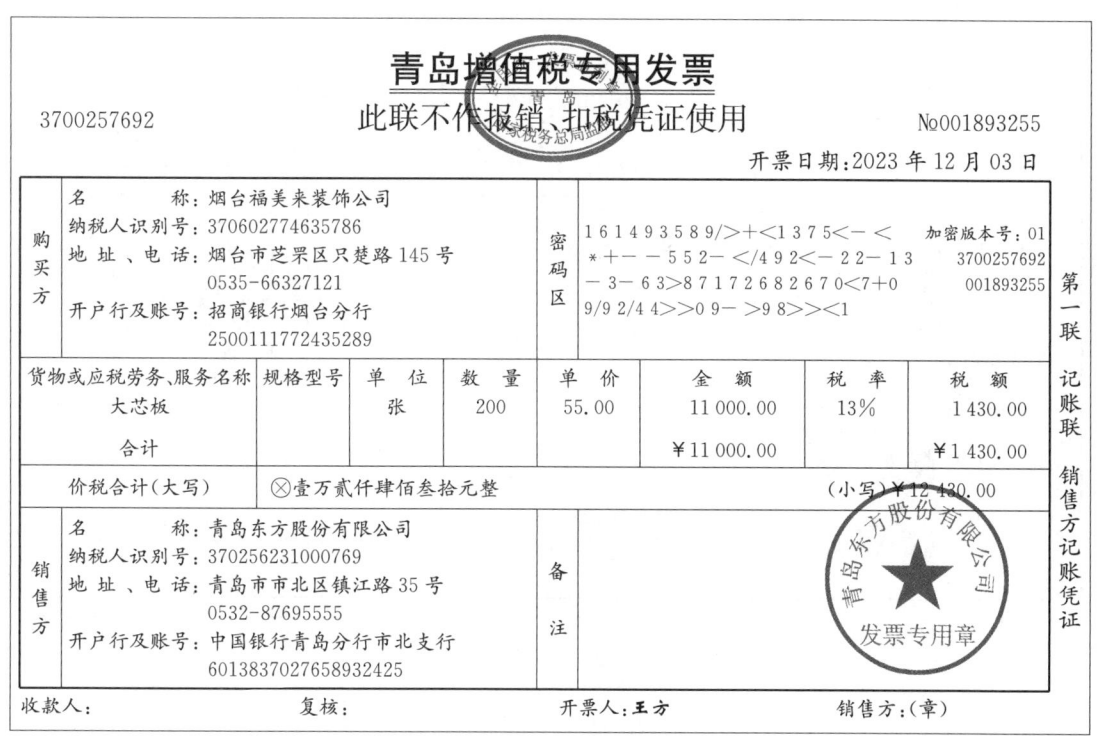

图 1-17　增值税专用发票

图 1-18　商业承兑汇票

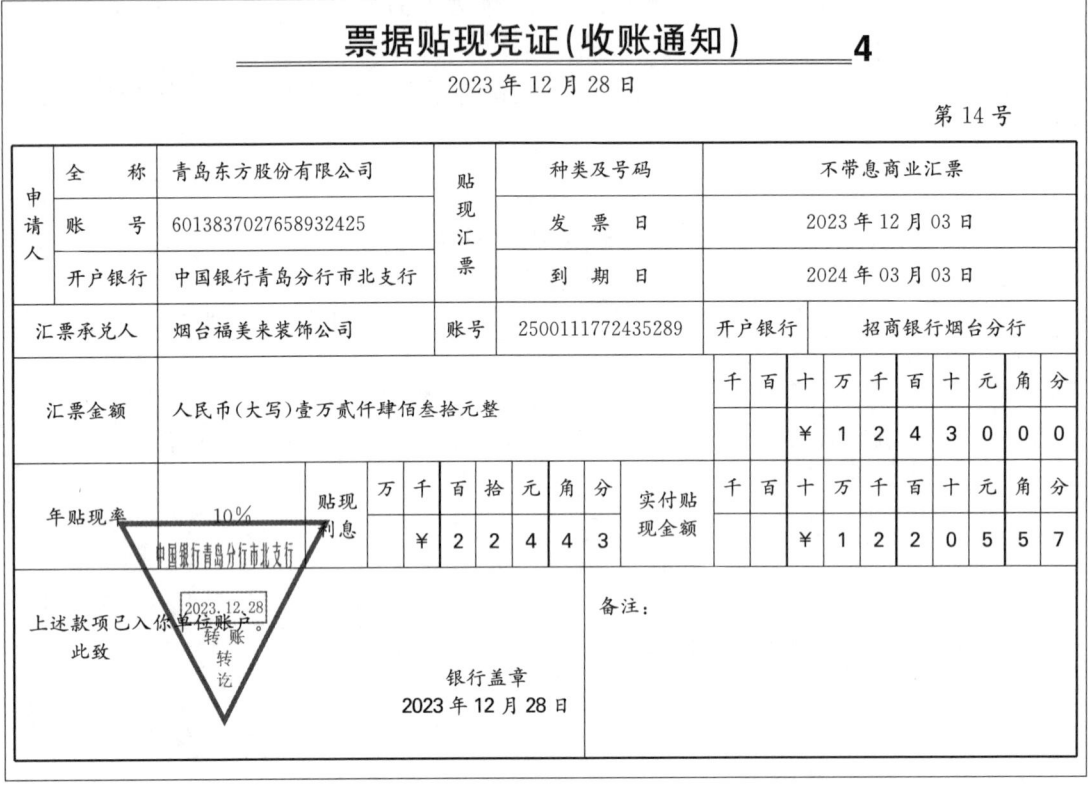

图 1-19 票据贴现凭证

要求：填制记账凭证（图 1-20 和图 1-21）。

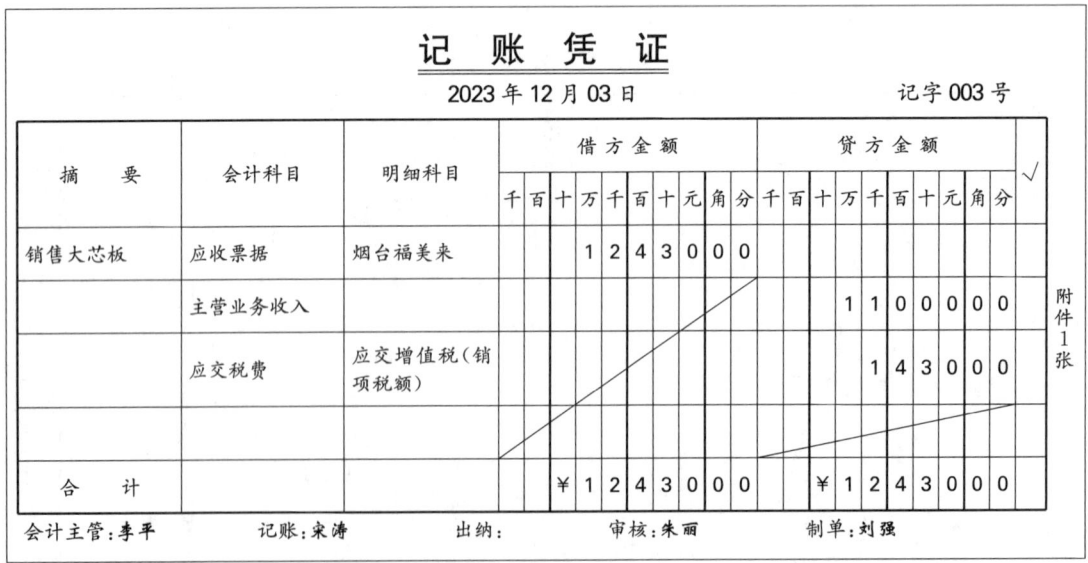

图 1-20 记账凭证

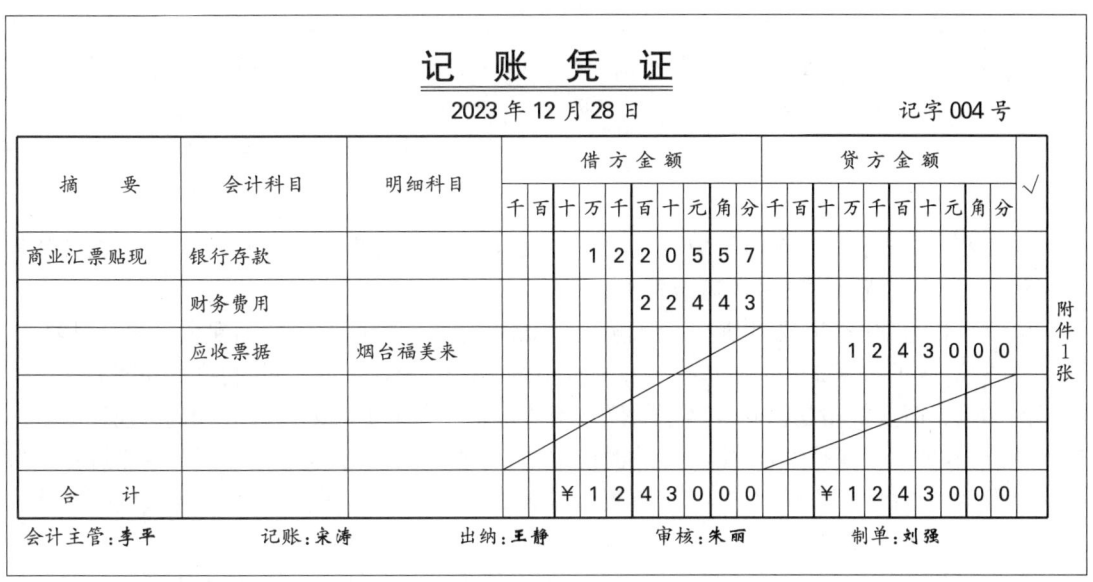

图 1-21　记账凭证

数据计算过程如下：

到期值＝12 430(元)

贴现利息＝12 430×10％÷360×65＝224.43(元)

贴现净额＝12 430－224.43＝12 205.57(元)

2. 应收账款

【任务 1-2-3】　确认应收账款

青岛东兴股份有限公司 2023 年 7 月发生以下应收账款业务：

(1) 1 日，销售一批自产产品 1 000 件，单价为 100 元，价税合计为 113 000 元，款项未收。

(2) 4 日，借入一批工具，支付给对方单位押金 10 000 元。

(3) 销售一批多余材料，价税合计为 22 600 元，收到对方单位签发并承兑的商业汇票一张，面值为 22 600 元。

(4) 帮企业困难职工垫付医药费 5 000 元。

(5) 预付给供应商购货款 20 000 元。

在上述业务中，请说出哪些业务属于应收账款的核算范围。

1) 应收账款的含义及其核算范围

应收账款是指企业因销售商品、产品或提供劳务等，应向购货单位或接受劳务单位收取的款项。会计上所指的应收账款有其特定的核算范围。首先，应收账款是指因销售活动形成的债权，不包括应收职工欠款、应收债务人的利息等其他应收款。其次，应收账款是指流动资产性质的债权，不包括长期债权，如购买的长期债券等。最后，应收账款是指本企业应收客户的款项，不包括本企业付出的各类存出的保证金，如投标保证金、租入包装物保证金等。

2) 应收账款的计价

【任务 1-2-4】　区分商业折扣和现金折扣

承[任务 1-2-3]，青岛东兴股份有限公司销售自产产品时签发一张转账支票，金额为

2 000元,用途为代垫运费;合同上给购买方的折扣条件是:1 000件以上(含1 000件)单价为100元;100~800件(含800件)单价为120元,100件以内(含100件)单价为150元;付款条件为"2/10,1/20/,n/30",购买方于2023年7月7日付款。

根据以上业务,说出青岛东兴股份有限公司销售时和收到货款时需要的原始凭证,并据以编制记账凭证。

应收账款应于收入实现时予以确认,按应收账款的实际发生金额入账,其具体包括货款和增值税,以及代购货单位垫付的运杂费等。

应收账款通常按实际发生额计价入账,在计价时还需考虑商业折扣和现金折扣等因素。

第一,商业折扣。商业折扣是指企业根据市场供需情况或针对不同的客户,在商品标价上给予的扣除。商业折扣是企业最常用的促销手段。企业为了扩大销售、占领市场,往往给予客户商业折扣,采取销量越大,价格越低的促销策略,即通常所说的"薄利多销"。商业折扣一般在交易发生时即已确定,因此,在存在商业折扣的情况下,企业应收账款入账金额应按扣除商业折扣以后的实际售价确认并记入"应收账款"账户。

第二,现金折扣。现金折扣是指债权人为鼓励债务人及早付款,而向债务人提供的债务扣除。企业为了鼓励客户提前偿付货款,通常与债务人达成协议,即债务人在不同的期限内付款可享受不同比例的现金折扣。现金折扣一般用符号"折扣/付款期限"表示。例如,买方在10天内付款可按售价给予2%的折扣,用符号"2/10"表示;在20天内付款按售价给予1%的折扣,用符号"1/20"表示;在30天内付款,则不给折扣,用符号"n/30"表示。

按照我国现行企业会计制度的规定,企业应采用总价法对应收账款进行核算。总价法认为,现金折扣是有一定时间条件的,现金折扣是否发生取决于客户能否在销货期内付款。因此,在销售发生时,应收账款按销售总价记入"应收账款"账户。客户在折扣期内付款时,将其享受的现金折扣通过"财务费用"账户核算。

(1)应收账款的业务流程及原始凭证。应收账款的业务流程及所涉及的原始凭证见图1-22。

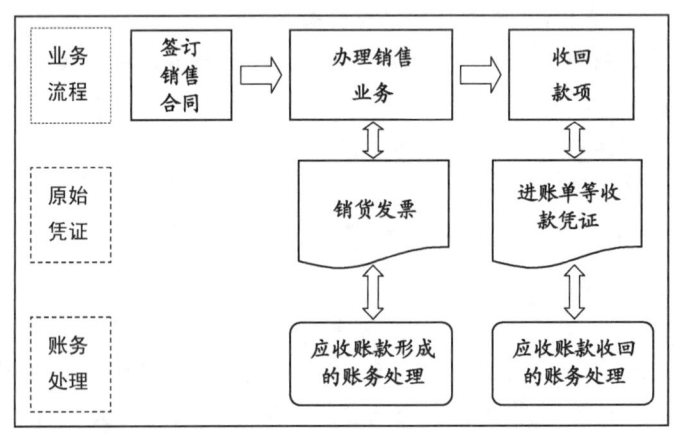

图1-22 应收账款的业务流程及所涉及的原始凭证

(2)实训例题。"应收账款"账户应按照债务人的名称设置明细账户,并且进行明细核算。2023年12月,青岛东方股份有限公司通过客户业务取得的原始凭证如下:

情形一:不存在折扣时,应收账款取得和收回的账务处理。

【例1-4】 10日,销售钢丝绳,取得的原始凭证见图1-23。

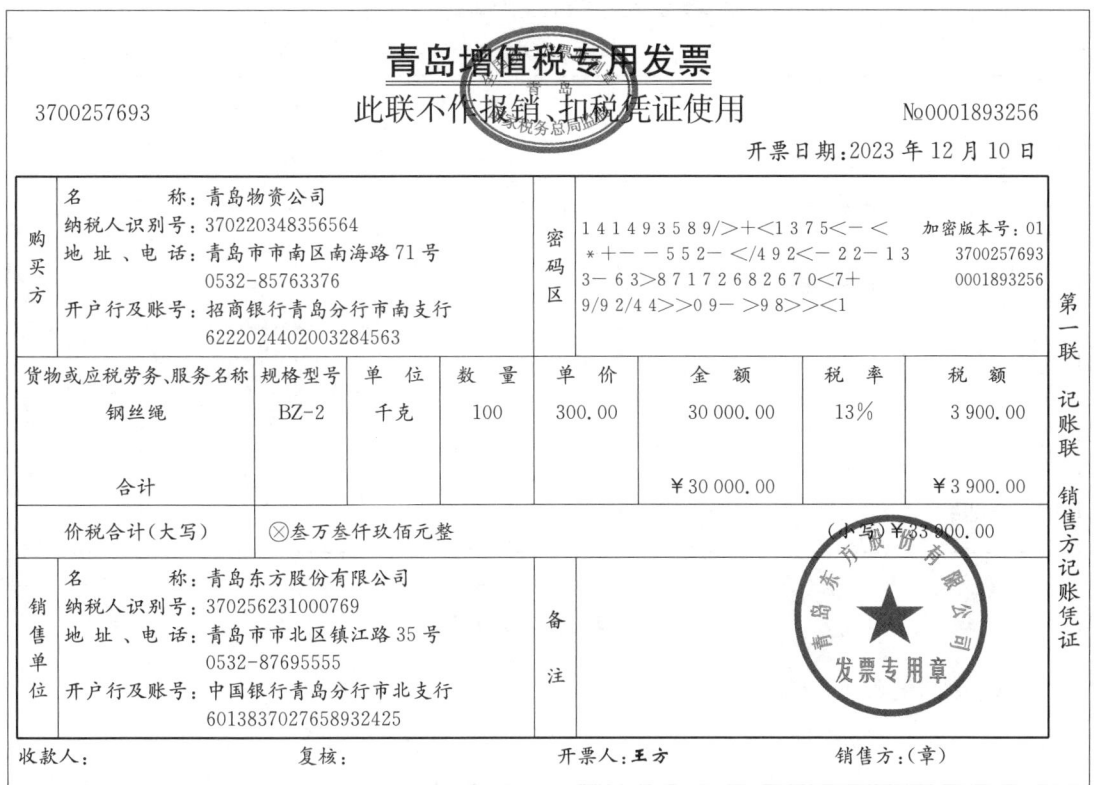

图 1-23 增值税专用发票

要求:填制记账凭证(图1-24)。

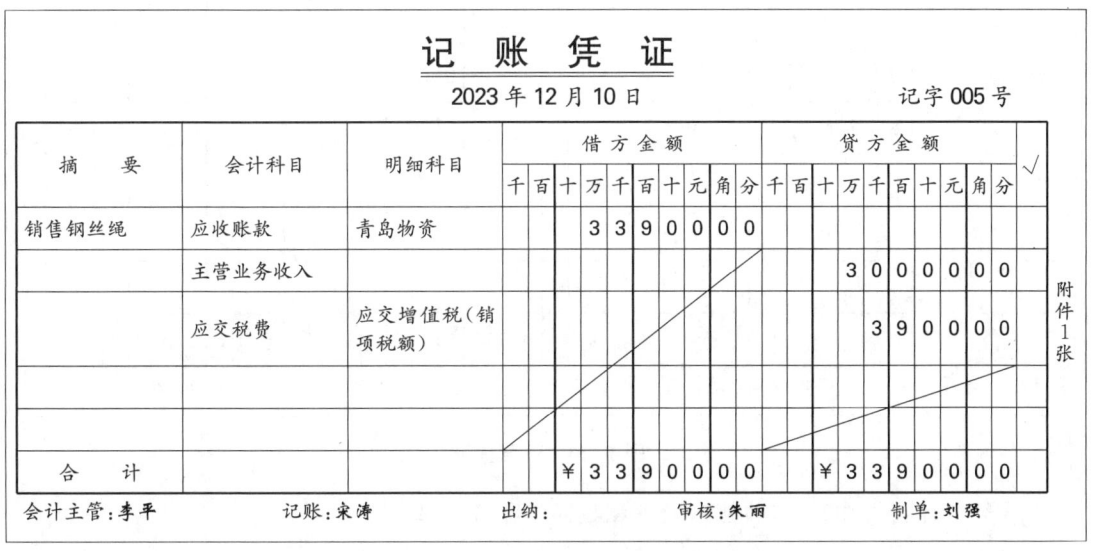

图 1-24 记账凭证

【例1-5】 21日,收回货款,取得的原始凭证见图1-25。

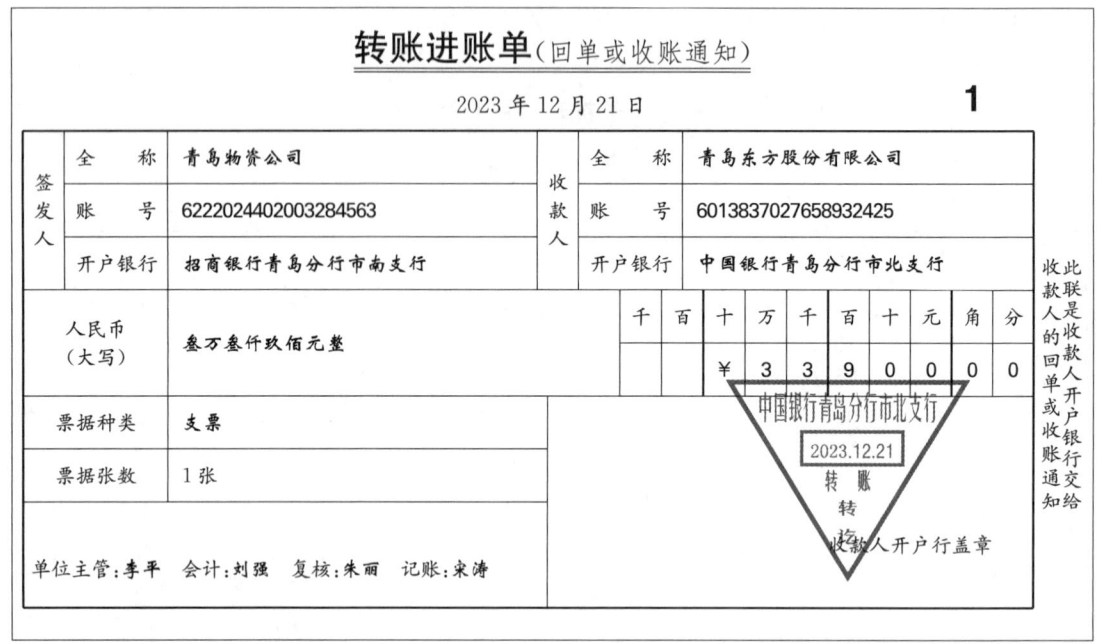

图 1-25 转账进账单

要求：填制记账凭证（图 1-26）。

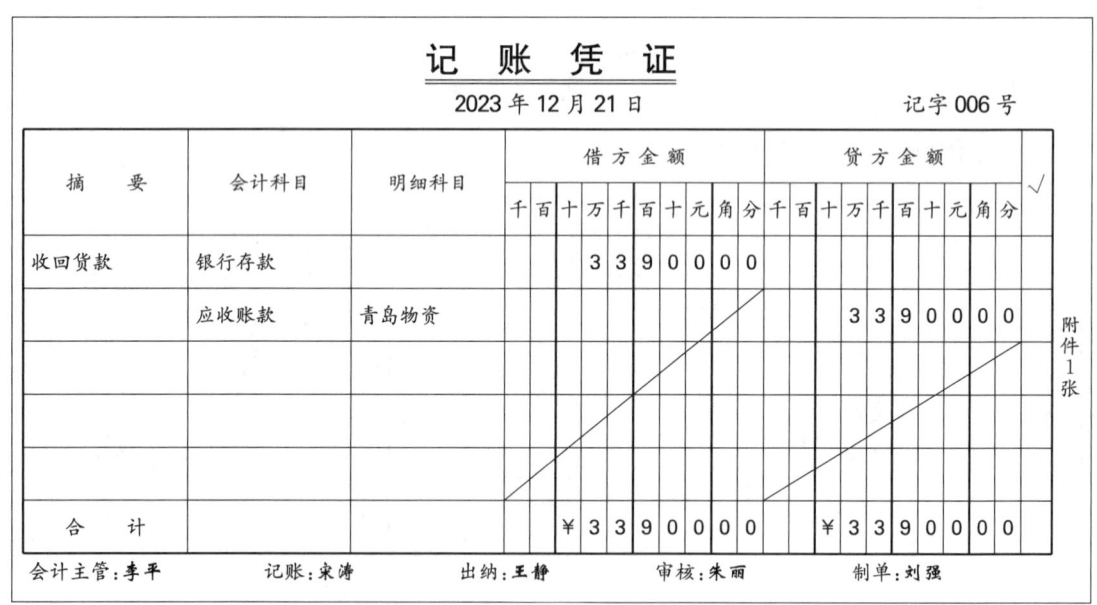

图 1-26 记账凭证

情形二：存在折扣时，应收账款取得和收回的账务处理。

【例 1-6】 5 日，销售钢丝绳，现金折扣条件为"2/10，1/20，n/30"：

A. 确认应收账款：

假设 10 日内收回款项的可能性为 90%。取得的原始凭证见图 1-27。

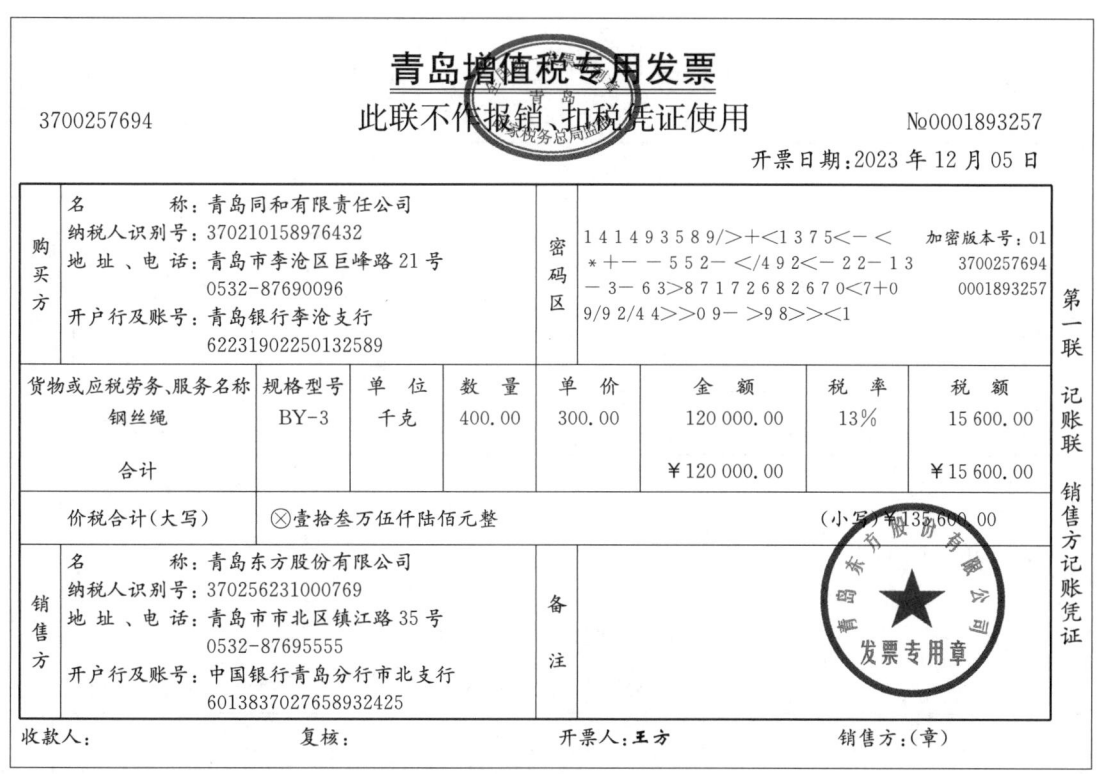

图1-27 增值税专用发票

要求：填制记账凭证（图1-28）。

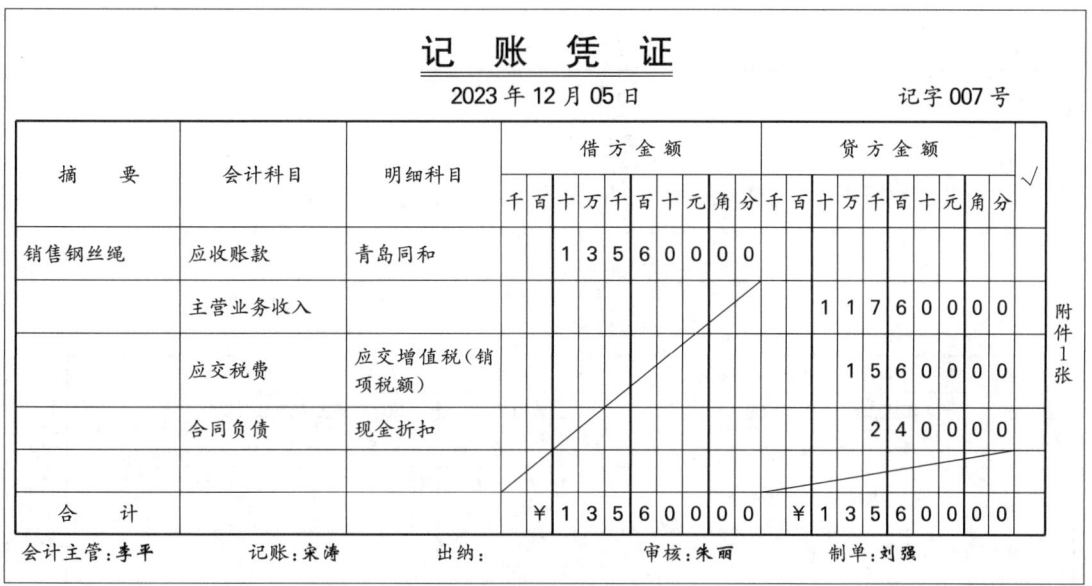

图1-28 记账凭证

B. 收回应收账款：

（B1）假设款项于2023年12月10日收回。取得的原始凭证见图1-29。

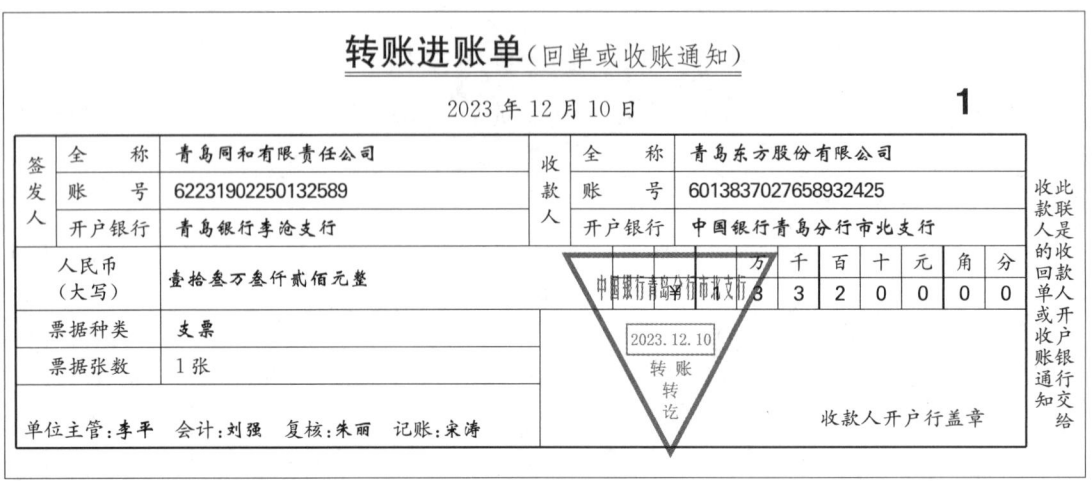

图 1-29 转账进账单

要求：填制记账凭证（图 1-30）。

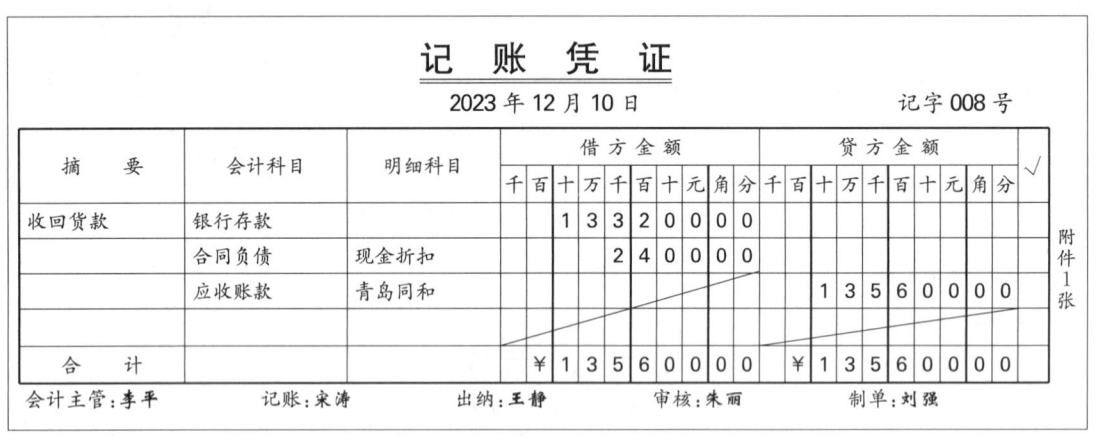

图 1-30 记账凭证

（B2）假设款项于 12 月 20 日收回。取得的原始凭证见图 1-31。

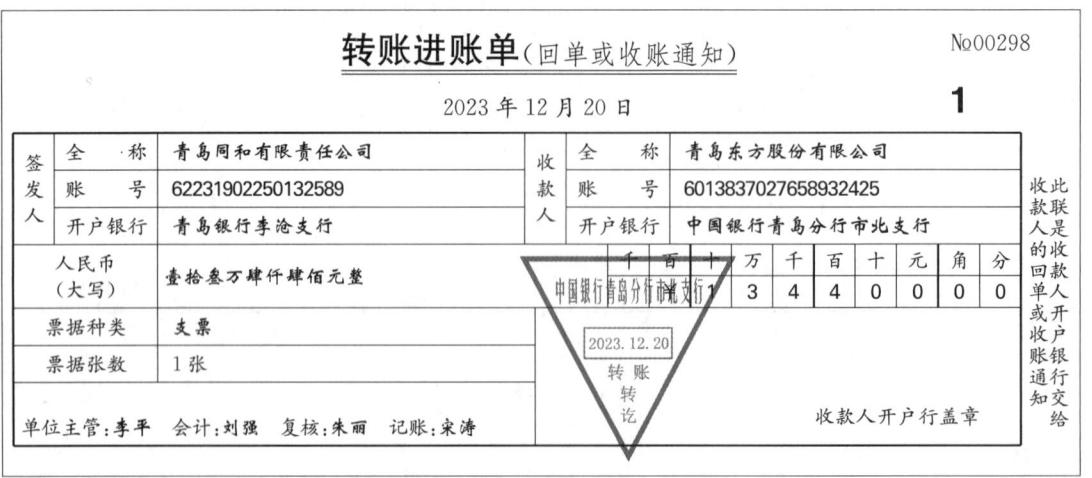

图 1-31 转账进账单

要求：填制记账凭证（见图1-32）。

记账凭证

2023 年 12 月 20 日　　　记字009号

摘要	会计科目	明细科目	借方金额 千百十万千百十元角分	贷方金额 千百十万千百十元角分	√
收回货款	银行存款		1 3 4 4 0 0 0 0		附件1张
	合同负债	现金折扣	2 4 0 0 0 0		
	应收账款	青岛同和		1 3 5 6 0 0 0 0	
	主营业务收入			1 2 0 0 0 0	
合计			¥ 1 3 6 8 0 0 0 0	¥ 1 3 6 8 0 0 0 0	

会计主管：李平　　记账：宋涛　　出纳：王静　　审核：朱丽　　制单：刘强

图 1-32　记账凭证

（B3）假设款项于12月28日收回。取得的原始凭证见图1-33。

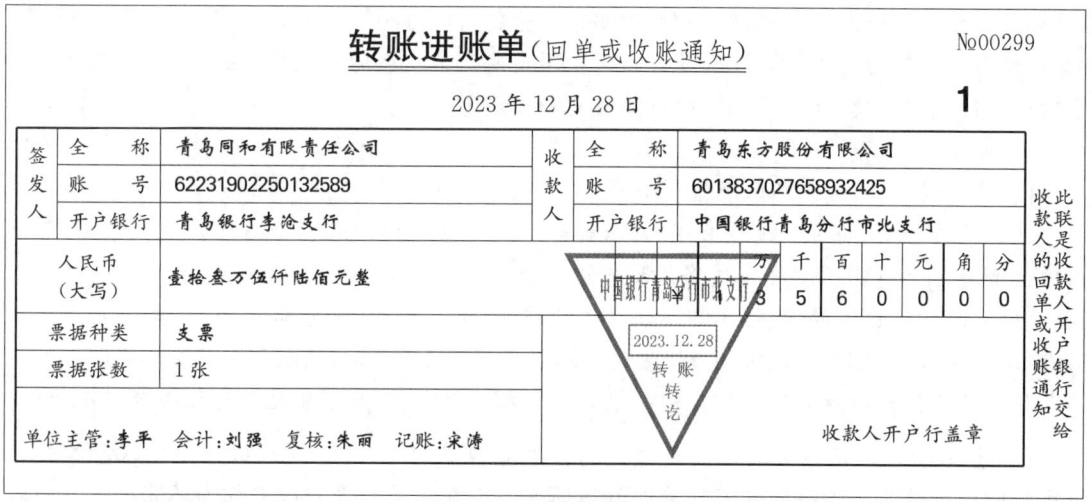

图 1-33　转账进账单

要求：填制记账凭证（图1-34）。

记账凭证

2023 年 12 月 28 日　　　记字010号

摘要	会计科目	明细科目	借方金额 千百十万千百十元角分	贷方金额 千百十万千百十元角分	√
收回货款	银行存款		1 3 5 6 0 0 0 0		附件1张
	合同负债	现金折扣	2 4 0 0 0 0		
	应收账款	青岛同和		1 3 5 6 0 0 0 0	
	主营业务收入			2 4 0 0 0 0	
合计			¥ 1 3 8 0 0 0 0 0	¥ 1 3 8 0 0 0 0 0	

会计主管：李平　　记账：宋涛　　出纳：王静　　审核：朱丽　　制单：刘强

图 1-34　记账凭证

【总结】 如果实际收款时实际发生的现金折扣与初始预估的现金折扣金额不同,则差额调整收款当期的收入。

讲信修睦乃企业生存之本

2021年6月23日,北京仙源食品酿造有限公司因拖欠雄县乐佳纸塑包装有限公司卷膜款32 073元及卷膜版费4 221元,被雄县人民法院判决生效后7日内支付原告雄县乐佳纸塑包装有限公司卷膜款32 073元及卷膜版费4 221元,共计36 294元及逾期利息,并承担部分案件受理费331元。北京仙源食品酿造有限公司因这起事件具备履行能力而拒不履行,被列入失信被执行人名单。

资料来源:区经济信息化局,通州区曝光2022年第一批失信案例[EB/OL](2022-10-11)[2023-5-24]. http://www.bjtzh.gov.cn/xytzh/c109468/202210/1618554.shtml.

这样的案例每年都有很多。商务部抽查显示,目前我国企业的平均坏账率约为5%~10%,这种现象有极大危害性,它不但影响企业资金周转,降低利润,随之还常引发"三角债""马拉松诉讼""暴力追债"等纠纷,成为困扰我国企业正常发展的一大"顽症"。因此,及时回收账款尽可能减少损失,是每家企业应当做好的一项重要工作。

3) 应收款项减值

【任务1-2-5】 编制坏账准备计提表

2023年年初,青岛东兴有限公司"应收账款"账户借方余额为365 000元,"应收票据"账户借方余额为132 000元,"坏账准备"账户贷方余额为4 970元,2023年赊销商品价税合计128 000元,收回上年的货款186 000元,因销售商品而收到商业承兑汇票一张,面值57 000元,本年确认坏账3 200元,收回已经转销的坏账1 000元,预期信用损失为6 000元。

请你作为该公司的财务人员自制一张坏账准备计提表,据此编制记账凭证并登记账簿。

(1) 应收款项减值损失的确认。企业的各项应收款项,可能会因购货人拒付、破产、死亡等无法收回。这类无法收回的应收款项就是坏账。因坏账而遭受的损失称为坏账损失。应收款项减值有直接转销法及备抵法两种核算方法。《小企业会计准则》规定,应收款项减值采用直接转销法;《企业会计准则》规定,应收款项减值采用备抵法。本书只涉及备抵法。

备抵法是采用一定的方法按期确定信用损失计入当期损益作为坏账准备,待坏账损失实际发生时,冲销已计提的坏账准备和相应的应收款项。采用这种方法的依据是权责发生制要求。采用这种方法需要对预期信用损失进行评估和判断,以此确定减值损失。

(2) 预期信用损失的含义。预期信用损失是指以发生违约的风险为权重的金融工具信用损失的加权平均值。信用损失是指企业按照实际利率折现的、根据合同应收的所有合同现金流量与预期收取的所有现金流量之间的差额,即全部现金短缺的现值。考虑到应收款项的流动性特征,实际工作中通常按照应收款项的账面余额及预计可收回金额差额确定预计信用减值损失。也就是说,按照在应收款项初始确认时所确定的预计存续期内的违约概率与该应收款项在所确定的预计存续期内的违约概率,来判定应收款项信用风险是否显著增加。如果信用风险显著增加,则需要确定预期信用损失。例如,某公司为一家制造业企业,客户群体多为小客户,应收账款合计100万元,该公司使用逾期天数与违约损失率对照表来确定该应收账款的预期信用损失,该公司逾期天数与违约损失率对照表见表1-2。

表1-2　　　　　　　　　逾期天数与违约损失率对照表

逾期天数	未逾期	逾期0～30天	逾期30～60天	逾期60～90天	逾期90天以上
违约损失率	0.2%	1.5%	4.5%	9.5%	15.5%

资产负债表日,该公司坏账准备金额计算表见表1-3。

表1-3　　　　　　　　　坏账准备计算表　　　　　　　　　金额单位:万元

逾期情况	应收账款账面余额 (1)	违约损失率 (2)	预期信用损失 (3)=(1)×(2)
未逾期	30	0.2%	0.060
逾期0～30天	10	1.5%	0.150
逾期30～60天	15	4.5%	0.675
逾期60～90天	22	9.5%	2.090
逾期90天以上	23	15.5%	3.565
合计	100	—	6.540

(3) 计提坏账准备的计算过程。采用备抵法核算应收款项减值损失,需要设置"坏账准备"账户。当期应提取的坏账准备金额可按照下列步骤和方法理解计算:

第一步:计算资产负债表日应收款项余额。

$$应收款项期末余额=应收款项期初余额+本期增加发生额-本期减少发生额$$

第二步:计算资产负债表日"坏账准备"账户资产负债表日应有余额。

$$资产负债表日"坏账准备"账户应有余额 = 预期信用损失 = \sum 应收账款账面余额 \times 违约损失率$$
$$= 应收款项的账面余额 - 预计可收回金额$$

第三步:计算"坏账准备"账户已有余额。

$$"坏账准备"账户已有余额="坏账准备"账户期初余额+本期增加发生额-本期减少发生额$$

第四步:计算本期资产负债表日计提的"坏账准备"金额。

$$本期资产负债表日计提的"坏账准备"金额 = 资产负债表日"坏账准备"账户应有余额 - "坏账准备"账户已有余额$$

温馨提示

(1) 应收款项包括应收票据、应收账款、其他应收款、应收利息、应收股利等,但不包含"应收账款"账户中核算的预收款项。

(2) 上述步骤中第四步的计算结果若大于零,则需计提坏账准备;若小于零,则需冲减坏账准备。

聪明屋

你能说出账面价值的意思吗?

(4) 实训例题。2023年12月初,青岛东方股份有限公司"坏账准备"账户贷方余额为

1 800元,"应收账款"总账账户余额为借方 308 000元。该公司12月的业务如下:

【例 1-7】 13日,确认一笔款项30 000元无法收回。

要求:填制记账凭证(图1-35)。

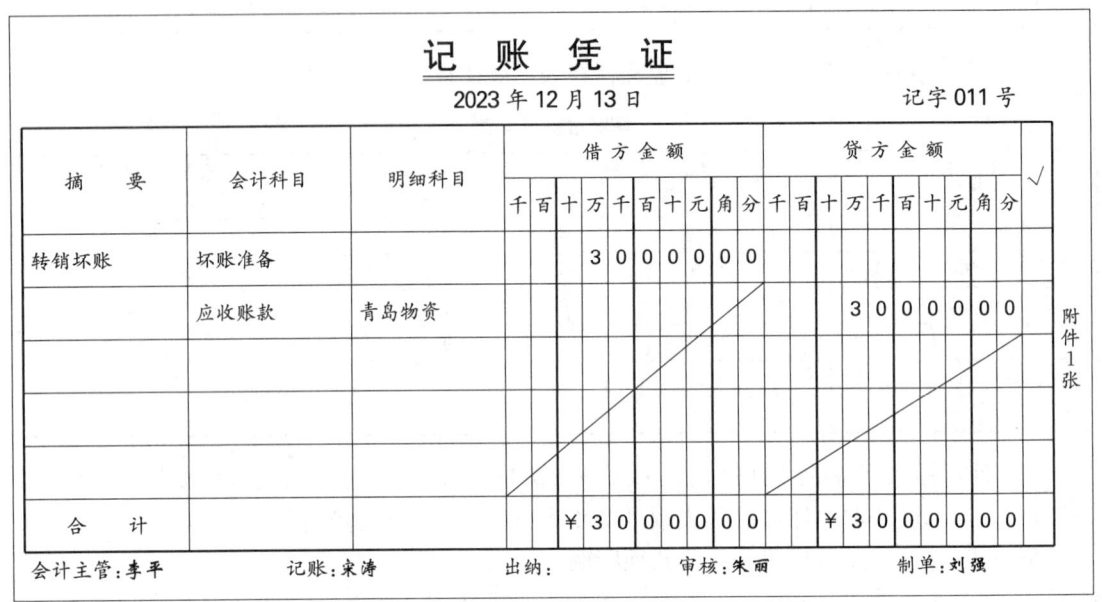

图1-35　记账凭证

【例 1-8】 20日,收到2022年已转销的坏账2 000元,已存入银行。取得的原始凭证见图1-36。

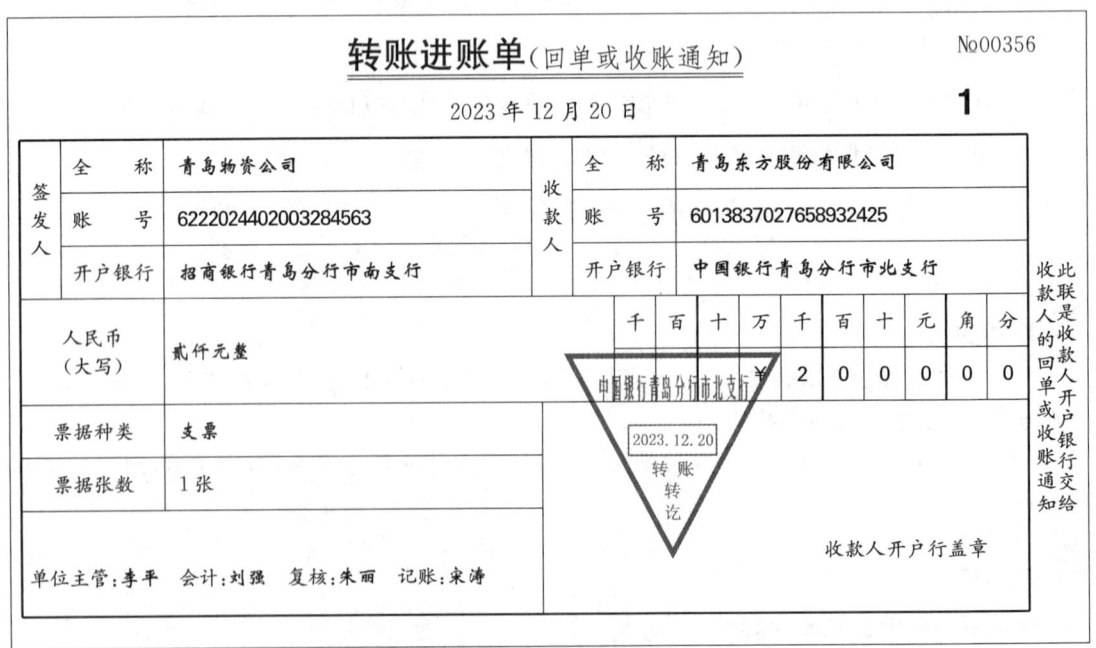

图1-36　转账进账单

要求：填制记账凭证（图 1-37 和图 1-38）。

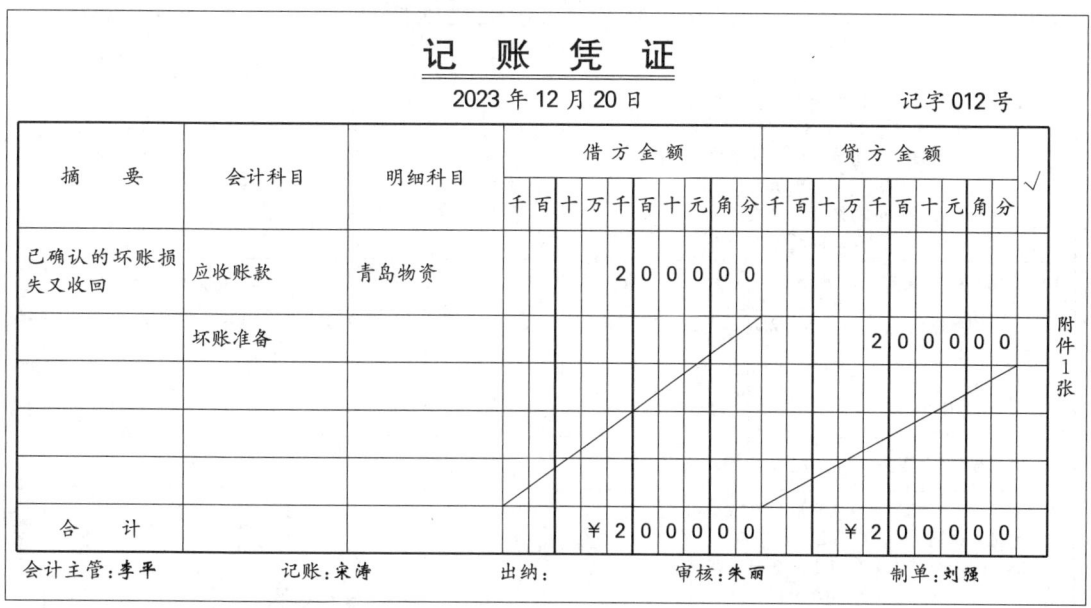

图 1-37　记账凭证

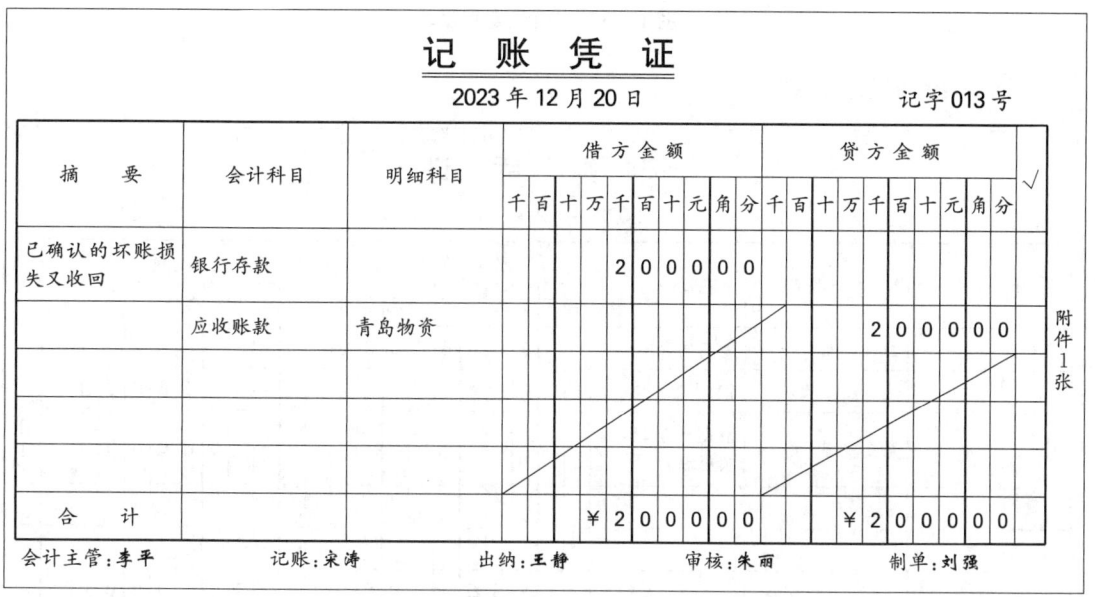

图 1-38　记账凭证

【例 1-9】 23 日，销售钢丝绳 400 千克，价款为 160 000 元，增值税额为 20 800 元，款项未收。取得的原始凭证见图 1-39。

图1-39 增值税专用发票

要求：填制记账凭证(图1-40)。

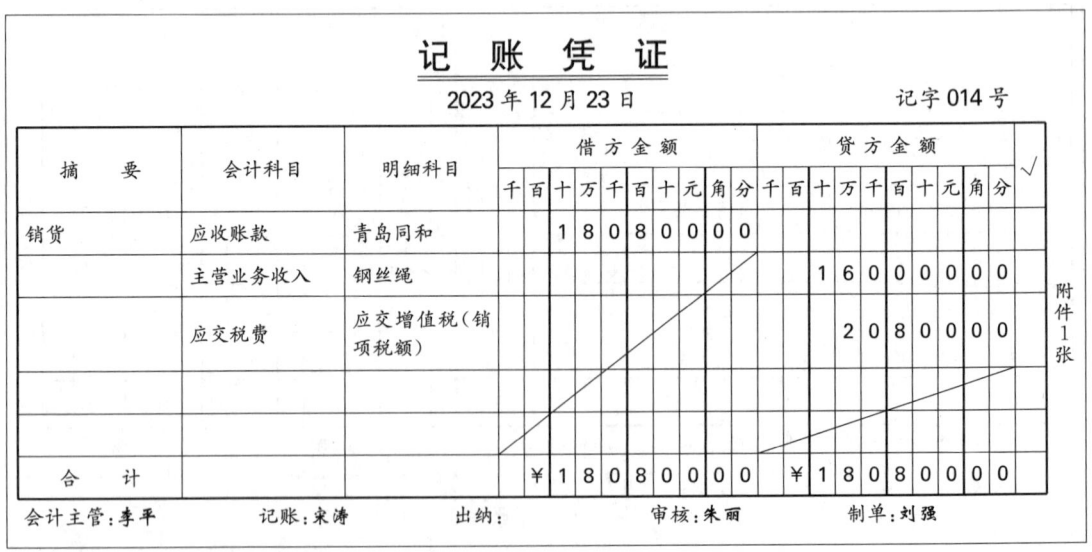

图1-40 记账凭证

【例1-10】 31日，计提年末坏账准备。取得的原始凭证见图1-41。

坏账准备计提表

2023 年 12 月 31 日   单位:元

项目	账户余额	"坏账准备"账户现有余额	预期未来信用损失(3%)	补提(或冲减)
应收账款	458 800	－26 200（借方）	13 764	39 964
合计	458 800	－26 200（借方）	13 764	39 964

注：预期未来信用损失＝45 880×3%＝13 764(元)

图 1-41　坏账准备计提表

要求：填制记账凭证（图 1-42）。

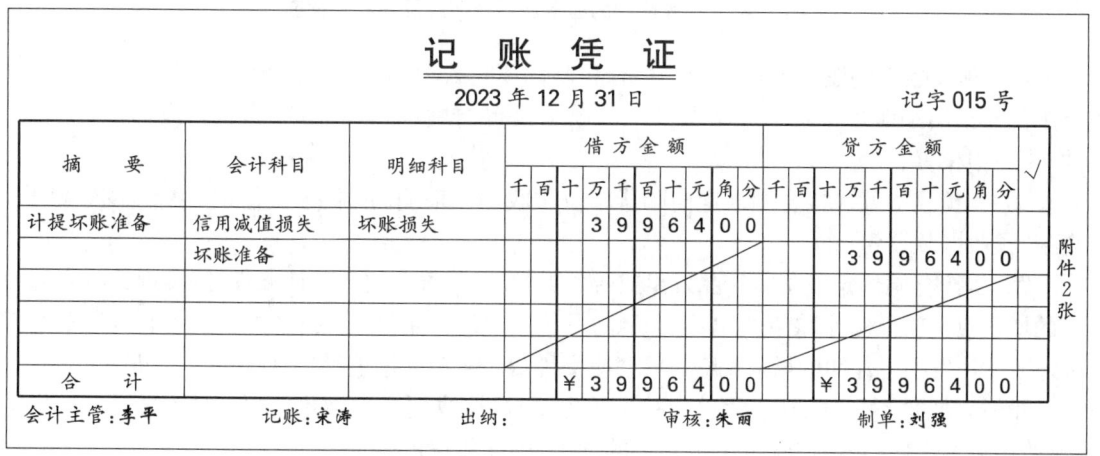

图 1-42　记账凭证

假设实训例题中青岛东方股份有限公司"坏账准备"账户 2023 年 12 月的月初余额是贷方 38 000 元，期末该计提坏账准备的金额是多少？如何编制会计分录？

3. 预收账款

【任务 1-2-6】预收账款的核算

2023 年 5 月，青岛东兴股份有限公司发生如下经济业务：

(1) 12 日，该公司财务部门取得中国银行转账进账单一张，金额为 50 000 元，用途为预收货款。

(2) 15 日，收到业务部传来的增值税专用发票的记账联（甲商品，320 件，单价为 150 元，税额为 6 240 元）；同日收到仓库传来的出库单（甲商品，320 件，实际单位成本为 112 元）。

(3) 22 日，取得中国银行转账进账单一张，金额为 4 240 元，用途为补收余款。

假设你是该公司的一名会计人员，请说出每笔业务金额的来源，编制记账凭证并登记账簿。

(1) 预收账款的含义。预收账款是指企业（即销售方）按照合同规定向购货单位预收的款项，这笔款项构成企业的一项流动负债。

(2) 预收账款的业务流程及原始凭证。预收账款的业务流程及所涉及的原始凭证见图 1-43。

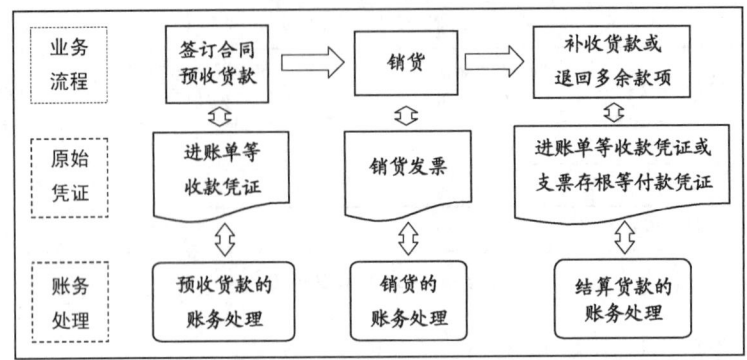

图 1-43 预收账款的业务流程及所涉及的原始凭证

(3) 预收账款的账务处理。为了核算和监督预收款项,应当设置"预收账款"账户,并按购货单位开设明细账进行明细分类核算。不单独设置"预收账款"账户的企业,应当在"应收账款"账户中核算。

第一,预收货款。按合同规定向购货单位预收款项时,按所收金额借记"银行存款"账户,贷记"预收账款"账户。

第二,按合同约定发货。产品发出或劳务提供后,若符合收入确认条件,按实现的收入和应交的增值税销项税额等,借记"预收账款"账户;按实现的营业收入,贷记"主营业务收入"账户;按增值税专用发票上注明的增值税额,贷记"应交税费——应交增值税(销项税额)"等账户。

第三,结算货款。收到购货单位补付的款项时,按收到金额数借记"银行存款"账户,贷记"预收账款"账户;若退回购货单位多付的款项,则作相反的会计分录。

(4) 实训例题。

【例 1-11】 2023 年 12 月 18 日,青岛东方股份有限公司预收货款 80 000 元。取得的原始凭证见图 1-44。

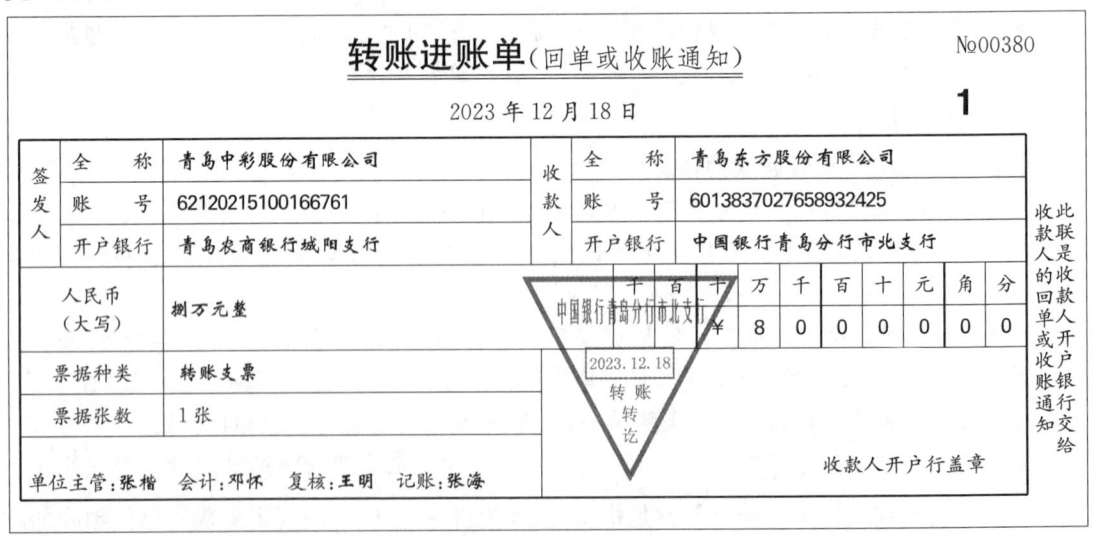

图 1-44 转账进账单

要求:填制记账凭证(图1-45)。

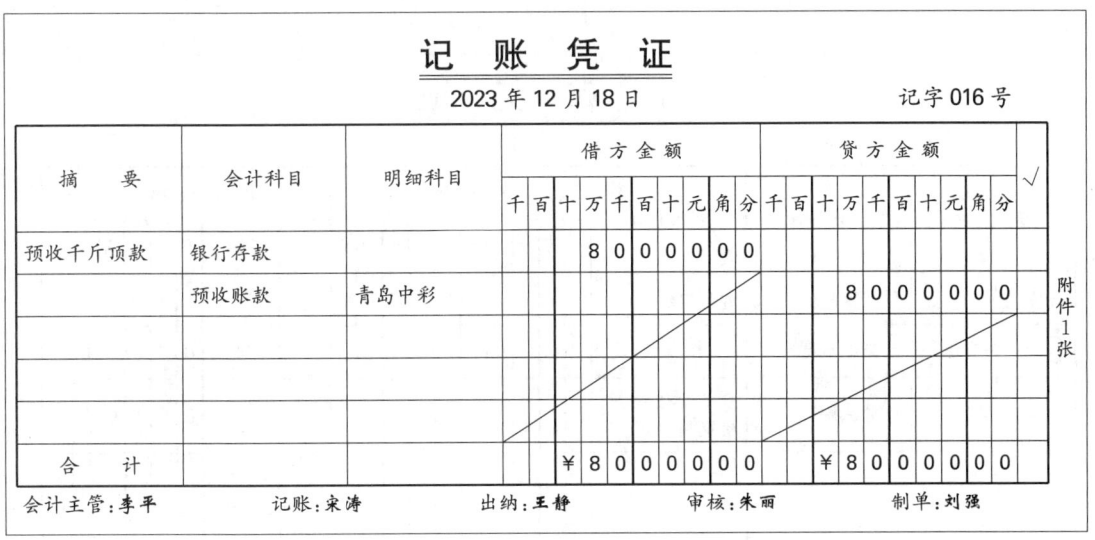

图 1-45　记账凭证

【例 1-12】 承[例 1-11], 2023 年 12 月 20 日, 青岛东方股份有限公司销售千斤顶。取得的原始凭证见图 1-46。

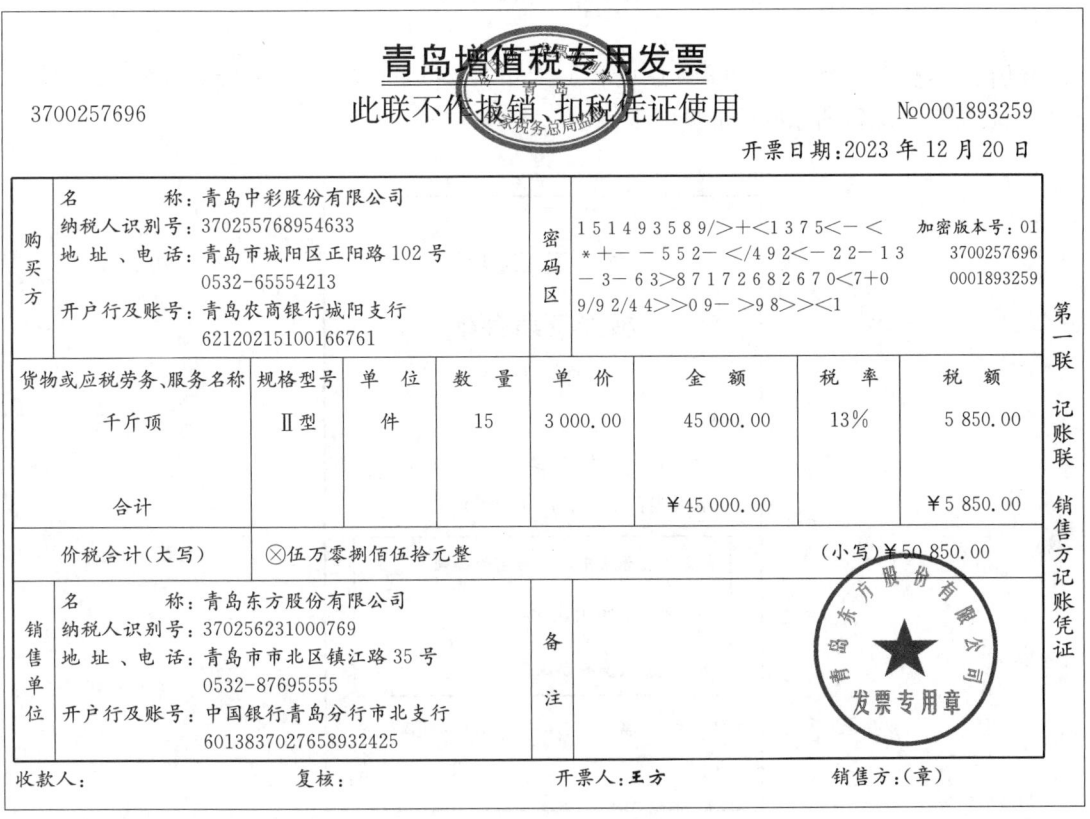

图 1-46　增值税专用发票

要求：填制记账凭证（图1-47）。

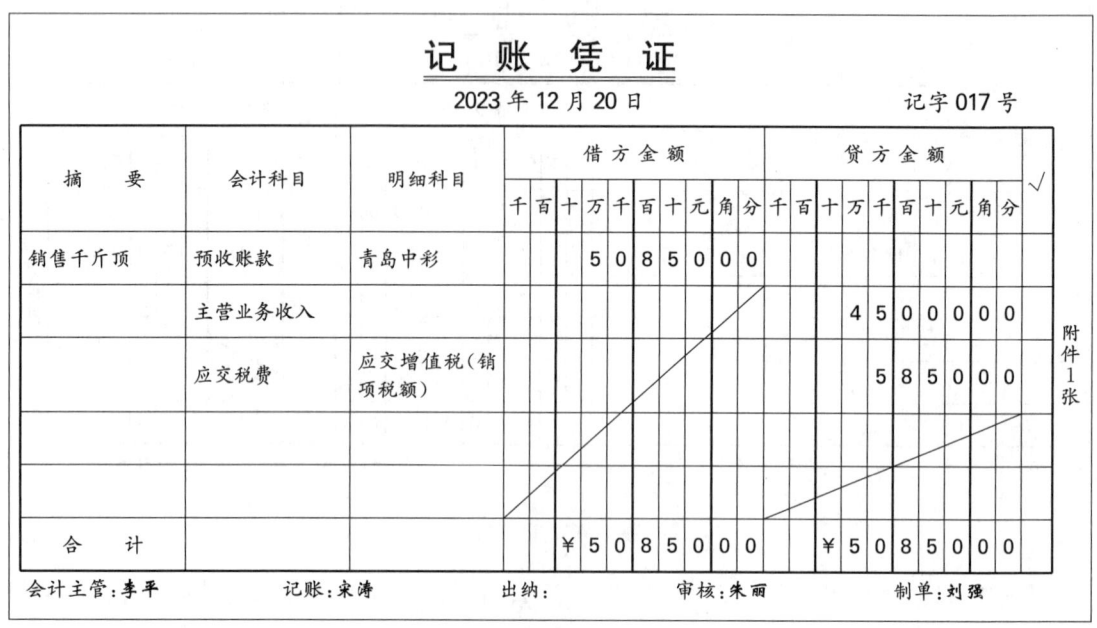

图1-47　记账凭证

【例1-13】　承［例1-11］和［例1-12］，2023年12月28日，青岛东方股份有限公司退回多余的预收货款。取得的原始凭证见图1-48。

图1-48　转账支票存根

要求：填制记账凭证（图1-49）。

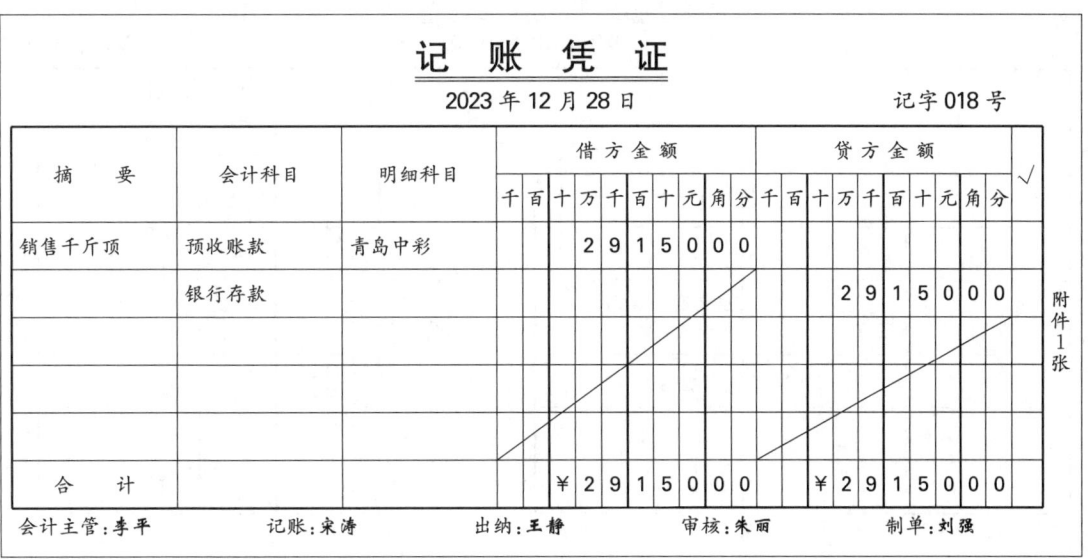

图1-49　记账凭证

 课堂活动

1. 假设实训例题中青岛东方股份有限公司当初预收货款30 000元，该如何进行账务处理？

2. 如果[任务1-2-6]中青岛东兴股份有限公司当初预收货款60 000元，该如何进行账务处理？

如果青岛东方股份有限公司预收账款业务不多，为简化核算，也可以不设置"预收账款"账户，用"应收账款"账户代替。则[例1-11]至[例1-13]编制的记账凭证分别见图1-50至图1-52。

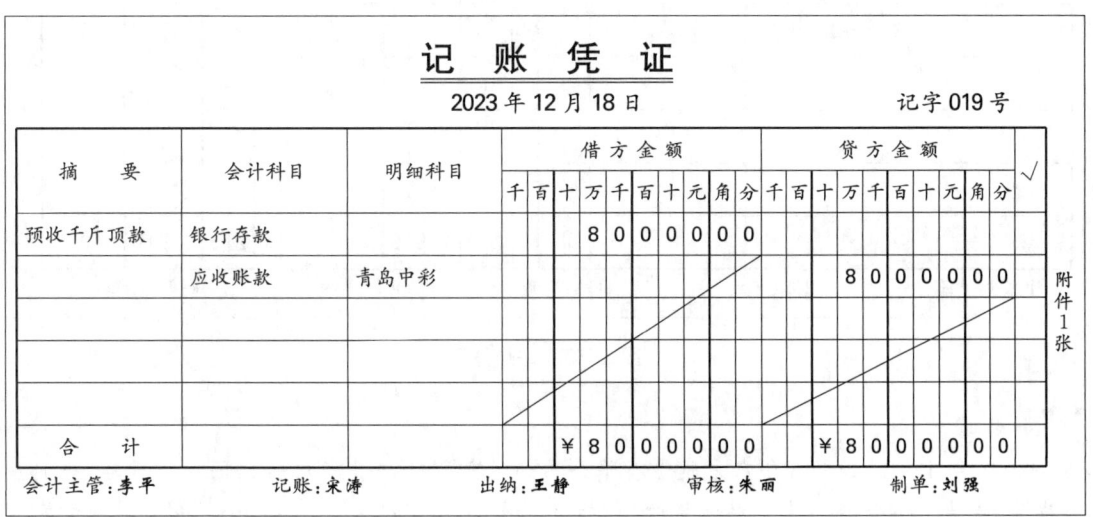

图1-50　记账凭证

记账凭证

2023 年 12 月 20 日　　记字 020 号

摘要	会计科目	明细科目	借方金额	贷方金额
销售千斤顶	应收账款	青岛中彩	50 850 00	
	主营业务收入			45 000 00
	应交税费	应交增值税(销项税额)		5 850 00
合　计			¥50 850 00	¥50 850 00

会计主管：李平　　记账：宋涛　　出纳：　　审核：朱丽　　制单：刘强

图 1-51　记账凭证

记账凭证

2023 年 12 月 28 日　　记字 021 号

摘要	会计科目	明细科目	借方金额	贷方金额
退千斤顶多余款	应收账款	青岛中彩	29 150 00	
	银行存款			29 150 00
合　计			¥29 150 00	¥29 150 00

会计主管：李平　　记账：宋涛　　出纳：王静　　审核：朱丽　　制单：刘强

图 1-52　记账凭证

小思考

2023 年 12 月，如果青岛东方股份有限公司通过"应收账款"账户核算预收货款后，当月没有发货，或者已发货但月末未结清货款，你能计算出"应收账款——青岛中彩"明细账户的期末余额并解释其含义吗？

任务 1.3 供应商往来款项的记录与核对

一、任务布置

【任务 1-3】 供应商往来款项的记录与核对案例

在[任务 1-1]中,已经列出了供应商的相关信息,青岛宏达服装有限公司 2023 年 12 月初相关账户期初余额如下:"应付票据"总账账户贷方余额为 61 000 元,其中"应付票据——青岛汇智"明细账户贷方余额为 61 000 元;"应付账款"总账账户贷方余额为 253 000 元,其中"应付账款——山东创新"明细账户贷方余额为 27 000 元;"应付账款——力星拉链"明细账户贷方余额为 80 000 元;"应付账款——广州新盛"明细账户贷方余额为 100 000 元;"应付账款——青岛欧华"明细账户贷方余额为 46 000 元;"预付账款"总账账户借方余额为 88 000 元,其中"预付账款——兴达服装"明细账户借方余额为 11 000 元;"预付账款——广州圣园"明细账户借方余额为 77 000 元。该公司 2023 年 12 月发生的经济业务如下:

(1) 1 日,购买面料。有关单据见图 1-53 和图 1-54。

银行承兑汇票 2

签发日期(大写)贰零贰叁年壹拾贰月零壹日

第 IC0498 号

出票人全称	青岛宏达服装有限公司	收款人	全　称	青岛汇智服装辅料有限公司	
出票人账号	4222987586543400890		账　号	7602033445631415783	
付款行全称	中国工商银行青岛分行四方支行　行号 3695		开户行	中国农业银行青岛分行市北支行　行号 3535	
汇票金额	人民币(大写)伍万陆仟伍佰元整			千 百 十 万 千 百 十 元 角 分	¥ 5 6 5 0 0 0 0
汇票到期日	贰零贰肆年零叁月零壹日			承兑协议编号	00196

本汇票请你行承兑,到期无条件付款

青岛宏达服装有限公司 财务专用章

出票人签章

2023 年 12 月 01 日

本汇票已经承兑,到期日由本行付款

中国工商银行青岛市四方支行

承兑行签章

承兑日期 2023 年 12 月 01 日

备注:

科目(借)

对方科目(贷)

转账　　年　　月　　日

复核 王象　　记账 李好

此联收款人开户行随委托收款凭证寄付款行作借方凭证附件

图 1-53 银行承兑汇票

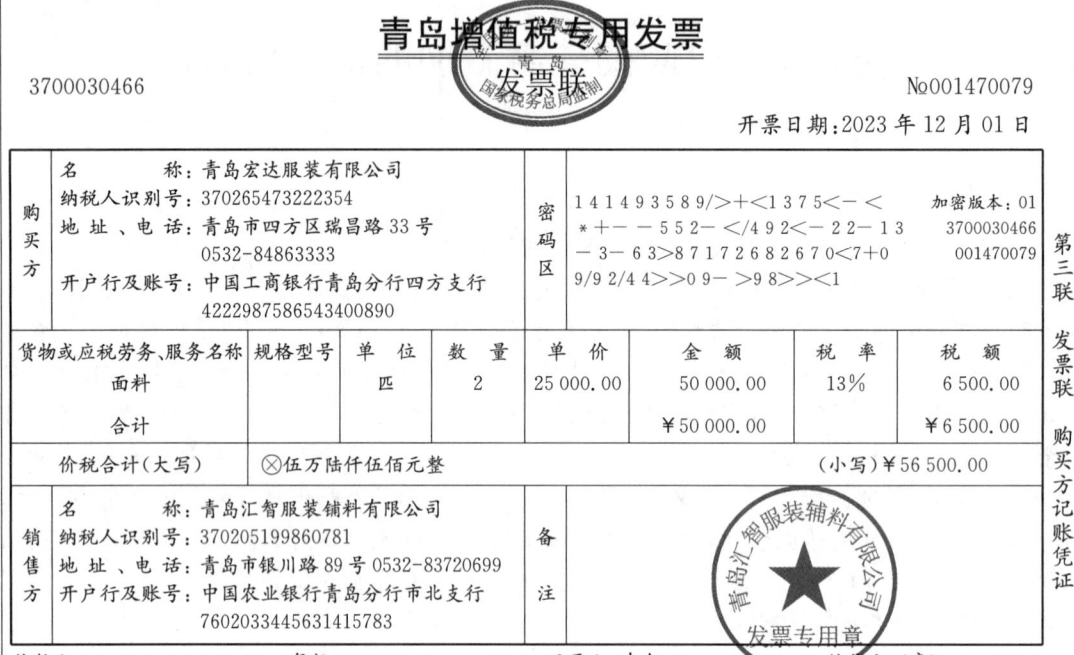

图1-54 增值税专用发票

（2）3日，购买胆料。有关单据见图1-55和图1-56。

图1-55 增值税专用发票

```
        中国工商银行
        转账支票存根
         Ⅶ Ⅲ 00041175
    科    目：＿＿＿＿＿＿＿＿＿＿
    对方科目：在途物资
    出票日期：2023 年 12 月 03 日
    ┌─────────────────────────┐
    │ 收款人：青岛欧华服装辅料有限公司 │
    │ 金　额：￥12 000.00          │
    │ 用　途：支付购货款           │
    └─────────────────────────┘
    单位主管：李平      会计：刘强
    复核：             记账：
```

图 1-56　转账支票存根

（3）7 日，预付货款。有关单据见图 1-57。

```
        中国工商银行
        转账支票存根
         Ⅶ Ⅲ 00041185
    科    目：＿＿＿＿＿＿＿＿＿＿
    对方科目：预付账款
    出票日期：2023 年 12 月 07 日
    ┌─────────────────────────┐
    │ 收款人：兴达服装配料店       │
    │ 金　额：￥5 000.00          │
    │ 用　途：预付里料定金         │
    └─────────────────────────┘
    单位主管：李平      会计：刘强
    复核：             记账：
```

图 1-57　转账支票存根

（4）15 日，支付前欠货款。有关单据见图 1-58。

```
        中国工商银行
        转账支票存根
         Ⅶ Ⅲ 00041654
    科    目：＿＿＿＿＿＿＿＿＿＿
    对方科目：应付账款
    出票日期：2023 年 12 月 15 日
    ┌─────────────────────────┐
    │ 收款人：力星拉链厂           │
    │ 金　额：￥80 000.00         │
    │ 用　途：支付 11 月欠款       │
    └─────────────────────────┘
    单位主管：李平      会计：刘强
    复核：             记账：
```

图 1-58　转账支票存根

(5) 19 日,支付前欠货款。有关单据见图 1-59。

图 1-59　转账支票存根

(6) 22 日,购买缝纫线。有关单据见图 1-60。

图 1-60　增值税专用发票

(7) 28 日,购买里料,价款为 100 000 元,增值税额为 13 000 元,款项已付,材料已收。有关单据见图 1-61 至图 1-63。

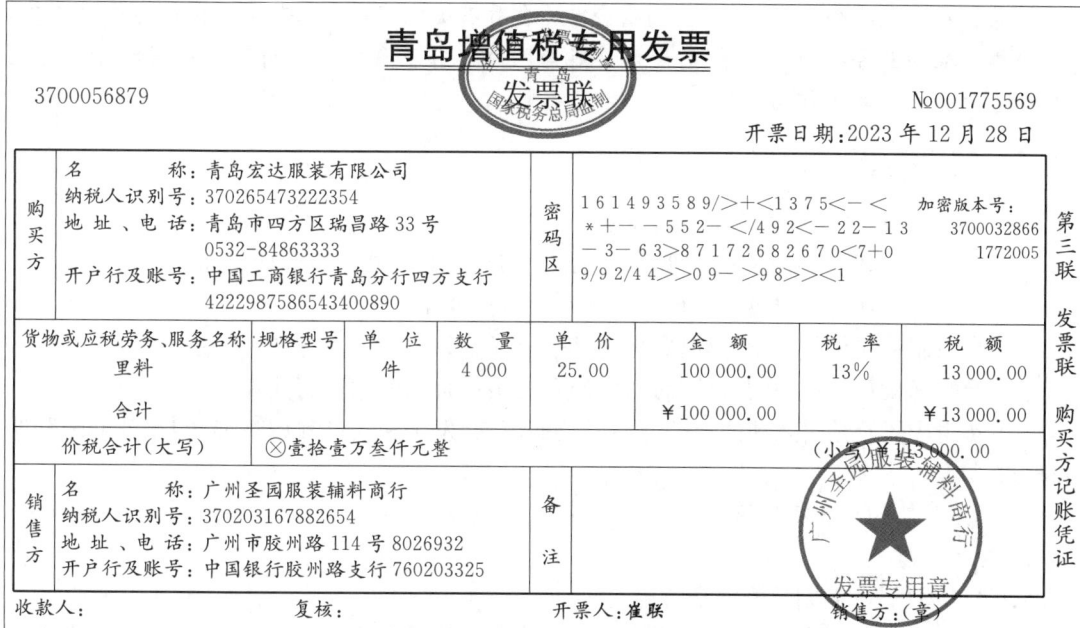

图 1-61　增值税专用发票

图 1-62　材料入库单

图 1-63　转账支票存根

如果你在假期去公司实习,财务经理安排你负责有关供应商往来款项的记录与核对工作,包括根据发生的业务填制记账凭证,登记总账与明细账并进行账证核对及账账核对等。你能保质保量地完成上述工作吗?

二、知识链接

(一)应付及预付款项会计岗位的职责

应付及预付款项会计岗位是企业债权、债务会计核算岗位,其具体职责如下:

(1) 会同有关部门拟定应付及预付款项管理与核算办法。

(2) 参与制订应付款项偿还计划,控制其偿还成本。

(3) 及时提供预付款项的会计信息,以便及时根据合同向供应商催收商品。

(4) 负责应付及预付款项的有关原始凭证的审核、发生和偿付,以及业务的账务处理和明细分类核算。

(二)应付及预付款项的核算内容

1. 应付票据

【任务1-3-1】 编制记账凭证

2023年3月11日,青岛东兴股份有限公司财务部门持有的原始凭证有:①增值税专用发票的发票联(甲材料120吨①,单价为72元,增值税税率为13%,增值税额为1123.20元,销货单位为上海恒宇有限公司)。②签发并承兑的商业承兑汇票(面值为9763.20元,期限为90天)。③增值税专用发票(运费为1000元,增值税额为90元)。④入库单(甲材料120吨,单价为80.33元)。⑤商业承兑汇票到期时收到委托收款凭证付款通知联(金额为9763.20元,留存存根联)。

请根据以上原始凭证分别编制采购时、收货时、支付货款时的记账凭证并登记相关账簿。

1) 应付票据的含义

应付票据是指企业因购买材料、商品或接受劳务等开出、承兑的商业汇票,包括商业承兑汇票和银行承兑汇票。企业交付商业汇票时,按照票据的票面金额(也称票面价值)入账。

在会计核算上,由真实交易而开出承兑的商业汇票应设置"应付票据"账户,用来总括地核算和监督企业已开出承兑的商业汇票及其支付的情况。同时,为了加强对应付票据的管理,企业还应当设置"应付票据备查簿",详细登记每一张应付票据的种类、号数、签发日期、到期日、票面金额、票面利率、合同交易号、收款人姓名或单位名称,以及付款日期和金额等资料。应付票据到期,应当在应付票据备查簿内逐笔注销。

不带息应付票据的业务流程及所涉及的原始凭证见图1-64。

2) 不带息应付票据的账务处理

不带息应付票据的到期价值等于应付票据的面值。企业因购买商品、产品或接受劳务等开出、承兑商业汇票时,按购买材料的货款,借记"原材料"等账户;按增值税专用发票上注明的增值税额,借记"应交税费——应交增值税(进项税额)"账户;按应付票据的面值,贷记"应付票据"账户。企业支付的银行承兑汇票手续费应计入财务费用,借记"财务费用"账户,贷记"银行存款"账户。应付票据到期兑付时,按票面金额,借记"应付票据"账户,贷记"银行存款"账户。

---

① 1吨=1000千克。(后同)

商业承兑汇票到期,如企业无力支付票款,应按应付票据账面余额借记"应付票据"账户,贷记"应付账款"账户。对于不带息的银行承兑汇票到期,如企业存款余额不足支付票款,承兑银行先代企业付款,再向企业执行扣款,将尚未扣回的承兑金额转作企业的短期借款。因此,对不带息的银行承兑汇票,按其面值,借记"应付票据"账户,贷记"短期借款"账户。

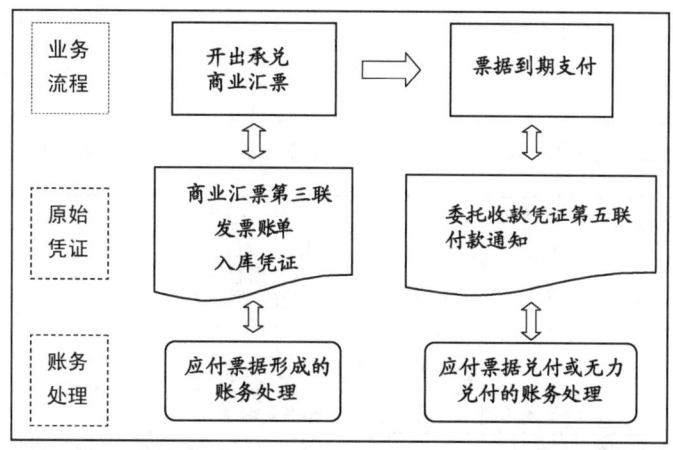

图 1-64　不带息应付票据的业务流程及所涉及的原始凭证

3) 实训例题

【例 1-14】 2023 年 12 月 1 日,青岛东方股份有限公司购买钢筋,同日签发一张银行承兑汇票。取得的原始凭证见图 1-65 至图 1-67。

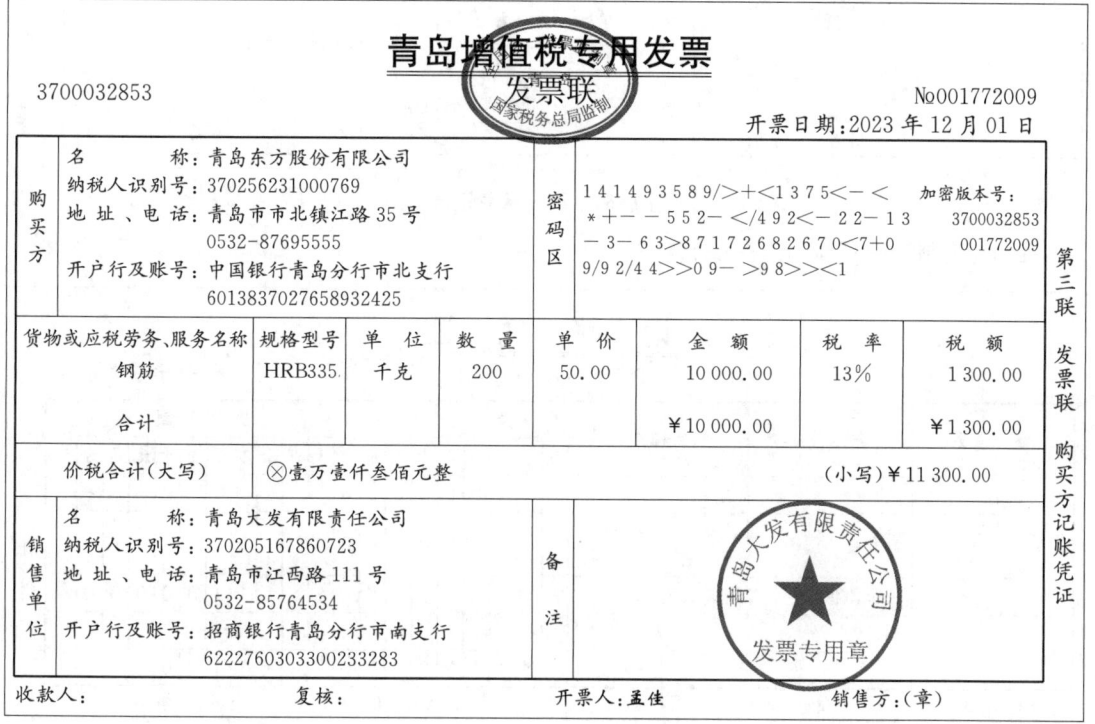

图 1-65　增值税专用发票

材料入库单

供应单位：青岛大发有限责任公司
发票号：001772009 2023 年 12 月 01 日 字第　号

材料名称	规格材质	计量单位	应收数量	实收数量	单价	金额 千 百 十 万 千 百 十 元 角 分
钢筋	HRB335	千克	200	200	50.00	¥　　　1 0 0 0 0 0 0 0
	运杂费					
	合计					¥　　　1 0 0 0 0 0 0 0
备注						

仓库：　　　　会计：李平　　　　收料员：王仟　　　　制单：李平

第二联　记账联

图 1-66　材料入库单

银行承兑汇票 2

签发日期（大写）贰零贰叁年壹拾贰月零壹日　第 IC0498 号

出票人全称	青岛东方股份有限公司	收款人	全称	青岛大发有限责任公司
出票人账号	6013837027658932425		账号	6222760303300233283
付款行全称	中国银行青岛分行市北支行　行号 3695		开户行	招商银行青岛分行市南支行　行号 3546

汇票金额　人民币（大写）壹万壹仟叁佰元整　　￥　　　1 1 3 0 0 0 0 0

汇票到期日　贰零贰贰年零叁月零壹日　　本汇票已经承兑，到期由本行付款　　承兑协议编号 00196

本汇票请你行承兑，到期无条件付款　　　　　　　　　　　　　科目（借）_____　对方科目（贷）_____　转账　年　月　日

财务专用章　出票人签章　2023 年 12 月 01 日　　备注：　　承兑日期 2023 年 12 月 01 日　　复核 王象　记账 李好

此款项是收款人开户行随委托收款凭证寄付款行作借方凭证附件

图 1-67　银行承兑汇票

要求：填制记账凭证（图 1-68）。

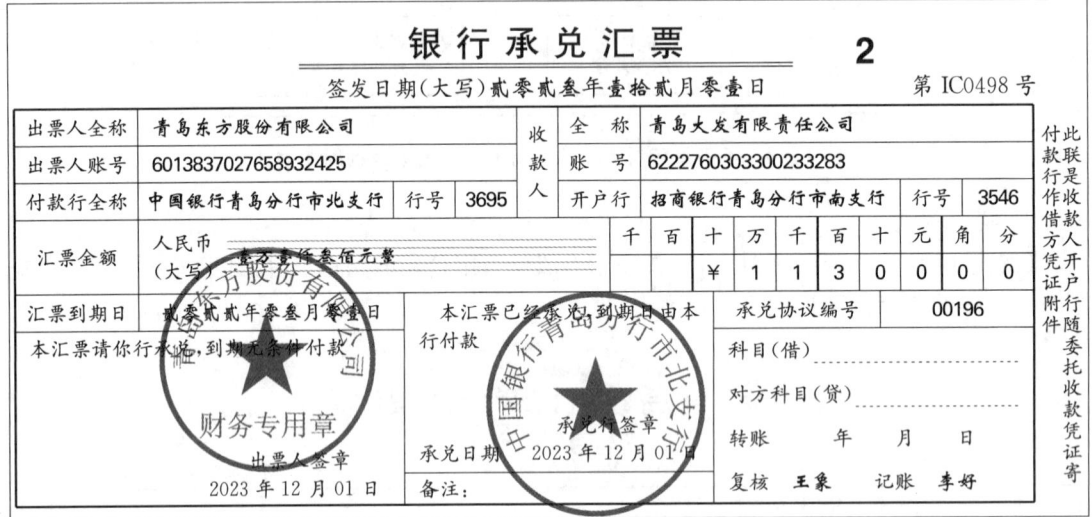

图 1-68　记账凭证

温馨提示

银行承兑汇票签发单位把承兑的汇票第二、第三联发给收款人后,以汇票的复印件作为原始凭证编制记账凭证。

【例1-15】 2023年12月1日,青岛东方股份有限公司支付银行承兑汇票手续费。取得的原始凭证见图1-69。

中国工商银行　凭证费、手续费、邮电费收费凭证

单位名称:青岛东方股份有限公司　　　　　　　　　　　　　　　　No.00986
账　　号:24030331589　　2023年12月01日

凭证名称	数量	单价	凭证费	手续费	邮电费	合计
银行承兑汇票				100.00		100.00
合　计				￥100.00		￥100.00

合计人民币(大写)⊗壹佰元整

第一联 收费计数证明单

图1-69　凭证费、手续费、邮电费收费凭证

要求:填制记账凭证(图1-70)。

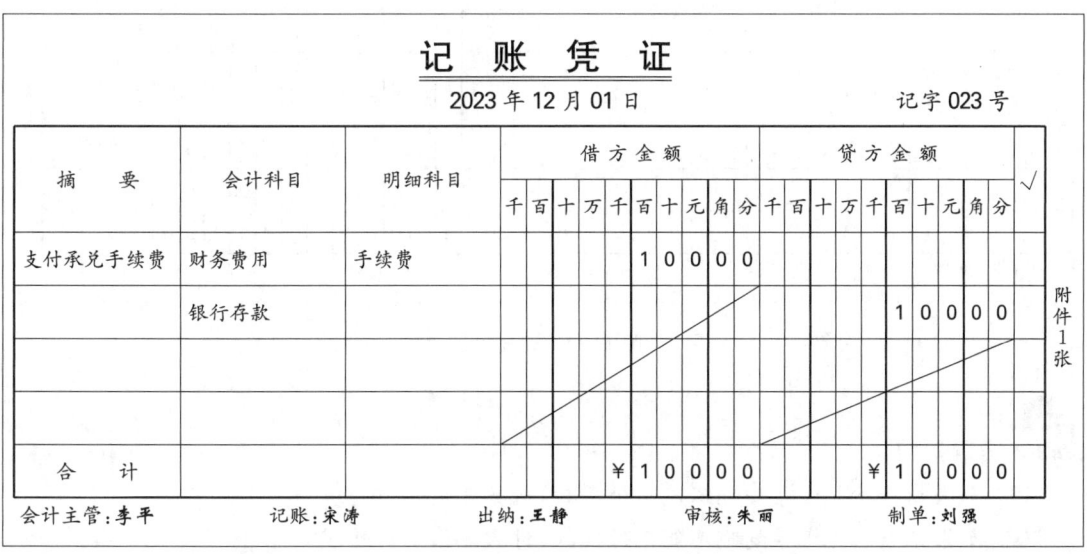

图1-70　记账凭证

【例1-16】 承[例1-14],2023年2月27日,应付票据到期,青岛东方股份有限公司归还银行承兑汇票本金。取得的原始凭证见图1-71。

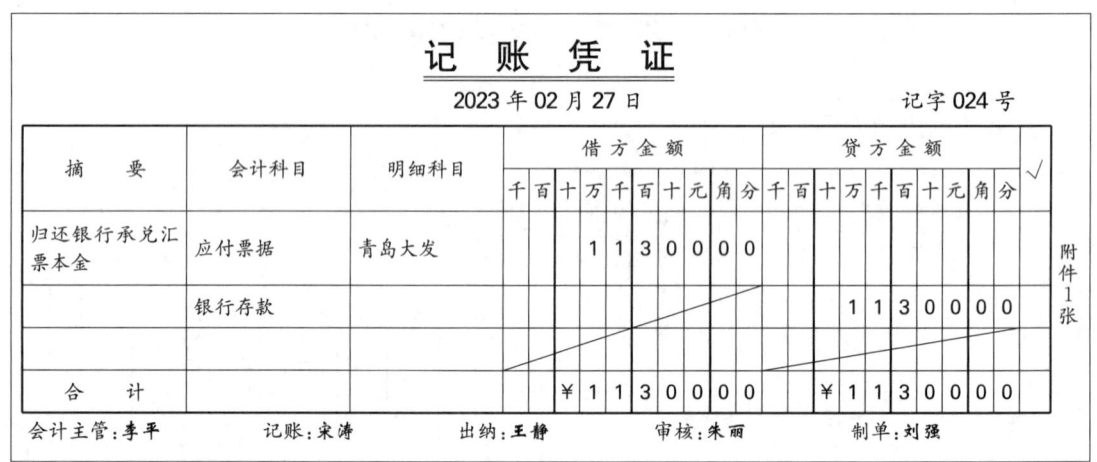

图 1-71 委托收款凭证

要求：填制记账凭证（图 1-72）。

图 1-72 记账凭证

（1）如果商业承兑汇票到期不能兑付票款，付款方该如何处理？
（2）如果银行承兑汇票到期不能兑付票款，付款方该如何处理？

2. 应付账款

【任务 1-3-2】 确认应付账款

青岛东兴股份有限公司 2023 年 7 月发生以下应付账款业务：
（1）2 日，购买甲材料 20 吨，单价为 3 220 元，增值税税率为 13%，对方单位代垫运杂费

1 200元,款项未付。

(2) 5日,购买乙材料85个,单价为96元,增值税税率为13%,签发并承兑一张商业汇票。

(3) 6日,出借一批工具,收到对方单位交付的押金10 000元。

(4) 12日,接受修理劳务,增值税税率为13%。

(5) 17日,根据合同预付丙材料购货款20 000元。

(6) 28日,职工未按期领取工资15 000元。

在上述业务中,请说出哪些业务属于应付账款的核算范围。

1) 应付账款的含义及其核算范围

应付账款是指企业因购买材料、商品和接受劳务等,应向销售方或提供劳务单位支付的款项。会计上所指的应付账款有其特定的范围。首先,应付账款是指因采购活动形成的债务,不包括采用售后回购方式融入资金等其他应付账款。其次,应付账款是指流动负债性质的债务,不包括长期的债务,如借入的长期借款等。最后,应付账款是指本企业应付供应商的款项,不包括本企业付给股东的股息、付给企业员工的工资等。

2) 应付账款的计价

应付账款应于采购的货物验收入库时予以确认,按应付账款的实际发生金额入账,具体包括货款和增值税,以及销售方代垫的运杂费等。

应付账款通常按实际发生额计价入账。如果有现金折扣的,应按照扣除现金折扣前的应付账款总额入账。因在折扣期内付款而获得的现金折扣,在偿付应付账款时冲减财务费用。

【任务1-3-3】 编制应付账款的记账凭证并登记账簿

承[任务1-3-2]中7月2日的应付账款业务,请说出需要的原始凭证,据此编制记账凭证并登记"应付账款"账簿。

青岛东兴股份有限公司签订的合同中,对方单位给予的现金折扣条件为"1/15,n/30",如果该公司的付款时间分别是7月10日、7月25日,请你说出需要的原始凭证,并分别编制记账凭证。

3) 应付账款的业务流程及原始凭证

应付账款的业务流程及所涉及的原始凭证见图1-73。

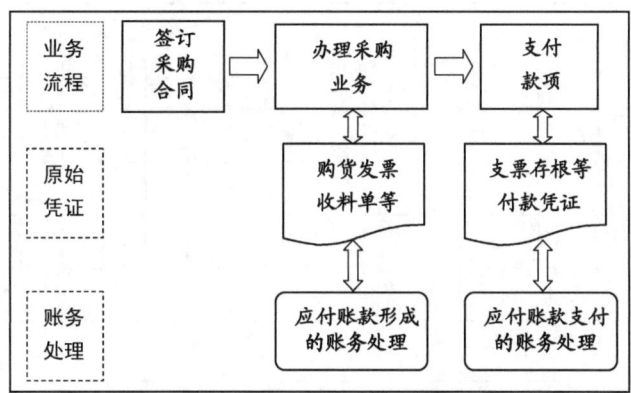

图1-73 应付账款的业务流程及所涉及的原始凭证

4) 实训例题

【例 1-17】 2023 年 12 月 5 日,青岛东方股份有限公司采购钢丝绳。取得的原始凭证见图 1-74 和图 1-75。

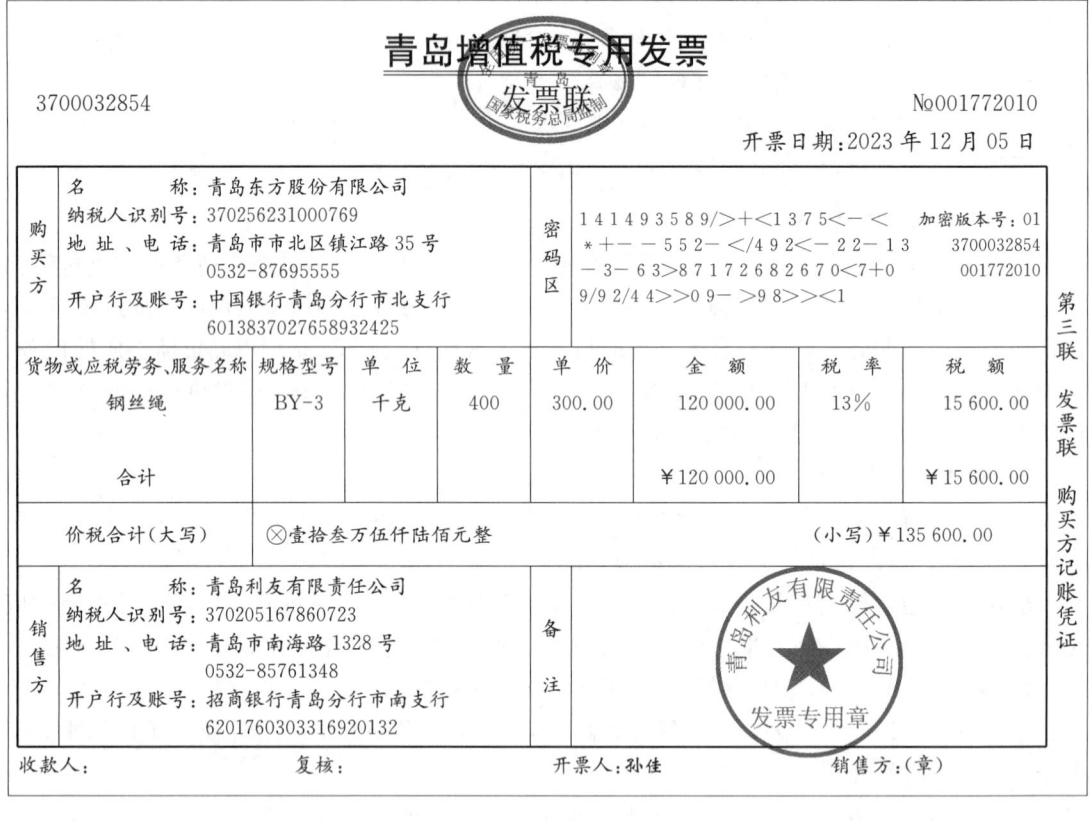

图 1-74　增值税专用发票

材料入库单

供应单位：青岛利友有限责任公司
发票号：001772009　　　　　　2023 年 12 月 05 日　　　　　字第　　号

材料名称	规格材质	计量单位	应收数量	实收数量	单价	金额 千	百	十	万	千	百	十	元	角	分
钢丝绳	BY-3	千克	400	400	300.00			1	2	0	0	0	0	0	0
运杂费															
合　计						¥		1	2	0	0	0	0	0	0
备　注															

仓库：　　　　　　会计：李平　　　　　收料员：王仟　　　　　制单：李平

图 1-75　材料入库单

要求：填制记账凭证(图1-76)。

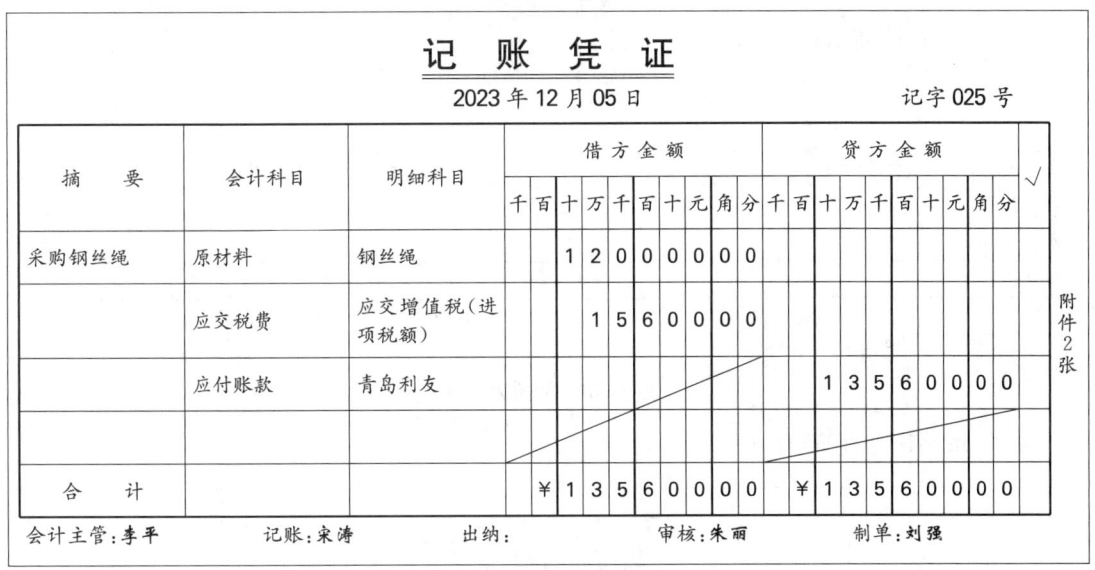

图1-76　记账凭证

【例1-18】　2023年12月5日，青岛东方股份有限公司购买圆钢。取得的原始凭证见图1-77和图1-78。

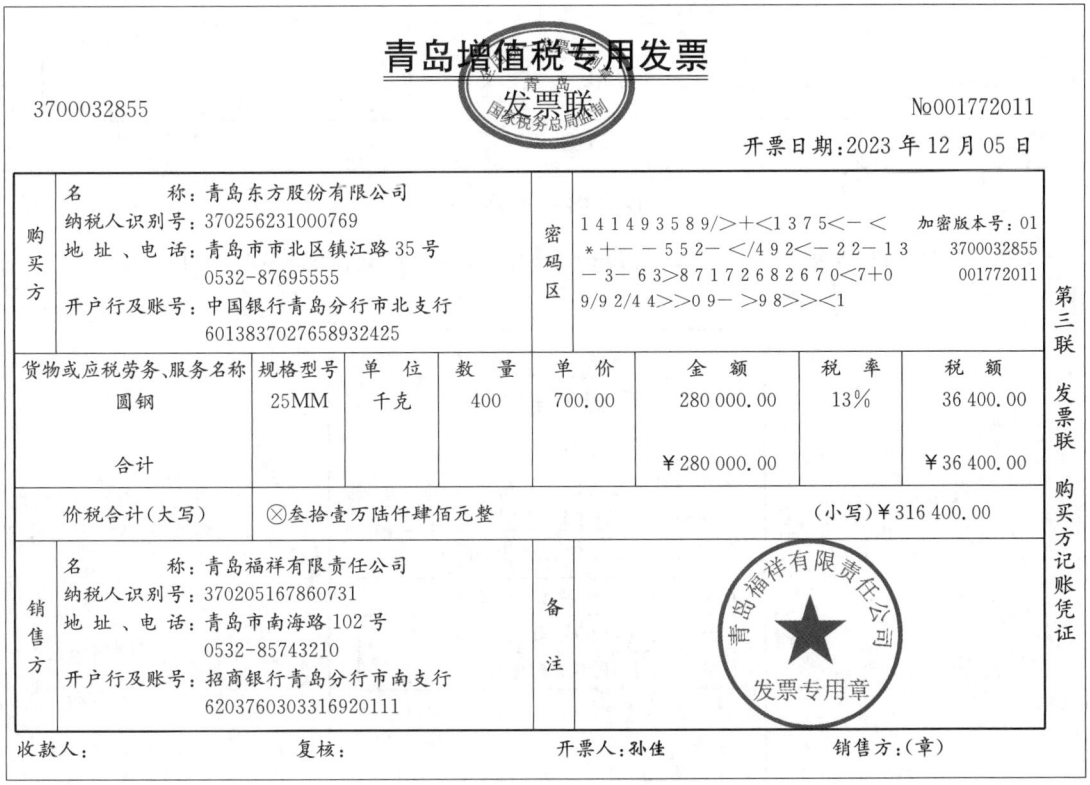

图1-77　增值税专用发票

材料入库单

供应单位:青岛福祥有限责任公司
发票号:001772015　　　2023 年 12 月 05 日

材料名称	规格材质	计量单位	应收数量	实收数量	单价	金额 千 百 十 万 千 百 十 元 角 分
圆钢	25MM	千克	400	400	700.00	2 8 0 0 0 0 0 0
运杂费						
合计						¥　　2 8 0 0 0 0 0 0
备注						

仓库:　　　　会计:李平　　　　收料员:王仟　　　　制单:李平

图 1-78　材料入库单

要求:填制记账凭证(图 1-79)。

记 账 凭 证

2023 年 12 月 05 日　　　　　　　　　　记字 026 号

摘 要	会计科目	明细科目	借方金额 千 百 十 万 千 百 十 元 角 分	贷方金额 千 百 十 万 千 百 十 元 角 分	√
购买圆钢	原材料	圆钢	2 8 0 0 0 0 0 0		
	应交税费	应交增值税(进项税额)	3 6 4 0 0 0 0		
	应付账款	青岛福祥		3 1 6 4 0 0 0 0	
合 计			¥ 3 1 6 4 0 0 0 0	¥ 3 1 6 4 0 0 0 0	

附件2张

会计主管:李平　　记账:宋涛　　出纳:　　审核:朱丽　　制单:刘强

图 1-79　记账凭证

【例 1-19】 2023 年 12 月 15 日,青岛东方股份有限公司支付购货款。取得的原始凭证见图 1-80。

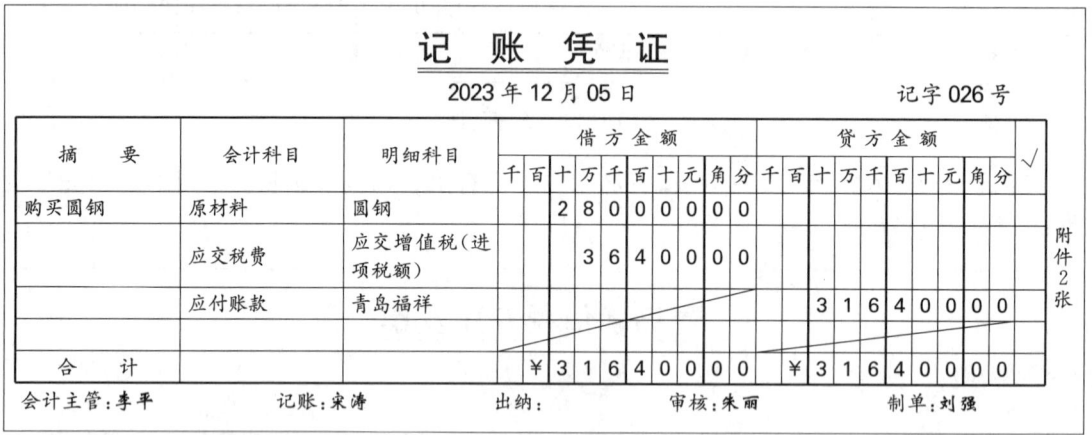

图 1-80　转账支票存根

要求：填制记账凭证（图1-81）。

记账凭证
2023年12月11日　　　　　记字027号

摘要	会计科目	明细科目	借方金额 千百十万千百十元角分	贷方金额 千百十万千百十元角分	√
支付10月购货款	应付账款	广州欧华	7 8 0 0 0 0 0		附件1张
	银行存款			7 8 0 0 0 0 0	
合　计			¥ 7 8 0 0 0 0 0	¥ 7 8 0 0 0 0 0	

会计主管：李平　　记账：宋涛　　出纳：王静　　审核：朱丽　　制单：刘强

图1-81　记账凭证

【例1-20】 承[例1-17]，2023年12月28日，青岛东方股份有限公司支付青岛利友有限责任公司购货款，价税合计135 600元。付款时间在对方单位规定的折扣期内，享受现金折扣2%，即2 400元（不考虑增值税）。该公司取得的原始凭证见图1-82。

图1-82　转账支票存根

要求：填制记账凭证（图1-83）。

记账凭证
2023年12月28日　　　　　记字028号

摘要	会计科目	明细科目	借方金额 千百十万千百十元角分	贷方金额 千百十万千百十元角分	√
支付货款	应付账款	青岛利友	1 3 5 6 0 0 0 0		附件1张
	银行存款			1 3 3 2 0 0 0 0	
	财务费用			2 4 0 0 0 0	
合　计			¥ 1 3 5 6 0 0 0 0	¥ 1 3 5 6 0 0 0 0	

会计主管：李平　　记账：宋涛　　出纳：王静　　审核：朱丽　　制单：刘强

图1-83　记账凭证

温馨提示

在[例 1-20]中,青岛东方股份有限公司原来应付购货款是 120 000 元,因为享受现金折扣 2%,即 2 400 元,实际支付购货款为 117 600 元(120 000－2 400)。增值税不受影响,依然是 15 600 元。青岛东方股份有限公司少支付的购货款 2 400 元冲减财务费用。

3. 预付账款

【任务 1-3-4】 确认预付账款

承[任务 1-3-2],请说出哪些业务属于预付账款业务。

预付账款是指企业按照购货合同或劳务合同规定,预先支付给供货单位或劳务供应单位的款项。

1) 预付账款的业务流程及原始凭证

预付账款的业务流程及所涉及的原始凭证见图 1-84。

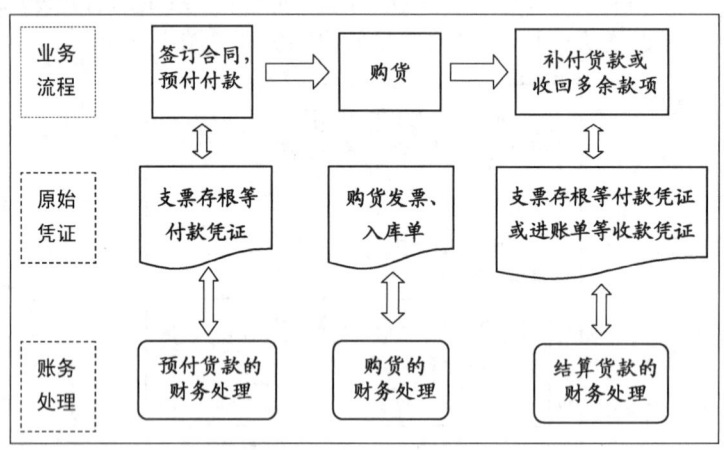

图 1-84 预付账款的业务流程及所涉及的原始凭证

2) 预付账款的账务处理

为了核算和监督预付款项,企业应当设置"预付账款"账户,并按销售方开设明细账进行明细分类核算。对预付账款不多的企业,也可以将预付账款记入"应付账款"账户的借方,但在编制资产负债表时,仍然要将"预付款项"项目和"应付账款"项目的金额分开列示。

(1) 预付货款。按合同规定向销售方预付款项时,按所付金额借记"预付账款"账户,贷记"银行存款"账户。

(2) 按合同约定收货。收到商品验收入库或接受劳务提供后,借记"原材料""应交税费——应交增值税(进项税额)"等账户,贷记"预付账款"账户。

(3) 结算货款。如果实际购货的款项大于预付的款项,则应补付货款,按补付金额数借记"预付账款"账户,贷记"银行存款"账户;如果实际购货的款项小于前面预付的款项,则应收回多余的预付款,并作相反的会计分录。

3）实训例题

青岛东方股份有限公司2023年12月发生的预付账款业务的有关资料如下：

【例1-21】 20日，预付青岛仁易有限责任公司购货款。取得的原始凭证见图1-85。

中国工商银行
转账支票存根
ⅦⅢ00041689

科　　目：_____
对方科目：预付账款
出票日期：2023年12月20日

收款人	青岛仁易有限责任公司
金　额	￥63 000.00
用　途	预付购货款

单位主管：李平　　　会计：刘强
复核：　　　　　　　记账：

图 1-85　转账支票存根

要求：填制记账凭证（图1-86）。

记 账 凭 证

2023 年 12 月 20 日　　　　　　　记字 029 号

摘要	会计科目	明细科目	借方金额 千百十万千百十元角分	贷方金额 千百十万千百十元角分	√
预付购货款	预付账款	青岛仁易	6 3 0 0 0 0 0		附件1张
	银行存款			6 3 0 0 0 0 0	
合　计			￥　6 3 0 0 0 0 0	￥　6 3 0 0 0 0 0	

会计主管：李平　　记账：宋涛　　出纳：王静　　审核：朱丽　　制单：刘强

图 1-86　记账凭证

【例1-22】 24日，购买圆钢。取得的原始凭证见图1-87和图1-88。

青岛增值税专用发票

发票联

3700032856　　　　　　　　　　　　　　　　　　　　　　No 0018326998

开票日期：2023 年 12 月 24 日

购买方	名　称	青岛东方股份有限公司	密码区	141493589/>+<1375<-< *+--552-</492<-22-13 -3-63>87172682670<7+0 9/92/44>>09->98>><1	加密版本号：01 3700032856 0018326998
	纳税人识别号	370256231000769			
	地址、电话	青岛市北区镇江路35号 0532-87695555			
	开户行及账号	中国银行青岛分行市北支行 6013837027658932425			

货物或应税劳务、服务名称	规格型号	单位	数量	单价	金额	税率	税额
圆钢	25MM	千克	100	600.00	60 000.00	13%	7 800.00
合计					￥60 000.00		￥7 800.00

价税合计（大写）	⊗陆万柒仟捌佰元整		（小写）￥67 800.00

销售方	名　称	青岛仁易有限责任公司	备注	（青岛仁易有限责任公司发票专用章）
	纳税人识别号	370205167864444		
	地址、电话	青岛市辽阳西路31号 0532-85763333		
	开户行及账号	中国农业银行青岛分行崂山支行 6200760303311114123		

收款人：　　　复核：　　　开票人：李项　　　销售方：（章）

图 1-87　增值税专用发票

材料入库单

2023 年 12 月 24 日

供应单位：青岛仁易有限责任公司　　　　　　　　　　　字第　号

发票号：111229

材料名称	规格材质	计量单位	应收数量	实收数量	单价	金额							
						千	百	十	万	千	百	十	元	角	分
圆钢	25MM	千克	100	100	600.00				6	0	0	0	0	0	0
运杂费															
合计								￥	6	0	0	0	0	0	0
备注															

仓库：　　　　会计：李平　　　　收料员：王仟　　　　制单：李平

图 1-88　材料入库单

要求：填制记账凭证（图 1-89）。

记 账 凭 证

2023 年 12 月 24 日　　　　　　　　　记字 030 号

摘要	会计科目	明细科目	借方金额 千百十万千百十元角分	贷方金额 千百十万千百十元角分	√
购买圆钢	原材料		6 0 0 0 0 0 0		附件2张
	应交税费	应交增值税(进项税额)	7 8 0 0 0 0		
	预付账款	青岛仁易		6 7 8 0 0 0 0	
合 计			¥ 6 7 8 0 0 0 0	¥ 6 7 8 0 0 0 0	

会计主管:李平　　记账:宋涛　　出纳:　　审核:朱丽　　制单:刘强

图 1-89　记账凭证

【例 1-23】 29 日,向青岛仁易有限责任公司补付货款。取得的原始凭证见图 1-90。

中国工商银行
转账支票存根

Ⅶ Ⅲ 00041769

科　目：_____
对方科目：应付账款
出票日期：2023 年 12 月 29 日

收款人：青岛仁易有限责任公司
金　额：¥4 800.00
用　途：补付货款

单位主管:李平　　会计:刘强
复核:　　　　　　记账:

图 1-90　转账支票存根

要求:填制记账凭证(图 1-91)。

记 账 凭 证

2023 年 12 月 29 日　　　　　　　　　记字 031 号

摘要	会计科目	明细科目	借方金额 千百十万千百十元角分	贷方金额 千百十万千百十元角分	√
补付货款	预付账款	青岛仁易	4 8 0 0 0 0		附件1张
	银行存款			4 8 0 0 0 0	
合 计			¥ 4 8 0 0 0 0	¥ 4 8 0 0 0 0	

会计主管:李平　　记账:宋涛　　出纳:王静　　审核:朱丽　　制单:刘强

图 1-91　记账凭证

课堂活动

假设例[1-21]中青岛东方股份有限公司当初预付购货款 100 000 元,该如何进行账务处理?

如果青岛东方股份有限公司预付账款的业务不多,为简化核算,也可以不设置"预付账款"账户,用"应付账款"账户代替,则[例1-22]至[例1-24]编制的记账凭证分别见图1-92至图1-94。

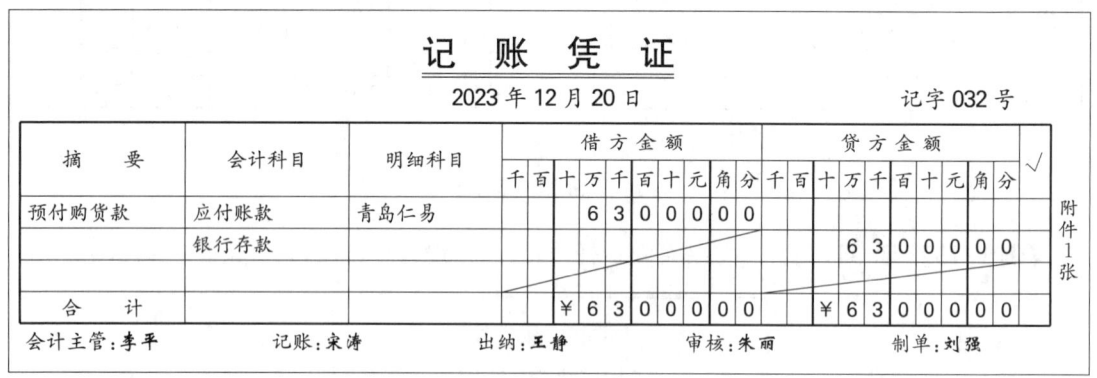

图 1-92 记账凭证

图 1-93 记账凭证

图 1-94 记账凭证

? 小思考

如果青岛东方股份有限公司2023年12月通过"应付账款"账户核算预付账款后,当月没有收货,或者已收货但月末未结清货款,你能计算出"应付账款——青岛仁易"明细账户的期末余额并解释其含义吗?

任务1.4 其他往来款项的记录与核对

一、任务布置

【任务1-4】 其他往来款项的记录与核对案例

青岛宏达服装有限公司2023年12月发生的经济业务如下:

(1) 8日,预支差旅费。有关单据见图1-95。

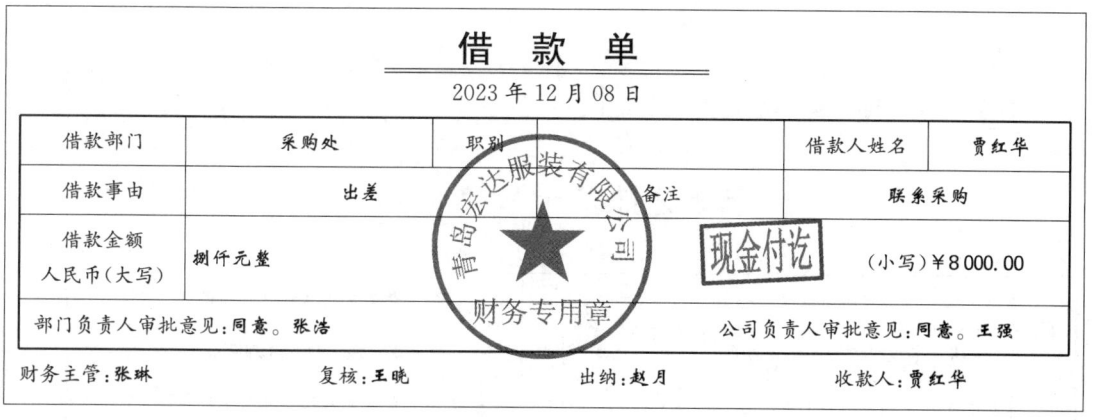

图1-95 借款单

(2) 9日,垫付职工住院费。有关单据见图1-96和图1-97。

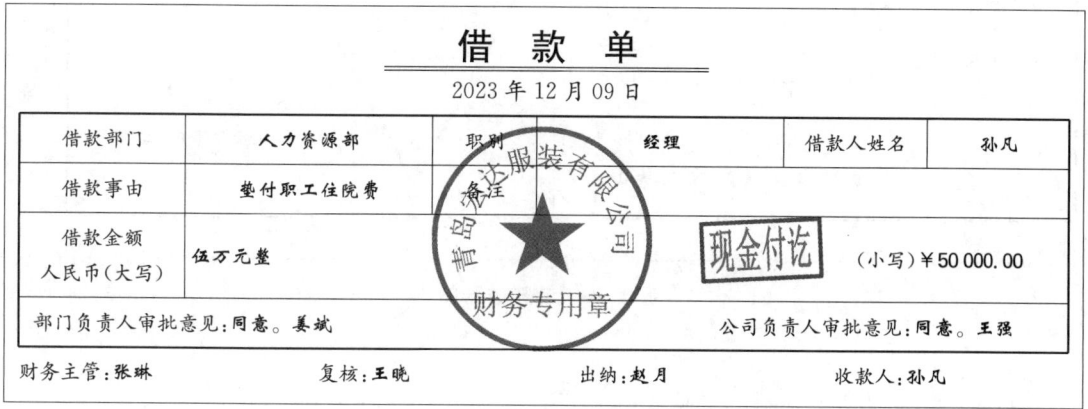

图1-96 借款单

中国工商银行
现金支票存根

Ⅷ Ⅲ 00041225

科　目：
对方科目：其他应收款
出票日期：2023 年 12 月 09 日

收款人：孙凡
金　额：￥50 000.00
用　途：借款

单位主管：王强　　会计：丁平
复核：王晓　　记账：赵山

图 1-97　现金支票存根

(3) 10 日，收到押金。有关单据见图 1-98。

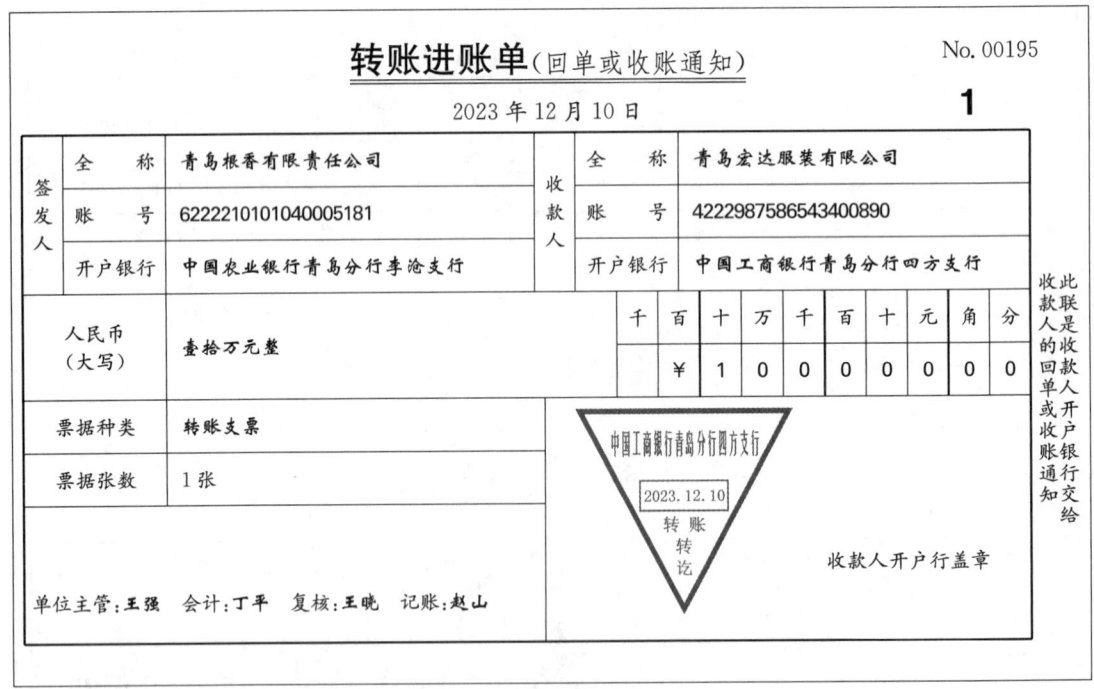

图 1-98　转账进账单

(4) 15 日，退还押金。有关单据见图 1-99。
(5) 18 日，报销职工差旅费。有关单据见图 1-100 和图 1-101。

中国工商银行
转账支票存根
ⅦⅢ 00041891

科　　目：_____
对方科目：其他应付款
出票日期：2023 年 12 月 15 日
收款人：青岛东明有限责任公司
金　额：¥6 000.00
用　途：退还押金

单位主管：王强　　会计：丁平
复核：王晓　　　　记账：赵山

图 1-99　转账支票存根

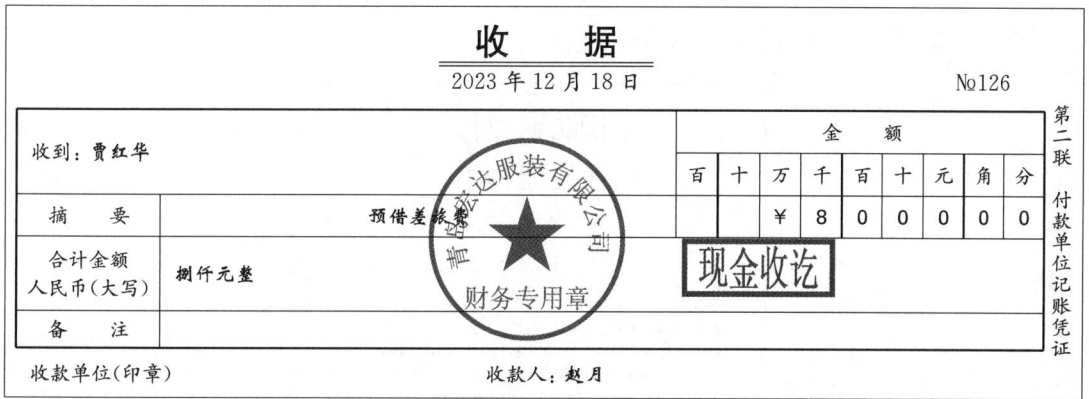

图 1-100　收据

差旅费报销单

部门：管理部　　　2023 年 12 月 18 日

出差人			贾红华			出差事由			采购		
出发			到达			交通工具	车船费		出差补贴		其他费用		
月	日	地点	月	日	地点		单据张数	金额	天数	金额	项目	单据张数	金额
12	09	青岛	12	10	广州	火车	1	480.00	9	900.00	住宿费	1	3 200.00
12	16	广州	12	17	青岛	火车	1	480.00			市内交通	23	460.00
											餐饮费	10	1 800.00
		合　　计					2	960.00	5	900.00		34	5 460.00
报销总额	人民币（大写）陆仟肆佰贰拾元整　（小写）¥6 420.00								预借旅费	¥8 000.00	补领金额		
											归还金额		¥1 580.00
派出部门负责人：罗平　　财务主管：吕平　　复核：王化成　　出纳：赵月													

图 1-101　差旅费报销单

(6) 20日,代垫审计费。有关单据见图1-102。

```
中国工商银行
转账支票存根
Ⅶ Ⅲ 00041892
科　目:_____
对方科目: 其他应收款
出票日期:2023年12月20日
收款人: 青岛大华会计师事务所
金　额: ￥20 000.00
用　途: 代垫审计费
单位主管:王强    会计:丁平
复核:王晓         记账:赵山
```

图1-102　转账支票存根

(7) 20日,支付押金。有关单据见图1-103。

图1-103　转账支票存根

在[任务1-2]中,实习生王涛完成得非常出色,财务经理又让他负责有关其他往来业务的处理。其他往来的工作内容与客户往来一样,包括根据发生的业务编制记账凭证,登记总账与明细账并进行账证核对及账账核对。有了以往工作的成功经验,王涛做该项工作更得心应手,看来王涛已经完全胜任他的实习工作了。如果你去公司实习,也能够做得这么优秀吗?

二、知识链接

(一) 其他应收款

【任务1-4-1】 其他应收款的确认

承[任务1-3-2],请说出哪些业务属于其他应收款业务。

1. 其他应收款的具体内容

其他应收款是指企业除应收票据、应收账款、预付账款等以外的其他各种应收暂付的款项。其主要内容包括：

（1）应收的各种赔款、罚款，如因职工失职造成一定损失而应向该职工收取的赔款、因产品运输过程中遗失或损坏而应收运输单位的赔款、因企业财产等遭受意外损失而应向有关保险公司收取的赔款等。

（2）应收出租包装物的租金。

（3）应向职工收取的各种垫付款项，如为职工垫付的水电费，应由职工负担的医药费、房租费等。

（4）存出保证金，如租入包装物暂付的押金。

（5）备用金。

（6）其他各种应收暂付款项。

2. 其他应收款的账务处理

1）备用金的核算

备用金是企业、机关、事业单位或其他经济组织等拨付给非独立核算的内部单位或工作人员备作差旅费、零星采购、零星开支等用的款项。为了反映和监督备用金的领用和使用情况，应在"其他应收款"账户下设置"备用金"二级账户，或设置"备用金"一级账户。

根据备用金的管理制度，备用金的核算分为定额管理和非定额管理。

（1）定额管理。对于零星开支用的备用金，可实行定额管理，即由指定的备用金负责人按照规定的数额领取，支用后按规定手续报销，补足原定额。实行定额备用金制度的单位，备用金领用部门支用备用金后，应根据各种费用凭证编制费用明细表，定期向财务部门报销，领回所支用的备用金。预支备用金时，借记"其他应收款——备用金"账户，贷记"银行存款"或"库存现金"账户；报销备用金时，借记"制造费用"或"管理费用"等账户，贷记"银行存款"或"库存现金"账户。

> 温馨提示
>
> 若备用金实行定额管理，报销时不冲销备用金，以保持定额。

【例1-24】 2023年12月12日，青岛东方股份有限公司支付设计部备用金。取得的原始凭证见图1-104。

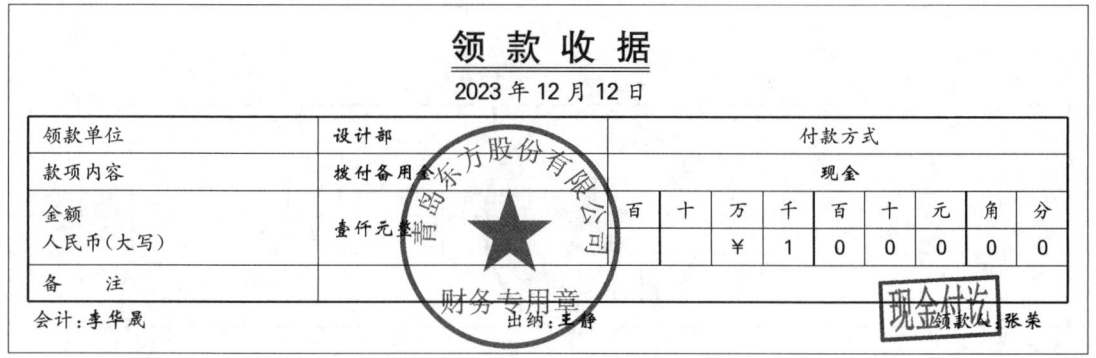

图1-104 领款收据

要求:填制记账凭证(图1-105)。

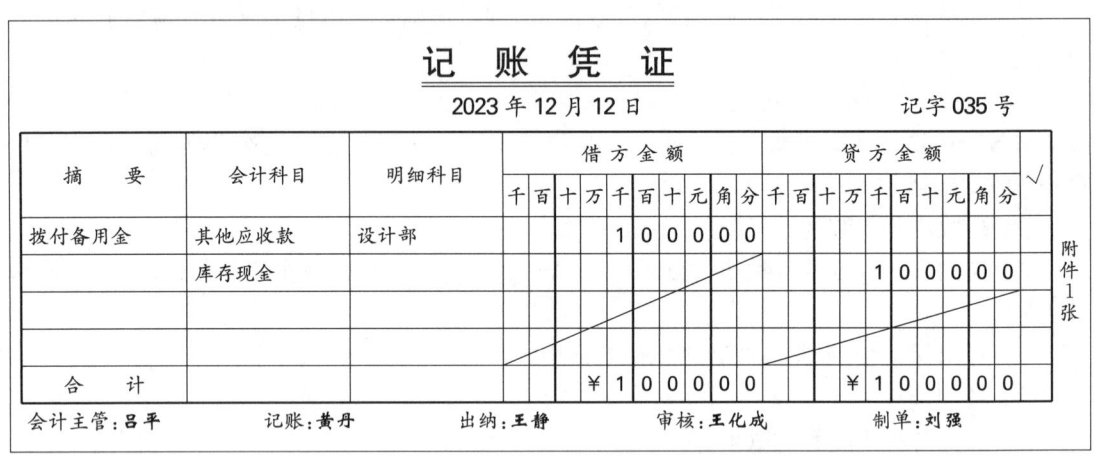

图1-105　记账凭证

【例1-25】 承[例1-24],2023年12月25日,青岛东方股份有限公司报销办公用品。取得的原始凭证见图1-106和图1-107。

图1-106　商业零售统一发票

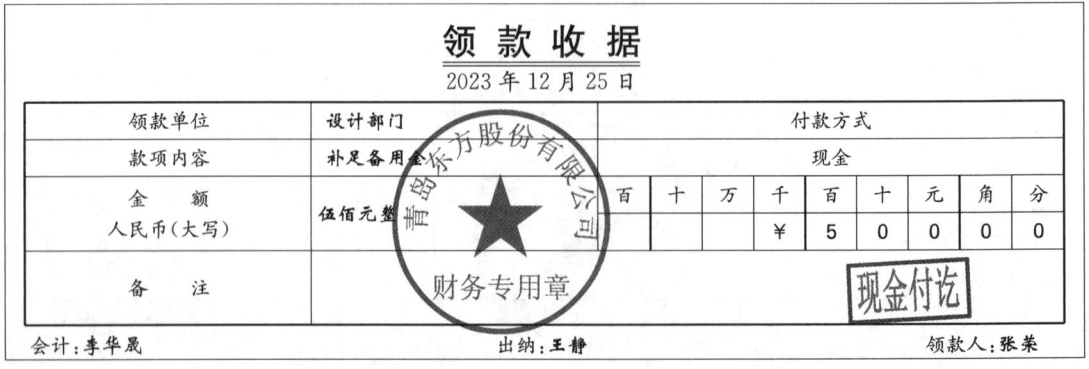

图1-107　领款收据

要求:填制记账凭证(图 1-108)。

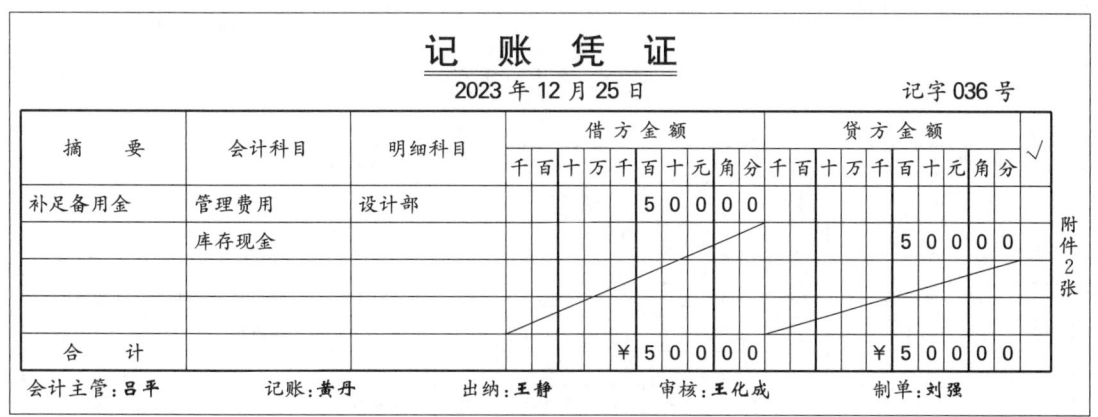

图 1-108　记账凭证

(2) 非定额管理。非定额管理的备用金,如预借、报销差旅费,是根据使用部门的实际需要预先借款,使用后实报实销。预支备用金时,借记"其他应收款"账户,贷记"银行存款"或"库存现金"账户;报销备用金时,借记"制造费用"或"管理费用"等账户,贷记"其他应收款"账户。

【例 1-26】 2023 年 12 月 8 日,青岛东方股份有限公司管理部张伟预借差旅费。取得的原始凭证见图 1-109。

借款单
2023 年 12 月 08 日

借款部门	管理部	职别	副主任	借款人姓名	张伟
借款事由	出差		备注		联系采购
借款金额 人民币(大写)	叁仟元整		现金付讫		¥3 000.00
部门负责人审批意见:同意。张浩			公司负责人审批意见:同意。王强		
财务主管:张琳	复核:王晓		出纳:赵月		收款人:贾红华

图 1-109　借款单

要求:填制记账凭证(图 1-110)。

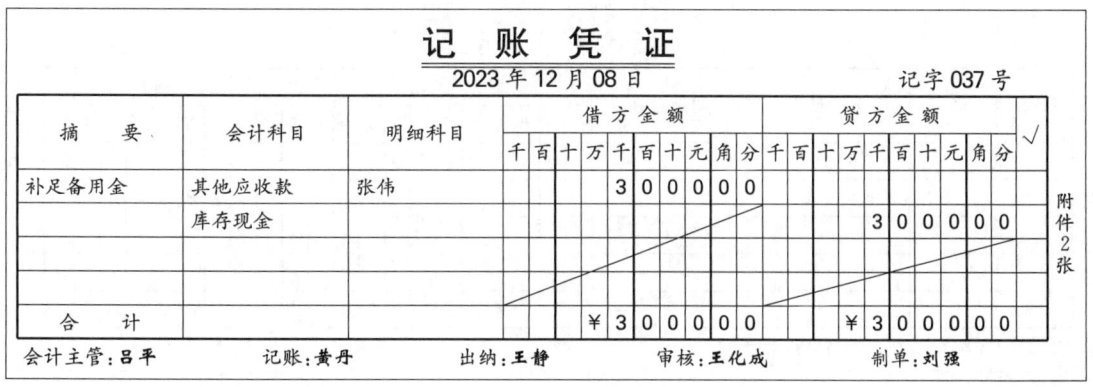

图 1-110　记账凭证

【例1-27】 承[例1-26],2023年12月18日,张伟报销差旅费。取得原始凭证见图1-111和图1-112。

差旅费报销单
2023年12月18日

部门:管理部

出差人			张伟			出差事由		培训		
出发			到达		交通工具	车船费		出差补贴		其他费用
月	日	地点	月	日	地点		单据张数	金额	天数	金额	项目	单据张数	金额
12	06	青岛	12	06	北京	火车	1	250.00	5	500.00	食宿费	8	1 000.00
12	10	北京	12	10	青岛	火车	1	250.00			培训费	1	800.00
				合		计	2	500.00	5	500.00		9	1 800.00

报销总额	人民币(大写) 贰仟捌佰元整	¥2 800.00	预借旅费	¥3 000.00	补领金额	
					归还金额	¥200.00

派出部门负责人:罗平　　财务主管:吕平　　复核:王化成　　出纳:王静

图1-111　差旅费报销单

收　据
2023年12月18日　　　　　　　　　　　　　　　No127

收到:管理部张伟		金　额							
		百	十	万	千	百	十	元	角	分
摘　要	差旅费				¥	3	0	0	0	0	0
合计金额 人民币(大写)	叁仟元整									
备　注										

收款单位(印章)　　　　　　　收款人:王静

第二联 付款单位记账凭证

图1-112　收据

要求:填制记账凭证(图1-113和图1-114)。

记　账　凭　证
2023年12月18日　　　　　　　　　　　　　　　记字038号

摘　要	会计科目	明细科目	借方金额									贷方金额									√
			千	百	十	万	千	百	十	元	角	分	千	百	十	万	千	百	十	元	角	分	
报销差旅费	管理费用	差旅费					2	8	0	0	0	0											
	其他应收款	张伟															2	8	0	0	0	0	
合　计						¥	2	8	0	0	0	0	¥				2	8	0	0	0	0	

附件2张

会计主管:吕平　　记账:黄丹　　出纳:王静　　审核:王化成　　制单:刘强

图1-113　记账凭证

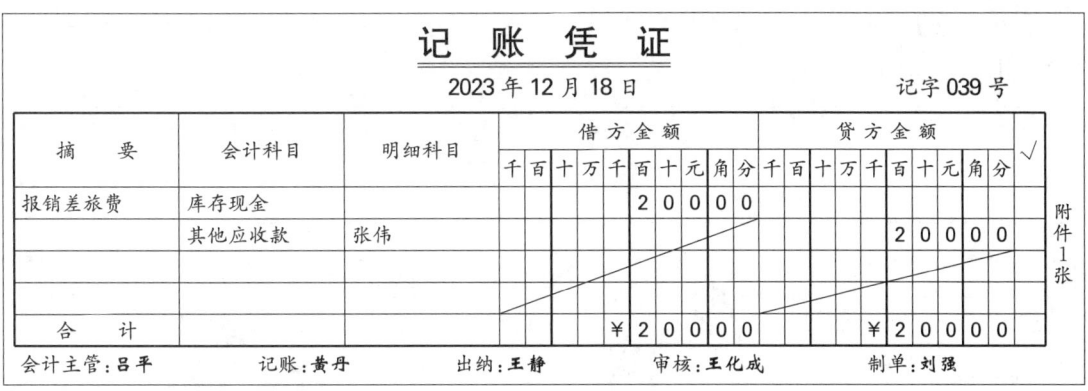

图 1-114 记账凭证

2) 除备用金以外的其他应收款的核算

企业发生除备用金以外的其他应收款时,借记"其他应收款"账户,贷记"库存现金""银行存款"等账户;收回除备用金以外的其他应收款时,借记"库存现金""银行存款"等账户,贷记"其他应收款"账户。

【例 1-28】 2023 年 12 月 15 日,青岛东方股份有限公司支付包装物押金。取得的原始凭证见图 1-115。

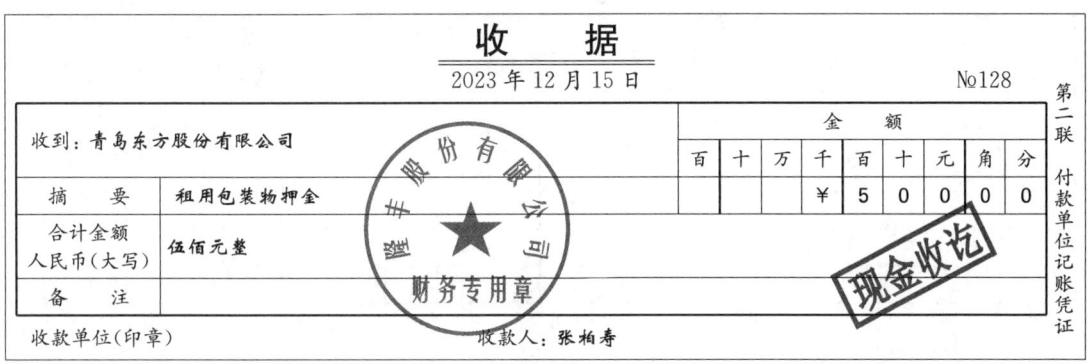

图 1-115 收据

要求:填制记账凭证(图 1-116)。

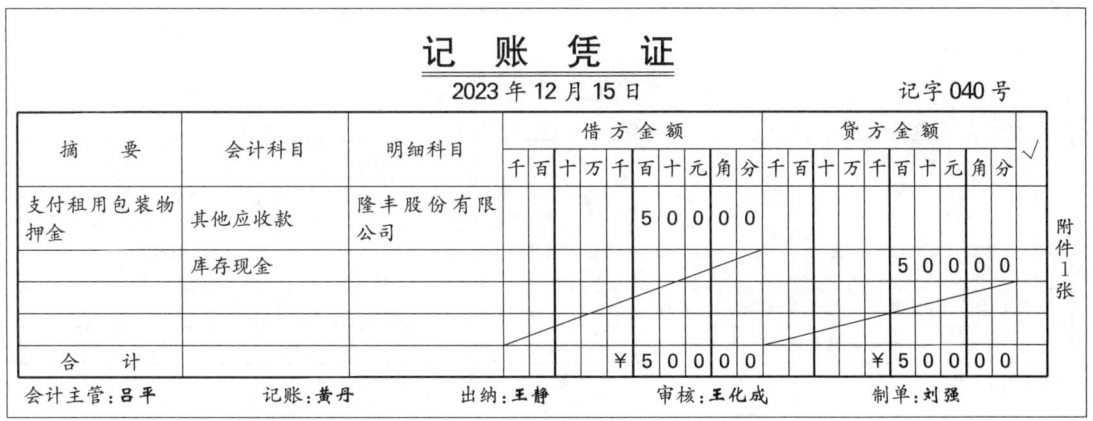

图 1-116 记账凭证

【例1-29】 承[例1-28],2023年12月19日,青岛东方股份有限公司收回押金。取得的原始凭证见图1-117。

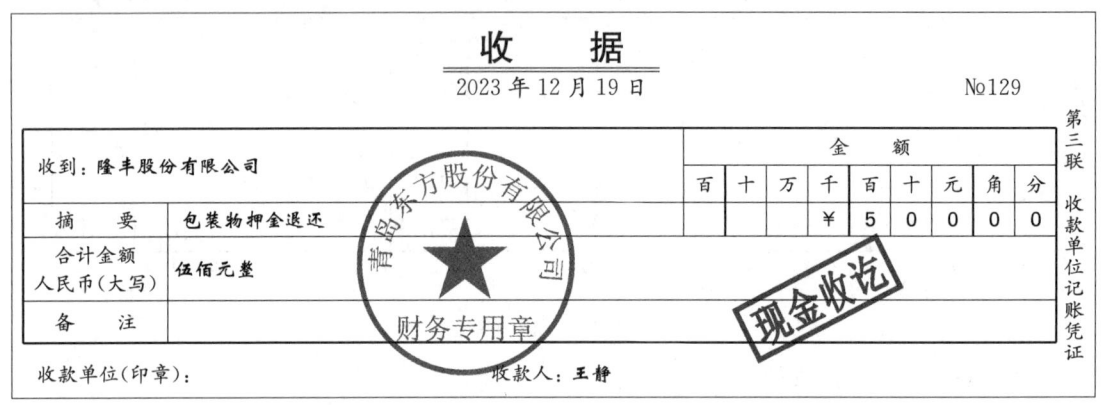

图 1-117 收据

要求:填制记账凭证(图1-118)。

摘要	会计科目	明细科目	借方金额	贷方金额
包装物押金退还	库存现金		500 00	
	其他应收款	隆丰股份有限公司		500 00
合计			¥500 00	¥500 00

记账凭证 2023年12月19日 记字041号
会计主管:吕平 记账:黄丹 出纳:王静 审核:王化成 制单:刘强

图 1-118 记账凭证

【例1-30】 2023年12月31日,青岛东方股份有限公司进行年终财产清查,盘亏原因已查明。取得的原始凭证见图1-119。

盘盈盘亏报告单
填报部门:产成品仓库　　2023年12月31日

序号	名称	规格及型号	计量单位	账面数 数量	账面数 金额	盘点数 数量	盘点数 金额	盘盈数 数量	盘盈数 金额	盘亏数 数量	盘亏数 金额	存放地点	备注
1	齿轮	CH002	箱	12	4 800.00	10	4 000.00			2	800.00	1号仓库	

盘点差错原因:管理员刘元的责任事故
总经理审批意见:同意由刘元赔偿。王建一
部门主管:王霞　　　　　　财务主管:吕平

图 1-119 盘盈盘亏报告单

要求:填制记账凭证(图1-120)。

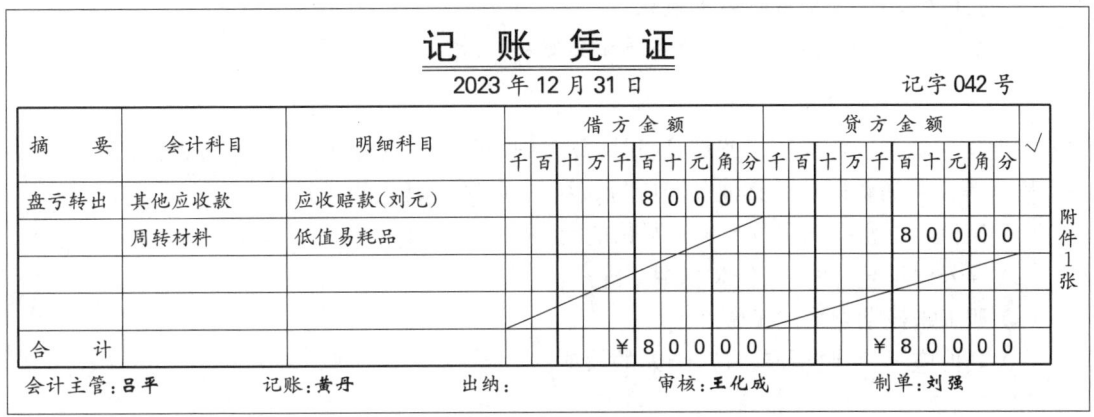

图1-120 记账凭证

【例1-31】 承[例1-30],2023年12月31日,青岛东方股份有限公司收到管理员刘元上交赔款。取得的原始凭证见图1-121。

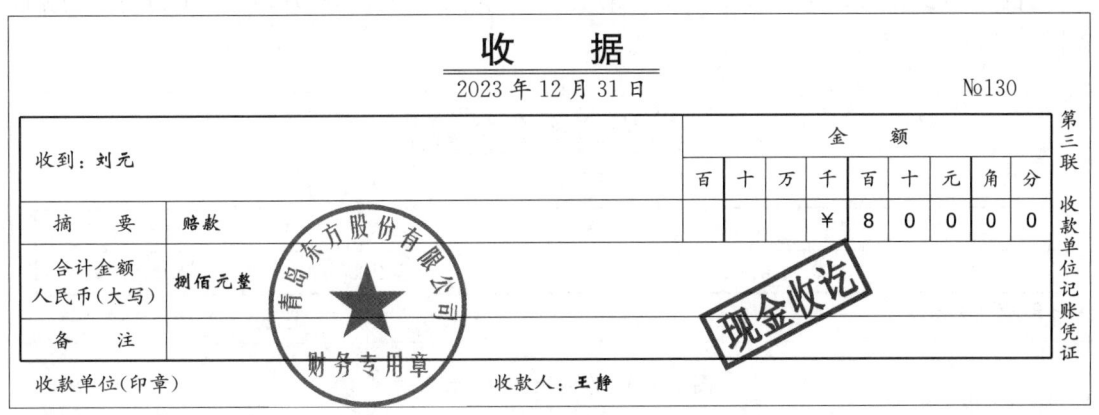

图1-121 收据

要求:填制记账凭证(图1-122)。

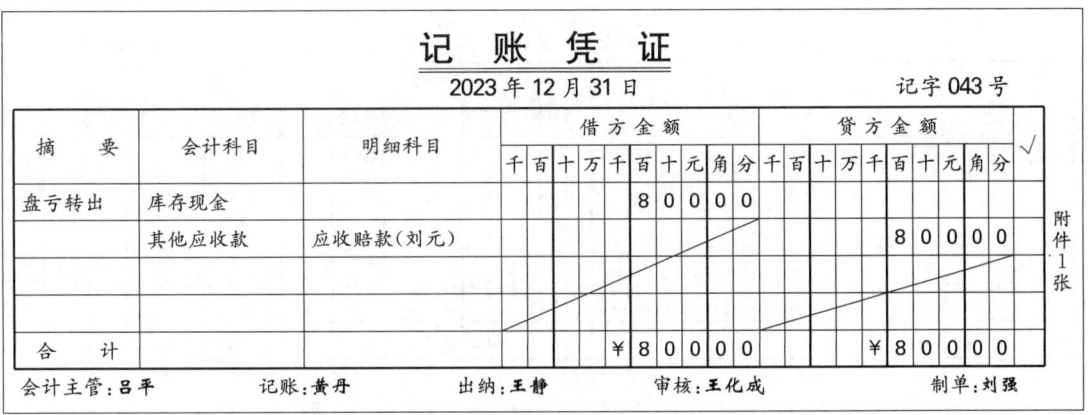

图1-122 记账凭证

(二)其他应付款

【任务1-4-2】 其他应付款的确认

承[任务1-3-2],请说出哪些业务属于其他应付款业务。

1. 其他应付款的具体内容

其他应付款是企业除应付票据、应付账款、预收账款、应付职工薪酬、应付利息、应付股利、应交税费等经营活动以外的其他各项应付、暂收的款项。其主要包括:

(1)应付经营租入固定资产和包装物的租金。

(2)存入保证金,如收入包装物押金等。

(3)职工未按期领取的工资。

(4)其他应付、暂收所属单位、个人的款项。

2. 其他应付款的账务处理

"其他应付款"账户应按"应付租金""存入保证金"等其他应付、暂收的类别及单位或个人设置明细账户,进行明细分类核算。

(1)应付租金的核算。

【例1-32】 2023年12月31日,青岛东方股份有限公司计提本月租金。取得的原始凭证见图1-123。

经营租赁租金计算表

2023年12月31日

部门:生产车间

所租设备	租赁期	租金总额(元)	每月租金(元)	交租时间
机床	2023.11.01~2024.01.31	6 000.00	2 000.00	租赁期结束

财务主管:吕平　　　　　　　　　　　　　　　　　　　　　　　　　制表人:王化成

图1-123　经营租赁租金计算表

要求:填制记账凭证(图1-124)。

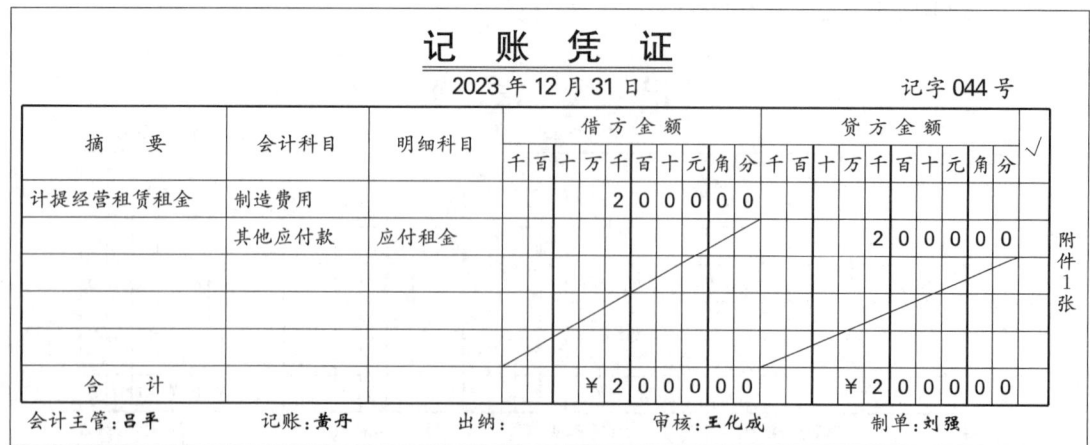

图1-124　记账凭证

（2）存入保证金的核算。存入保证金是指为保证本企业出租或出借的财产能如期完整、无损地收回而向客户收取一定数量的押金。收到存入的保证金时，借记"库存现金"或"银行存款"账户，贷记"其他应付款"账户；企业支付租金或退回客户的押金时，借记"其他应付款"账户，贷记"库存现金"或"银行存款"账户。

【例1-33】 2023年12月31日，青岛东方股份有限公司收到包装物押金。取得的原始凭证见图1-125。

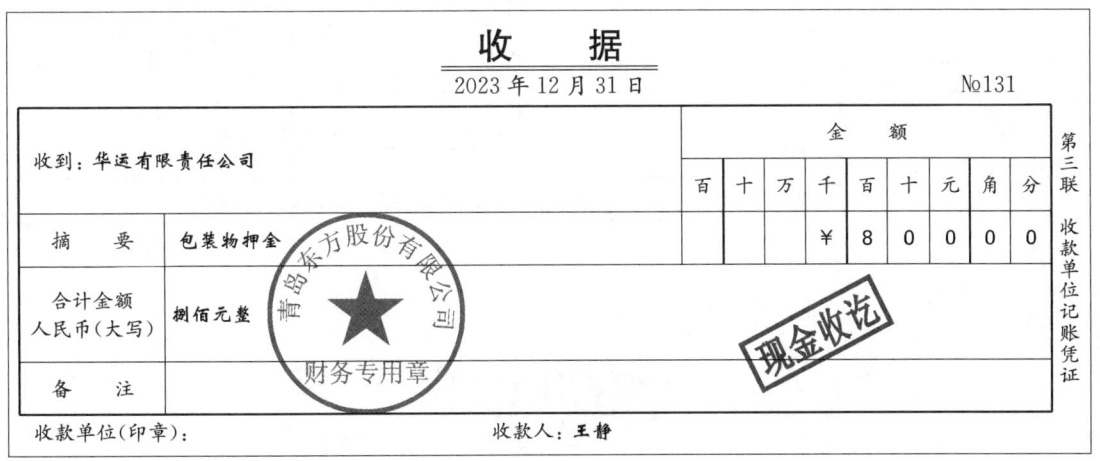

图1-125 收据

要求：填制记账凭证（图1-126）。

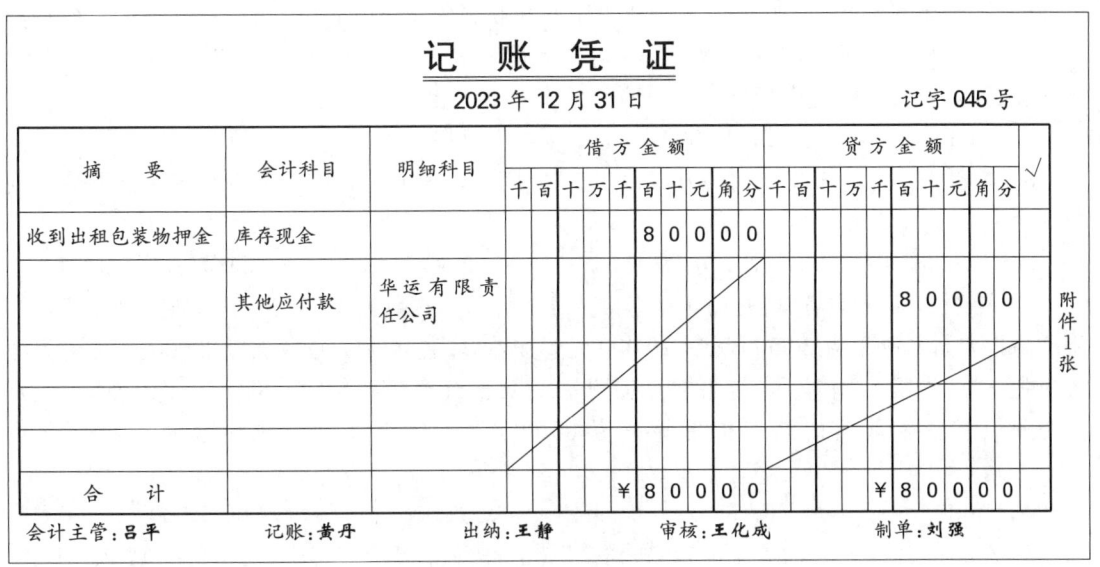

图1-126 记账凭证

【项目总结】 完善本项目思维导图

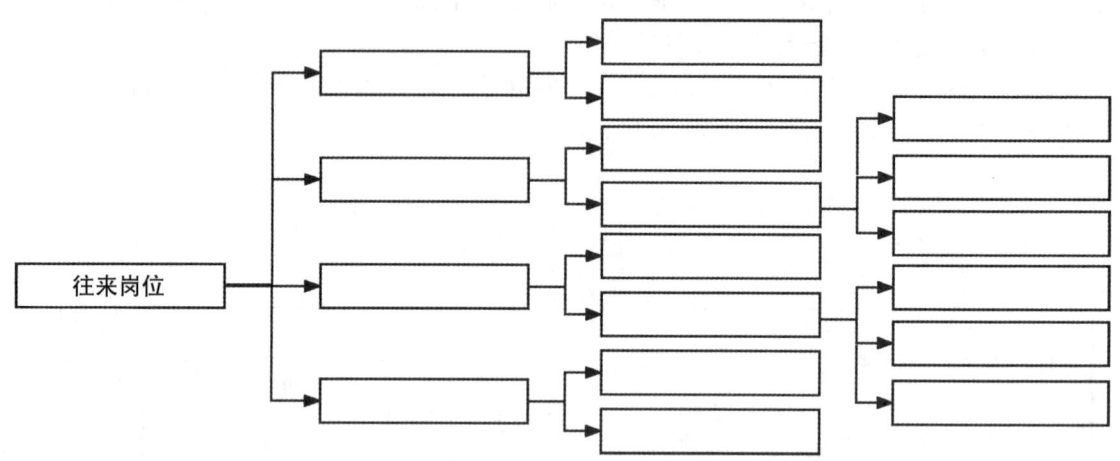

项目练习

一、单项选择题

1. 某企业销售商品一批,增值税专用发票上注明的价款为60万元,适用的增值税税率为13%,为购买方代垫运杂费为2万元,款项尚未收回。该企业确认的应收账款为(　　)万元。
   A. 60　　　　　　B. 62　　　　　　C. 69.8　　　　　　D. 72.2

2. 2023年10月8日,某企业销售商品100件,增值税专用发票上注明的价款为10 000元,增值税额为1 300元。该企业为了及早收回货款,在合同中规定的现金折扣条件为"2/10, 1/20, n/30"。假定计算现金折扣时不考虑增值税。如果买方在2023年10月24日付清货款,该企业实际收款金额应为(　　)元。
   A. 11 466　　　　B. 11 500　　　　C. 11 583　　　　D. 11 200

3. 某企业持有一张2023年2月28日签发、期限为3个月的商业汇票。该商业汇票的到期日为(　　)。
   A. 5月28日　　　B. 5月29日　　　C. 5月30日　　　D. 5月31日

4. 某企业"坏账准备"账户的年初余额为4 000元,"应收账款"账户和"其他应收款"账户的年初借方余额分别为30 000元和10 000元。当年,不能收回的应收账款2 000元确认为坏账损失。"应收账款"账户和"其他应收款"账户的年末余额分别为50 000元和20 000元,假定该企业年末应收款项的预期信用损失为65 000元。该企业年末应提取的坏账准备为(　　)元。
   A. 1 000　　　　B. 3 000　　　　C. 5 000　　　　D. 7 000

5. 2023年12月1日,某企业"坏账准备"账户借方余额为3万元。2023年12月31日,"应收账款"账户借方余额为70万元,"应收票据"账户借方余额为20万元,"其他应收款"账户借方余额为10万元。该企业2023年年末应收款项的预期信用损失为995 000元,则该企业

2023年年末应补提的坏账准备为(　　)万元。
　　A. 1.0　　　　　　B. 3.5　　　　　　C. 7.0　　　　　　D. 8.0

6. 下列各项中,属于应收账款范围的是(　　)。
　　A. 应向接受劳务单位收取的款项　　　　B. 应收外单位的赔偿款
　　C. 应收存出保证金　　　　　　　　　　D. 应向职工收取的各种垫付款项

7. 某企业销售甲商品100件,单价为500元,增值税税率为13%,现金折扣条件为"2/10,1/20,n/30",预计客户20天内付款的概率为95%,则该企业应确认的应收账款金额为(　　)元。
　　A. 56 500　　　　B. 55 935　　　　C. 56 000　　　　D. 55 000

8. 某企业销售甲产品1 000件,单价为100元,增值税税率为13%,现金折扣条件为"2/10,1/20,n/30",预计客户10天内付款的概率为95%,则该企业实际收到的款项金额为(　　)元。
　　A. 98 000　　　　B. 98 500　　　　C. 115 000　　　　D. 100 000

9. 未贴现的商业承兑汇票到期,如果付款人无力支付票款,银行将应收票据退回时,收款企业应将其转入(　　)账户。
　　A. "应收账款"　　B. "其他应收款"　　C. "预收账款"　　D. "预付账款"

10. 某企业年末应收款项余额为400 000元,预期信用损失为380 000元,坏账准备为借方余额1 500元,则应提的坏账准备数额为(　　)元。
　　A. 20 000　　　　B. 1 500　　　　C. 21 500　　　　D. 18 500

11. 某企业坏账准备采用备抵法核算,年末"应收账款"账户借方余额1 000 000元,"坏账准备"账户贷方余额3 000元,预期信用损失为996 000元,年末应提取坏账准备为(　　)。
　　A. 补提1 000元　　　　　　　　　　B. 补提2 000元
　　C. 转出1 000元　　　　　　　　　　D. 转出2 000元

12. 某企业于2023年5月10日销售产品一批,货款为40 000元,规定的现金折扣条件为"2/10,1/20,n/30",适用的增值税税率为13%,企业预计20天内收款的概率为90%。该企业于2023年5月26日收到该笔款项时,实际给予客户的现金折扣为(　　)元。
　　A. 0　　　　　　B. 400　　　　　　C. 936　　　　　　D. 468

13. 某企业销售产品一批,价目表标明售价(不含税)为20 000元,商业折扣条件为10%,现金折扣条件为"5/10,3/20,n/30"。预计客户于20天内付款的概率为90%,增值税税率为13%。应收账款的入账金额为(　　)元。
　　A. 19 800.0　　　B. 23 400.0　　　C. 20 428.2　　　D. 18 000.0

14. 甲公司向乙公司销售商品,于3月11日收到乙公司交来的7月9日到期、面值为117 000元的不带息商业承兑汇票。4月10日,甲公司持票向银行贴现,贴现利率为8%,则贴现净额应为(　　)元。
　　A. 118 544.40　　B. 117 642.60　　C. 117 012.80　　D. 114 660.00

15. 设置"预付账款"账户的企业,在补付货款时,应编制的会计分录为(　　)。
　　A. 借:预付账款　　　　　　　　　　B. 借:预付账款
　　　　贷:银行存款　　　　　　　　　　　　原材料
　　　　　　　　　　　　　　　　　　　　　贷:银行存款

C. 借：原材料　　　　　　　　　　　　D. 借：原材料
　　　　贷：预付账款　　　　　　　　　　　　贷：预付账款
　　　　　　　　　　　　　　　　　　　　　　　　银行存款

16. 商业承兑汇票到期无力偿付时，企业应将应付票据（　　）。
　　A. 转入应付账款　　　　　　　　　　B. 转入短期借款
　　C. 不进行处理　　　　　　　　　　　D. 转入其他应付款

17. 下列各项中，不通过"应付账款"账户核算的是（　　）。
　　A. 存入保证金　　　　　　　　　　　B. 应付货物的增值税
　　C. 应付销货单位代垫运费　　　　　　D. 应付货物价款

18. 某公司"应付账款——王建"明细账贷方余额为6 000元，已入账3年，经查，王建已意外身亡，且无继承人及代理人。该笔贷款确实已无法支付，则该公司应进行的账务处理为（　　）。
　　A. 借记"应付账款——王建"账户6 000元，贷记"资本公积"账户6 000元
　　B. 借记"应付账款——王建"账户6 000元，贷记"坏账准备"账户6 000元
　　C. 借记"应付账款——王建"账户6 000元，贷记"营业外收入"账户6 000元
　　D. 借记"应付账款——王建"账户6 000元，贷记"其他应付款"账户6 000元

19. 企业发生赊购商品业务，下列各项中，不影响应付账款入账金额的是（　　）。
　　A. 商品价款　　　　　　　　　　　　B. 增值税进项税额
　　C. 现金折扣　　　　　　　　　　　　D. 销货单位代垫运杂费

20. 某企业对基本生产车间所需备用金采用定额备用金制度，当基本生产车间报销日常管理支出而补足其备用金定额时，应借记（　　）账户。
　　A."其他应收款"　B."其他应付款"　C."制造费用"　D."生产成本"

21. 下列各项中，不通过"其他应收款"账户核算的是（　　）。
　　A. 应收保险公司的赔款　　　　　　　B. 应收出租包装物的租金
　　C. 应向职工收取的各种垫付款项　　　D. 应向购货方收取的代垫运杂费

22. 下列各项中，不应包括在资产负债表"其他应付款"项目中的是（　　）。
　　A. 预收购货单位的货款　　　　　　　B. 收到出租包装物的押金
　　C. 应付租入包装物的租金　　　　　　D. 职工未按期领取的工资

23. 下列各项中，列入"其他应付款"账户核算的是（　　）。
　　A. 差旅费　　　　　　　　　　　　　B. 为职工垫付的房租
　　C. 存入保证金　　　　　　　　　　　D. 购入其他单位的货物

二、多项选择题

1. 下列各项中，会引起应收账款账面价值发生变化的有（　　）。
　　A. 结转到期不能收回的应收票据　　　B. 计提应收账款坏账准备
　　C. 收回应收账款　　　　　　　　　　D. 收回已转销的坏账

2. 企业因销售商品发生的应收账款，其入账价值应当包括（　　）。
　　A. 销售商品的价款　　　　　　　　　B. 增值税销项税额
　　C. 代购货方垫付的包装费　　　　　　D. 代购货方垫付的运杂费

3. 下列各项中，应计提坏账准备的有（　　）。

A. 应收账款　　　　B. 应收票据　　　　C. 预付账款　　　　D. 其他应收款

4. 下列关于现金折扣账务处理的表述中,正确的有(　　)。
A. 销售企业在确认销售收入时将现金折扣抵减收入
B. 销售企业在取得价款时将实际发生的现金折扣计入财务费用
C. 购买企业在购入商品时将现金折扣直接抵减应确认的应付账款
D. 购买企业在偿付应付账款时将实际发生的现金折扣冲减财务费用

5. 下列各项中,应列入资产负债表"应收账款"项目的有(　　)。
A. 预付职工差旅费　　　　　　　　B. 代购货单位垫付的运杂费
C. 销售产品应收取的款项　　　　　D. 对外提供劳务应收取的款项

6. 下列各项中,应通过"其他应收款"账户核算的有(　　)。
A. 代购货单位垫付的运杂费　　　　B. 收到的包装物押金
C. 应收的各种赔款　　　　　　　　D. 应向职工收取的各种垫付款

7. 下列各项中,应列入资产负债表"其他应付款"项目的有(　　)。
A. 应付租入包装物租金　　　　　　B. 应付的滞纳金
C. 结转到期无力支付的应付票据　　D. 应付由企业负担的职工社会保险费

三、判断题

1. 无法收回的应收款项按规定程序报批后作坏账处理,直接列入管理费用。(　　)
2. "应收账款"账户期末余额一定在借方,表示企业因销售商品或提供劳务等业务活动应收的款项。(　　)
3. 商业折扣对应收账款入账金额的确认无实质性影响。(　　)
4. "应收账款""其他应收款"和"应收票据"三个账户都属于债权性质的账户。(　　)
5. 不带息票据的到期值等于应收票据的面值。(　　)
6. 贴现时,应将其贴现息直接计入当期的财务费用。(　　)
7. "预收账款"账户的期末余额可能出现在借方,因而其属于资产类账户。(　　)
8. 企业确实无法支付的应付账款,可视为接受了债权人的捐赠,转入"资本公积"账户核算。(　　)
9. 企业如果不能偿付到期的应付票据,则应将应付票据的账面价值转入"应付账款"账户核算。(　　)
10. 应付账款时间的确定,应以所购买物资的所有权转移或接受劳务已发生为标志。(　　)
11. 如果货物已到而发票账单未到,由于无法确定应付账款的金额,不应作为负债反映。(　　)
12. 企业的预付账款,如因供货单位破产而无望再收到所购货物的,应将该预付账款转入其他应收款,并计提坏账准备。(　　)
13. "预付账款"账户和"应付账款"账户在结构上是相同的。(　　)
14. 存入保证金应该通过"其他应付款"账户核算,存出保证金应该通过"其他应收款"账户核算。(　　)

四、实务题

1. 甲公司于2023年3月5日向乙公司销售一批产品,适用的增值税税率为13%,按价目表标明的价格计算,金额为 30 000 元,由于是成批销售,甲公司给乙公司 10% 的商业折扣。

要求:编制确认销售收入和收到货款时的会计分录。

2. 甲公司于 2023 年 2 月 7 日向宏达公司销售一批产品,开出增值税专用发票,价款为 10 万元,适用的增值税税率为 13%,款项未收。现金折扣条件为"3/15, 1/30, n/60",宏达公司于 2023 年 2 月 25 日付清全部款项。

要求:编制确认销售收入和收到货款时的会计分录。

3. 长江公司于 2023 年 3 月 10 日销售自产产品,价款 50 万元,因数量较大,给予客户 10% 的商业折扣,并开出增值税专用发票,适用的增值税税率为 13%,企业预估客户 15 天内付款的概率为 90%,现金折扣条件为"3/15, 1/30, n/60"。假如长江公司分别于 2023 年 3 月 20 日、4 月 7 日、5 月 3 日收到全部货款。

要求:编制确认销售收入和收到货款时的会计分录。

4. 甲股份有限公司(以下简称甲公司)为增值税一般纳税人,适用的增值税税率为 13%;商品销售均为正常的商品交易,销售价格均为公允价格,且不含增值税;于每年 6 月 30 日和 12 月 31 日计提坏账准备。2023 年 5 月 31 日,"应收账款"账户借方余额为 500 万元,全部为向戊公司赊销商品应收的账款,"坏账准备"账户贷方余额为 5 万元;"应收票据"账户和"其他应收款"账户无余额。

甲公司 2023 年 6 月有关业务资料如下:

(1) 1 日,向乙公司赊销一批商品,开出的增值税专用发票上注明的销售价格为 1 000 万元,增值税额为 130 万元,合同规定的收款日期为 2023 年 12 月 1 日。该商品销售符合收入确认条件。

(2) 10 日,向丙公司赊销一批商品,开出的增值税专用发票上注明的销售价格为 200 万元,增值税额为 26 万元,合同规定的收款日期为 2023 年 10 月 10 日。该商品销售符合收入确认条件。

(3) 20 日,向丁公司赊销一批商品,开出的增值税专用发票上注明的销售价格为 500 万元,增值税额为 65 万元;收到丁公司开具的不带息商业承兑汇票,到期日为 2023 年 12 月 20 日。该商品销售符合收入确认条件。

(4) 25 日,收到应收戊公司账款 400 万元,款项已存入银行。

(5) 30 日,甲公司对各项应收款项计提坏账准备。应收款项的预期信用损失为 2 080 万元。

假定 2023 年 6 月除上述业务外,甲公司没有发生其他有关应收款项的业务。

要求:根据上述资料,编制上述与甲公司业务相关的会计分录。

5. A 公司和 B 公司均为增值税一般纳税人,A 公司于 2023 年 3 月 31 日向 B 公司销售一批商品,增值税专用发票上注明的商品价款为 200 000 元,增值税额为 26 000 元。当日收到 B 公司签发的不带息商业承兑汇票一张,该票据的期限为 6 个月。

2023 年 6 月 2 日,A 公司因资金需要,持 B 公司签发的商业汇票到银行贴现,银行的年贴现率为 9%,贴现收入存入银行。

2023 年 9 月 30 日,A 公司已贴现的商业承兑汇票到期,因 B 公司的银行账户无款支付,贴现银行将已贴现的票据退回 A 公司,同时从 A 公司的账户中将票据款划回。

要求:编制 A 公司收到票据、票据贴现和银行退回已贴现票据的会计分录。

项目 2

存 货 岗 位

| 能力目标 | 1. 能够准确无误地识别原始凭证,并分析和判断经济业务内容。
2. 能够按照规范流程和会计核算方法进行原材料、周转材料、库存商品等的账务处理。
3. 能够采用手工方式和电算化方式独立完成与存货业务相关的建账、填制审核凭证、登记账簿和财产清查业务。 |

| 知识目标 | 1. 熟悉《企业会计准则第1号——存货》,理解存货确认的条件,掌握存货取得的初始计量。
2. 理解存货减值核算的基本原理和方法。
3. 掌握存货采用实际成本核算方法。
4. 掌握存货采用计划成本核算方法。 |

| 素质目标 | 1. 培养学生根据工作任务的需要,使用各种信息媒体,独立收集相关资料的能力。
2. 培养学生主动与人交流、与人协商的能力。
3. 培养学生良好的语言表达能力,能有条理地表达自己的思想和观点。
4. 培养学生积极、主动、灵活地完成工作的能力。 |

任务 2.1 建立存货信息目录

一、任务布置

【任务 2-1】 建立存货信息目录案例

参阅[任务 1-1]中青岛宏达有限公司的相关资料,了解服装企业存货岗位的基本内容,讨论服装企业存货的存在形式,编制服装企业存货信息目录(包括存货的名称、品种、分类、规格、型号等)并设置存货的相关会计账户(包括总账账户和明细账户)。

二、知识链接

【任务 2-1-1】 存货的判定

2023 年 6 月,青岛东兴股份有限公司发生如下经济业务:

(1) 15日,购入一批包装箱,价值8 500元,已收到发票,货未收到。
(2) 3日,购入生产空调的零部件,价值12 000元,款项已付,货已入库。
(3) 8日,与材料供应商签订协议,定于7月份购入其一批材料,合同金额为320 000元。
(4) 28日,实地盘点查明生产车间未完工的空调共2 800台。
(5) 30日,实地盘点查明完工空调结存情况如下:①仓库库存30台空调,其中有10台是根据甲客户的要求为其特制的,有3台购货方已付款,但尚未提货。②另有28台空调放置于蓝海商厦,委托其代销。③另有6台空调放在会展中心,参与展销活动。

判断上述存货中,哪些属于青岛东兴股份有限公司的存货。

(一) 存货的概念

存货是指企业在日常活动中持有以备出售的产成品或商品、处在生产过程中的在产品、在生产过程中或提供劳务过程中耗用的材料或物料等,包括各类原材料、在产品、半成品、产成品、商品、周转材料、代销商品和委托加工物资等。

1. 原材料

原材料是指企业在生产过程中经加工改变其形态或性质,并构成产品主要实体的各种原料及主要材料、辅助材料、燃料、修理用备件(备品备件)、包装材料、外购半成品(外购件)等。

2. 在产品

在产品是指企业正在制造尚未完工的生产物,包括正在各个生产工序加工的产品和已加工完毕但尚未检验或已检验但尚未办理入库手续的产品。

3. 半成品

半成品是指经过一定生产过程并已检验合格交付半成品仓库保管,但尚未制造完工成为产成品,仍需进一步加工的中间产品。

4. 产成品

产成品是指企业已经完成全部生产过程并已验收入库,可以按照合同规定的条件送交订货单位,或者可以作为商品对外销售的产品。

企业接受来料加工制造的代制品和为外单位加工修理的代修品,制造和修理完成验收入库后,应视同企业的产成品。

5. 商品

商品是指商品流通企业外购或委托加工完成验收入库用于销售的各种商品。

6. 周转材料

周转材料是指企业能够多次使用,不符合固定资产定义,逐渐转移其价值但仍保持原有形态,不确认为固定资产的材料。周转材料包括包装物和低值易耗品。

7. 代销商品

代销商品包括委托代销商品和受托代销商品。前者是指企业委托其他单位代销的商品;后者是指受其他单位委托代销,以赚取差价或手续费为目的的商品。

8. 委托加工物资

委托加工物资是指企业委托外单位加工的各种材料、商品等物资。

(二) 存货的确认标准

按照《企业会计准则》的规定,企业的存货同时满足下列两个条件,才能予以确认:

(1) 该存货包含的经济利益很可能流入企业。

(2) 该存货的成本能可靠地计量。

一项存货必须满足存货的定义,同时符合存货确认的两个条件时才能确认为企业的存货,从而在资产负债表内列示。

在进行存货确认时,应注意以下问题:

(1) 代销商品。代销商品在售出之前,所有权属于委托方;受托方应对其受托代销商品在资产负债表的存货中反映,并将与受托代销商品相对应的代销商品款作为一项负债,同时反映在资产负债表中。

(2) 在途商品。销货方按销售合同、协议规定已经确认销售(如已收到货款等)但尚未发给购货方的商品,应作为购货方的存货;购货方已收到商品但尚未收到销货方结算发票等的商品,应将其作为购货方的存货;购货方已经确认为购进(如已付款等)但尚未到达入库的在途商品应作为购货方的存货。

(3) 购货约定。对于约定购货但尚未购入的商品,不作为购货方的存货,也不确认其有关的负债和费用。

(三) 存货岗位的职责

存货岗位的职责涉及仓库管理人员和会计人员的职责。

1. 仓库管理人员的职责

仓库管理人员主要负责存货收入、发出、结存(以下简称收、发、存)的数量管理。仓库管理人员为了方便管理,可以根据实际需要建立存货信息目录(图2-1)。

物资编码	物资名称	系统规格/型号	系统计量单位	实际规格/型号(*)	实际计量单位(*)	计划数量(*)	备注
001010402	二级螺纹钢	Φ12	吨	Φ12	吨		

图 2-1 存货信息目录

仓库管理人员的职责具体包括:

(1) 根据存货验收情况,填制"验收单",并将存货入库管理。

(2) 根据领用部门填制的领料凭证,发出货物,并在领料凭证上签字。

(3) 根据"验收单"和领料凭证登记存货明细账上的收、发、存数量。

(4) 经常进行实物盘点,并与明细账的数量核对,保证存货的安全完整。

2. 会计人员的职责

会计人员主要参与存货管理制度的制定和存货的核算。其职责具体包括:

(1) 会同有关部门制定存货管理的办法,建立健全存货核算制度。对于企业的原材料、包装物、低值易耗品、库存商品、半成品、在产品等存货,应建立健全其收、发、存等的核算制度,制定相关管理制度,明确相关手续及管理责任。

(2) 参与制定存货定额。存货定额包括消耗定额、价格定额等。企业制定的存货定额应先进、科学、合理,并注意随着市场环境、生产技术等条件的改变而适时修正。

(3) 负责存货日常管理工作。存货日常管理主要指存货收、发、存的管理。应根据企业生产经营计划、存货预算、存货供应、消耗及库存情况等,控制存货的收、发、存金额。

(4) 负责存货日常核算工作。应认真审核各类存货的收发凭证,进行汇总和试算平衡,登记账簿、对账、结账,完成存货收、发、存的日常核算。

(5) 参与存货的清查盘点工作。应定期、不定期地对存货进行清查盘点,年终应进行一次全面清查。对存货盘盈、盘亏、毁损等情况要查明原因,按不同情况经有关部门批准后分别处理,做到存货账实相符。

(6) 其他与存货核算有关的工作。例如,了解存货储备情况、对积压呆滞存货进行分析、监督存货保管工作、与仓库管理人员有效沟通、建立有效的存货管理方法与账实核对机制等。

(四) 存货岗位业务核算流程

1. 存货岗位的业务流程及原始凭证

存货岗位的业务流程及所涉及的原始凭证见图 2-2。

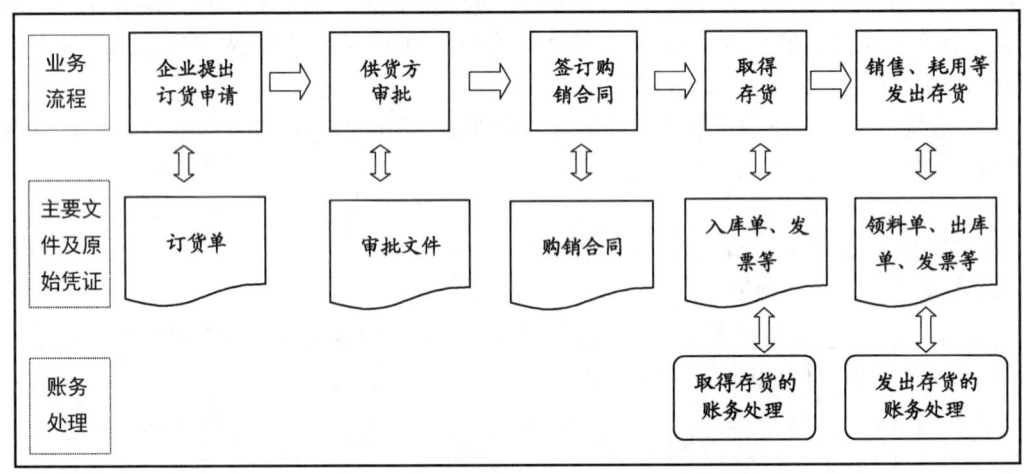

图 2-2　存货岗位的业务流程及所涉及的原始凭证

2. 存货岗位的会计核算流程

存货岗位的会计核算流程见图 2-3 和图 2-4。

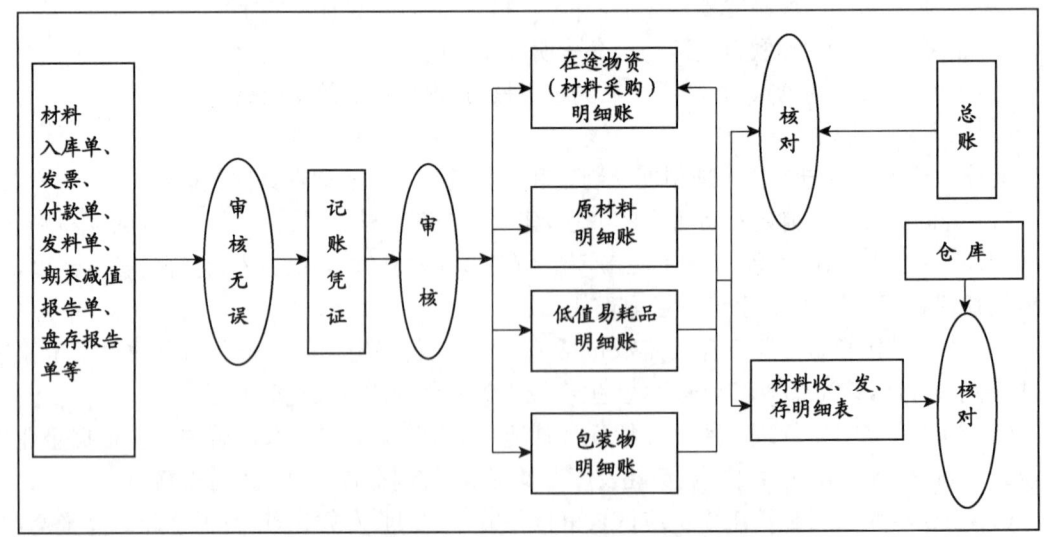

图 2-3　存货(材料)岗位的会计核算流程

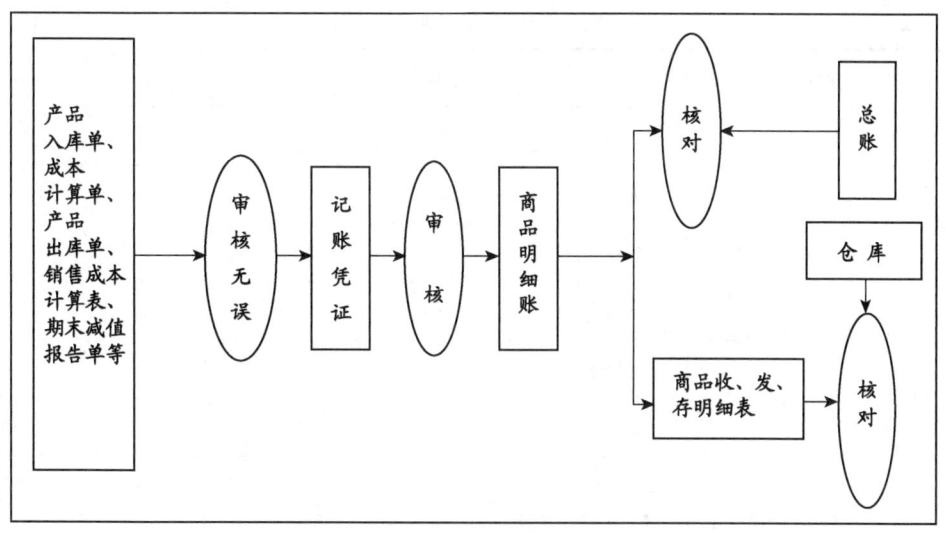

图 2-4 存货(产成品)岗位的会计核算流程

（五）存货岗位核算涉及的总账账户

存货岗位核算主要涉及的总账账户见表 2-1。

表 2-1　　　　　　　　　　　　总账账户一览表

账户名称	账户性质	核算内容
原材料	资产类	核算企业库存各种材料的收、发、存情况
在途物资	资产类	企业采用实际成本进行材料、商品等物资的日常核算时，核算已经采购尚未验收入库的各种物资(即在途物资)的实际采购成本
材料采购	资产类	企业采用计划成本进行材料日常核算时，核算购入材料的实际采购成本
周转材料	资产类	核算企业库存各种周转材料的收、发、存情况
库存商品	资产类	核算企业库存各种商品的收、发、存情况
材料成本差异	资产类(备抵附加账户)	核算企业各种材料实际成本与计划成本之间的差异
存货跌价准备	资产类(备抵账户)	核算企业存货的跌价准备

任务2.2　记录存货收、发、存信息

一、任务布置

【任务 2-2】　记录存货收、发、存信息案例

2023 年 12 月 1 日，青岛宏达服装有限公司与存货相关的期初余额见表 2-2。

表 2-2　　　　　　　　　　　存货期初余额表　　　　　　　　金额单位:元

材料类别、品种		计量单位	数量	计划单价	实际单价
原材料	原料及主要材料 面料	米	6 800	50.00	49.20
	辅助材料 里料	匹	10	1 200.00	1 150.00
	辅助材料 拉链	包	30	100.00	110.00
	辅助材料 缝纫线	个	180	10.00	9.00
周转材料	低值易耗品 维修工具	套	15	130.00	150.00
	低值易耗品 量尺	把	30	20.00	18.00
包装物	包装箱	个	80	20.00	23.00
库存商品	西裤	条	2 000	100.00	98.00
材料成本差异	原材料				
	周转材料				
	库存商品				

2023年12月,该公司发生的与存货相关的经济业务如下:

(1) 6日,购买面料。有关单据见图2-5至图2-7。

```
中国工商银行
转账支票存根
Ⅶ Ⅲ 00041185

科    目:_____
对方科目: 原材料、应交税费
出票日期: 2023 年 12 月 06 日

收款人: 广州新盛服装辅料商行
金  额: ¥452 000.00
用  途: 支付购货款

单位主管:李平    会计:刘强
复核:            记账:
```

图 2-5　转账支票存根

项目 2 存货岗位

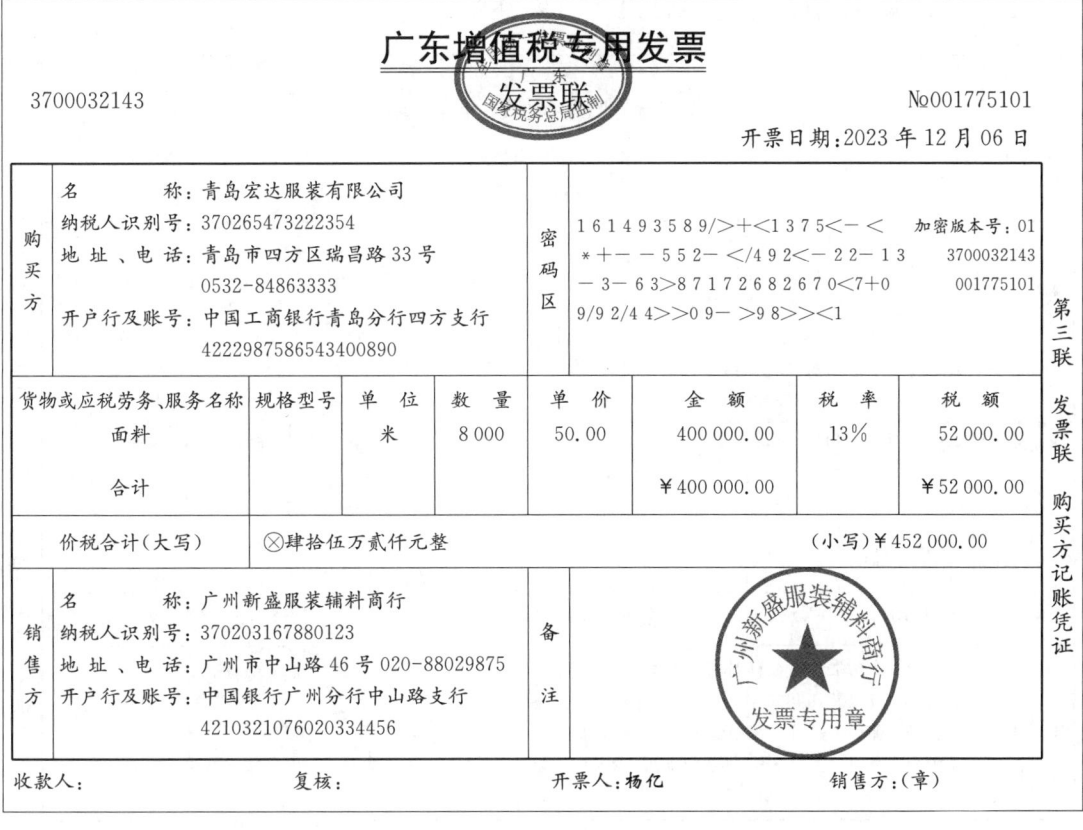

图 2-6 增值税专用发票

图 2-7 材料入库单

（2）10日，购买材料。有关单据见图2-8和图2-9。

青岛增值税专用发票

发票联

3700032144　　　　　　　　　　　　　　　　　　　　　　　No001775102

开票日期：2023年12月10日

购买方	名　　称：青岛宏达服装有限公司 纳税人识别号：370265473222354 地址、电话：青岛市四方区瑞昌路33号　0532-84863333 开户行及账号：中国工商银行青岛分行四方支行　4222987586543400890	密码区	161493589/>+<1375<-< *+--552-</492<-22-13 --3-63>8717268 2670<7+0 9/92/44>>09->98>><1	加密版本号：01 3700032144 001775102

货物或应税劳务、服务名称	规格型号	单位	数量	单价	金额	税率	税额
里料		匹	80	1 250.00	100 000.00	13%	13 000.00
拉链		包	130	102.00	13 260.00		1 723.80
缝纫线		个	300	11.00	3 300.00		429.00
合计					￥116 560.00		￥15 152.80

价税合计（大写）　⊗壹拾叁万壹仟柒佰壹拾贰元捌角整　　　　　　　（小写）￥131 712.80

销售方	名　　称：青岛汇智服装辅料有限公司 纳税人识别号：370205199860781 地址、电话：青岛市银川路89号　0532-83720699 开户行及账号：中国农业银行青岛分行市北支行　7602033445631415783	备注	

收款人：　　　　　复核：　　　　　开票人：王华　　　　　销售方：（章）

图2-8　增值税专用发票

材料入库单

供应单位：青岛汇智服装辅料有限公司

发票号：111070　　　　　　　2023年12月10日　　　　　　　字第　号

材料名称	规格材质	计量单位	应收数量	实收数量	单价	金额								
						千	百	十	万	千	百	十	元	角	分
里料		匹	80	80											
拉链		包	130	130											
缝纫线		个	300	300											
运杂费															
合计															
备注															

仓库：　　　　　会计：李平　　　　　收料员：王仟　　　　　制单：李平

图2-9　材料入库单

(3) 11日,购买面料。有关单据见图2-10和图2-11。

图 2-10 增值税专用发票

图 2-11 转账支票存根

(4) 13 日，购买包装箱。有关单据见图 2-12 和图 2-13。

青岛增值税专用发票

发票联

3700032146　　　　No001775104

开票日期：2023 年 12 月 13 日

购买方	名　　称：青岛宏达服装有限公司 纳税人识别号：370265473222354 地 址 、电 话：青岛市四方区瑞昌路 33 号 0532-84863333 开户行及账号：中国工商银行青岛分行四方支行 4222987586543400890			密码区	1 6 1 4 9 3 5 8 9/>+<1 3 7 5<− < ∗+− − 5 5 2− </4 9 2<− 2 2− 1 3 − 3− 6 3>8 7 1 7 2 6 8 2 6 7 0<7+0 9/9 2/4 4>>0 9− >9 8>><1	加密版本号：01 3700032146 001775104	
货物或应税劳务、服务名称	规格型号	单　位	数　量	单　价	金　额	税　率	税　额
包装箱		个	184	22.00	4 048.00	13%	526.24
合计					¥4 048.00		¥526.24
价税合计（大写）	⊗肆仟伍佰柒拾肆元贰角肆分					（小写）¥4 574.24	
销售方	名　　称：青岛昌盛包装有限公司 纳税人识别号：370203167880123 地 址 、电 话：青岛市中山路 176 号 0532-88029875 开户行及账号：中国建设银行青岛分行中山路支行 6201483276020334456			备注	青岛昌盛包装有限公司 发票专用章		

收款人：　　复核：　　开票人：杨亿　　销售方：（章）

第三联 发票联 购买方记账凭证

图 2-12　增值税专用发票

材 料 入 库 单

供应单位：青岛昌盛包装有限公司

发票号：111071　　2023 年 12 月 13 日　　字第　号

材料名称	规格材质	计量单位	应收数量	实收数量	单价	金额									
						千	百	十	万	千	百	十	元	角	分
包装箱		个	184	184											
运杂费															
合　计															
备　注															

仓库：　　会计：李平　　收料员：王仟　　制单：李平

第二联 记账联

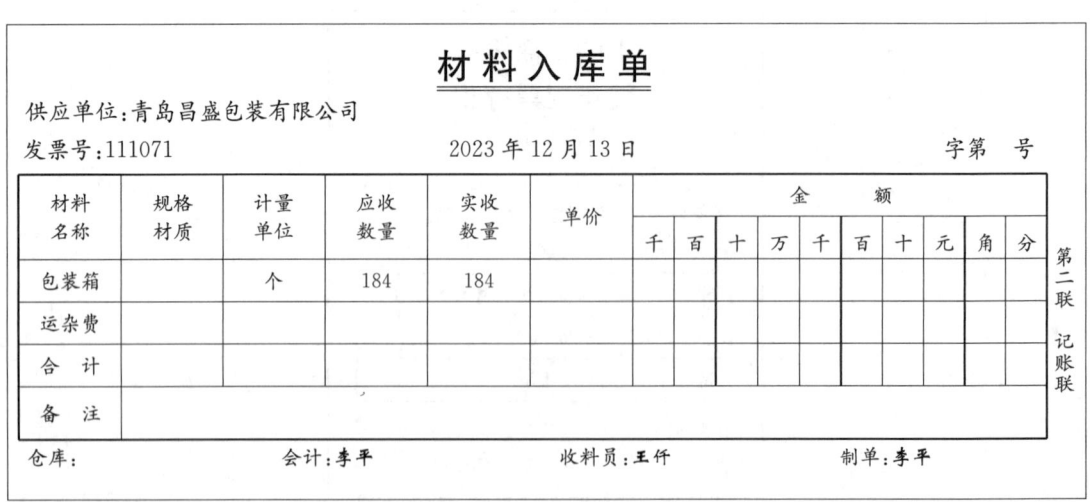

图 2-13　材料入库单

（5）13日，购买工具。有关单据见图2-14和图2-15。

图2-14　增值税专用发票

图2-15　材料入库单

(6) 18 日,收到面料。有关单据见图 2-16。

材料入库单

供应单位:山东创新服装材料有限公司
发票号:111069　　　　2023 年 12 月 18 日　　　　字第　号

材料名称	规格材质	计量单位	应收数量	实收数量	单价	金额 千 百 十 万 千 百 十 元 角 分
面料		米	5 600	5 600		
运杂费						
合计						

仓库:　　　　会计:李平　　　　收料员:王仟　　　　制单:李平

第二联 记账联

图 2-16　材料入库单

(7) 18 日,面料验收入库。有关单据见图 2-17。

材料入库单

供应单位:广州新盛服装铺料商行
发票号:111072　　　　2023 年 12 月 30 日　　　　字第　号

材料名称	规格材质	计量单位	应收数量	实收数量	单价	金额 千 百 十 万 千 百 十 元 角 分
面料		米	4 000	4 000		
运杂费						
合计						
备注						

仓库:　　　　会计:李平　　　　收料员:王仟　　　　制单:李平

第二联 记账联

注:此笔业务为已收货,未收到发票。

图 2-17　材料入库单

(8) 31 日,分配工资。有关单据见图 2-18。

工资费用表

2023 年 12 月 31 日　　　　　　　　　　　　　　　　单位:元

部门、人员		工资	社会保险	住房公积金	工会经费	合计
基本生产车间	生产工人	95 000	19 000	9 500	1 900	125 400
	管理人员	18 000	3 600	1 800	360	23 760
企业管理部门		25 000	5 000	2 500	500	33 000
在建工程		42 000	8 400	4 200	840	55 440
专设销售机构		9 650	1 930	965	193	12 738
合　计		189 650	37 930	18 965	3 793	250 338

图 2-18　工资费用表

根据以上信息完成以下要求：

(1) 填制材料入库单。

(2) 根据限额领料单(图 2-19)及领料登记簿(图 2-20)编制发料凭证汇总表(图 2-21)。其中：①面料的发出方法采用先进先出法。②其余存货的发出均采用月末一次加权平均法(加权平均单位成本取整数，倒轧期末余额)。③包装箱随商品销售而不单独计价。④领用的量尺采用一次摊销法。⑤维修工具采用分次摊销法。

限额领料单
2023 年 12 月 31 日

领料单位：生产车间　　　　用途：西裤　　　　　　　　计划产量：12 000 条
材料编号：　　　　　　　　名称及规格：面料　　　　　计量单位：米
计划单价：50 元　　　　　　消耗定额：1.3 米　　　　　领用限额：15 600 米

2023 年		请领	实发			备注
月	日	数量	数量	领料人	限额结余	
12	01	4 160			11 440	
	08	6 240			5 200	
	20	5 300			−100	
	30	200			100	退料

生产部门负责人：　　　　　　　领料人：　　　　　　　发料人：张华

图 2-19　限额领料单

领 料 登 记 簿
2023 年 12 月 31 日

2023 年		材料名称	计量单位	用途	数量	领料人	领料部门
月	日						
12	01	里料	匹	生产西裤	8		生产车间
	01	缝纫线	个	生产西裤	130		生产车间
	01	拉链	包	生产西裤	20		生产车间
	05	包装箱	个	包装产品	70		销售部门
	13	里料	匹	生产西裤	67		生产车间
	13	缝纫线	个	生产西裤	220		生产车间
	13	拉链	包	生产西裤	100		生产车间
	15	维修工具	套	维修用	35		生产车间
	15	量尺	把	测量	70		生产车间
	18	包装箱	个	包装产品	154		销售部门

图 2-20　领料登记簿

发料凭证汇总表

年　月　日　　　　　　　　　　　　　　　　　　单位：

部　门	材料名称	计量单位	领用数量	单　价	金　额
合　计					

财务主管：　　　　　　　　　　　　　　　　　　　　　　　　制表人：李平

图 2-21　发料凭证汇总表

（3）完成制造费用明细账（图 2-22）。

制造费用明细账

2023年		摘要	材料费	人工费	折旧费	办公费	其他	合计
月	日							
12	10	支付办公费				27 600.0		
	12	报销通信费					8 650.0	
	15	支付修理费					12 530.0	
	31	计算折旧费			42 100.0			
	31	计算水电费					25 387.5	
	31	结转人工费						
	31	结转材料费						
	31	合计						
	31	结转制造费用						

图 2-22　制造费用明细账

（4）完成成本计算单（图 2-23）和产品入库单（图 2-24）。

成　本　计　算　单

2023 年 12 月　　　　　　　　　　完工产量：12 000 件

产品名称：西裤　　　　　　　　　　　　　　　　　　单位：元

成本项目	直接材料	直接人工	制造费用	合计
本月发生费用				
完工产品总成本				
完工产量	12 000	12 000	12 000	—
单位成本				

图 2-23　成本计算单

图 2-24 成本入库单

(5) 完成产品出库单(图 2-25)。

产品名称	规格材质	计量单位	应领数量	实领数量	单价	金额								
						千	百	十	万	千	百	十	元	角	分
西裤		条	11 200	11 200											
运杂费															
合计															
备注															

产品出库单 2023 年 12 月 30 日

供应单位:销售部门　　字第　号

仓库:　　会计:李平　　发料员:王仟　　制单:李平

图 2-25 成品出库单

(6) 根据以上原始凭证编制记账凭证,登记总分类账,并绘制存货核算流程图。
(7) 如果该公司采用计划成本法进行存货核算,作出相关账务处理。

二、知识链接

(一) 存货的主要核算内容

在制造业企业中,存货主要包括原材料、周转材料和库存商品(产成品)等。

1. 原材料

原材料是企业生产经营过程中的劳动对象,是企业生产经营过程中不可缺少的物质要素。原材料作为被加工的劳动对象,在生产经营中起着不同的作用,有的被劳动者用来进行加工,构成产品实体;有的虽不构成产品实体,但有助于产品的形成;有的在生产经营过程中被劳动工具所消耗。尽管原材料在生产经营过程中所起的作用不同,它们具有共同的特点:一次性地参加生产经营,经过一个生产周期,就要被全部消耗掉,或改变其原有实物形态,同时其价值也随着实体的消耗,一次性地全部转移到产品价值中去,并且通过产品销售一次性地得到补偿。

按照在生产经营过程中的不同作用,原材料一般可分为以下几种:

(1) 原料及主要材料。原料及主要材料是指经过加工后能够构成产品主要实体的各种原料及主要材料。原料是指没有经过加工的材料,如纺织用的原棉、制糖用的甘蔗、冶炼用的铁矿石等。主要材料是指经过加工后的材料,如织布用的棉纱、机器制造用的钢材等。

(2) 外购半成品(外购协作件)。外购半成品是指从外部购入,需经本企业进一步加工或装配的已加工过的原材料,如织布厂外购的棉纱、汽车制造厂外购的轮胎等。外购半成品也可纳入原料及主要材料这一类。

(3) 辅助材料。辅助材料是指直接用于生产,在生产中起辅助作用,不构成产品主要实体的各种材料。按其在生产中所起的作用不同,又可分为:①加入产品实体与主要材料相结合,或者使主要材料发生变化,或者给予产品某种性能的辅助材料,如染料、油漆、催化剂等。②被劳动工具所消耗的辅助材料,如维修机器设备用的润滑油和防锈剂等。③为创造正常劳动条件而消耗的辅助材料,如清洁工作地点的各种用具等。

(4) 燃料。燃料是指工艺技术过程或非工艺技术过程中用来燃烧取得热能的各种燃料。它包括固体燃料、液体燃料和气体燃料。

(5) 修理备件(备品备件)。修理备件是指为修理本企业机器设备和运输工具所专用的各种备品备件,如轴承、齿轮等。一般修理备件可纳入辅助材料。

(6) 包装材料。包装材料是指满足产品包装要求所使用的材料,如纸张、麻绳、铁皮等。一般包装材料可纳入辅助材料。

2. 周转材料

周转材料是指企业在正常生产经营过程中多次使用、价值逐渐转移,但仍保持原有形态不确认为固定资产的材料。周转材料主要包括低值易耗品、包装物,以及企业(建造承包企业等)的钢模板、木模板、脚手架等。本书主要介绍低值易耗品和包装物的核算。

1) 低值易耗品

低值易耗品是指不能作为固定资产的各种用具物品,如工具、管理用具、玻璃器皿和在经营过程中周转使用的包装容器等。

低值易耗品按照用途可分为一般工具、专用工具、替换设备、管理用具、劳动保护用品等几大类。

低值易耗品的特点如下:

(1) 低值易耗品按其在生产经营中所起的作用来看,属于劳动手段。它在生产过程中能多次使用,其价值随着实物的磨损而逐渐转移。低值易耗品在使用过程中,需要经常修理,报废时有一定的残余价值。因此,它与固定资产有相似之处。

(2) 低值易耗品的单位价值较低或者使用期限较短,更换较频繁,其价值转移方式可以采用一次或分期摊销的方式。因此,低值易耗品与材料有相似之处。为了简化核算工作,在实际工作中一般将其作为存货进行管理和核算。

2) 包装物

包装物是指为了包装本企业商品而储备的各种包装容器,如桶、箱、瓶、袋等。企业的包装物按其具体用途不同,分为以下几种:

(1) 生产过程中用于包装产品作为产品组成部分的包装物。

(2) 随同商品出售而不单独计价的包装物。
(3) 随同商品出售且单独计价的包装物。
(4) 出租或出借给购买单位使用的包装物。

> **温馨提示**
>
> 下列各项存货不属于包装物的核算范围：
>
> (1) 各种包装材料，如纸、绳、铁丝、铁皮等，应作为"原材料"进行管理和核算。
>
> (2) 用于储备和保管商品、材料等不对外出售的包装物，应按其价值大小和使用年限长短分别作为"固定资产"或"低值易耗品"进行管理和核算。
>
> (3) 单独列作企业商品产品的自制包装物，应作为"产成品"核算。

3. 库存商品（产成品）

库存商品是指企业已完成全部生产过程并已验收入库、合乎标准规格和技术条件，可以按照合同规定的条件送交订货单位，或者可以作为商品对外销售的产品以及外购或委托加工完成验收入库用于销售的各种商品。库存商品具体包括库存产成品、外购商品、存放在门市部准备出售的商品、发出展览的商品、寄存在外的商品、接受来料加工制造的代制品和为外单位加工修理的代修品等。已完成销售手续，但购买单位在月末未提取的产品，不应作为企业的库存商品，而作为代管商品处理，单独设置代管商品备查簿进行登记。

（二）确定存货成本

【任务 2-2-1】 存货成本的确定

青岛东兴股份有限公司发生以下业务：

(1) 购买 10 吨甲材料，买价为每吨 1 000 元，发生运费 1 500 元，增值税共计 1 435 元，验收入库 9.8 吨，0.2 吨为运输途中合理损耗，入库时发生费用 580 元。

(2) 完工的产品有 1 200 台，每台实际消耗材料 370 元，人工费用为 525 元，制造费用为 179 元。

请计算青岛东兴股份有限公司上述存货的成本是多少。

1. 确定存货的取得成本

1) 确定存货取得成本的一般原则

存货应当按照成本进行初始计量。存货成本包括采购成本、加工成本和其他成本。

(1) 存货的采购成本。存货的采购成本是指存货入库前发生的应计入存货成本的相关支出，主要包括购买价款、相关税费（如关税、消费税等，不包括增值税）、运输费、装卸费、保险费和其他可归属于存货采购成本的费用。其中，存货的购买价款是指企业购入材料或商品的发票账单上列明的价款，但不包括按照规定可以抵扣的增值税额；存货的相关税费是指购买存货发生的进口关税、消费税、资源税、不能抵扣的增值税进项税额，以及相应的教育费附加等应计入存货采购成本的税费；其他可归属于存货采购成本的费用是指采购成本中除上述各项以外的可归属于存货采购的费用，如在存货采购过程中发生的仓储费、包装费、运输途中合理损耗、入库前的挑选整理费用等。

(2) 存货的加工成本。存货的加工成本是指在存货加工过程中发生的费用，包括直接人工及按照一定方法分配的制造费用。

(3) 存货的其他成本。存货的其他成本是指除采购成本、加工成本以外的，使存货达到目前场所和状态所发生的其他支出,如为特定客户设计产品所发生的、可直接确定的设计费用。

温馨提示

企业设计产品(不是为特定客户)发生的设计费用通常计入当期损益,而不计入存货成本。

2) 存货取得成本在会计实务中的具体确定

会计实务中,根据存货的来源不同,其成本的构成内容也不尽相同。原材料、库存商品、周转材料等通过购买而取得的存货,其成本由采购成本构成;产成品、在产品、半成品等自制或需委托外单位加工完成的存货,其成本由采购成本、加工成本,以及使存货达到目前场所和状态所发生的其他支出构成。存货取得成本具体按以下原则确定:

(1) 外购存货。其成本包括买价、运杂费(包括运输费、装卸费、保险费、包装费、仓储费等)、运输途中的合理损耗、入库前的挑选整理费用(包括挑选整理中发生的工、费支出和挑选整理过程中所发生的损耗,并扣除回收的下脚料价值),以及按规定应计入成本的税费(如用于非应税项目的材料应交纳的增值税、进口存货的关税、消费税、资源税)和其他费用。

知识拓展

小规模纳税人及购入物资时不能取得增值税专用发票或用于增值税非应税项目的一般纳税人,购入物资时支付的增值税不可抵扣,应计入所购物资的成本。

聪明屋

什么是一般纳税人和小规模纳税人?

(2) 自制存货。它包括自制原材料、自制半成品、自制周转材料和库存商品等,其成本包括直接材料、直接人工和制造费用等各项实际支出。

课堂活动

(1) 青岛新月公司于2023年2月采购了一批材料用于生产产品,取得的增值税专用发票列明:价款为10万元,增值税税率为13%,款项已通过银行存款支付。另外货物托运业增值税专用发票列明:运输费为5 000元,增值税额为450元,款项已通过银行存款支付。假定青岛新月公司分别是一般纳税人和小规模纳税人,计算其采购成本,并作出相应会计分录。

(2) 2023年2月,青岛新月公司生产车间(只生产甲产品)为生产产品领用材料50 000元,发放生产工人工资20 000元,车间管理人员工资8 500元,车间耗用水电费共18 600元,月末产品全部完工入库。请计算入库产品的总成本。

(3) 委托外单位加工完成的存货。它包括加工后的原材料、周转材料、半成品、产成品等,其成本包括实际耗用的原材料或半成品、加工费、装卸费、保险费、委托加工的往返运输费等费用,以及按规定应计入成本的税费(如消费税)。

(4) 投资者投入的存货。其成本按照投资合同或协议约定的价值确定,但合同或协议约定价值不公允的除外。

温馨提示

在进行存货初始计量时,应注意下列问题:

(1) 非正常消耗的直接材料、直接人工和制造费用,应在发生时计入当期损益。例如,由于自然灾害而发生的直接材料、直接人工和制造费用,以及由于这些费用的发生无助于使该存货达到目前场所或状态,不应计入存货成本,而应确认为当期损益。

(2) 仓储费用是指企业在存货采购入库后发生的储存费用,应在发生时计入当期损益。但是,在生产过程中为到达下一生产阶段所必需的仓储费用应计入存货成本。例如,某种酒类产品生产企业为使生产的酒达到规定的产品质量标准而必须发生的仓储费用,应计入酒的成本,而不应计入当期损益。

(3) 不能归属于使存货达到目前场所和状态的其他支出,应在发生时计入当期损益,而不应计入存货成本。

2. 确定存货的发出成本

在日常工作中,企业发出的存货可以按实际成本核算,也可以按计划成本核算。如果存货采用计划成本核算,会计期末应将计划成本调整为实际成本。

企业应当根据各类存货的实物流转方式、企业管理要求、存货性质等实际情况,合理确定发出存货的实际成本。在实际成本核算下,企业可以采用的发出存货成本的计价方法包括个别计价法、先进先出法、月末一次加权平均法和移动加权平均法等。对于性质和用途相同的存货,应当采用相同的成本计算方法确定其发出成本。不同的存货可以采用不同的计价方法。存货计价方法一经确定,不得随意变更,如需变更,应在会计报表附注中予以说明。

1) 个别计价法

个别计价法亦称个别认定法、具体辨认法、分批实际法,采用这一方法是假设存货具体项目的实物流转与成本流转相一致,按照各种存货逐一辨认各批发出存货和期末存货所属的购进批别或生产批别,分别按其购入或生产时所确定的单位成本计算各批发出存货和期末存货成本的方法。这种方法是把每一种存货的实际成本作为计算发出存货和期末存货成本的基础。

个别计价法的成本计算准确,符合实际情况,但在存货收、发频繁的情况下,其发出成本分辨的工作量大。因此,这种方法一般适用于不能替代使用的存货、为特定项目专门购入或制造的存货以及提供的劳务,如珠宝、名画等贵重物品。

【例 2-1】 2023 年 3 月,青岛东方股份有限公司原材料明细账见表 2-3。

表 2-3 原材料明细账

材料名称:A 材料 数量单位:件

2023年		摘要	收入			发出			结存		
月	日		数量	单价	金额	数量	单价	金额	数量	单价	金额
3	1	期初余额							100	9.4	940
	10	购入	300	9.5	2 850				400		
	15	领用				240			160		
	22	购入	200	9.7	1 940				360		
	26	领用				220			140		
3	31	本月合计	500		4 790	460			140		

要求：采用个别计价法计算本期发出A材料成本及期末结存A材料成本。

假定经过具体辨认，本期发出存货的单位成本如下：于2023年3月15日发出的240件A材料中，80件系期初结存，单位成本为9.4元；160件为2023年3月10日购入，单位成本为9.5元。于2023年3月26日发出的220件A材料中，20件系期初结存，单位成本为9.4元；100件为2023年3月10日购入，单位成本为9.5元，100件为2023年3月22日购入，单位成本为9.7元。按照个别认定法，青岛东方股份有限公司原材料明细账见表2-4。

表2-4　　　　　　　　　　原材料明细账（个别认定法）

材料名称：A材料　　　　　　　　　　　　　　　　　　　数量单位：件

2023年		摘要	收入			发出			结存		
月	日		数量	单价	金额	数量	单价	金额	数量	单价	金额
3	1	期初余额							100	9.4	940
	10	购入	300	9.5	2 850				100 300	9.4 9.5	3 790
	15	领用				80 160	9.4 9.5	2 272	20 140	9.4 9.5	1 518
	22	购入	200	9.7	1 940				20 140 200	9.4 9.5 9.7	3 458
	26	领用				20 100 100	9.4 9.5 9.7	2 108	40 100	9.5 9.7	1 350
3	31	本月合计	500	—	4 790	460	—	4 380	40 100	9.5 9.7	1 350

从表2-4中可知，本期发出A材料（存货）成本及期末结存A（存货）材料成本如下：

本期发出A材料成本＝80×9.4＋160×9.5＋20×9.4＋100×9.5＋100×9.7＝4 380（元）

期末结存A材料成本＝期初结存A材料成本＋本期购入A材料成本－本期发出A材料成本
　　　　　　　　＝940＋4 790－4 380＝1 350（元）

2）先进先出法

先进先出法是指以先购入的存货先发出（销售或耗用）这样一种存货实物流转假设为前提，对发出存货进行计价的一种方法。其具体方法是企业收入存货时，逐笔登记收入存货的数量、单价和金额；发出存货时，按照先进先出的原则逐笔登记存货的发出成本和结存金额。

先进先出法可以随时结转存货发出成本，但较繁琐。如果存货收、发业务较多且存货单价不稳定时，其工作量较大。在物价持续上升时，期末存货成本接近于物价，而发出成本偏低，会高估企业的库存存货的价值和当期利润；反之，会低估企业的库存存货的价值和当期利润。

【例2-2】 以［例2-1］的资料为例，采用先进先出法得出的本期发出存货成本和期末结存存货成本分别为4 372元和1 358元，具体计算过程见表2-5。从表2-5可以看出存货成本的计价顺序，如于2023年3月15日发出的240件A材料中，按先进先出法的流转顺序，应当先发出期初结存的 100 件,单位成本为 9.4 元,再发出 10 日购入的 140 件,单位成本为 9.5 元,以此类推。

表 2-5　　　　　　　　　　　原材料明细账(先进先出法)

材料名称:A 材料　　　　　　　　　　　　　　　　　　　　　　　　　　　数量单位:件

2023年		摘要	收入			发出			结存		
月	日		数量	单价	金额	数量	单价	金额	数量	单价	金额
3	1	期初余额							100	9.4	940
	10	购入	300	9.5	2 850				100 300	9.4 9.5	3 790
	15	领用				100 140	9.4 9.5	2 270	160	9.5	1 520
	22	购入	200	9.7	1 940				160 200	9.5 9.7	3 460
	26	领用				160 60	9.5 9.7	2 102	140	9.7	1 358
3	31	本月合计	500	—	4 790	460	—	4 372	140	9.7	1 358

3) 月末一次加权平均法

月末一次加权平均法是指以本月全部进货数量和月初存货数量为权数,去除本月全部进货成本和月初存货成本,计算出存货的加权平均单位成本,以此为基础计算本期发出存货成本和期末库存存货成本的一种方法。其计算公式如下:

$$存货单位成本 = \frac{月初库存存货实际成本 + \sum\left(\begin{array}{c}本月各批进货的\\实际单位成本\end{array} \times \begin{array}{c}本月各批\\进货的数量\end{array}\right)}{月初库存存货数量 + 本月各批进货数量之和}$$

或:

$$加权平均单价 = \frac{月初存货成本 + 本月入库存货成本}{月初存货数量 + 本月入库存货数量}$$

$$本月发出存货成本 = 加权平均单价 \times 发出存货数量$$

$$月末库存存货成本 = 加权平均单价 \times 月末存货数量$$

或:

$$月末库存存货成本 = 月初存货成本 + 本月收入存货成本 - 发出存货成本 \quad (\text{"加权平均单价未除尽时"})$$

采用加权平均法只在月末一次计算加权平均单价,手续简单,便于操作,有利于简化成本计算工作,但由于平时无法从账面上提供发出和结存存货的单价和金额,不利于存货成本的日常管理与控制。

【例 2-3】 以[例 2-1]的资料为例,采用月末一次加权平均法计算本月发出 A 材料成本及月末库存 A 材料成本。具体计算过程见表 2-6。

表 2-6　　　　　　　　　原材料明细账（月末一次加权平均法）

材料名称：A 材料　　　　　　　　　　　　　　　　　　　　　　　　　　数量单位：件

2023年		摘要	收入			发出			结存		
月	日		数量	单价	金额	数量	单价	金额	数量	单价	金额
3	1	期初余额							100	9.40	940
	10	购入	300	9.5	2 850						
	15	领用				240					
	22	购入	200	9.7	1 940						
	26	领用				220					
3	31	本月合计	500		4 790	460		4 393	140	9.55	1 337

$$3月份A材料的平均单位成本=\frac{100\times 9.4+300\times 9.5+200\times 9.7}{100+300+200}=9.55(元)$$

3月份发出 A 材料成本与月末库存 A 材料成本分别如下：

$$本月发出 A 材料成本=460\times 9.55=4\ 393(元)$$

$$月末库存 A 材料成本=140\times 9.55=1\ 337(元)$$

4）移动加权平均法

移动加权平均法是指以每次进货的成本加上原有库存存货的成本，除以每次进货数量与原有库存存货数量之和，计算加权平均单位成本，作为下次进货前计算各批次发出存货成本依据的一种方法。其计算公式如下：

$$移动加权平均单价=\frac{以前结存存货成本+本次入库存货成本}{以前结存存货数量+本次入库存货数量}$$

$$本次发出存货成本=移动加权平均单价\times 本次发出存货数量$$

$$月末库存存货成本=月末加权平均单价\times 月末库存存货数量$$

采用移动加权平均法能够使企业管理当局及时了解存货的结存情况，计算的平均单位成本，以及发出和结存的存货成本比较客观。但由于该方法在每次收货时都要计算一次平均单价，计算工作量较大，对收、发货频繁的企业不适用。

【例 2-4】　以［例 2-1］的资料为例，假设青岛东方股份有限公司采用移动加权平均法核算企业存货，其原材料明细账见表 2-7。从表 2-7 中看出，存货的平均单位成本从期初的 9.4 元变为 9.475 元和 9.6 元，再到期末的 9.6 元。存货的平均单位成本计算如下：

$$3月10日购入 A 材料后的平均单位成本=\frac{100\times 9.4+300\times 9.5}{100+300}=9.475(元)$$

$$3月22日购入 A 材料后的平均单位成本=\frac{160\times 9.475+200\times 9.7}{160+200}=9.6(元)$$

采用移动加权平均法得出的本次发出存货成本和月末库存存货成本分别为 4 386 元和 1 344 元。

表 2-7　　　　　　　　　　原材料明细账(移动加权平均法)

材料名称:A 材料　　　　　　　　　　　　　　　　　　　　　　数量单位:件

2023年		摘要	收入			发出			结存		
月	日		数量	单价	金额	数量	单价	金额	数量	单价	金额
3	1	期初余额							100	9.400	940
	10	购入	300	9.5	2 850				400	9.475	3 790
	15	领用				240	9.475	2 274	160	9.475	1 516
	22	购入	200	9.7	1 940				360	9.600	3 456
	26	领用				220	9.600	2 112	140	9.600	1 344
3	31	本月合计	500		4 790	460		4 386	140	9.600	1 344

课堂活动

根据任务 2.2"任务布置"中有关"原材料——原料及主要材料(里料)"账户的相关资料,登记原材料明细账,采用先进先出法、月末一次加权平均法和移动加权平均法分别计算发出存货和期末结存存货的实际成本,并分析:

(1)存货计价对企业损益计算的影响。

(2)存货计价对资产负债表有关项目如流动资产总额、所有者权益等项目的影响。

(3)存货计价对所得税额的影响。

(三)记录存货按实际成本计价的收、发、存信息

存货的日常核算可以采用实际成本计价或计划成本计价两种计价方法。即使在同一家企业,对于不同的存货,也可以分别采用实际成本计价和计划成本计价两种计价方法进行日常核算,这主要取决于企业管理的实际需要。

按实际成本计价组织存货收、发核算,是指在存货收发凭证、明细账、总账上都以实际成本来反映存货的收、发、存情况。

1. 存货收入的账务处理

1)外购存货的核算

由于结算方式和采购地点的不同,外购存货的入库和付款在时间上不一定完全同步。企业从本地采购的材料,通常在货款支付后就能立即收到材料。从外地采购的材料,由于材料运输时间和结算凭证的传递时间不一致,经常会发生结算凭证已到、货款已支付,但材料尚在运输途中的情况;有时也会发生材料已到,但结算凭证尚未到达、货款也未支付的情况。外购存货要根据具体情况进行账务处理。

(1)收到发票账单,已经付款或已开出、承兑商业汇票,同时材料验收入库。

【例 2-5】青岛东方股份有限公司为增值税一般纳税人。2023 年 3 月 2 日,该公司购入燃料一批,取得的增值税专用发票上注明原材料价款为 12 600 元,增值税额为 1 638 元,对方代垫包装费 500 元。发票等结算凭证已收到,货款已通过银行转账支付,材料已验收入库。该公司应编制如下会计分录:

借:原材料——燃料　　　　　　　　　　　　　　　　　　　　　　13 100
　　应交税费——应交增值税(进项税额)　　　　　　　　　　　　 1 638
　　贷:银行存款　　　　　　　　　　　　　　　　　　　　　　　　　14 738

【例 2-6】 2023 年 4 月 8 日，青岛东方股份有限公司持银行承兑汇票从江西钢铁厂购进乙材料，取得的增值税专用发票上注明原材料价款为 40 000 元，增值税额为 5 200 元；运输费用为 1 000 元，增值税额为 90 元。发票等结算凭证已收到，材料已验收入库。该公司应编制如下会计分录：

借：原材料——原料及主要材料   41 000
　　应交税费——应交增值税（进项税额）   5 290
　　贷：应付票据——江西钢铁厂   46 290

【例 2-7】 2023 年 5 月 12 日，青岛东方股份有限公司购入修理机器用工具一批，取得的增值税专用发票上注明原材料价款为 80 000 元，增值税额为 10 400 元；运输费为 2 450 元，增值税额为 220.5 元。发票等结算凭证已收到，青岛东方股份有限公司已开出商业承兑汇票，材料已验收入库。该公司应编制如下会计分录：

借：周转材料——低值易耗品   82 450.0
　　应交税费——应交增值税（进项税额）   10 620.5
　　贷：应付票据   93 070.5

(2) 收到发票账单，已经付款或已开出、承兑商业汇票，但材料尚未到达或尚未验收入库。在这种情况下，存货应先通过"在途物资"账户进行核算，待材料到达入库后，再根据收料单，由"在途物资"账户转入"原材料"账户。

【例 2-8】 2023 年 3 月 2 日，青岛东方股份有限公司采用汇兑结算方式向乙公司购入包装箱一批，发票及账单已收到，取得的增值税专用发票上注明货款为 20 000 元，增值税额为 2 600 元。支付运杂费 1 000 元，未取得关于运输费的增值税专用发票，材料尚未到达。该公司应编制如下会计分录：

借：在途物资——乙公司   21 000
　　应交税费——应交增值税（进项税额）   2 600
　　贷：银行存款   23 600

假设 2023 年 3 月 8 日，上述包装箱验收入库时，该公司应编制如下会计分录：

借：周转材料——包装物   21 000
　　贷：在途物资——乙公司   21 000

知识拓展

小规模纳税人采购时无论取得何种采购发票及运输发票，其增值税额一律不许抵扣，全额计入采购成本；一般纳税人采购时至少取得以下三种发票之一的，增值税才可以抵扣：增值税专用发票、海关代开的完税凭证、农产品收购发票。

(3) 材料已验收入库，发票账单已收到但未付款（或尚未开出、承兑商业汇票），或者发票账单尚未收到，但根据合同、随货同行发票等能够计算并确定存货的实际成本。这种情况包括企业采用赊购方式购买材料未付款，以及由于企业银行存款不足而暂未付款两种情形，企业应在收到材料和发票账单时进行账务处理。

【例 2-9】 2023 年 3 月 18 日，青岛东方股份有限公司采用托收承付结算方式向乙公司购入B材料一批,发票及账单已收到,取得的增值税专用发票上注明货款为50 000元,增值税额为6 500元。对方代垫运输费1 000元,未取得关于运输费的增值税专用发票,另外支付挑选整理费1 000元,以现金方式支付。银行转来的结算凭证已到,款项尚未支付,材料已验收入库。该公司应编制如下会计分录:

借:原材料——B材料　　　　　　　　　　　　　　　　　　52 000
　　应交税费——应交增值税(进项税额)　　　　　　　　　　 6 500
　　贷:应付账款——乙公司　　　　　　　　　　　　　　　　58 500

(4) 材料已验收入库,但发票账单尚未收到。一般在收料后的短时间内结算凭证就能到达,因此为了简化核算手续,在月份内发生此类业务时,可暂不进行账务处理,保管收到的材料入库凭证,待有关发票账单到达后,按照正常程序进行账务处理。如果月末发票账单还未到达,为了使账实相符,应先按材料的暂估价款(合同价格或计划成本等)入账,下月初再用红字作同样的会计分录予以冲回,以便下月收到发票账单付款时,按正常程序进行账务处理。

【例2-10】 2023年3月25日,青岛东方股份有限公司从乙公司购入包装材料一批,材料已验收入库,但发票账单及结算凭证尚未收到,货款尚未支付。月末发票账单均未收到,也无法确定包装材料实际成本,假设估计价值为25 000元。该公司应编制如下会计分录:

借:原材料——包装材料　　　　　　　　　　　　　　　　　25 000
　　贷:应付账款——暂估应付账款　　　　　　　　　　　　　25 000

下月初填制红字收料凭证(红字加"☐"表示,下同),并据以作相同红字分录,将暂估价冲销。待收到发票账单后,据实按正常程序入账。

借:原材料——包装材料　　　　　　　　　　　　　　　　　|25 000|
　　贷:应付账款——暂估应付账款　　　　　　　　　　　　　|25 000|

假设该公司于2023年4月5日收到发票账单,取得的增值税专用发票注明价款为20 000元,增值税额为2 600元,已用银行存款付讫。该公司应编制如下会计分录:

借:原材料——包装材料　　　　　　　　　　　　　　　　　20 000
　　应交税费——应交增值税(进项税额)　　　　　　　　　　 2 600
　　贷:银行存款　　　　　　　　　　　　　　　　　　　　　22 600

2) 委托加工存货的核算

企业应设置"委托加工物资"账户,用于核算企业委托外单位加工的各种材料、包装物、低值易耗品、商品等物资的实际成本。"委托加工物资"账户属于资产类账户,借方登记发出材料的实际成本、支付的加工费、应负担的往返运杂费和应计入委托加工物资成本的消费税等;贷方登记加工完成验收入库的物资和剩余材料的实际成本;期末借方余额反映企业委托外单位加工但尚未完成物资的实际成本。"委托加工物资"账户按加工合同、受托单位和加工物资的品种等设置明细账户。

【例2-11】 青岛东方股份有限公司委托W加工厂加工商品200个,发出材料的实际成本为40 000元,加工费为10 000元,适用的增值税税率为13%,同类商品的销售价格为每个400元,全部款项用银行存款支付,商品已验收入库,该商品直接用于销售。该公司应编制如下会计分录：

(1) 发出委托加工物资时：

借：委托加工物资——W 工厂　　　　　　　　　　　　　　　　　40 000
　　贷：原材料——主要材料　　　　　　　　　　　　　　　　　　　40 000

(2) 支付加工费、增值税和消费税时：

借：委托加工物资——W 工厂　　　　　　　　　　　　　　　　　10 000
　　应交税费——应交增值税（进项税额）　　　　　　　　　　　　 1 300
　　贷：银行存款　　　　　　　　　　　　　　　　　　　　　　　 11 300

(3) 加工完成，商品入库时：

借：库存商品　　　　　　　　　　　　　　　　　　　　　　　　50 000
　　贷：委托加工物资——W 工厂　　　　　　　　　　　　　　　　 50 000

3) 库存商品（产成品）完工入库的核算

当库存商品生产完成并验收入库时，根据"成本计算单"及"入库单"，借记"库存商品"账户，贷记"生产成本——基本生产成本"账户。

【例 2-12】 青岛东方股份有限公司的"成本计算单"上记载本月完工甲产品 1 000 件，单位成本为 18.9 元，总成本为 18 900 元。该公司应编制如下会计分录：

借：库存商品——甲产品　　　　　　　　　　　　　　　　　　　18 900
　　贷：生产成本——基本生产成本　　　　　　　　　　　　　　　 18 900

2. 存货发出的账务处理

1) 原材料发出的账务处理

企业在生产过程中的存货发出业务非常频繁，企业平时一般根据原始凭证逐笔登记存货明细分类账，以详细反映各种材料的收、发、存的数量和金额。总分类核算一般是根据发出材料汇总表于月末登记的（发出材料汇总表是根据领、发料凭证，如领料单、限额领料单、领料登记簿等，按照领用部门和用途进行归类汇总编制的），以简化记账工作。发出材料汇总表的格式见表 2-8。

表 2-8　　　　　　　　　　　　　发出材料汇总表

2023 年 04 月　　　　　　　　　　　　　　　　　　　　　　　　单位：元

账户	原料及主要材料	辅助材料	外购半成品	修理用备件	合计
生产成本	43 430		7 615	3 181	54 226
制造费用		2 737			2 737
管理费用		1 075			1 075
在建工程		747			747
销售费用				1 010	1 010
其他业务成本	2 100				2 100
合计	45 530	4 559	7 615	4 191	61 895

根据表2-8,生产产品领用的原材料记入"生产成本"账户;生产车间一般耗用的原材料记入"制造费用"账户;为企业组织管理而领用的原材料记入"管理费用"账户;各项固定资产建造、安装工程领用的原材料记入"在建工程"账户;专设销售机构领用的原材料记入"销售费用"账户;销售材料转出的材料成本记入"其他业务成本"账户。

【例2-13】 青岛东方股份有限公司根据表2-8,应编制如下会计分录:

借:生产成本　　　　　　　　　　　　　　　　　　　　　　　　　　54 226
　　制造费用　　　　　　　　　　　　　　　　　　　　　　　　　　 2 737
　　管理费用　　　　　　　　　　　　　　　　　　　　　　　　　　 1 075
　　在建工程　　　　　　　　　　　　　　　　　　　　　　　　　　　 747
　　销售费用　　　　　　　　　　　　　　　　　　　　　　　　　　 1 010
　　其他业务成本　　　　　　　　　　　　　　　　　　　　　　　　 2 100
　贷:原材料——原料及主要材料　　　　　　　　　　　　　　　　　45 530
　　　　　——辅助材料　　　　　　　　　　　　　　　　　　　　　 4 559
　　　　　——外购半成品　　　　　　　　　　　　　　　　　　　　 7 615
　　　　　——修理用备件　　　　　　　　　　　　　　　　　　　　 4 191

若企业将原材料用于在建工程(设备建造除外)、福利部门等非应税项目,应将购入材料交纳的增值税转入在建工程等,借记"在建工程""应付职工薪酬"等账户,贷记"应交税费——应交增值税(进项税额转出)"账户。

2) 低值易耗品发出的账务处理

【任务2-2-2】 摊销低值易耗品

2023年1月1日,青岛东兴股份有限公司购进小型工具一批,取得的增值税专用发票上列明数量为100件,单价为80元,增值税税率为13%。款项未付,工具已收,该工具预计使用2次。请分别采用一次转销法和分次转销法摊销该低值易耗品,并进行相关账务处理。

低值易耗品从仓库领用发出直到报废,可以在生产过程中反复使用,其价值逐渐转移。《企业会计准则》规定,低值易耗品等周转材料符合存货定义和条件的,按照使用次数分次计入成本费用。金额较小的,可在领用时一次计入成本费用,以简化核算,但为加强实物管理,应当在备查簿上进行登记。

(1) 一次转销法的账务处理。一次转销法是指企业在领用低值易耗品时,一次性地将其账面价值转入当期的成本费用中。它主要适用于一次领用数量不多、价值较低、使用期限较短或者容易破损的低值易耗品,如管理用具、小型工具、卡具和某些专用工具的摊销。

领用低值易耗品时,按其用途,将其账面价值一次全部转入当期的成本、费用中,借记"生产成本""制造费用""管理费用""销售费用"等账户,贷记"低值易耗品"账户。

报废低值易耗品时,将低值易耗品残料价值作为本月低值易耗品摊销额的减少,冲减有关成本、费用账户,借记"原材料"等账户,贷记"生产成本""制造费用""管理费用""销售费用"等账户。

【例2-14】 青岛东方股份有限公司本月生产车间领用专用工具一批,实际成本为780元;厂部领用报架等办公用具,实际成本为420元。本月生产车间报废上月领用的小型工具一批,回收残料110元,并验收入库,采用一次转销法进行核算。该公司应编制如下会计分录:

第一,领用时:

借:制造费用	780
管理费用	420
贷:周转材料——低值易耗品(专用工具)	780
——低值易耗品(管理用具)	420

第二,报废时:

| 借:原材料——辅助材料 | 110 |
| 贷:制造费用 | 110 |

(2)分次摊销法的账务处理。分次摊销法是指根据周转材料的账面价值和预计使用期限,将其价值分次摊入成本、费用的摊销方法。企业采用分次摊销法摊销低值易耗品,低值易耗品在领用时摊销其账面价值的单次平均摊销额。分次摊销法适用于可供多次反复使用的低值易耗品。企业在采用分次摊销法的情况下,需要单独设置"周转材料——低值易耗品(在用)""周转材料——低值易耗品(在库)""周转材料——低值易耗品(摊销)"明细账户。

领用低值易耗品时,在库低值易耗品的账面价值转为在用低值易耗品,借记"周转材料——低值易耗品(在用)"账户,贷记"周转材料——低值易耗品(在库)"账户;同时,摊销其账面价值的单次平均摊销额,按照低值易耗品的用途,分别借记"生产成本""制造费用""管理费用""销售费用"等账户,贷记"周转材料——低值易耗品(摊销)"账户。

报废低值易耗品时,摊销其剩余价值,借记"生产成本""制造费用""管理费用""销售费用"等账户,贷记"周转材料——低值易耗品(摊销)"账户;同时,按照报废低值易耗品的残料价值,借记"原材料"等账户,贷记"生产成本""制造费用""管理费用""销售费用"等账户;并转销全部已提摊销额,借记"周转材料——低值易耗品(摊销)"账户,贷记"周转材料——低值易耗品(在用)"账户。低值易耗品的核算程序见图2-26。

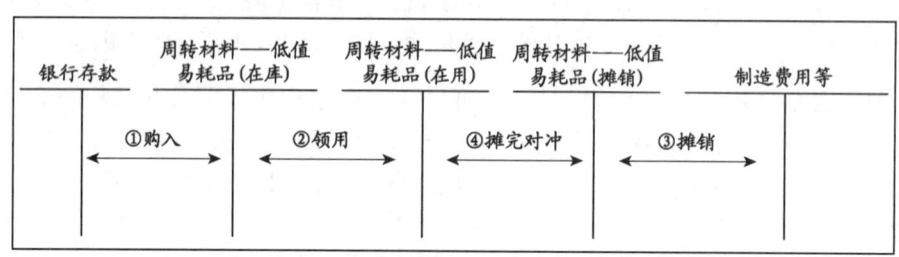

图2-26 低值易耗品的核算程序

【例2-15】 2023年3月8日,青岛东方股份有限公司购买专用工具一批,取得的增值税专用发票上列明价款为100 000元,增值税额为13 000元。款项已付,工具已收。该公司采用分次摊销法进行摊销。该专用工具的估计使用次数为2次。该公司应编制如下会计分录:

第一,购入专用工具时:

借:周转材料——低值易耗品(在库)	100 000
应交税费——应交增值税(进项税额)	13 000
贷:银行存款	113 000

第二,第一次领用专用工具时(2023年3月20日,基本生产车间全部领用专用工具):

| 借:周转材料——低值易耗品(在用) | 100 000 |
| 贷:周转材料——低值易耗品(在库) | 100 000 |

同时摊销其价值的一半：

借：制造费用　　　　　　　　　　　　　　　　　　　　　　　　　50 000
　　贷：周转材料——低值易耗品（摊销）　　　　　　　　　　　　　　　50 000

第三，第一次送回专用工具时（2023年4月2日，基本生产车间送回全部专用工具）：

借：周转材料——低值易耗品（在库）　　　　　　　　　　　　　　　100 000
　　贷：周转材料——低值易耗品（在用）　　　　　　　　　　　　　　　100 000

第四，第二次领用专用工具时（2023年5月7日，基本生产车间全部领用专用工具）：

借：周转材料——低值易耗品（在用）　　　　　　　　　　　　　　　100 000
　　贷：周转材料——低值易耗品（在库）　　　　　　　　　　　　　　　100 000

同时摊销其价值的一半：

借：制造费用　　　　　　　　　　　　　　　　　　　　　　　　　50 000
　　贷：周转材料——低值易耗品（摊销）　　　　　　　　　　　　　　　50 000

并转销低值易耗品价值：

借：周转材料——低值易耗品（摊销）　　　　　　　　　　　　　　　100 000
　　贷：周转材料——低值易耗品（在用）　　　　　　　　　　　　　　　100 000

（1）为什么低值易耗品在周转使用时，每次收回、领用都按领用低值易耗品的总额核算？
（2）为什么在报废低值易耗品时，要转销低值易耗品的价值？
（3）在［例2-15］中，假如青岛东方股份有限公司在第二次领用专用工具时，基本生产车间只领用8 000元的低值易耗品，又该如何作账务处理？

3）包装物发出的账务处理

（1）生产领用包装物的账务处理。生产领用包装物，应按照领用包装物的实际成本，借记"生产成本"账户，贷记"周转材料——包装物"账户。

【例2-16】　青岛东方股份有限公司对包装物采用实际成本核算，本月生产甲产品领用包装盒，其实际成本为10 000元。该公司应编制如下会计分录：

借：生产成本——甲产品　　　　　　　　　　　　　　　　　　　　10 000
　　贷：周转材料——包装物（包装盒）　　　　　　　　　　　　　　　　10 000

（2）随同产品出售而不单独计价的包装物的账务处理。随同产品出售而不单独计价的包装物，应按照其领用包装物的实际成本，借记"销售费用"账户，贷记"周转材料——包装物"账户。

【例2-17】　青岛东方股份有限公司本月销售乙商品所领用的不单独计价的包装袋，其实际成本为50 000元。该公司应编制如下会计分录：

借：销售费用——包装费　　　　　　　　　　　　　　　　　　　　50 000
　　贷：周转材料——包装物（包装袋）　　　　　　　　　　　　　　　　50 000

（3）随同产品出售且单独计价的包装物的账务处理。随同产品出售且单独计价的包装物，包装物的收入应记入"其他业务收入"账户，实际成本应记入"其他业务成本"账户。

【例2-18】 青岛东方股份有限公司本月销售丙商品所领用的单独计价的包装盒，其实际成本为8 000元，销售收入为10 000元，增值税额为1 300元（款项已存入银行）。该公司应编制如下会计分录：

第一，出售单独计价包装物时：

借：银行存款　　　　　　　　　　　　　　　　　　　　　　　　11 300
　　贷：其他业务收入　　　　　　　　　　　　　　　　　　　　　10 000
　　　　应交税费——应交增值税（销项税额）　　　　　　　　　　 1 300

第二，结转所售单独计价包装物的成本时：

借：其他业务成本　　　　　　　　　　　　　　　　　　　　　　 8 000
　　贷：周转材料——包装物（包装盒）　　　　　　　　　　　　　 8 000

（4）出租、出借包装物的账务处理。企业对于可以长期周转使用的包装物，一般要求使用单位用完后归还企业，其中有的包装物采用出租方式，有的包装物采用出借方式，为监督使用单位按期归还，不论采用什么方式提供给购货单位使用的包装物，都要收取押金。对出租的包装物除收取押金外，企业还要向租用单位收取租金。出租、出借包装物的核算要点如下：①出租包装物收取的租金收入，作为"其他业务收入"核算，出租包装物的成本和修理费用等，作为"其他业务成本"核算。②出借包装物，因其没有业务收入，所以出借包装物的成本和修理费用等，记入"销售费用"账户核算。③核算包装物出租、出借时，企业应在"周转材料——包装物"账户下设置"在库""在用"和"摊销"三个明细账户进行核算。④出租、出借的包装物，可采用一次摊销法或分期摊销法摊销其价值。

【例2-19】 青岛东方股份有限公司出租给某工厂库存未用包装铁桶80个，每个实际成本为70元，出租期限为2个月，约定租金为936元；收取押金6 400元，存入银行；采用一次摊销法。2个月后，该公司按期如数收回出租的铁桶，押金中扣除应收取的租金，其余押金通过银行转账退回。收回的铁桶中有2个损坏不能使用，收回残料价值30元。该公司应编制如下会计分录：

第一，结转发出包装物的成本时：

借：其他业务成本　　　　　　　　　　　　　　　　　　　　　　 5 600
　　贷：周转材料——包装物（包装物出租）　　　　　　　　　　　 5 600

第二，收到押金时：

借：银行存款　　　　　　　　　　　　　　　　　　　　　　　　 6 400
　　贷：其他应付款——存入保证金　　　　　　　　　　　　　　　 6 400

第三，2个月后按期如数收回出租的包装物时：

借：其他应付款——存入保证金　　　　　　　　　　　　　　　　 6 400
　　贷：其他业务收入——包装物出租　　　　　　　　　　　　　　　 800
　　　　应交税费——应交增值税（销项税额）　　　　　　　　　　 　104
　　　　银行存款　　　　　　　　　　　　　　　　　　　　　　　 5 496

第四,残料入库时:

借:原材料——辅助材料　　　　　　　　　　　　　　　　　　　　　　　　　　30
　　贷:其他业务成本——包装物出租　　　　　　　　　　　　　　　　　　　　　　30

【例 2-20】 承[例 2-19],假设 2 个月后出租的铁桶只收回 70 个,没收逾期未退包装物押金 800 元,扣除应收取的租金,其余押金通过银行转账退回。该公司应编制如下会计分录:

没收押金 800 元中应交的增值税＝800÷(1+13%)×13%＝92(元)

借:其他应付款——存入保证金　　　　　　　　　　　　　　　　　　　　6 400
　　贷:其他业务收入——包装物出租　　　　　　　　　　　　　　　　　　　　800
　　　　　　　　　　——逾期包装物押金没收收入　　　　　　　　　　　　　　708
　　　　应交税费——应交增值税(销项税额)　　　　　　　　　　　　　　　　196
　　　　银行存款　　　　　　　　　　　　　　　　　　　　　　　　　　　　4 696

课堂活动

如果将[例 2-20]中的条件改为出借给某工厂库存未用包装铁桶 80 个(不收取租金),其他条件不变,应如何进行账务处理?

包装物发出核算中账户之间的关系见图 2-27。

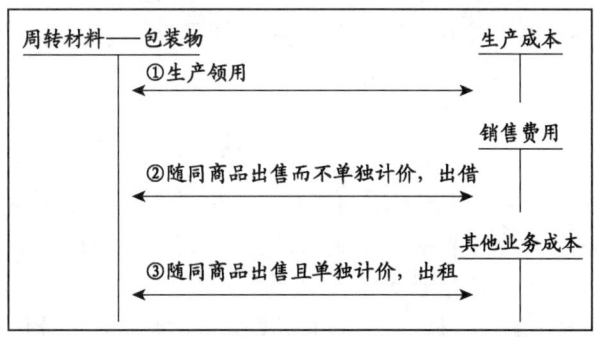

图 2-27　包装物发出核算中账户之间的关系

3. 存货按实际成本计价的优缺点及适用性

存货按实际成本计价,由于其收入、发出和结存都按实际成本计价,能直接提供存货资金的结存数额,为计算产品的生产成本提供较准确的材料消耗成本。对于一些规模比较小、材料收发业务也较少的企业来说,核算工作较为简单。但是,存货按实际成本计价,在账簿中反映不出存货采购的超支或节约,不利于考核采购部门的业绩,控制存货的采购成本。在存货品种较多、收发业务频繁的情况下,核算工作量较大。该方法一般适用于存货收、发业务较少的中小企业。

(四)记录存货按计划成本计价的存货收、发、存信息

【任务 2-2-3】　存货收、发的核算(按计划成本计价)

2023 年 5 月 6 日,A 公司购入乙材料一批,货款为 300 000 元,增值税额为 39 000 元,发票账单已收到,计划成本为 320 000 元,已验收入库,全部款项以银行存款支付。2023 年 5 月 8 日,A 公司采用汇兑结算方式购入丙材料一批,货款为 20 000 元,增值税额为 2 600 元,发票

账单已收到,货款已汇出,计划成本为 18 000 元,材料尚未验收入库。2023 年 5 月 16 日,A 公司采用商业承兑汇票支付方式购入丙材料一批,货款为 50 000 元,增值税额为 6 500 元,发票账单已收到,已开出商业承兑汇票,计划成本为 52 000 元,材料已验收入库。2023 年 5 月 31 日,A 公司采用托收承付结算方式购入乙材料一批,材料已验收入库,发票账单未到,月末按照计划成本 60 000 元估价入账。月末,于 5 月 8 日购进的材料仍然没有验收入库。

请说出上述每笔业务的原始凭证,按计划成本计价的方法编制记账凭证并登记账簿。

1. 按计划成本计价的存货收、发核算的特点及核算程序

1) 特点

存货采用计划成本计价时,存货的收、发、存无论是总分类核算还是明细分类核算,均应按照计划成本计价。

2) 核算程序

(1) 制定各种存货的计划成本目录。规定存货的分类和计划单位成本。计划单位成本可以根据定额成本确定,也可以按前期采购成本的平均数确定。计划单位成本在年度内一般不作调整。

(2) 收到存货时,按计划成本记入存货账户,并将实际成本与计划成本的差额通过"材料成本差异"账户核算。

(3) 月末,计算本月发出存货应负担的成本差异,并根据领用存货用途计入相关资产的成本或当期损益,从而将发出存货的计划成本调整为实际成本(发出存货分担的成本差异,必须按月分摊,不得在季末或年末一次计算)。

2. 账户设置

1) "原材料"账户

"原材料"账户用于核算库存各种原材料的收、发、存情况。在原材料采用计划成本核算时,该账户的借方登记入库原材料的计划成本;贷方登记发出原材料的计划成本;期末余额在借方,反映企业库存原材料的计划成本。

在计划成本核算方式下,原材料明细账的设置,与按实际成本计价的明细账设置,其格式基本相同,所不同的是原材料二级明细账和原材料三级明细账都按计划成本反映。

原材料计划成本一经确定,年度内一般不予变动,只要控制数量,也就控制了金额。因此,在原材料明细账内的"收入""发出"两栏,只反映数量即可。原材料明细账的一般格式见表 2-9。

表 2-9　　　　　　　　　　　原材料明细账

材料账户:原材料　　　　　　　　　　　　　　　存放地点:2 号仓库
类别:原料及主要材料　　　　　　　　　　　　　最高储备量:15 000 千克
名称及规格:材料　　　　　　　　　　　　　　　计量单价:2.15 元/千克

2023 年		凭证编号	摘要	收入数量	发出数量	结存	
月	日					数量	金额
7	1	(略)	期初余额			4 000	8 600
	5		购入	6 000		10 000	
	10		领用		8 000	2 000	

(续表)

2023 年		凭证编号	摘要	收入数量	发出数量	结存	
月	日					数量	金额
	18		购入	4 000		6 000	
	23		领用		4 000	2 000	
	28		购入	2 000		4 000	
7	31		本月合计	12 000	12 000	4 000	8 600

财务部门除了设置原材料明细账，还应按原材料的类别设置反映金额的原材料二级明细账或原材料收、发、存汇总表。

2）"材料采购"账户

"材料采购"账户用来核算企业采用计划成本进行材料日常核算而购入材料的采购成本。该账户借方登记采购材料的实际成本；贷方登记入库材料的计划成本；借方大于贷方表示超支，从该账户贷方转入"材料成本差异"账户的借方；贷方大于借方表示节约，从该账户借方转入"材料成本差异"账户的贷方；期末余额在借方，反映企业在途材料的采购成本。

为了详细反映和控制材料采购的付款、到货和在途材料的情况，以便确定实际成本和采购业务成果，财务部门还应设置材料采购明细账。其明细账户通常按照"原材料""周转材料""库存商品"等设置。如果原材料储备量较大、材料费用占产品成本比重较大时，也可以按材料的类别或品种设置。

材料采购明细账一般采用横线登记的方法逐笔登记。其借方金额栏根据付款凭证或转账凭证按时间顺序，逐笔登记其实际成本；贷方金额栏根据收料单等有关凭证登记计划成本及材料成本差异。每笔收料业务的付款和入库转账业务，应在同一行内登记。月末，将计算出的节约或超支差异额，结转到"材料成本差异"账户。对于已付款但尚未入库的在途材料，照抄在下月采购明细账内，以便下月收到材料时登记入账。材料采购明细账的格式见表 2-10。

表 2-10　　　　　　　　　　　　　材料采购明细账

明细科目：原材料

2023 年		供货单位	摘要	借方(实际成本)			2023 年		收料凭证号	摘要	贷方		
月	日			买价	采购费用	合计	月	日			计划成本	差异	合计
7	5	(略)	购进甲材料	12 000	600	12 600	7	5	(略)	入库	12 900	−300	12 600
	13		购进甲材料	8 000	600	8 600		18		入库	8 600		8 600
	20		购进乙材料	15 000	1 000	16 000		20		未入库			
	28		购进丙材料	12 500	500	13 000		28		入库	12 540	460	13 000
	30		购进甲材料	4 000	400	4 400		30		入库	4 300	100	4 400
7	31		本月合计	51 500	3 000	54 500	7	31		合计	38 340	260	38 600
			月末在途	15 000	900	15 900							

3）"材料成本差异"账户

"材料成本差异"账户核算企业各种材料的实际成本与计划成本之间的差异。该账户属于资产类账户，是"原材料"账户的备抵附加调整账户。其借方登记超支差异及发出材料应负担的节约差异,贷方登记节约差异及发出材料应负担的超支差异。期末如为借方余额,反映企业库存材料实际成本大于计划成本的差异(即超支差异);如为贷方余额,反映企业库存材料实际成本小于计划成本的差异(即节约差异)。

温馨提示

在实际工作中,发出材料应分摊的成本差异一般从"材料成本差异"账户的贷方结转;应分摊的超支差异用蓝字结转,节约差异用红字结转。

为了反映各类或各种材料的成本差异,计算差异率,据以调整发出材料的计划成本,财务部门需要设置"材料成本差异"明细账,以进行明细分类核算。其明细分类账户与"材料采购"明细账户的设置应保持一致,即可以按照"原材料""周转材料""库存商品"等设置,也可以按照材料类别或品种设置。"材料成本差异"明细账可以采用三栏式,也可以采用多栏式的专用账页。多栏式专用账页的格式见表2-11。

表 2-11　　　　　　　　　　材料成本差异明细账

明细科目:原材料

2023年		摘要	收入		差异分配率	发出		结存	
月	日		计划成本	成本差异		计划成本	成本差异	计划成本	成本差异
		期初余额							
7	1							57 180	707.6
	31	外购材料	38 340	260					
	31	自制材料	3 240	20					
	31	本月发出			1%	58 200	582		
7	31	本月合计	41 580	280	1%	58 200	582	40 560	405.6

注:表中如为节约差异用负号或红字表示。

"材料成本差异"明细账中本月收入和本月发出材料的计划成本,应分别根据收料凭证汇总表和发料凭证汇总表填列;本月收入和本月发出材料的成本差异,应分别根据有关转账凭证填列。差异分配率是根据材料成本差异明细账内的有关数字计算后填列。

发出材料应负担的成本差异,必须按月分摊,不得在季末或年末一次计算。发出材料应负担的成本差异应使用当月实际差异率;如果月初的成本差异率与本月成本差异率相差不大的,也可按月初的成本差异率计算。计算方法一经确定,不得随意变动。材料成本差异率的计算公式如下:

$$本月材料成本差异率 = \frac{月初结存材料成本差异 + 本月收入材料成本差异}{月初结存材料的计划成本 + 本月收入材料的计划成本} \times 100\%$$

$$月初材料成本差异率 = \frac{月初结存材料成本差异}{月初结存材料的计划成本} \times 100\%$$

发出材料应分摊的成本差异的计算公式如下:

$$本月发出材料应分摊的成本差异 = 发出材料计划成本 \times 材料成本差异率$$

有了材料成本差异率,并确定了发出材料应分摊的成本差异,就可以将发出材料的计划成本调整为实际成本。其计算公式如下：

$$发出材料的实际成本＝发出材料的计划成本±发出材料应分摊的成本差异$$

计算出实际成本，进而可以确定月末结存材料应分摊的材料成本差异。其计算公式如下：

$$结存材料应分摊的成本差异＝结存材料的计划成本×材料成本差异率$$

现以表 2-11 为例，说明其成本差异率及分摊的成本差异的计算方法。

表 2-11"材料成本差异——原材料"明细账中，月初结存原材料的计划成本为 57 180 元；本月收入材料的计划成本为 41 580 元。月初结存材料的成本差异为超支额 707.6 元；本月收入材料的成本差异为超支额 280 元。本月发出材料的计划成本为 58 200 元。其计算结果如下：

$$成本差异率＝\frac{707.6＋280}{57\ 180＋41\ 580}×100\%＝1\%$$

本月发出材料应分摊的成本差异＝58 200×1%＝582(元)

发出材料的实际成本＝58 200＋582＝58 782(元)

结存材料应分摊的成本差异＝40 560×1%＝405.6(元)

3. 原材料收、发的账务处理

1) 购入原材料的账务处理

在计划成本计价的方法下，取得的材料先要通过"材料采购"账户进行核算。企业支付材料价款和运杂费等构成存货实际成本的，记入"材料采购"账户。

验收入库的材料，按计划成本，借记"原材料"账户，贷记"材料采购"账户。为了简化核算工作，入库材料的总分类核算，也可以通过"收料凭证汇总表"，于月末经过汇总后进行账务处理。

外购材料成本差异的结转一般在月末进行，并根据"材料采购明细账"加以汇总，如为超支差异，应从"材料采购"账户的贷方转入"材料成本差异"账户的借方；如为节约差异，应从"材料采购"账户的借方转入"材料成本差异"账户的贷方。

购入原材料的核算，与实际成本计价核算一样，由于采购地点、结算方式、收料和付款时间的不同，存在以下几种不同情况：

(1) 发票账单已收到，已经付款或已开出、承兑商业汇票，同时材料已验收入库。

【例 2-21】 2023 年 7 月 5 日，青岛东方股份有限公司从南红公司购入材料，取得的增值税专用发票上注明价款为 12 000 元，增值税额为 1 560 元；运输费为 600 元，增值税额为 54 元，当即以银行存款付清。材料的计划成本为 12 900 元，已验收入库。该公司应编制如下会计分录：

借：材料采购　　　　　　　　　　　　　　　　　　　　　　　　　　12 600
　　应交税费——应交增值税(进项税额)　　　　　　　　　　　　　　　1 614
　　贷：银行存款　　　　　　　　　　　　　　　　　　　　　　　　　14 214
借：原材料　　　　　　　　　　　　　　　　　　　　　　　　　　　　12 900
　　贷：材料采购　　　　　　　　　　　　　　　　　　　　　　　　　12 900

(2) 发票账单已收到，已经付款或已开出、承兑商业汇票，但材料尚未到达或尚未验收入库。在这种情况下，取得的材料应先通过"材料采购"账户进行核算，待材料到达或验收入库后,再根据收料单,由"材料采购"账户转入"原材料"账户。

【例 2-22】 2023 年 7 月 13 日,青岛东方股份有限公司从兰新钢铁厂采购甲材料 4 000 千克,发票及账单已收到,取得的增值税专用发票上注明货款为 8 000 元,增值税额为 1 040 元,包装费为 600 元。该公司采用商业汇票结算方式,签发银行承兑汇票一张,计 9 640 元,向开户银行申请承兑,并以银行存款支付手续费 50 元,当日连同解讫通知一并交给兰新钢铁厂,材料尚未到达。该公司应编制如下会计分录:

借:材料采购 8 600
　　应交税费——应交增值税(进项税额) 1 040
　　贷:应付票据 9 640
借:财务费用——手续费 50
　　贷:银行存款 50

2023 年 7 月 18 日,假设上述甲材料验收入库,其计划成本为 8 600 元。根据收料单,该公司应编制如下会计分录:

借:原材料——原料及主要材料(甲材料) 8 600
　　贷:材料采购——甲材料 8 600

【例 2-23】 2023 年 7 月 20 日,青岛东方股份有限公司从江西钢铁厂采购乙材料 10 000 千克,发票及账单已收到,取得的增值税专用发票上注明货款为 15 000 元,增值税额为 1 950 元;运输费为 1 000 元,增值税额为 90 元。该公司采用托收承付结算方式,已承付全部货款,材料尚未到达。该公司应编制如下会计分录:

借:材料采购——乙材料 16 000
　　应交税费——应交增值税(进项税额) 2 040
　　贷:银行存款 18 040

上述乙材料至月末仍未到达,其实际成本保留在"材料采购"账户中。

(3)材料已验收入库,发票账单已收到但未付款(或尚未开出、承兑商业汇票),或者发票账单尚未收到但根据合同、随货发票等能够计算并确定实际成本。这种情况包括企业采用赊购方式购买材料未付款,以及由于企业银行存款不足而暂未付款两种情形,企业应在收到材料和发票账单时进行账务处理。

【例 2-24】 2023 年 7 月 28 日,青岛东方股份有限公司从永宁钢铁厂购入丙材料 5 000 千克,发票及账单已收到,取得的增值税专用发票上注明货款为 12 500 元,增值税额为 1 625 元;运输费为 500 元,增值税额为 45 元。银行转来的结算凭证已到,款项尚未支付。材料已验收入库,计划成本为 12 540 元。该公司应编制如下会计分录:

借:材料采购——丙材料 13 000
　　应交税费——应交增值税(进项税额) 1 670
　　贷:应付账款——永宁钢铁厂 14 670
借:原材料——原料及主要材料(丙材料) 12 540
　　贷:材料采购——丙材料 12 540

【例 2-25】 2023 年 7 月 30 日,青岛东方股份有限公司采用托收承付结算方式从江平钢铁公司购入甲材料一批,发票及账单已收到,取得的增值税专用发票上注明货款为 4 000 元,增值税额为 520 元。银行转来的结算凭证已到,款项尚未支付。材料已验收入库,计划成本为 4 300 元。该公司应编制如下会计分录:

  借:材料采购——甲材料   4 000
    应交税费——应交增值税(进项税额)   520
    贷:应付账款——江平钢铁公司   4 520
  借:原材料——原料及主要材料(甲材料)   4 300
    贷:材料采购——甲材料   4 300

(4) 材料已验收入库,但发票账单尚未收到。在收料后的短时间内一般结算凭证就能到达,为了简化核算手续,在月份内发生此类业务时,可暂不进行账务处理,保管收到的材料入库凭证,待有关发票账单到达且支付货款后,按照正常程序进行账务处理。如果月末发票账单还未到达,为了使账实相符,应先按材料的计划成本暂估入账,下月初再用红字作同样的会计分录予以冲回,以便下月收到发票账单付款时,按正常程序进行账务处理。

【例 2-26】 2023 年 7 月 29 日,青岛东方股份有限公司从兰新钢铁厂按合同购入的 12 000 千克乙材料已验收入库,但发票账单及结算凭证尚未收到,货款尚未支付。月末发票账单均未收到,也无法确定其实际成本,故按计划成本 19 000 元暂估入账。该公司应于月末根据收料单编制如下会计分录:

  借:原材料——原料及主要材料(乙材料)   19 000
    贷:应付账款——暂估应付账款   19 000

下月初填制红字收料凭证,并据以编制相同红字分录,将暂估价冲销。待收到发票账单后,据实按正常程序入账。该公司应编制如下会计分录:

  借:原材料——原料及主要材料(乙材料)   19 000
    贷:应付账款——暂估应付账款   19 000

2) 结转外购材料成本差异的账务处理

企业外购材料成本差异的结转,一般是在月末根据材料采购明细账中的资料计算结转。

【例 2-27】 根据[例 2-21]至[例 2-26]中各项业务,登记材料采购明细账(表 2-10)。经过汇总计算后得出,本月外购材料的实际成本大于计划成本,即发生超支差异 260 元。该公司应编制如下会计分录:

  借:材料成本差异——原材料   260
    贷:材料采购——原材料   260

3) 自制材料和废料交库的账务处理

企业基本生产车间或辅助生产车间自制的材料,以及生产中产生的废料,在交库时,应根据材料交库单中所列计划成本入账,并结转成本差异。

【例 2-28】 青岛东方股份有限公司的基本生产车间,为满足生产所需自制丁材料一批,实际制造成本为 3 260 元,按材料交库单所列计划成本 3 240 元入库,并结转超支差异 20 元。该公司应编制如下会计分录:

  借:原材料——原料及主要材料(丁材料)   3 240
    材料成本差异——原材料   20
    贷:生产成本   3 260

材料收入的总分类核算,在材料收入不多的企业,可以根据收料凭证逐笔编制记账凭证,并据以登记总分类账。在材料收入业务较多的企业里,为简化核算工作,财务部门也可以根据收料凭证定期编制收料凭证汇总表,月末时一次登记总分类账。

【例 2-29】 根据[例 2-21]至[例 2-25]和[例 2-28],编制收料凭证汇总表(表 2-12)。

表 2-12　　　　　　　　　　　　　　收料凭证汇总表

应借账户:原材料　　　　　　　　　　　2023 年 7 月　　　　　　　　　　　　　　单位:元

账户	原料及主要材料		辅助材料		修理用备件		合计		
	计划成本	实际成本	计划成本	实际成本	计划成本	实际成本	计划成本	实际成本	差异额
材料采购	38 600	38 340					38 600	38 340	260
应付账款	19 000	19 000					19 000	19 000	—
生产成本	3 260	3 240					3 260	3 240	20
合计	60 860	60 580					60 860	60 580	280

根据表 2-12 中所列有关材料收入的业务,该公司应编制如下会计分录:

借:原材料——原料及主要材料　　　　　　　　　　　　　　　　　60 580
　　贷:材料采购——原材料　　　　　　　　　　　　　　　　　　　38 340
　　　　应付账款　　　　　　　　　　　　　　　　　　　　　　　19 000
　　　　生产成本　　　　　　　　　　　　　　　　　　　　　　　 3 240

4) 发出材料的账务处理

月末,企业根据领料单等编制发料凭证汇总表结转发出材料的计划成本,按照发出材料的用途,分别记入"生产成本""制造费用""管理费用""销售费用""在建工程"等账户,同时结转材料成本差异。发料凭证汇总表的一般格式见表 2-13。

表 2-13　　　　　　　　　　　　　　发料凭证汇总表

　　　　　　　　　　　　　　　　　　2023 年 7 月　　　　　　　　　　　　　　单位:元

账户	生产成本	制造费用	管理费用	在建工程	销售费用	合计
原料及主要材料	43 000					43 000
辅助材料	2 710	1 065	740			4 515
外购半成品	7 540					7 540
修理用备件	3 150					3 150
包装材料						
燃料						
计划成本小计	56 400	1 065	740			58 205
材料成本差异额	564.00	10.65	7.40			582.05
实际成本	56 964.00	1 075.65	747.40			58 787.05

注:表中的计划成本应根据各种发料凭证和退料凭证直接分类汇总填列;"材料成本差异额"一项来自"材料成本差异明细账"的计算。计算过程如前所述。

【例 2-30】 根据表 2-13，青岛东方股份有限公司应编制如下会计分录：

借：生产成本——基本生产成本　　　　　　　　　　　　　　　　56 400
　　制造费用——材料费　　　　　　　　　　　　　　　　　　　　1 065
　　管理费用——材料费　　　　　　　　　　　　　　　　　　　　　740
　　贷：原材料——原料及主要材料　　　　　　　　　　　　　　　43 000
　　　　　　——辅助材料　　　　　　　　　　　　　　　　　　　4 515
　　　　　　——外购半成品　　　　　　　　　　　　　　　　　　7 540
　　　　　　——修理用备件　　　　　　　　　　　　　　　　　　3 150

根据表 2-13 中所列发出材料应分摊的成本差异额，青岛东方股份有限公司应编制如下会计分录：

借：生产成本——基本生产成本　　　　　　　　　　　　　　　　564.00
　　制造费用——材料费　　　　　　　　　　　　　　　　　　　　10.65
　　管理费用——材料费　　　　　　　　　　　　　　　　　　　　 7.40
　　贷：材料成本差异——原材料　　　　　　　　　　　　　　　　582.05

结转发出材料应分摊的成本差异时，如为超支差异，从"材料成本差异"账户的贷方用蓝字结转，编制如下会计分录：

借：相关费用　　　　　　　　　　　　　　　　　　　　　　　　（蓝字）
　　贷：材料成本差异　　　　　　　　　　　　　　　　　　　　（蓝字）

如为节约差异，从"材料成本差异"账户的贷方用红字结转，编制如下会计分录：

借：相关费用　　　　　　　　　　　　　　　　　　　　　　　　（红字）
　　贷：材料成本差异　　　　　　　　　　　　　　　　　　　　（红字）

【例 2-31】 青岛东方股份有限公司委托宏远公司加工包装箱 500 个，发出材料的计划成本为 10 000 元，月初材料成本差异率为 -2%。1 个月后收回包装箱 500 个并验收入库，每个包装箱的计划成本为 30 元。增值税专用发票列示支付的加工费为 5 000 元，增值税额为 650 元，款项以转账支票支付。该公司应编制如下会计分录：

第一，发出委托加工物资时：

借：委托加工物资——宏远公司（包装箱）　　　　　　　　　　　9 800
　　贷：原材料——辅助材料　　　　　　　　　　　　　　　　　10 000
　　　　材料成本差异——原材料　　　　　　　　　　　　　　　　200

第二，支付加工费和增值税时：

借：委托加工物资——宏远公司（包装箱）　　　　　　　　　　　5 000
　　应交税费——应交增值税（进项税额）　　　　　　　　　　　　650
　　贷：银行存款　　　　　　　　　　　　　　　　　　　　　　5 650

第三，加工完成，包装箱入库时：

借：周转材料——包装物（包装箱）　　　　　　　　　　　　　　15 000
　　贷：委托加工物资——宏远公司（包装箱）　　　　　　　　　14 800
　　　　材料成本差异——周转材料　　　　　　　　　　　　　　　200

沿用[任务2-2-3]的资料,青岛东兴股份有限公司根据发料凭证汇总表中的记录,原材料的消耗(计划成本)为:基本生产车间领用200 000元,辅助生产车间领用60 000元,车间管理部门领用10 000元,企业行政管理部门领用5 000元。A公司月初结存材料的计划成本为100 000元,成本差异为超支3 000元。

请计算领用材料的实际成本,并编制领用材料的会计分录及调整分录。

4. 存货按计划成本计价的优缺点及适用性

存货按计划成本计价的优点如下:

(1)可以考虑和分析存货采购成本计划的执行情况。这是因为通过"材料采购"总账账户和所属明细账的登记,可以反映各类外购材料的实际成本、计划成本和成本差异,并考核和分析材料采购成本计划的执行情况。

(2)有利于考核和分析各车间和部门的成本。由于各车间、部门发生的存货费用先按存货的实际消耗量和计划单位成本计算,再调整所耗存货的成本差异,可以剔除存货单位成本变动对存货费用的影响,有利于分清各车间、部门的责任。

(3)可以简化存货核算和产品成本核算工作。在各种材料明细账中,平时只登记存货收、发的数量,不登记存货收、发的金额。存货收、发的金额根据存货收、发数量和存货计划单位成本计算,月末一次登记,减少了存货核算的工作量。

存货按计划成本计价的缺点主要是发出存货实际成本的准确性稍差,因为发出存货的实际成本要用材料成本差异率进行调整,而材料成本差异率的计算是按类别综合计算的,而非按品种计算。

存货按计划成本计价主要适用于存货收、发业务较多且又比较健全、合理计划成本的大中型企业。

任务2.3 核对期末存货信息

一、任务布置

【任务2-3】 核对期末存货信息案例

(1)青岛宏达服装有限公司2023年12月的存货盘点报告单见表2-14。

表2-14　　　　　　　　　存货盘点报告单

2023年12月　　　　　　　　　　　金额单位:元

存货名称	计量单位	数量		单价	盘盈		盘亏		盈亏原因
		账存	实存		数量	金额	数量	金额	
缝纫线	个		132						记账差错
量尺	把		36						管理不善丢失

(2)2023年12月31日,青岛宏达服装有限公司"原材料——原料及主要材料(面料)"账

户的账面余额为 235 200 元。由于面料市场销售价格下降，市场上用此面料生产的西裤的销售价格也下降了 10%，该公司西裤的市场销售总额预计由 452 400 元下降为 407 160 元，但生产成本预计仍为 369 460 元。将面料加工成西裤预计尚需投入加工成本 100 650 元，估计销售费用及税金为 39 600 元。

要求：
(1) 完成存货盘点报告单的填制，并进行存货盘盈、盘亏的账务处理(批准前及批准后)。
(2) 计算西裤的可变现净值并与其成本进行比较。
(3) 确定面料的期末账面价值。

二、知识链接

遵纪守法，做社会主义法治的坚定捍卫者

2020 年 9 月 27 日，广州浪奇实业股份有限公司发布公告称，此前在鸿燊公司、辉丰公司共存有账面价值合计 5.72 亿元的存货，但近期多次派相关人员前往进行货物盘点及抽样检测，却都无功而返。

广州浪奇实业股份有限公司一直强调存货放别家公司的仓库，但被对方接连否认。好好的货物怎么会突然不翼而飞了呢？难道双方签署的协议白纸黑字都是白签的？货物到底有没有入库？有没有记录可查？5.72 亿元存货突然之间就找不到了，引发市场哗然，投资者议论纷纷："洗衣粉也有脚""学啥不好，学獐子岛扇贝跑路了""剧本都写不出来你做到了"……广州浪奇实业股份有限公司股票开盘迅速跌停，短短半个小时，就有超 22 万卖单封在跌停板上，超亿元资金"出逃"。

资料来源：中国基金报. A 股又炸雷！5.7 亿"洗衣液"突然消失，3 万股民无眠！网友：这是跟扇贝私奔了？[EB/OL]. (2020-9-27)[2023-3-24]. https://m.thepaper.cn/baijiahao_9378420.

企业的信誉是一点一滴积累起来的，企业在经营过程中不讲诚信、在管理上存在漏洞或隐瞒，势必会失去公众的信任，可见企业应当诚信经营，我们同学做人做事也应该做到诚实守信，不得触碰法律的红线。

思考：在你了解的企业中，有没有因为不讲诚信而出现问题的企业？你身边有没有因为不讲诚信而影响正常交往的人？

(一) 存货清查

【任务 2-3-1】 作出相关账务处理

某公司进行存货清查时，发现甲产品中盘盈 100 千克，计划单位成本为 19.5 元/千克，合计 1 950 元。经核查，该项盘盈是由收发计量错误造成的。

请作出该公司的相关账务处理。

存货清查是指通过对存货的实地盘点，确定存货实存数，并与账面结存数核对，从而确定存货实存数与账面结存数是否相符的一种专门方法。

由于存货种类繁多、收发频繁，在日常收发过程中可能发生计量错误、计算错误、自然损耗，还可能发生损坏变质和贪污、盗窃等情况，造成账实不符，形成盘亏、盘盈。为了保护企业存货的安全、完整,做到账实相符,企业对存货应定期进行清查。

存货清查通常采用实地盘点的方法。对于账实不符的存货,核实盘亏、盘盈和毁损的数量,应在期末前查明原因,并据以编制存货盘点报告表,根据企业管理权限,经股东大会或董事会或经理(厂长)会议或类似机构批准后,在期末结账前处理完毕。

为了反映企业在存货清查中查明的各种存货的盘盈、盘亏和毁损情况,企业应当设置"待处理财产损溢"账户。该账户借方登记存货的盘亏、毁损金额和批准转销的盘盈金额,贷方登记发生的盘盈金额及批准转销的盘亏金额。企业清查的各种存货损益,应在期末结账前处理完毕,期末处理后,该账户应无余额。该账户下设"待处理流动资产损溢"和"待处理固定资产损溢"两个明细账户。存货的盘盈、盘亏和毁损,通过"待处理流动资产损溢"明细账户进行核算。

1. 存货盘盈的账务处理

企业发生存货盘盈时,借记"原材料""库存商品"等账户,贷记"待处理财产损溢"账户;按管理权限报经批准后,借记"待处理财产损溢"账户,贷记"管理费用"账户。存货盘盈一般是由收发计量或核算上的差错造成的,故应冲减管理费用。在采用计划成本进行存货日常核算的情况下,存货盘盈应按计划成本入账。

【例 2-32】 青岛东方股份有限公司在存货清查中盘盈 A 材料 1 000 千克,其实际单位成本为 60 元,经核查属于材料收发计量方面的错误。该公司应编制如下会计分录:

第一,批准处理前:

借:原材料 60 000
  贷:待处理财产损溢——待处理流动资产损溢 60 000

第二,批准处理后:

借:待处理财产损溢——待处理流动资产损溢 60 000
  贷:管理费用 60 000

【任务 2-3-2】 编制会计分录

某企业进行存货清查时,发现材料短缺 5 000 千克,其计划单位成本为 3.6 元/千克,总计 18 000 元,本月材料成本差异率为 2%。经核查,该项短缺分别由以下原因造成,经批准,分别进行转销:

(1)材料短缺中,属于定额损耗的部分,价值 325 元。

(2)材料短缺中,属于过失人责任造成 2 000 元损失部分,应由其予以赔偿。

(3)材料短缺中,属于非常损失部分,价值 15 135 元,其中,收回残料 100 元,保险公司给予赔偿 15 000 元,剩余 35 元批准转为营业外支出。

请编制相应的会计分录。

2. 存货盘亏及毁损的账务处理

企业发生存货盘亏及毁损时,借记"待处理财产损溢"账户,贷记"原材料""库存商品"等账户。经审批后,按发生的原因和相应的处理决定,分别进行转销。

属于自然损耗造成的定额内损耗,应借记"管理费用"账户;属于过失人责任造成的损失,应扣除其残料价值,借记"原材料""其他应收款"账户;应向保险公司收取的赔偿金,借记"其他应收款"账户;剩余净损失或未参加保险部分的损失,借记"营业外支出"账户,贷记"待处理财产损溢"账户。一般纳税人企业,存货发生的非常损失,其进项税额也应转入"待处理财产损溢"账户。

【例 2-33】 青岛东方股份有限公司在存货清查中发现盘亏 F 材料 500 千克,实际单位成本为 200 元/千克,经核查属于一般经营损失。假定不考虑相关税费。该公司应编制如下会计分录:

第一,批准处理前:

借:待处理财产损溢——待处理流动资产损溢　　　　　　　　　　　　100 000
　　贷:原材料　　　　　　　　　　　　　　　　　　　　　　　　　　　　100 000

第二,批准处理后:

借:管理费用　　　　　　　　　　　　　　　　　　　　　　　　　　　100 000
　　贷:待处理财产损溢——待处理流动资产损溢　　　　　　　　　　　　　100 000

【例 2-34】 青岛东方股份有限公司在存货清查中发现毁损 G 材料 300 千克,其实际单位成本为 100 元/千克。经核查,毁损是由材料保管员张明的过失造成的,按规定由其个人赔偿 20 000 元;残料已办理入库手续,价值 2 000 元。假定不考虑相关税费。该公司应编制如下会计分录:

第一,批准处理前:

借:待处理财产损溢——待处理流动资产损溢　　　　　　　　　　　　　30 000
　　贷:原材料　　　　　　　　　　　　　　　　　　　　　　　　　　　　30 000

第二,批准处理后:

由过失人张明赔偿部分:

借:其他应收款——张明　　　　　　　　　　　　　　　　　　　　　　20 000
　　贷:待处理财产损溢——待处理流动资产损溢　　　　　　　　　　　　　20 000

残料入库:

借:原材料　　　　　　　　　　　　　　　　　　　　　　　　　　　　 2 000
　　贷:待处理财产损溢——待处理流动资产损溢　　　　　　　　　　　　　 2 000

结转材料毁损净损失:

借:管理费用　　　　　　　　　　　　　　　　　　　　　　　　　　　　8 000
　　贷:待处理财产损溢——待处理流动资产损溢　　　　　　　　　　　　　 8 000

【例 2-35】 青岛东方股份有限公司因台风造成一批库存材料毁损,其实际成本为 70 000 元,根据保险责任范围及保险合同规定,应由保险公司赔偿 50 000 元。假定不考虑相关税费。该公司应编制如下会计分录:

第一,批准处理前:

借:待处理财产损溢——待处理流动资产损溢　　　　　　　　　　　　　70 000
　　贷:原材料　　　　　　　　　　　　　　　　　　　　　　　　　　　　70 000

第二,批准处理后:

借：其他应收款——保险公司　　　　　　　　　　　　　　　50 000
　　营业外支出——非常损失　　　　　　　　　　　　　　　20 000
　　贷：待处理财产损溢——待处理流动资产损溢　　　　　　　　　　70 000

（二）存货的期末计价

【任务2-3-3】 编制每年年末计提存货跌价准备的会计分录

甲企业按照"成本与可变现净值孰低法"对期末存货进行计价。假设2020年年末存货的成本为100 000元，可变现净值为90 000元；2021年年末该存货的可变现净值为85 000元；2022年年末该存货的可变现净值为97 000元；2023年年末该存货的可变现净值为105 000元。

存货的初始计量虽然以成本入账，但存货进入企业后可能发生毁损、陈旧或价格下跌等情况，而使企业持有存货的可变现净值下跌到成本以下，此时如果期末存货仍以历史成本计价，就会虚夸资产价值和虚增利润。因此，《企业会计准则》规定，资产负债表日，存货应当按照成本与可变现净值孰低计量。成本与可变现净值孰低计量，是指对期末存货按照成本与可变现净值两者之中较低者计价的方法。也就是说，当成本低于可变现净值时，存货按成本计价；当可变现净值低于成本时，存货按可变现净值计价。

1. 存货可变现净值的确定

如前所述，资产负债表日，存货应当按照成本与可变现净值孰低计量。其中，成本是指期末存货的实际成本，如果企业在存货成本的日常核算中采用计划成本法、售价金额核算法等简化核算方法，则成本为经调整后的实际成本。可变现净值是指在日常活动中，存货的估计售价减去至完工时估计将要发生的成本、估计的销售费用和相关税费后的金额。可变现净值的计算公式如下：

$$可变现净值 = 估计售价 - 至完工时估计将要发生的成本 - 估计的销售费用和相关税费$$

企业在确定存货可变现净值时，应注意以下基本特征：

（1）可变现净值的特征表现为存货的预计未来净现金流量，而不是存货的售价或合同价。

（2）应以确凿证据为基础计算确定存货的可变现净值。存货可变现净值的确凿证据，是指对确定存货的可变现净值有直接影响的客观证明，如产成品或商品的市场销售价格、与产成品或商品相同或类似商品的市场销售价格、销售方提供的有关资料和生产成本资料等。

（3）不同存货可变现净值的确定包括：

第一，没有销售合同约定的产成品、商品和用于出售的材料等直接用于出售的存货，在正常生产过程中，应当以该存货的估计售价减去估计的销售费用及相关税费后的金额，确定其可变现价值。

【例2-36】 2023年12月31日，青岛东方股份有限公司用于出售的甲产品有1 500个，单位成本为80元/个，总成本为120 000元。当天甲产品的市场销售价格为70元/个，同时估计的销售费用和相关税费共计1 500元，该公司没有签订有关甲产品的销售合同。

则：2023年12月31日，青岛东方股份有限公司甲产品的可变现净值为103 500元（70×1 500－1 500）。

第二，需要经过加工的材料存货，在正常生产经营过程中，应当以所生产的产成品的估计售价减去至完工时估计要发生的成本、估计销售费用和相关税费后的金额，确定其可变现净值。

【例 2-37】 青岛东方股份有限公司于 2023 年 12 月 31 日有 G 材料 1 000 个,其账面成本为 60 000 元,市场销售总价格为 50 000 元;G 材料需要加工成 1 000 个乙产品出售,估计还要发生成本 50 000 元、销售费用和相关税费计 8 000 元,G 材料的市场价格的下降导致乙产品市场销售价格由 120 元/个降为 110 元/个。

则:2023 年 12 月 31 日,青岛东方股份有限公司 G 材料的可变现净值为 52 000 元(110×1 000－50 000－8 000)。

《企业会计准则第 1 号——存货》规定:为生产而持有的材料等,用其生产的产成品的可变现净值高于成本的,则该材料仍然应当按照成本计量;材料价格的下降表明产成品的可变现净值低于成本的,该材料应当按照可变现净值计量。

【例 2-38】 承[例 2-37],青岛东方股份有限公司乙产品的可变现净值为 102 000 元(110×1 000－8 000);用 G 材料生产的乙产品成本为 110 000 元(60 000＋50 000),高于其可变净值,因此,G 材料应按可变现净值计量。

2. 成本与可变现净值的比较方法

(1) 单项比较法,即按单个存货项目比较其成本和可变现净值,确定期末存货价值,并计算每个存货项目可变现净值低于其账面成本的金额。

(2) 分类比较法,即按存货类别比较其成本与可变现净值,确定期末存货价值,并计算每类存货项目可变现净值低于其账面成本的金额。

【例 2-39】 青岛东方股份有限公司有甲、乙、丙、丁四种存货,分为 A、B 两大类。2023 年 12 月 31 日,各种存货成本与可变现净值资料见表 2-15。请分别按单个存货项目和存货类别确定存货期末价值,计算可变现净值低于其账面成本的金额。

表 2-15　　　　　　　　期末存货成本与可变现净值比较表　　　　　　　　单位:万元

项目	成本	可变现净值	可变现净值低于账面成本的金额	
			单项比较法	分类比较法
A 类	130	125		5
甲	50	50	0	
乙	80	75	5	
B 类	280	290		0
丙	100	90	10	
丁	180	200	0	
合计	410	415	15	5

知识拓展

(1) 当存货存在下列情形之一时,表明存货的可变现净值低于成本:①该存货的市价持续下跌,并且在可预见的未来无回升的希望。②企业使用该项原材料生产产品的成本大于产品的销售价格。③企业因产品更新换代,原有库存原材料已不适应新产品的需要,而该原材料的市场价格又低于其账面成本。④因企业所提供的商品或劳务过时或消费者偏好改变而使市场需求发生变化,导致市场价格逐渐下跌。⑤其他足以证明该项存货实质上已经发生减值的情形。

(2) 存货存在下列情形之一时,表明存货的可变现净值为零,此时企业应将存货账面价值全部转入当期损益:①已霉烂变质的存货。②已过期且无转让价值的存货。③生产中已不再需要,并且已无使用价值和转让价值的存货。④其他足以证明已无使用价值和转让价值的存货。

3. 存货跌价准备的计提和转回

当存货成本低于可变现净值时,存货按成本计价;当存货成本高于可变现净值时,存货按可变现净值入账。当存货成本高于可变现净值时,表明存货可能发生损失,应在存货销售之前确认这一损失,计入当期损益,同时计提减值准备,使存货账面成本抵减存货跌价准备即为存货可变现净值。当以前减记存货价值的影响因素已经消失的,减记的金额应当予以恢复,并在原已计提的存货跌价准备金额内转回,转回的金额计入当期损益。

期末存货选择成本与可变现净值中较低者计价,按可变现净值低于成本的差额计提存货跌价准备。计提存货跌价准备后,期末存货账面价值等于两者中较低者。期末存货账面价值的计算公式如下:

期末存货账面价值＝"存货"账户账面余额－"存货跌价准备"账户余额

4. 存货跌价准备的账务处理

对存货减值应采用备抵法进行账务处理。企业应当设置"存货跌价准备"账户,核算计提的跌价准备。该账户贷方登记计提的存货跌价准备金额;借方登记实际发生的存货跌价损失金额和冲减的存货跌价准备金额;期末余额一般在贷方,反映企业已计提但尚未转销的存货跌价准备。

当存货成本高于其可变现净值时,企业应当按照存货可变现净值低于成本的差额,借记"资产减值损失——计提的存货跌价准备"账户,贷记"存货跌价准备"账户。

相关计算公式如下:

当期实际提取的存货跌价准备＝应计提的存货跌价准备－"存货跌价准备"账户的贷方余额

$$\text{应计提的存货跌价准备} = \begin{cases} \text{成本} - \text{可变现净值} & \text{(当成本>可变现净值时)} \\ 0 & \text{(当成本<可变现净值时)} \end{cases}$$

企业转回已计提的存货跌价准备金额时,按恢复增加的金额,借记"存货跌价准备"账户,贷记"资产减值损失——计提的存货跌价准备"账户。

企业结转存货销售成本时,对于已计提存货跌价准备的,借记"存货跌价准备"账户,贷记"主营业务成本""其他业务成本"等账户。

【例 2-40】 根据表 2-15 的资料,青岛东方股份有限公司采用成本与可变现净值孰低法进行期末存货计价核算,并采用单个存货项目计提跌价准备。该公司于 2023 年 12 月 31 日计提跌价准备前,"存货跌价准备"各明细账户余额如下:

"存货跌价准备——甲存货"账户　贷方余额　50 000
"存货跌价准备——乙存货"账户　贷方余额　30 000
"存货跌价准备——丙存货"账户　贷方余额　30 000
"存货跌价准备——丁存货"账户　贷方余额　20 000

要求:编制 2023 年计提存货跌价准备的有关会计分录。

2023年年末,青岛东方股份有限公司计提存货跌价准备应编制如下会计分录:

借:资产减值损失——存货跌价准备　　　　　　　　　　　　20 000
　　存货跌价准备——甲存货　　　　　　　　　　　　　　　50 000
　　　　　　　　——丁存货　　　　　　　　　　　　　　　20 000
　　贷:存货跌价准备——乙存货　　　　　　　　　　　　　　　　　20 000
　　　　　　　　　——丙存货　　　　　　　　　　　　　　　　　70 000

😊 温馨提示

（1）若已计提跌价准备的存货价值以后全部恢复,其冲减的跌价准备金额应以"存货跌价准备"账户的余额冲减至零为限。

（2）任务2.2属于日常业务处理,基于已经发生的业务,以单据（原始凭证）为依据,对日常业务进行会计核算,如根据发票、付款凭证、收料单、发料单等进行的存货收、发、存核算。任务2.3属于期末业务处理,主要是基于对财产物资管理和《企业会计准则》的要求而产生的,如存货清查和减值准备的核算等。

【项目总结】 完善本项目思维导图

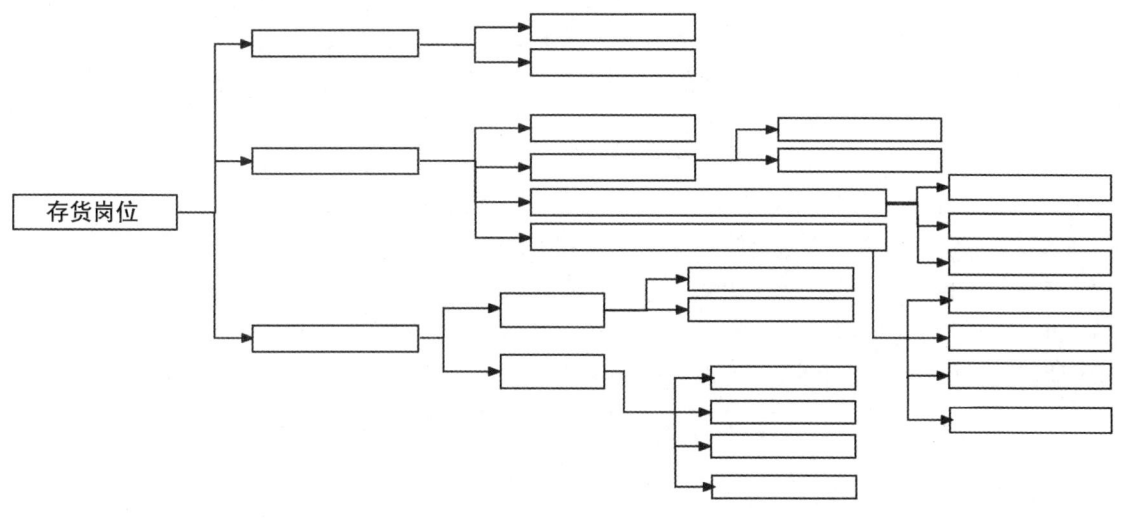

项目练习

一、单项选择题

1. 某企业为增值税一般纳税人,购入材料一批,增值税专用发票上注明的价款为25万元,增值税额为3.25万元,另支付材料的运输费4万元（不含增值税）。该批材料的采购成本为(　　)万元。
　　A. 25.00　　　　B. 29.00　　　　C. 28.25　　　　D. 32.61

2. 下列各项中,不应计入存货成本的是(　　)。
　　A. 一般纳税企业进口原材料支付的关税

B. 一般纳税企业购进原材料支付的增值税
C. 小规模纳税企业购进原材料支付的增值税
D. 一般纳税企业进口应税消费品支付的消费税

3. 某企业为增值税一般纳税人,本月购入甲材料2 060千克,每千克单价(不含增值税)为50元,另外支付运输费3 500元(不含增值税),运输途中发生合理损耗60千克,入库前发生挑选整理费用620元。该批材料入库的实际单位成本为每千克(　　)元。

　　A. 50.00　　　　B. 51.81　　　　C. 52.00　　　　D. 53.56

4. 某企业为增值税小规模纳税人。2023年10月9日,该企业购进材料一批,取得的增值税专用发票上注明价款为21 200元,增值税额为2 756元,该企业适用的增值税征收率为6%,材料入库前发生挑选整理费用200元。材料已验收入库。则该企业取得材料的入账价值为(　　)元。

　　A. 20 200　　　B. 21 400　　　C. 23 956　　　D. 25 004

5. 某企业采用先进先出法计算发出材料的成本。2023年3月1日,该企业结存A材料200吨,每吨实际成本为200元。2023年3月4日和3月17日分别购进A材料300吨和400吨,每吨实际成本分别为180元和220元。2023年3月10日和3月27分别发出A材料400吨和350吨。A材料月末账面余额为(　　)元。

　　A. 30 000　　　B. 30 333　　　C. 32 040　　　D. 33 000

6. 某企业采用月末一次加权平均计算发出原材料的成本。2023年2月1日,甲材料结存200千克,每千克实际成本为100元。2023年2月10日,购入甲材料300千克,每千克实际成本为110元。2023年2月25日,发出甲材料400千克。2023年2月末,甲材料的库存余额为(　　)元。

　　A. 10 000　　　B. 10 500　　　C. 10 600　　　D. 11 000

7. 某企业采用先进先出法计算发出原材料的成本。2023年9月1日,甲材料结存200千克,每千克实际成本为300元。2023年9月7日,购入甲材料350千克,每千克实际成本为310元。2023年9月21日,购入甲材料400千克,每千克实际成本为290元。2023年9月28日,发出甲材料500千克。2023年9月,甲材料发出成本为(　　)元。

　　A. 145 000　　　　　　　　　　B. 150 000
　　C. 153 000　　　　　　　　　　D. 155 000

8. 某企业为增值税一般纳税人。该企业购入甲材料600千克,每千克不含税单价为50元,发生运杂费2 000元,运输途中发生合理损耗10千克,入库前发生挑选整理费用200元。该批甲材料的入账价值为(　　)元。

　　A. 30 000　　　B. 32 000　　　C. 32 200　　　D. 32 700

9. 下列各项中,不利于存货成本日常管理与控制的方法是(　　)。

　　A. 先进先出法　　　　　　　　B. 个别计价法
　　C. 月末一次加权平均法　　　　D. 移动加权平均法

10. 甲工业企业为增值税一般纳税人,适用的增值税税率为13%。本期购入原材料100千克,价款为57 000元(不含增值税)。该批原材料验收入库时发现5%的短缺,经核查属于运输途中合理损耗。该批原材料入库前的挑选整理费用为380元。该批原材料的实际单位成本为每千克(　　)元。

A. 545.3　　　　B. 573.8　　　　C. 604.0　　　　D. 570.0

10. 某企业月初结存材料的计划成本为250万元,材料成本差异为超支45万元;当月入库材料的计划成本为550万元,材料成本差异为节约85万元;当月生产车间领用材料的计划成本为600万元。该企业当月生产车间领用材料的实际成本为(　　)万元。

A. 502.5　　　　B. 570.0　　　　C. 630.0　　　　D. 697.5

11. 某企业采用计划成本进行材料的日常核算。月初结存材料的计划成本为80万元,材料成本差异为超支20万元;当月购入材料一批,实际成本为110万元,计划成本为120万元。当月领用材料的计划成本为100万元。该企业当月领用材料应负担的材料成本差异为(　　)。

A. 超支5万元　　B. 节约5万元　　C. 超支15万元　　D. 节约15万元

12. 某企业对材料采用计划成本核算。2023年12月1日,结存材料的计划成本为400万元,"材料成本差异"账户贷方余额为6万元;本月入库材料的计划成本为2 000万元,"材料成本差异"账户借方发生额为12万元;本月发出材料的计划成本为1 600万元。该企业于2023年12月31日结存材料的实际成本为(　　)万元。

A. 798　　　　　B. 800　　　　　C. 802　　　　　D. 1 604

13. 某企业材料采用计划成本核算。月初结存材料计划成本为130万元,材料成本差异为节约20万元;当月购入材料一批,实际成本为110万元,计划成本为120万元,领用的计划成本为100万元。该企业当月领用材料的实际成本为(　　)万元。

A. 88　　　　　　B. 96　　　　　　C. 100　　　　　D. 112

14. 某企业月初结存材料的计划成本为100 000元,材料成本差异为节约1 000元;当月入库材料的计划成本为100 000元,材料成本差异为超支400元;当月生产车间领用材料的计划成本为150 000元。该企业当月生产车间领用材料应负担的材料成本差异为(　　)元。

A. 450　　　　　B. −450　　　　C. 1 050　　　　D. −1 050

15. 某企业采用计划成本进行材料的日常核算。2023年12月,月初结存材料计划成本为300万元,当月收入材料计划成本为700万元;月初结存材料成本差异为超支2万元;当月收入材料成本差异为节约10万元;当月发出材料计划成本为800万元。该企业当月结存材料的实际成本为(　　)万元。

A. 197.6　　　　B. 202.4　　　　C. 201.6　　　　D. 198.4

16. 企业对随同商品出售而不单独计价的包装物进行账务处理时,该包装物的实际成本应结转到(　　)账户。

A. "制造费用"　　　　　　　　　　B. "销售费用"
C. "管理费用"　　　　　　　　　　D. "其他业务成本"

17. 甲公司为增值税一般纳税人,委托外单位加工一批商品,以银行存款支付加工费200万元、增值税额26万元,该加工商品收回后将直接用于销售。甲公司支付上述相关款项时,应编制的会计分录为(　　)。

A. 借:委托加工物资　　　　　　　　　　　　　　　226 000
　　贷:银行存款　　　　　　　　　　　　　　　　　　　226 000
B. 借:委托加工物资　　　　　　　　　　　　　　2 000 000
　　贷:银行存款　　　　　　　　　　　　　　　　　　2 000 000

C. 借：委托加工物资　　　　　　　　　　　　　　　　2 000 000
　　　应交税费　　　　　　　　　　　　　　　　　　　260 000
　　　　贷：银行存款　　　　　　　　　　　　　　　　　　　　2 260 000
D. 借：委托加工物资　　　　　　　　　　　　　　　　2 260 000
　　　　贷：银行存款　　　　　　　　　　　　　　　　　　　　2 000 000
　　　　　　应交税费　　　　　　　　　　　　　　　　　　　　260 000

18. 甲、乙公司均为增值税一般纳税人，甲公司委托乙公司加工一批半成品，收回后用于连续生产应税消费品。甲公司发出原材料的实际成本为210万元，以银行存款支付加工费用6万元、增值税额0.78万元。假定不考虑其他相关税费，甲公司收回该半成品的入账价值为(　　)万元。

　　A. 216.00　　　　　B. 216.78　　　　　C. 240.00　　　　　D. 241.02

19. 甲公司为小规模纳税人，乙公司为增值税一般纳税人，甲公司委托乙公司加工一批应交消费税的半成品，收回后用于连续生产应税消费品。甲公司发出原材料的实际成本为210万元，以银行存款支付加工费6万元、增值税额0.78万元、消费税额24万元。假定不考虑其他相关税费，甲公司收回该半成品的入账价值为(　　)万元。

　　A. 216.00　　　　　B. 216.78　　　　　C. 240.00　　　　　D. 241.02

20. 增值税一般纳税人委托其他单位加工材料收回后直接对外销售的，其发生的下列支出中，不应计入委托加工材料成本的是(　　)。

　　A. 发出材料的实际成本　　　　　　B. 支付给受托方的加工费
　　C. 支付给受托方的增值税　　　　　D. 受托方代收代缴的消费税

21. 在出借包装物采用一次摊销的情况下，出借包装物报废时收回的残料价值应冲减的是(　　)。

　　A. 待摊费用　　　B. 其他业务成本　　　C. 包装物成本　　　D. 销售费用

22. 某增值税一般纳税人因暴雨毁损库存原材料一批，其成本为200万元，经确认应转出的增值税额为26万元；收回残料价值8万元，收到保险公司赔偿款112万元。假定不考虑其他因素，经批准企业确定该材料毁损净损失的会计分录为(　　)。

　　A. 借：营业外支出　　　　　　　　　　　　　　　　　1 140 000
　　　　　贷：待处理财产损溢　　　　　　　　　　　　　　　　1 140 000
　　B. 借：管理费用　　　　　　　　　　　　　　　　　　1 140 000
　　　　　贷：待处理财产损溢　　　　　　　　　　　　　　　　1 140 000
　　C. 借：营业外支出　　　　　　　　　　　　　　　　　800 000
　　　　　贷：待处理财产损溢　　　　　　　　　　　　　　　　800 000
　　D. 借：管理费用　　　　　　　　　　　　　　　　　　800 000
　　　　　贷：待处理财产损溢　　　　　　　　　　　　　　　　800 000

23. 企业对于已记入"待处理财产损溢"账户的存货盘亏及毁损事项进行账务处理时，应计入管理费用的是(　　)。

　　A. 管理不善造成的存货净损失　　　B. 自然灾害造成的存货净损失
　　C. 应由保险公司赔偿的存货净损失　D. 应由过失人赔偿的存货损失

24. 某增值税一般纳税人，因自然灾害毁损一批材料，其成本为16 000元，收到保险公司赔款 1 500 元,残料收入 200 元,批准后计入营业外支出的金额为( )元。

A. 17 020　　　　B. 18 620　　　　C. 14 300　　　　D. 14 400

25. 某增值税一般纳税人,因管理不善火灾毁损一批材料,其成本为 16 000 元,增值税进项税额为 2 080 元,收到保险公司赔款 1 500 元,残料收入 200 元,批准后计入管理费用的金额为( )元。

A. 17 020　　　　B. 16 380　　　　C. 14 300　　　　D. 14 400

26. 2023 年 3 月 31 日,某企业乙存货的实际成本为 100 万元,加工该存货至完工产成品估计还将发生成本为 20 万元,估计销售费用和相关税费为 2 万元,估计用该存货生产的产成品售价为 110 万元。假定乙存货月初"存货跌价准备"账户余额为 0,该企业于 2023 年 3 月 31 日应计提的存货跌价准备为( )。

A. −10 万元　　　B. 0　　　　　　C. 10 万元　　　　D. 12 万元

二、多项选择题

1. 下列各项中,构成工业企业外购存货入账价值的有( )。
   A. 买价
   B. 运杂费
   C. 运输途中的合理损耗
   D. 入库前的挑选整理费用

2. 下列各项中,应计入成本的有( )。
   A. 存货采购过程中发生的运输费
   B. 非正常损耗的直接材料、直接人工和制造费用
   C. 在生产过程中为达到下一个生产阶段所必需的费用
   D. 存货的加工成本

3. 下列各项中,增值税一般纳税人应计入成本的有( )。
   A. 购入存货支付的关税
   B. 商品流通企业采购过程中发生的保险费
   C. 委托加工材料发生的增值税
   D. 自制存货生产过程中发生的直接费用

4. "材料成本差异"账户的贷方可以用来登记( )。
   A. 购进材料实际成本小于计划成本的差额
   B. 发出材料应负担的超支差异
   C. 发出材料应负担的节约差异
   D. 购进材料实际成本大于计划成本的差额

5. 下列各项中,构成企业委托加工物资成本的有( )。
   A. 加工中实际耗用物资的成本
   B. 支付的加工费用和保险费
   C. 收回后直接销售物资的代收代缴消费税
   D. 收回后继续加工物资的代收代缴消费税

6. 下列各项中,不应计入其他业务成本的有( )。
   A. 领用的用于出借的新包装物成本
   B. 领用的用于出租的新包装物成本
   C. 随同商品出售且单独计价的包装物成本

D. 随同商品出售而不单独计价的包装物成本

7. 下列各项中,应计入销售费用的有( )。
A. 随同商品出售而不单独计价的包装物成本
B. 随同商品出售且单独计价的包装物成本
C. 摊销的出租包装物成本
D. 摊销的出借包装物成本

8. 下列各项中,应计入其他业务成本的有( )。
A. 随同商品出售而不单独计价的包装物成本
B. 随同商品出售且单独计价的包装物成本
C. 领用的用于出借的新包装物成本
D. 对外销售的原材料成本

9. 下列各项中,增值税一般纳税人应计入收回委托加工物资成本的有( )。
A. 支付的加工费
B. 随同加工费支付的增值税
C. 支付的收回后继续加工的委托加工物资的消费税
D. 支付的收回后直接销售的委托加工物资的消费税

10. 下列关于企业存货的表述中,正确的有( )。
A. 存货应按照成本进行初始计量
B. 存货成本包括采购成本、加工成本和其他成本
C. 存货期末计价应按照成本与可变现净值孰低计量
D. 存货采用计划成本核算的,期末应将计划成本调整为实际成本

11. 下列关于存货账务处理的表述中,正确的有( )。
A. 应收保险公司存货损失赔偿款计入其他应收款
B. 资产负债表日,存货应按成本与可变现净值孰低计量
C. 按管理权限报经批准的盘盈存货价值冲减管理费用
D. 结转商品销售成本的同时转销其已计提的存货跌价准备

三、判断题

1. 企业采用先进先出法计量发出存货的成本,如果本期发出存货的数量超过本期第一次购进存货的数量(假定本期期初无库存),超过部分仍应按本期第一次购进存货的单位成本计算出货的成本。( )

2. 企业采用加权平均法计量发出存货的成本,在物价上涨时,当月发出存货的单位成本小于月末结存货的单位成本。( )

3. 企业采用计划成本核算原材料,平时收到原材料时,应按实际成本借记"原材料"账户,领用或发出原材料时,应先按计划成本贷记"原材料"账户,期末再将发出材料和期末材料调整为实际成本。( )

4. 企业采用计划成本对材料进行日常核算,应按月分摊发出材料应负担的成本差异,不应在季末或年末一次计算分摊。( )

四、实务题

1. 甲公司按实际成本核算材料的发出成本。2023 年 3 月 1 日,甲公司结存 A 材料

100千克，每千克实际成本为100元。本月发生如下有关业务：

(1) 3日，购入A材料50千克，每千克实际成本为105元，材料已验收入库。

(2) 5日，发出A材料80千克。

(3) 7日，购入A材料70千克，每千克实际成本为98元，材料已验收入库。

(4) 12日，发出A材料130千克。

(5) 20日，购入A材料80千克，每千克实际成本为110元，材料已验收入库。

(6) 25日，发出A材料30千克。

要求：根据上述资料，分别采用先进先出法、月末一次加权平均法、移动加权平均法计算A材料的下列金额：

(1) 5日，发出的成本。

(2) 12日，发出的成本。

(3) 25日，发出的成本。

(4) 期末结存的成本。

2. 2023年12月，甲公司A商品有关收、发、存的情况如下：

(1) 1日，结存3 000件，单位成本为20万元。

(2) 8日，购入2 000件，单位成本为22万元。

(3) 10日，发出4 000件。

(4) 20日，购入3 000件，单位成本为23万元。

(5) 28日，发出2 000件。

(6) 31日，购入2 000件，单位成本为25万元。

要求：根据上述资料，分别采用先进先出法、月末一次加权平均法、移动加权平均法计算A商品的发出成本及期末库存成本。

3. 甲企业为增值税一般纳税人，适用的增值税税率为13%。原材料采用实际成本核算，原材料发出采用月末一次加权平均法计价。运输费不考虑增值税。

2023年4月，与原材料(A材料)相关的资料如下：

(1) 1日，"原材料——A材料"账户余额为20 000元（共2 000千克，其中含3月末验收入库但因发票账单未到而以2 000元暂估入账的A材料200千克）。

(2) 5日，收到3月末以暂估价入库A材料的发票账单，货款为1 800元，增值税额为234元，对方代垫运输费400元，全部款项已用转账支票付讫。

(3) 8日，以汇兑结算方式购入A材料3 000千克，发票账单已收到，货款为36 000元，增值税额为4 680元，运输费为1 000元。A材料尚未到达，款项已由银行存款支付。

(4) 11日，收到8日采购的A材料，验收时发现只有2 950千克。经检查，短缺的50千克确定为运输途中的合理损耗，A材料验收入库。

(5) 18日，持银行汇票80 000元购入A材料5 000千克，取得的增值税专用发票上注明货款为49 500元，增值税额为6 435元，另支付运输费2 000元，材料已验收入库，剩余票款退回并存入银行。

(6) 21日，基本生产车间自制A材料50千克并验收入库，总成本为600元。

(7) 30日，根据发料凭证汇总表的记录，4月份基本生产车间为生产产品领用A材料6 000千克，车间管理部门领用A材料1 000千克，企业管理部门领用A材料1 000千克。

要求：

(1) 计算甲企业 4 月份发出 A 材料的单位成本。

(2) 根据上述资料，编制甲企业 4 月份与 A 材料有关的会计分录（"应交税费"账户要求写出明细账户和专栏名称）。

4. 甲公司原材料日常的收、发、存采用计划成本计价核算。月初结存材料的计划成本为600 000 元，实际成本为 605 000 元；当月入库材料的计划成本为 1 400 000 元，实际成本为1 355 000 元。当月发出材料(计划成本)情况如下：

(1) 基本生产车间领用材料 800 000 元。

(2) 在建工程领用材料 200 000 元(不考虑增值税进项税额转出)。

(3) 车间管理部门领用材料 15 000 元。

(4) 企业行政管理部门领用材料 15 000 元。

要求：

(1) 计算甲公司当月材料成本差异率。

(2) 编制甲公司发出材料的会计分录。

(3) 编制甲公司月末结转本期发出材料成本差异的会计分录。

5. 甲公司系增值税一般纳税人，原材料按实际成本计价核算，采用先进先出法计算发出材料和月末结存材料的成本，材料数量盘点采用永续盘存制。2023 年 4 月 1 日，该公司库存A 材料为 600 千克，每千克实际成本为 50 元。4 月份 A 材料收入、发出的有关资料如下：

(1) 4 月 5 日，购入 A 材料 1 000 千克，支付买价 53 000 元、运杂费 900 元(增值税略)。当日 A 材料实际验收入库 980 千克，经查明，短缺的 20 千克系运输途中的合理损耗。

(2) 4 月 8 日，发出 A 材料 1 200 千克。

(3) 4 月 10 日，购入 A 材料 1 500 千克，支付买价 89 000 元、运杂费 1 000 元(增值税略)。当日 A 材料已如数验收入库。

(4) 4 月 20 日，发出 A 材料 1 400 千克。

要求：

(1) 分别计算 2023 年 4 月 5 日和 4 月 10 日甲公司购入 A 材料的实际单位成本。

(2) 计算本月发出 A 材料的实际成本。

(3) 计算月末结存 A 材料的实际成本(要求列出计算过程)。

6. 某企业月初结存材料的计划成本为 30 000 元，材料成本差异为超支 200 元；当月库存材料的计划成本为 70 000 元，材料成本差异为节约 700 元；当月生产车间领用材料的计划成本为 60 000 元。

要求：计算该企业当月生产车间领用材料应负担的材料成本差异。

7. 东风机械厂 2023 年 3 月有关低值易耗品业务如下：

(1) 加工车间从仓库领用工具一批，计划成本为 8 000 元，摊销其价值的 50%。

(2) 报废一批工具，计划成本为 2 000 元，残料收入为 60 元，材料已验收入库，摊销其价值的 50%。

要求：根据上述资料编制有关会计分录。

8. 某公司仓库发出未用包装物木箱一批，出租给购货单位，实际成本为 234 万元，采用分次摊销法计算。该公司收取押金 23 400 元，同时收取租金 2 000 元，存入银行。到期后，包装木箱一半由承租单位退回,收回的包装木箱不能继续使用,经有关部门批准报废,残料作价500元;另外一半包装木箱承租单位未退回,该公司没收逾期未退回包装物押金为11 300元(含税);增值税税率为13%。

要求:编制相应的会计分录。

9. 2022年12月31日,甲公司A材料的账面价值为100 000元,由于市场价格下跌,预计可变现净值为80 000元,应计提的存货跌价准备为20 000元。2023年6月30日,由于市场价格上升,A材料的预计可变现净值为95 000元。

要求:编制甲公司有关存货期末计价的会计分录。

10. 2022年12月,甲公司库存B机器有5台,每台成本为5 000元,已经计提的存货跌价准备为6 000元。2023年1月,甲公司将库存的5台机器全部以每台6 000元的价格出售,适用的增值税税率为13%,货款未收到。

要求:编制甲公司上述业务的会计分录。

11. 某公司采用成本与可变现净值孰低法核算存货跌价损失。假设2020年年末,甲种存货的实际成本为60 000元,可变现净值为57 000元;2021年年末,该存货的预计可变现净值为53 000元;2022年年末,该存货的预计可变现净值为58 500元;2023年年末,该存货的预计可变现净值61 500元。

要求:编制该公司每年年末进行期末计价的会计分录。

12. 甲公司为增值税一般纳税人,适用的增值税税率为13%。甲公司生产过程中所需W材料按实际成本核算,采用月末一次加权平均法计算和结转发出材料成本。2023年6月1日,W材料结存1 400千克,账面余额为385万元,未计提存货跌价准备。甲公司2023年6月发生的有关W材料业务如下:

(1) 3日,持银行汇票300万元购入W材料800千克,取得的增值税专用发票上注明货款为216万元,增值税额为28.08万元,对方代垫包装费1.8万元。材料已验收入库,剩余票款退回并存入银行。

(2) 6日,签发一张商业承兑汇票购入W材料590千克,取得的增值税专用发票上注明货款为163万元,增值税额为21.19万元,对方代垫保险费0.4万元。材料已验收入库。

(3) 10日,收到乙公司作为资本投入的W材料5 000千克,并验收入库。投资合同约定该批原材料价值(不含可抵扣的增值税进项税额)为1 415万元,增值税进项税额为183.95万元,乙公司开具增值税专用发票。假定合同约定的价值与公允价值相等,未发生资本溢价。

(4) 20日,销售W材料一批,开出的增值税专用发票上注明售价为171万元,增值税额为22.23万元,款项已由银行收妥。

(5) 30日,因自然灾害毁损W材料50千克,该批材料购入时支付的增值税额为1.82万元。经保险公司核定,应赔偿10万元,款项尚未收到,其余损失已经有关部门批准处理。

(6) 6月份发出材料情况如下:①生产车间领用W材料2 000千克,用于生产A产品20件、B产品10件。A产品每件消耗定额为24千克,B产品每件消耗定额为52千克,材料成本在A、B产品之间按照定额消耗量比例进行分配;车间管理部门领用W材料700千克;企业行政管理部门领用W材料450千克。②委托加工一批零部件,发出W材料100千克。③30日,对外销售发出W材料600千克。

(7) 30日,W材料的预计可变现净值为1 000万元。

假定除上述资料外,不考虑其他因素。

要求:

(1) 编制甲公司第(1)~(4)项业务的会计分录。

(2) 计算甲公司6月份W材料的加权平均单位成本。

(3) 编制甲公司第(5)项业务的会计分录。

(4) 计算甲公司A产品、B产品应分配的W材料成本。

(5) 编制甲公司第(6)项业务结转发出材料成本的会计分录。

(6) 计算甲公司于2023年6月30日W材料的账面余额。

(7) 计算甲公司于2023年6月30日W材料计提的存货跌价准备,并编制会计分录。

(8) 计算甲公司于2023年6月30日W材料应记入资产负债表"存货"项目的金额。

项目 3

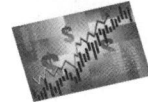

固定资产岗位

能力目标
1. 能够辨识固定资产相关的原始凭证,并分析和判断经济业务内容。
2. 能够按照国家有关会计制度和企业要求,结合业务资料,对固定资产准确计价,合理计提折旧。
3. 能够按照规范流程和会计核算方法进行固定资产取得、折旧、减值、处置和清查业务的账务处理。

知识目标
1. 熟悉《企业会计准则第4号——固定资产》。
2. 理解固定资产的确认条件。
3. 掌握固定资产入账价值的初始计量。
4. 掌握影响固定资产折旧的因素及计算方法。
5. 掌握固定资产取得、折旧、减值、处置和清查业务的账务处理。

素质目标
1. 培养学生良好的沟通能力,能与资产管理人员有效沟通,建立有效的账实核对机制与资产控制方法。
2. 培养学生遵守法律法规,坚持会计职业道德的精神;坚持按财务制度进行资产盘盈、盘亏的报批与账务处理,洞察企业资产管理上的漏洞并及时上报处理。

任务 3.1 固定资产岗位的核算任务和业务流程

一、任务布置

【任务 3-1】 固定资产岗位的核算任务和业务流程问题

通过实地考察并阅读相关资料,了解制造业固定资产岗位的基本内容,完成以下任务:
(1) 讨论并编制某一制造业固定资产目录(包括种类、项目、型号等)。
(2) 根据上述目录设置固定资产的相关会计账户(包括总账账户和明细账户)。

二、知识链接

（一）固定资产概述

1. 固定资产的定义及特征

由于企业的经营内容、经营规模等各不相同，固定资产的标准也不可能绝对一致。企业在对固定资产确认时，应当按照固定资产的定义和确认条件，考虑企业的具体生产经营状况，制定出适合本企业实际情况的固定资产目录、分类方法、每类或每项固定资产的折旧年限和折旧方法，作为固定资产的核算依据。

固定资产是指使用期限较长，单位价值较高，并在其使用过程中保持原有实物形态的资产。由于企业生产经营的多样性，国际上少有国家对固定资产定义作出详细规定，我国在《企业会计准则第4号——固定资产》中也只是提供了确认基础。该准则中规定，固定资产是指同时具有以下特征的有形资产：

（1）为生产商品、提供劳务、出租或经营管理而持有的。

（2）使用寿命超过一个会计期间。

根据上述定义，固定资产应具有以下基本特征：

第一，使用期限超过1年或超过长于1年的一个营业周期，且在使用过程中保持原来的物质形态不变，即固定资产的收益期超过1年，或者说它能在1年以上的时间里为企业创造经济利益。这一特征说明了有必要计提固定资产折旧、进行固定资产报废和更新改造等业务的账务处理。

 温馨提示

使用寿命是指企业使用固定资产的预计期间，或者是该固定资产所能生产产品或提供劳务的数量。

自用房屋建筑物的使用寿命以使用年限表示；对于某些机器设备或运输设备等固定资产，其使用寿命往往以该固定资产所能生产产品或提供劳务的数量来表示，如发电设备按其预计发电量估计使用寿命，汽车或飞机等按其预计行驶里程估计使用寿命。

第二，企业拥有固定资产的目的是进行生产经营活动，而不是直接用于出售。

聪明屋

区分固定资产与存货最重要的标志是什么？

2. 固定资产的确认条件

对于符合固定资产定义的资产，要确认为企业的固定资产在资产负债表中列示，还必须同时满足两个条件：

（1）该固定资产包含的经济利益很可能流入企业。持有固定资产的目的就是要预期给企业带来经济利益。在确认固定资产时，需要判断与该项固定资产有关的经济利益是否很可能流入企业。如果与该项固定资产有关的经济利益很可能流入企业，并同时满足固定资产确认的其他条件，那么企业应将其确认为固定资产，否则不应在固定资产中核算。

在实务中，判断与固定资产有关的经济利益是否很可能流入企业，主要是判断与该项固定资产所有权相关的风险和报酬是否转移到了企业。与固定资产所有权相关的风险是指由经营情况变化造成的相关收益的变动,以及由资产闲置、技术陈旧等原因造成的损失。与固定资产所有权相关的报酬是指在固定资产使用寿命内直接使用该项资产而获得的收入,以及处置该项资产所实现的利得等。

通常来说,取得固定资产的所有权是判断与固定资产所有权相关的风险和报酬转移给企业的一个重要标志。但是,所有权是否转移,不是判断与固定资产所有权相关的风险和报酬转移给企业的唯一标志。在有些情况下,虽然某项固定资产的所有权不属于企业,但是企业能够控制与该项固定资产有关的经济利益流入企业,这就意味着与该项固定资产所有权相关的风险和报酬实质上已经转移到企业,按照实质重于形式的会计信息质量要求,应将该项固定资产予以确认。例如,融资租入的固定资产,虽然企业不拥有固定资产的所有权,但是与固定资产所有权相关的风险和报酬实质上已经转移到企业(承租人),因此,符合固定资产确认的第一个条件。

(2) 该固定资产的成本能够可靠地计量。成本能够可靠地计量是资产确认的一项基本条件。企业在确定固定资产的成本时要依据确凿、可靠的证据来证明为取得该资产所发生的支出,并具有可验证性。企业有时需要根据所获得的最新资料,对固定资产的成本进行合理的估计。例如,对于已达到预定可使用状态的固定资产,在尚未办理竣工决算前,企业需要根据工程预算、工程造价或者工程实际发生的成本等资料,按估计价值确定固定资产的成本;待办理竣工决算后,按实际成本调整原来的暂估价值。

> **温馨提示**
>
> 在实务中,确认固定资产时,还需要注意以下两个问题:
>
> (1) 固定资产的各组成部分具有不同使用寿命或者以不同方式为企业提供经济利益,适用不同折旧率或折旧方法的,应当分别将各组成部分确认为单项固定资产。例如,楼房里的电梯,既可以与房屋一起确认为固定资产,又可以单独列作一项固定资产。
>
> (2) 固定资产有关的后续支出,满足固定资产确认条件的,应当计入固定资产的成本;不满足固定资产条件的,应当在发生时计入当期损益。

3. 固定资产的分类

为了加强对固定资产的管理,便于组织固定资产的会计核算,需要对固定资产进行分类。根据不同的分类标准,固定资产可以分为不同的种类。

1) 按经济用途分类

固定资产按经济用途分类,可以分为生产经营用固定资产和非生产经营用固定资产。

生产经营用固定资产是指直接服务于企业生产、经营过程的各种固定资产,如生产经营用的房屋、建筑物、机器设备、工具、器具等。

非生产经营用固定资产是指不直接服务于企业生产、经营过程的各种固定资产,如职工宿舍、食堂、浴池等使用的房屋、设备和其他固定资产等。

2) 按使用情况分类

固定资产按使用情况分类,可以分为使用中的固定资产、未使用的固定资产和不需用的固定资产。

使用中的固定资产是指正在使用中的生产经营用固定资产和非生产经营用固定资产,包括季节性生产经营或大修理等原因而暂停使用的固定资产。企业以经营租赁方式出租的机器、设备类固定资产也属于使用中的固定资产。

未使用的固定资产是指已完工或已购建、尚未交付使用的新增固定资产,以及因进行改建、扩建等活动而暂停使用的固定资产。

不需用的固定资产是指已不适合企业使用,准备调配处理的固定资产。

固定资产按使用情况分类,有利于企业合理使用固定资产,加强对固定资产的处理和盘活固定资产。

3)按所有权分类

固定资产按所有权分类,可以分为自有固定资产和租入固定资产。

自有固定资产是指企业拥有的可以长期使用的固定资产。

租入固定资产是指从外单位租入,供企业在一定时期内使用的固定资产。租入固定资产的所有权属于出租单位。租入固定资产还可分为经营租入固定资产和融资租入固定资产。

固定资产按所有权分类,有利于企业核算和管理固定资产、合理使用资金,提高资金使用效益。

此外,固定资产还可以按其来源分类,分为外购的固定资产、自行建造的固定资产、投资者投入的固定资产、融资租入的固定资产、盘盈的固定资产等。

由于企业的经营性质不同、经营规模各异,对固定资产的分类不可能完全一致。在实际工作中,企业大多采用按经济用途和使用情况综合分类的方法作为编制固定资产目录,以及进行固定资产核算的依据。

(二)固定资产岗位的核算任务

固定资产是企业的主要劳动手段,是物质资料生产过程中用来改变或影响劳动对象的主要劳动资料,是企业从事生产活动的物质基础,管好、用好固定资产,促进固定资产不断增值和提高固定资产使用效益,是会计工作的主要任务。

固定资产岗位的核算任务如下:

(1)固定资产明细账或卡片账的设置与登记。

(2)固定资产增加和减少的程序及账务处理。

(3)每季与固定资产保管员核对账目、实物,做到账账、账物相符,若发现问题,应查明原因,及时解决。

(4)固定资产盘点方法、固定资产盘点表的编制及其报批程序和账务处理。

(三)固定资产岗位的核算流程

固定资产岗位的核算流程见图 3-1。

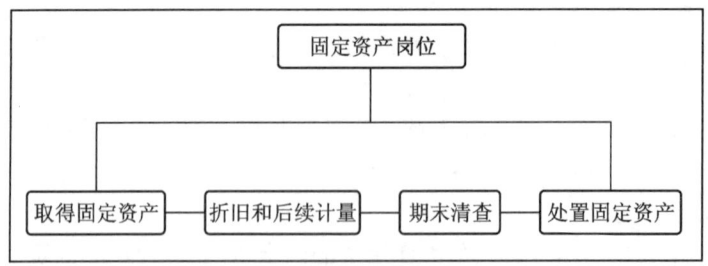

图 3-1 固定资产岗位的核算流程

(四)固定资产岗位核算涉及的主要经济业务及总账账户

固定资产岗位核算涉及的主要经济业务及总账账户见表 3-1。

表 3-1　　　　　　　　　　主要经济业务及总账账户一览表

经济业务	对应账户名称	账户性质	核算内容
固定资产取得	固定资产	资产类	核算企业持有固定资产的原始价值,总括地反映企业固定资产的增减变动及结存情况
	在建工程	资产类	核算企业进行的固定资产基本建设工程,包括新建、改建和扩建工程以及购入需要安装的固定资产
	工程物资	资产类	核算企业为在建工程而准备的各种物资的实际成本
固定资产折旧	累计折旧	资产类	属于"固定资产"账户的备抵调整账户,核算企业固定资产的累计折旧
固定资产清理	固定资产清理	资产类	核算企业因出售、报废、毁损、对外投资、非货币性资产交换、债务重组等原因转出的固定资产价值以及在清理过程中发生的费用等
固定资产清查	待处理财产损溢	资产类、负债类双重性质	核算企业清查资产时账实之间的差额
固定资产期末计量	固定资产减值准备、在建工程减值准备、工程物资减值准备	资产类（备抵账户）	核算企业固定资产、在建工程、工程物资发生的减值

固定资产岗位核算的主要账户见图 3-2。

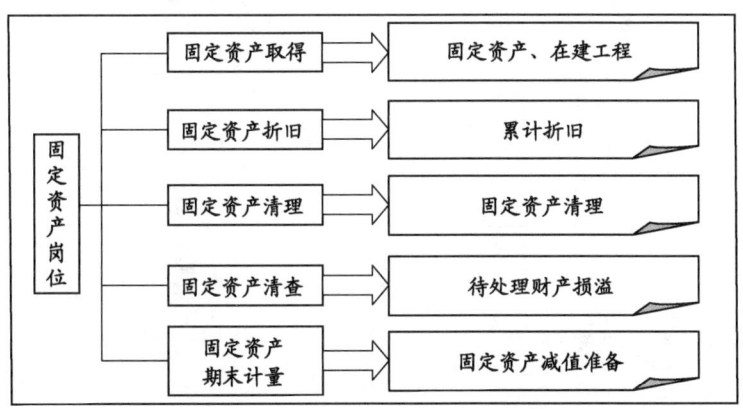

图 3-2　固定资产岗位核算的主要账户

任务 3.2　记录固定资产变更信息

一、任务布置

【任务 3-2】　记录固定资产变更信息案例

青岛宏达服装有限公司于 2023 年 12 月发生的与固定资产相关的经济业务如下：

(1) 6 日,购买设备一台,价款为 60 000 元,增值税额为 7 800 元,款项已付,设备已投入使用。有关单据见图 3-3 至图 3-5。

中国工商银行
转账支票存根
ⅦⅢ00041185

科　目：_____
对方科目：_____
出票日期：2023 年 12 月 06 日

收款人：	北方机械厂
金　额：	￥67 800.00
用　途：	购货款

单位主管：李平　　会计：刘强
复核：　　　　　　记账：

图 3-3　转账支票存根

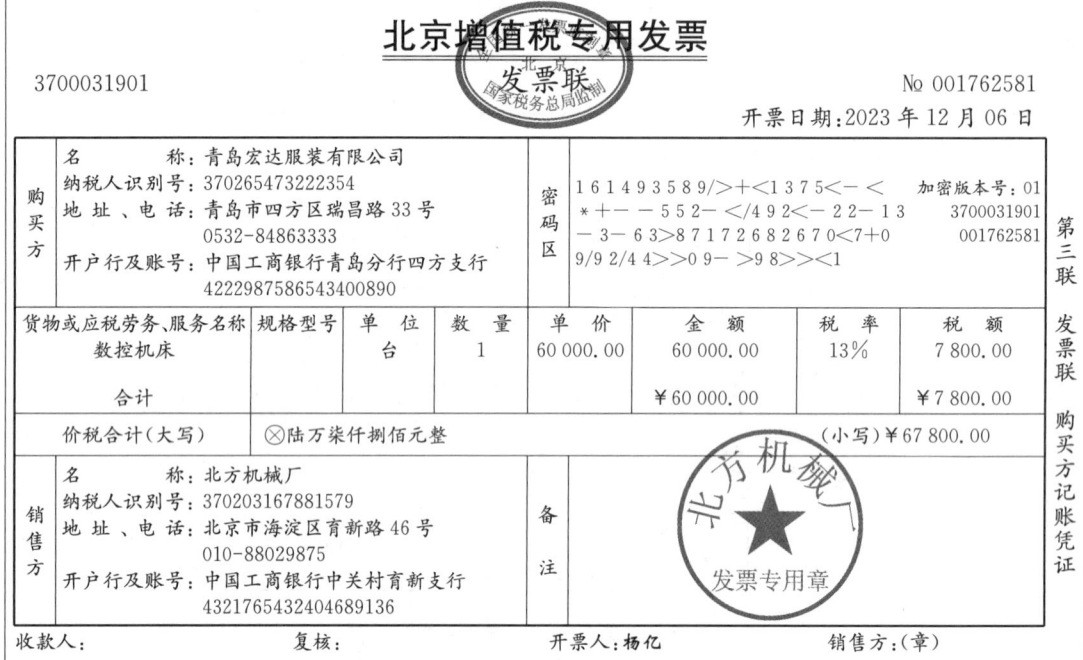

图 3-4　增值税专用发票

固定资产验收单
2023 年 12 月 07 日　　　　　　　　　　　　金额单位：元

名称	规格型号	单位	数量	设备买价	运杂费	安装费	合计
数控机床		台	1				
合计							
使用部门	基本生产车间			预计使用年限(年)		10	

单位主管：杨鲁灵　　　　制单：王青军　　　　接收人：赵东东

图 3-5　固定资产验收单

（2）15日，购买锅炉，价款为28 500元，增值税额为3 705元，款项已付，锅炉未投入使用。有关单据见图3-6和图3-7。

山东增值税专用发票

3700031902　　　　　　　　　　　　　　　　　　　　　　　　　　No 001702582

开票日期：2023年12月15日

购买方	名　称：青岛宏达服装有限公司 纳税人识别号：370265473222354 地址、电话：青岛市四方区瑞昌路33号　0532-84863333 开户行及账号：中国工商银行青岛分行四方支行　4222987586543400890	密码区	161493589/>+<1375<-< *+--552-</492<-22-13 -3-63>87172682670<7+0 9/92/4>>09->98>><1	加密版本号：01 3700031902 001702582

货物或应税劳务、服务名称	规格型号	单位	数量	单价	金额	税率	税额
锅炉		台	1	28 500.00	28 500.00	13%	3 705.00
合计					￥28 500.00		￥3 705.00

价税合计（大写）	⊗叁万贰仟贰佰零伍元整	（小写）￥32 205.00

销售方	名　称：济宁锅炉厂 纳税人识别号：370203167661324 地址、电话：济宁市新湖区青年12号　0537-88459875 开户行及账号：中国工商银行济宁分行新湖区办事处　6222145832147602033	备注	（发票专用章：济宁锅炉厂）

收款人：　　　　复核：　　　　开票人：赵庆　　　　销售方：（章）

图3-6　增值税专用发票

中国工商银行
转账支票存根
Ⅷ Ⅲ 00041185

科　目：_____
对方科目：_____
出票日期：2023年12月15日

收款人：济宁锅炉厂
金　额：￥32 205.00
用　途：购货款

单位主管：李平　　会计：刘强
复核：　　　　　　记账：

图3-7　转账支票存根

（3）17日，安装锅炉，其中领用安装材料5 000元，现金支付安装人员工资4 000元。锅炉安装完毕后投入使用。有关单据见图3-8至图3-10。

领 料 单

领用部门：设备处　　2023 年 12 月 17 日　　材料类别　A 类材料　　领单号　174

产品名称及用途		锅炉安装	工程编号 003				
材料名称	规格	单位	数量		单位成本	总成本	
			请领	实发			
甲材料		吨	100	100	50.00	5 000.00	
发料部门	审核员	发料员 王云	领用部门	主管	领料 陆石	备注	

第二联　财务科核算

图 3-8　领料单

费用报销领款单

2023 年 12 月 17 日

领款事由	领安装人员工资		
领款金额	人民币(大写)肆仟元整		
审核意见	同意付款	领导签章	刘强
领款单位	设备处	领款人	蒋虎
备注	现金付讫		

图 3-9　费用报销领款单

固定资产竣工验收单

2023 年 12 月 19 日

总编号		分类编码		分类编码(测)	
名称	锅炉		型号	1090F	
规格					
国别	中国	生产厂家		出厂编号	
出厂日期	2023.12	单位	台　数量　1	单价	37 500.00 元
总价		发票号码	82726	经费来源	自筹
销售单位		济宁锅炉厂		使用方向	生产
附件		一张		新旧程度	新
备注			使用单位		

图 3-10　固定资产竣工验收单

（4）22日，发生维修费3 000元，增值税额为390元，款项已付。有关单据见图3-11和图3-12。

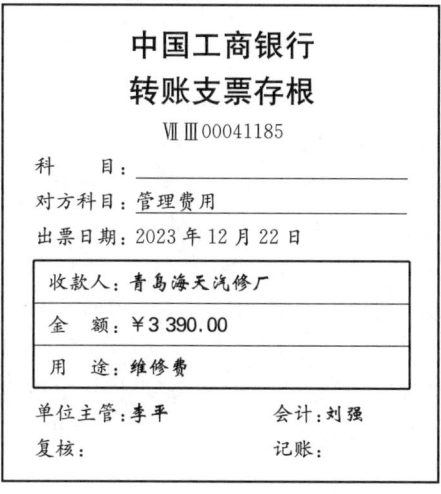

图3-11　转账支票存根

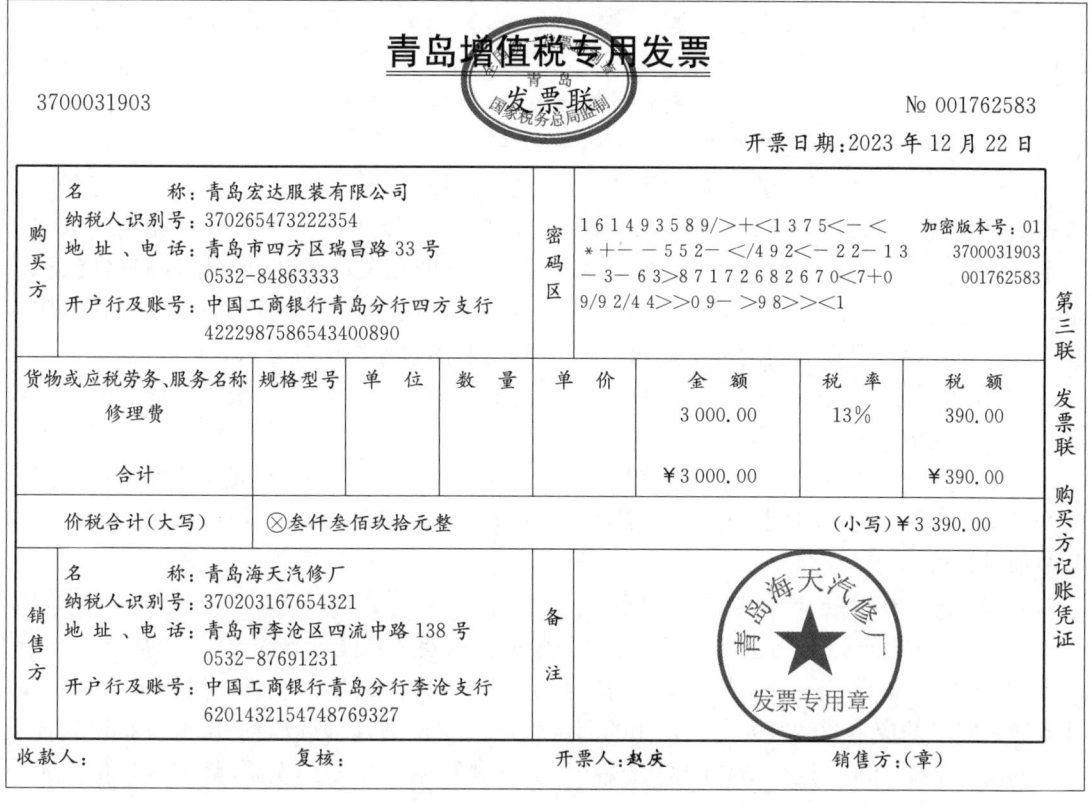

图3-12　增值税专用发票

要求：根据上述所提供的原始凭证编制记账凭证。

二、知识链接

（一）固定资产的初始计量

1. 固定资产的初始计量原则

固定资产的计量，涉及初始计量和期末计量两个方面。其中，固定资产的初始计量是指固定资产的取得成本；固定资产的期末计量，主要解决固定资产的期末计价问题。

根据《企业会计准则》的规定，固定资产应当按照成本进行初始计量，它包括企业购建某项固定资产达到预定可使用状态前所发生的一切合理、必要的支出。这些支出既有直接发生的，如固定资产的购买价款、运杂费、包装费和安装成本等，又有间接发生的，如应承担的借款利息、外币借款折合差额和分摊的其他间接费用等。固定资产达到预定可使用状态具体可以从以下几个方面进行判断：一是固定资产的实体建造（包括安装）工作已经全部完成或者实质上已经完成。二是所购建的固定资产与设计要求或合同要求相符或基本相符，即使有极个别与设计或要求不相符的地方，也不影响其正常使用。三是继续发生在所购建固定资产上的支出金额很少或几乎不会再发生。

2. 不同方式取得固定资产的初始计量

固定资产的来源渠道不同，其初始计量的内容有所差异。取得固定资产时的成本应根据具体情况分别确定。

（1）外购的固定资产。外购的固定资产的成本，包括买价、相关税费，以及使固定资产达到预定可使用状态前所发生的可归属于该项资产的运输费、装卸费、安装费和专业人员服务费等。以一笔款项购入多项没有单独标价的固定资产，应当按照各项固定资产公允价值比例对总成本进行分配，分别确定各项固定资产的成本。

（2）自行建造的固定资产。自行建造的固定资产，按建造该项固定资产达到预定可使用状态前所发生的必要支出作为入账价值。其中，建造该项固定资产达到预定可使用状态前所发生的必要支出，包括工程用物资成本、人工成本、交纳的相关税费和应摊销的间接费用等。企业为在建工程准备的各种物资，应按实际支付的购买价款、相关税费、运输费、保险费等作为实际成本。企业自行建造固定资产，主要有自营建造和出包建造两种方式。

（3）投资者投入的固定资产。投资者投入的固定资产的成本，应当按照投资合同或协议约定的价值确定。但投资合同或协议约定价值不公允的除外。

固定资产的取得方式除以上几种情况外，还有接受捐赠的固定资产、债务重组取得的固定资产、以非货币性资产交换取得的固定资产、融资租入的固定资产等，我们将在以后项目的学习中加以介绍。

3. 固定资产的初始计量应注意的问题

（1）在固定资产达到预定可使用状态后发生的任何费用不能计入固定资产的成本。

（2）外购机器设备等固定资产（不包括房屋建筑物）发生的增值税进项税额可以抵扣，不计入固定资产的成本。纳税人允许抵扣的固定资产进项税额，应以取得的增值税扣税凭证上注明的增值税额为准。这里所称的增值税扣税凭证是指增值税专用发票、海关进口增值税专用缴款书和运输费用结算单据。

（3）小规模纳税人购入机器设备的增值税进项税额计入固定资产的成本核算。

（4）计入固定资产的相关税费包括为取得固定资产而交纳的契税、耕地占用税、车辆购置税等相关税费。企业交纳的房产税、车船税、印花税等计入税金及附加。

(5) 专业人员服务费计入固定资产的成本,内部员工的培训费计入当期损益(管理费用等)。

(二) 固定资产取得的核算

【任务 3-2-1】 确定固定资产的入账价值

长恒公司自建仓库一座,购入工程物资 200 万元,增值税额为 26 万元,已全部用于建造仓库;耗用库存材料 50 万元,应负担的增值税额为 6.5 万元;耗用本企业生产产品成本 80 万元,对外销售价格为 100 万元;支付建筑工人工资 36 万元。该仓库建造完成并达到预定可使用状态。

请计算该仓库的入账价值并编制相关会计分录。

1. 购进不需安装固定资产的账务处理

购进不需安装的固定资产是指购入的固定资产不需要安装就可以直接交付使用。购入的固定资产按实际支付的全部价款加上相关税费(进口关税、保险等费用),以及使固定资产达到预定可使用状态前发生的可归属于该项资产的运输费、装卸费和专业人员服务费等支出,借记"固定资产"账户,取得增值税专用发票等增值税扣款凭证,并经税务机关认证可抵扣的,应按扣款凭证注明的增值税进项税额,借记"应交税费——应交增值税(进项税额)"账户,贷记"银行存款"等账户。

【例 3-1】 青岛东方股份有限公司购入不需安装的车床一台,取得的增值税专用发票上注明设备价款为 80 000 元,增值税额为 10 400 元;运输费为 1 400 元,增值税额为 126 元。款项以银行存款支付,设备已交付使用。该公司应编制如下会计分录:

```
借:固定资产——生产用固定资产(车床)              81 400
    应交税费——应交增值税(进项税额)              10 526
  贷:银行存款                                              91 926
```

注意:企业基于产品价格等因素的考虑,可能以一笔款项购入多项没有单独标价的固定资产。如果这些资产均符合固定资产的定义,并满足固定资产的确认条件,则应将各项资产单独确认为固定资产,并按各项固定资产公允价值的比例对总成本进行分配,分别确定各项固定资产的成本。

【例 3-2】 青岛东方股份有限公司为了降低采购成本,2023 年 8 月 10 日,向华诚公司一次性购入了三套不同型号且具有不同生产能力的设备 A、B 和 C,共支付款项 7 800 000 元,增值税额为 1 014 000 元;运输费为 42 000 元,增值税额为 3 780 元。全部款项以银行存款转账支付。假定 A、B 和 C 设备均满足固定资产的定义及确认条件,公允价值分别为 2 926 000 元、3 594 800 元和 1 839 200 元,不考虑其他相关税费。该公司应进行如下账务处理:

首先,确定应计入固定资产成本的金额(包括购买价款、包装费):

$$7\,800\,000 + 42\,000 = 7\,842\,000(元)$$

其次,确定 A、B 和 C 设备的价值分配比例:

$$\text{A 设备应分配的固定资产价值比例} = \frac{2\,926\,000}{2\,926\,000 + 3\,594\,800 + 1\,839\,200} \times 100\% = 35\%$$

$$\text{B 设备应分配的固定资产价值比例} = \frac{3\,594\,800}{2\,926\,000 + 3\,594\,800 + 1\,839\,200} \times 100\% = 43\%$$

$$\text{C 设备应分配的固定资产价值比例} = 1 - 35\% - 43\% = 22\%$$

再次,确定 A、B 和 C 设备各自的成本:

$$A 设备的成本 = 7\ 842\ 000 \times 35\% = 2\ 744\ 700(元)$$
$$B 设备的成本 = 7\ 842\ 000 \times 43\% = 3\ 372\ 060(元)$$
$$C 设备的成本 = 7\ 842\ 000 \times 22\% = 1\ 725\ 240(元)$$

最后,编制如下会计分录:

借:固定资产——A 设备　　　　　　　　　　　　　　　　　2 744 700
　　　　　　——B 设备　　　　　　　　　　　　　　　　　3 372 060
　　　　　　——C 设备　　　　　　　　　　　　　　　　　1 725 240
　　应交税费——应交增值税(进项税额)　　　　　　　　　　1 017 780
　贷:银行存款　　　　　　　　　　　　　　　　　　　　　8 817 780

2. 购进需要安装固定资产的账务处理

企业购进需要安装的固定资产应在购入的固定资产取得成本的基础上加上安装调试成本等,作为购入固定资产的成本,先通过"在建工程"核算,待安装完毕达到预定可使用状态时,再由"在建工程"账户转入"固定资产"账户。

【例3-3】 青岛东方股份有限公司购入一台需要安装的设备,取得的增值税专用发票上注明设备买价为 50 000 元,增值税额为 6 500 元。安装设备时,领用原材料价值为 1 500 元,应付安装人员工资 2 500 元。设备安装完毕并交付使用。该公司应编制如下会计分录:

(1) 支付价款、税费、运输费时:

借:在建工程　　　　　　　　　　　　　　　　　　　　　50 000
　　应交税费——应交增值税(进项税额)　　　　　　　　　 6 500
　贷:银行存款　　　　　　　　　　　　　　　　　　　　 56 500

(2) 支付安装费时:

借:在建工程　　　　　　　　　　　　　　　　　　　　　 4 000
　贷:原材料　　　　　　　　　　　　　　　　　　　　　 1 500
　　　应付职工薪酬——工资　　　　　　　　　　　　　　 2 500

(3) 设备安装完毕交付使用时:

借:固定资产　　　　　　　　　　　　　　　　　　　　　54 000
　贷:在建工程　　　　　　　　　　　　　　　　　　　　54 000

购进固定资产的核算流程见图 3-13。

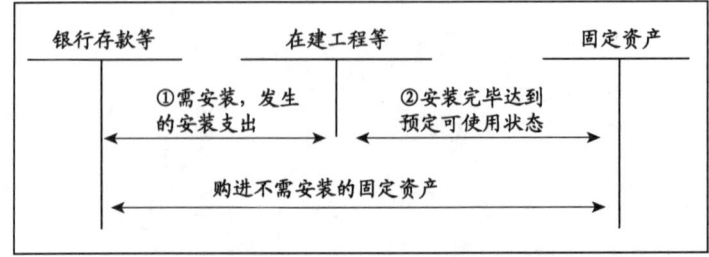

图 3-13　购进固定资产的核算流程

3. 自行建造固定资产的账务处理

企业自行建造的固定资产,应将建造该项资产达到预定可使用状态前所发生的必要支出(包括所消耗的材料、人工、其他费用和交纳的相关税金等),作为固定资产的成本。

自行建造的固定资产应先通过"在建工程"账户核算,当工程达到预定可使用状态时,再由"在建工程"账户转入"固定资产"账户。如前所述,企业自行建造固定资产,主要有自营建造和出包建造两种方式,由于采用的建造方式不同,其账务处理也不相同。

1) 自营方式建造固定资产的账务处理

自营方式建造固定资产是指企业自行组织工程物资采购、自行组织施工人员施工的建筑工程或安装工程。

在自营方式下建造固定资产,企业会发生哪些支出?

【例 3-4】 青岛东方股份有限公司在生产经营期间以自营方式建造一幢厂房。2023 年 10~12 月,该公司发生如下业务:

(1) 购入一批工程物资,取得的增值税专用发票上注明价款为 200 万元,增值税额为 26 万元,款项已通过银行转账支付。

(2) 工程领用物资 180 万元。

(3) 工程领用生产用 A 原材料一批,实际成本为 100 万元,增值税额为 13 万元,未对该批 A 原材料计提存货跌价准备。

(4) 应付工程人员职工薪酬 114 万元。

(5) 在工程建造过程中,非正常原因造成部分工程物资毁损,该部分工程物资实际成本为 10 万元,未计提减值准备,应从保险公司收取赔偿款 5 万元,该款项尚未收到。

(6) 以银行存款支付工程其他支出 40 万元。

(7) 工程领用生产用 B 原材料,实际成本为 20 万元,增值税额为 2.6 万元,未对该批 B 原材料计提存货跌价准备。

(8) 以银行存款支付其他支出 5 万元,工程达到预定可使用状态并交付使用。

(9) 剩余工程物资转为生产用 C 原材料,并办妥相关手续。

要求:根据以上资料,编制青岛东方股份有限公司相关业务的会计分录。

业务(1):

借:工程物资　　　　　　　　　　　　　　　　　　　　　　　2 000 000
　　应交税费——应交增值税(进项税额)　　　　　　　　　　　　260 000
　　贷:银行存款　　　　　　　　　　　　　　　　　　　　　　　　2 260 000

业务(2):

借:在建工程——厂房在建工程　　　　　　　　　　　　　　　1 800 000
　　贷:工程物资　　　　　　　　　　　　　　　　　　　　　　　　1 800 000

业务(3):

借:在建工程——厂房在建工程　　　　　　　　　　　　　　　1 000 000
　　贷:原材料——A 材料　　　　　　　　　　　　　　　　　　　　1 000 000

业务(4)：

借：在建工程——厂房在建工程　　　　　　　　　　　　　　1 140 000
　　贷：应付职工薪酬——工资　　　　　　　　　　　　　　　　1 140 000

业务(5)：

借：在建工程——厂房在建工程　　　　　　　　　　　　　　　50 000
　　其他应收款——保险公司　　　　　　　　　　　　　　　　　50 000
　　贷：工程物资　　　　　　　　　　　　　　　　　　　　　　100 000

业务(6)：

借：在建工程——厂房在建工程　　　　　　　　　　　　　　　400 000
　　贷：银行存款　　　　　　　　　　　　　　　　　　　　　　400 000

业务(7)：

借：在建工程——厂房在建工程　　　　　　　　　　　　　　　20 000
　　贷：原材料——B材料　　　　　　　　　　　　　　　　　　20 000

业务(8)：

借：在建工程——厂房在建工程　　　　　　　　　　　　　　　50 000
　　贷：银行存款　　　　　　　　　　　　　　　　　　　　　　50 000

借：固定资产　　　　　　　　　　　　　　　　　　　　　　　4 460 000
　　贷：在建工程——厂房在建工程　　　　　　　　　　　　　　4 460 000

业务(9)：

借：原材料——C材料　　　　　　　　　　　　　　　　　　　100 000
　　贷：工程物资　　　　　　　　　　　　　　　　　　　　　　100 000

企业在自营方式下建造固定资产的核算流程见图3-14。

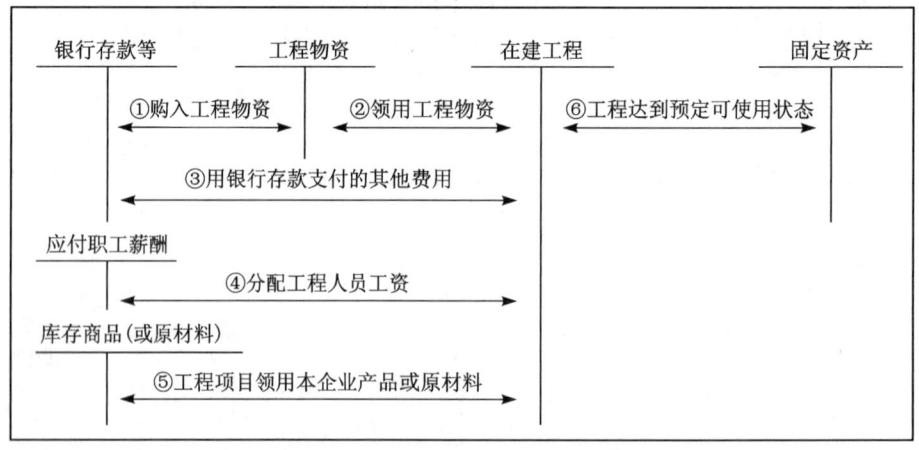

图 3-14　自营建造固定资产的核算流程

企业对自营方式建造固定资产核算时需要注意的问题包括：

(1) 工程物资的处理：企业为工程准备的各种物资应按实际支付的价款、运输费、保险费等相关税费作为实际成本，并按各种专项物资的种类进行明细核算。工程完工后剩余的工程物资，如转作本企业生产用材料的，应按其实际成本或计划成本计入库存材料。

(2) 工程报废或毁损的处理：在建工程发生单项或单位工程报废或毁损时，应将减去残料价值和过失人或保险公司等赔偿后的净损失，工程项目尚未达到预定可使用状态的，计入继续施工的工程成本；工程已达到预定可使用状态的，属于筹建期间的，计入管理费用，不属于筹建期间的，计入营业外支出。如为非常原因造成的报废或毁损，或在建工程项目全部报废或毁损，应将其净损失直接计入当期营业外支出。

(3) 试运转净支出的处理：工程达到预定可使用状态前因进行负荷联合试车所发生的净支出，计入工程成本。企业的在建工程项目在达到预定可使用状态前所取得的负荷联合试车过程中形成的、能够对外销售的产品，其发生的成本计入在建工程成本，销售或转为库存时，按其实际销售收入或预计售价冲减工程成本。

(4) 在建工程转入固定资产的处理：所建造的固定资产已达到预定可使用状态，但尚未办理竣工结算的，应当自达到预定可使用状态之日起，根据工程预算、造价，或者工程实际成本等，按估计价值转入固定资产，并按有关规定计提折旧。待办理竣工结算手续后再作调整。

2) 出包方式建造固定资产的账务处理

出包方式建造固定资产是指企业通过招标的方式将工程项目发给建造承包商，由建造承包商组织施工的建筑工程和安装工程。企业采用出包方式建造的固定资产，其具体支出主要由建造承包商核算，在这种方式下，"在建工程"账户主要是企业与建造承包商办理工程价款的结算账户，企业支付给建造承包商的工程价款作为工程成本，通过"在建工程"账户核算。企业按合理估计的出包建造的进度或合同规定向建造承包商结算的进度款，借记"在建工程"账户，贷记"银行存款"等账户；工程完工时，按合同规定补付的工程款，借记"在建工程"账户，贷记"银行存款"等账户；工程达到预定可使用状态时，按其成本，借记"固定资产"账户，贷记"在建工程"账户。

【例 3-5】 青岛东方股份有限公司经批准新建一家火电厂，包括建造发电车间、冷却塔、安装发电设备等单项工程。2023 年 4 月 1 日至 2023 年 12 月 31 日，该公司与恒源公司签订合同，将火电厂新建工程出包给恒源公司。双方约定，建造发电车间的价款为 5 000 000 元，建造冷却塔的价款为 2 800 000 元，安装发电设备的安装费用为 450 000 元。其他有关资料及其账务处理如下：

(1) 2023 年 2 月 1 日，向恒源公司预付建造发电车间的工程价款 3 000 000 元。

借：在建工程——建筑工程(发电车间)　　　　　　　　　　3 000 000
　　贷：银行存款　　　　　　　　　　　　　　　　　　　　　　3 000 000

(2) 2023 年 3 月 2 日，向恒源公司预付建造冷却塔的工程价款 1 400 000 元。

借：在建工程——建筑工程(冷却塔)　　　　　　　　　　　1 400 000
　　贷：银行存款　　　　　　　　　　　　　　　　　　　　　　1 400 000

(3) 2023 年 5 月 8 日，购入需安装的发电设备，价款为 3 800 000 元，增值税税率为 13%，款项已经支付。

借：工程物资——发电设备	3 800 000	
应交税费——应交增值税（进项税额）	494 000	
贷：银行存款		4 294 000

（4）2023年7月22日，将发电设备运抵现场，交付恒源公司安装。

借：在建工程——建筑工程（发电设备）　3 800 000
　　贷：工程物资——发电设备　　　　　　　　　　3 800 000

（5）2023年12月25日，所有工程完工，收到恒源公司的有关工程结算单据后，补付剩余工程款，增值税额为742 500元。

借：在建工程——建筑工程（发电车间）　2 000 000
　　　　　　——建筑工程（冷却塔）　　1 400 000
　　　　　　——安装工程（发电设备）　　 450 000
　　应交税费——应交增值税（进项税额）　 742 500
　　贷：银行存款　　　　　　　　　　　　　　　4 592 500

（6）2023年12月31日，工程完工，交付使用。

借：固定资产——发电车间　　　　　　5 000 000
　　　　　　——冷却塔　　　　　　　2 800 000
　　　　　　——发电设备　　　　　　4 250 000
　　贷：在建工程——建筑工程（发电车间）　　　5 000 000
　　　　　　　　——建筑工程（冷却塔）　　　　2 800 000
　　　　　　　　——安装工程（发电设备）　　　4 250 000

课堂活动

某企业将一座仓库的建造工程出包给甲公司承建，按规定先向甲公司支付工程结算进度款600 000元，工程完工后，收到甲公司有关工程结算单据，补付工程款30 000元，工程完工并达到预定可使用状态。

请编制相关会计分录。

4. 投资者投入的固定资产

企业对投资者投入的机器设备等固定资产，一方面反映本企业固定资产的增加；另一方面反映投资者投资额的增加。投资者投入固定资产的成本，应当按照投资合同或协议约定的价值，借记"固定资产"账户；按照投资各方确认的价值在其注册资本中所占份额，贷记"实收资本"或"股本"账户；按照投资各方确认的价值与确认为注册资本或股本的差额，贷记"资本公积——资本（股本）溢价"账户。

【例3-6】　青岛东方股份有限公司的注册资本为3 000 000元。2023年3月1日，该公司接受蓝天公司以一台机器设备进行投资，该固定资产的账面原价为900 000元，已提折旧250 000元。该公司接受投资时，双方同意按合同约定的价值580 000元确认投资额，占其注册资本的15%，假定不考虑其他相关税费。该公司应编制如下会计分录：

```
借：固定资产                                    580 000
    贷：实收资本——蓝天公司                        450 000
        资本公积——股本溢价                       130 000
```

（三）固定资产后续支出业务的核算

固定资产的后续支出是指固定资产在使用过程中发生的更新改造支出、修理费用等。企业的固定资产投入使用后，由于各个组成部分耐用程度不同或者使用条件不同，往往发生固定资产的局部损坏。为了保持固定资产的正常运转和使用，充分发挥其使用效能，企业就必须对其进行必要的后续支出。

1. 固定资产后续支出的账务处理方法

固定资产后续支出的账务处理方法有两种：一种是资本化；另一种是费用化。

1）资本化的后续支出

与固定资产有关的后续支出，满足固定资产确认条件的，应当将其资本化，即应计入固定资产成本，增加固定资产的账面价值；固定资产如有被替换的部分，应同时将被替换部分的账面价值从该固定资产原账面价值中扣除。在会计实务中，对于固定资产进行更新改造等过程中发生的后续支出，通常将其资本化。

2）费用化的后续支出

不满足固定资产确认条件的固定资产修理费用等，应当将其费用化，即将发生的后续支出直接确认为费用，计入当期损益。例如，固定资产的维修只是为了确保固定资产的正常工作状态，并不导致固定资产性能的改变，不会增加企业未来经济利益的流入。因此，与固定资产有关的维修等一般费用化。

聪明屋

（1）甲公司一座仓库原价为100万元，为了扩大仓库容量，企业在仓库上方加盖一层，共发生支出50万元。

（2）甲公司生产用机器设备维修，发生维修费用1万元。

请问针对以上两项支出，甲公司应该如何进行账务处理？

2. 固定资产后续支出的核算

在对固定资产发生可资本化的后续支出后，企业应将固定资产的原价、已计提的累计折旧和减值准备转销，将固定资产的账面价值计入在建工程费用。固定资产发生的可资本化的后续支出，通过"在建工程"账户核算。在固定资产发生的后续支出完工并达到预定可使用状态时，从"在建工程"账户转入"固定资产"账户。

企业生产车间（部门）、行政管理部门等发生的固定资产维修费用等后续支出，借记"管理费用"等账户，贷记"银行存款"等账户。企业发生的与专设销售机构相关的固定资产维修费用等后续支出，借记"销售费用"账户，贷记"银行存款"等账户。

【例3-7】青岛东方股份有限公司于2023年2月准备对一条生产线进行改建，该生产线原值为100万元，累计已提折旧为20万元，未提减值准备。2023年8月，改建工程完工，达到预定可使用状态。该生产线改扩建发生支出为50万元。生产线改建后，预计可使用10年，预计净残值为5万元，采用年限平均法计提折旧。该公司应编制如下会计分录：

（1）改扩建时将固定资产转入在建工程：

借：在建工程　　　　　　　　　　　　　　　　　　　　　　　800 000
　　累计折旧　　　　　　　　　　　　　　　　　　　　　　　200 000
　　贷：固定资产　　　　　　　　　　　　　　　　　　　　1 000 000

(2) 改扩建过程中的支出：

借：在建工程　　　　　　　　　　　　　　　　　　　　　　　500 000
　　贷：银行存款　　　　　　　　　　　　　　　　　　　　　500 000

(3) 改扩建完工达到预定可使用状态时：

借：固定资产　　　　　　　　　　　　　　　　　　　　　1 300 000
　　贷：在建工程　　　　　　　　　　　　　　　　　　　1 300 000

【例 3-8】 2023 年 6 月 1 日，青岛东方股份有限公司对现有的一台生产用设备进行日常修理，修理过程中支付维修费 20 000 元。该公司应编制如下会计分录：

借：管理费用　　　　　　　　　　　　　　　　　　　　　　　20 000
　　贷：银行存款　　　　　　　　　　　　　　　　　　　　　20 000

【例 3-9】 2023 年 8 月 1 日，青岛东方股份有限公司对其现有的一台管理部门使用的设备进行修理，修理过程中发生的维修人员工资为 5 000 元。该公司应编制如下会计分录：

借：管理费用　　　　　　　　　　　　　　　　　　　　　　　5 000
　　贷：应付职工薪酬　　　　　　　　　　　　　　　　　　　5 000

聪明屋

(1) 某企业对一座建筑物进行改建。该建筑物的原价为 100 万元，已提折旧为 60 万元。改建过程中发生支出 30 万元。被替换部分固定资产的账面价值为 5 万元。试计算该建筑物改建后的入账价值。

(2) 某企业的某项固定资产原价为 2 000 万元，采用年限平均法计提折旧，使用寿命为 10 年，预计净残值为 0，在第 5 年年初该企业对该项固定资产的某一主要部件进行更换，发生支出合计为 1 000 万元，符合《企业会计准则》规定的固定资产确认条件，被更换部件的原价为 800 万元，被替换部分的残值收入为 100 万元。试计算该项固定资产的入账价值并编制会计分录。

温馨提示

(1) 处于更新改造（符合固定资产确认条件）期间的固定资产不提折旧。待固定资产发生的后续支出完工并达到预定可使用状态时，从在建工程转为固定资产，并按重新确定的使用寿命、预计净残值和折旧方法计提折旧。

(2) 基本生产车间所使用的固定资产，其计提的折旧费用应计入制造费用，生产车间（部门）发生的固定资产修理费用等后续支出计入管理费用。

(3) 机器设备日常的修理费用支出领用的原材料属于正常的生产经营活动，不存在增值税进项税额转出的问题。

（四）固定资产处置的核算

乙公司因遭受水灾而毁损一座仓库，仓库原价为400万元，已提折旧为100万元，已计提减值准备为50万元。其残料估计价值为5万元，残料已入库。发生清理费用2万元，经保险公司核定应赔偿损失150万元，尚未收到赔款。请问该项固定资产的净损失为多少？

企业在生产经营过程中，可能将不适用或不需用的固定资产对外出售转让，或者因磨损、技术进步等原因对固定资产进行报废，或者因遭受自然灾害而对毁损的固定资产进行处理。企业对于上述事项在进行会计核算时，应按规定程序办理有关手续，结转固定资产的账面价值，计算有关的清理收入、清理费用和残料价值等。

固定资产处置包括固定资产的出售、报废、毁损、对外投资、非货币性资产交换、债务重组等。处置固定资产应通过"固定资产清理"账户核算，具体包括以下几个环节。

1）固定资产转入清理

企业因出售、报废、毁损、对外投资、非货币性资产交换、债务重组等转出的固定资产，按该项固定资产的账面价值，借记"固定资产清理"账户；按已计提的累计折旧，借记"累计折旧"账户；按已计提的减值准备，借记"固定资产减值准备"账户；按其账面原价，贷记"固定资产"账户。

2）发生清理费用等

固定资产的清理过程中，支付的清理费用及其可抵扣的增值税进项税额，借记"固定资产清理""应交税费——应交增值税（进项税额）"账户，贷记"银行存款"等账户。

3）收回出售固定资产的价款、残料价值和变价收入等

收回出售固定资产的价款和税款，借记"银行存款"账户，按增值税专用发票上注明的价款，贷记"固定资产清理"账户；按增值税专用发票上注明的增值税销项税额，贷记"应交税费——应交增值税（销项税额）"账户。残料入库，按残料价值，借记"原材料"等账户，贷记"固定资产清理"账户。

4）保险赔偿等的处理

应由保险公司或过失人赔偿的损失，借记"其他应收款"等账户，贷记"固定资产清理"账户。

5）结转清理净损益

（1）因固定资产已丧失使用功能或因自然灾害发生毁损等而报废清理产生的利得或损失，应计入营业外收支。属于生产经营期间正常报废清理产生的处理净损失，借记"营业外支出——非流动资产处置损失"账户，贷记"固定资产清理"账户；属于生产经营期由自然灾害等非正常原因造成的非常损失，借记"营业外支出——非常损失"账户，贷记"固定资产清理"账户；如为净收益，借记"固定资产清理"账户，贷记"营业外收入——非流动资产处置利得"账户。

（2）因出售、转让等产生的固定资产处置利得或损失，应计入资产处置收益。确认处置净损失，借记"资产处置损益"账户，贷记"固定资产清理"账户；如为净收益，借记"固定资产清理"账户，贷记"资产处置损益"账户。

固定资产处置的核算流程见图 3-15。

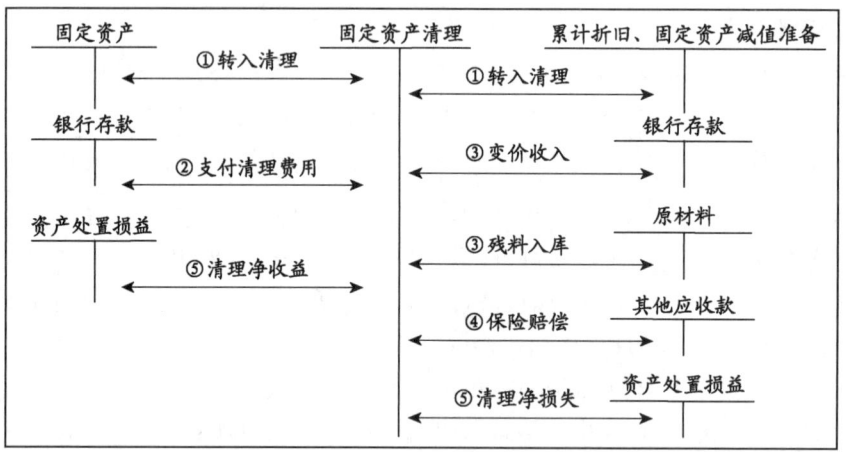

图 3-15　固定资产处置的核算流程

【例 3-10】 2023 年 8 月 30 日,青岛东方股份有限公司报废一台榨汁机。有关原始凭证见图 3-16 和图 3-17。

固定资产报废单
2023 年 08 月 30 日　　　　　　　　　　　　　　　　金额单位:元

固定资产名称	编号	单位	数量	预计使用年限	实际使用年限	原值	已提折旧	减值准备	净值
榨汁机	H-6	台	1	4	2	82 000	41 000	1 000	40 000
报废原因	遭遇雷击									
鉴定小组意见	基本毁损,残料作价 1 200 元入库				主管部门意见			同意报废。2023 年 09 月 27 日		

图 3-16　固定资产报废单

入　库　单
入库部门:仓库　　　　　2023 年 08 月 30 日　　　　　　　专字　第 9 号

种类	编号	名称	规格	数量	单位	单价	运杂费	成本总额									
								千	百	十	万	千	百	十	元	角	分
		残料		60	千克	20						1	2	0	0	0	0
备注:毁损榨汁机残料作价入库						合计		¥				1	2	0	0	0	0

第三联　财务记账

图 3-17　入库单

要求：填制记账凭证(图 3-18 至图 3-20)。

记 账 凭 证

2023 年 08 月 30 日　　　　　记字 046 号

摘要	会计科目	明细科目	借方金额	贷方金额
榨汁机毁损报废	固定资产清理		4 0 0 0 0 0 0	
	累计折旧		4 1 0 0 0 0 0	
	固定资产减值准备		1 0 0 0 0 0	
	固定资产			8 2 0 0 0 0 0
合　计			¥ 8 2 0 0 0 0 0	¥ 8 2 0 0 0 0 0

会计主管：李平　　记账：宋涛　　出纳：　　审核：朱丽　　制单：刘强

附件 1 张

图 3-18　记账凭证

记 账 凭 证

2023 年 08 月 30 日　　　　　记字 047 号

摘要	会计科目	明细科目	借方金额	贷方金额
电焊机残料	原材料		1 2 0 0 0 0	
作价入库	固定资产清理			1 2 0 0 0 0
合　计			¥ 1 2 0 0 0 0	¥ 1 2 0 0 0 0

会计主管：李平　　记账：宋涛　　出纳：　　审核：朱丽　　制单：刘强

附件 1 张

图 3-19　记账凭证

记 账 凭 证

2023 年 09 月 27 日　　　　　记字 048 号

摘要	会计科目	明细科目	借方金额	贷方金额
毁损榨汁机清理完毕	营业外支出	非常损失	3 8 8 0 0 0 0	
	固定资产清理			3 8 8 0 0 0 0
合　计			¥ 3 8 8 0 0 0 0	¥ 3 8 8 0 0 0 0

会计主管：李平　　记账：宋涛　　出纳：　　审核：朱丽　　制单：刘强

附件 1 张

图 3-20　记账凭证

【例3-11】 青岛东方股份有限公司出售一座建筑物,原价为2 000 000元,已计提折旧1 000 000元,未计提减值准备,出售价款为1 200 000元,增值税税率为9%,增值税额为108 000元,已通过银行收回价款。该公司应编制如下会计分录:

(1) 将出售固定资产转入清理时:

  借:固定资产清理   1 000 000
    累计折旧   1 000 000
    贷:固定资产   2 000 000

(2) 收回出售固定资产的价款时:

  借:银行存款   1 308 000
    贷:固定资产清理   1 200 000
      应交税费——应交增值税(销项税额)   108 000

(3) 结转出售固定资产实现的利得时:

  借:固定资产清理   200 000
    贷:资产处置损益   200 000

【例3-12】 青岛东方股份有限公司现有一台设备,由于性能等原因决定提前报废,原价为500 000元,已计提折旧450 000元,未计提减值准备,报废时的残值变价收入20 000元,报废清理过程中发生清理费用3 500元。有关收入、支出均通过银行办理结算,假定不考虑相关税收影响。该公司应编制如下会计分录:

(1) 将报废固定资产转入清理时:

  借:固定资产清理   50 000
    累计折旧   450 000
    贷:固定资产   500 000

(2) 收回残料变价收入时:

  借:银行存款   20 000
    贷:固定资产清理   20 000

(3) 支付清理费用时:

  借:固定资产清理   3 500
    贷:银行存款   3 500

(4) 结转报废固定资产发生的净损失时:

  借:营业外支出——非流动资产处置损失   33 500
    贷:固定资产清理   33 500

【例3-13】 青岛东方股份有限公司因遭受水灾而毁损一座仓库,该仓库原价为4 000 000元,已计提折旧1 000 000元,未计提减值准备,其残料估计价值为50 000元,残料已办理入库,发生清理费用20 000元,以现金支付。经保险公司核定应赔偿损失1 500 000元,尚未收到赔款,假定不考虑相关税费。该公司应编制如下会计分录:

(1) 将毁损的仓库转入清理时:

  借:固定资产清理   3 000 000
    累计折旧   1 000 000
    贷:固定资产   4 000 000

(2) 残料入库时：

借：原材料　　　　　　　　　　　　　　　　　　　　　　　　　　50 000
　　贷：固定资产清理　　　　　　　　　　　　　　　　　　　　　　　　50 000

(3) 支付清理费用时：

借：固定资产清理　　　　　　　　　　　　　　　　　　　　　　　　20 000
　　贷：库存现金　　　　　　　　　　　　　　　　　　　　　　　　　　20 000

(4) 确定应由保险公司理赔的损失时：

借：其他应收款　　　　　　　　　　　　　　　　　　　　　　　1 500 000
　　贷：固定资产清理　　　　　　　　　　　　　　　　　　　　　1 500 000

(5) 结转毁损固定资产发生的损失时：

借：营业外支出——非常损失　　　　　　　　　　　　　　　　　1 470 000
　　贷：固定资产清理　　　　　　　　　　　　　　　　　　　　　1 470 000

1. 下列各项中，影响固定资产清理净损益的有(　　)。
A. 清理固定资产发生的税费　　　　　　B. 清理固定资产的变价收入
C. 清理固定资产的账面价值　　　　　　D. 清理固定资产耗用的材料成本

2. 某企业出售一台设备(不考虑相关税金)，原价为 160 000 元，已提折旧 45 000 元，出售设备时发生各种清理费用为 3 000 元，出售设备所得价款为 113 000 元。该设备出售的净收益为多少？

任务 3.3　核对期末固定资产信息

一、任务布置

【任务 3-3】　核对期末固定资产信息案例

青岛宏达服装有限公司的固定资产折旧计算表见表 3-2。

表 3-2　　　　　　　　　　固定资产折旧计算表

2023 年 12 月　　　　　　　　　　　　　　　　　　　　　单位：万元

类别	上月折旧额		上月增加		上月减少		本月折旧额	
	原值	折旧额	原值	折旧额	原值	折旧额	原值	折旧额
房屋建筑物								
1. 厂房	120							
2. 办公楼	130							
3. 仓库	40							

(续表)

类别	上月折旧额		上月增加		上月减少		本月折旧额	
	原值	折旧额	原值	折旧额	原值	折旧额	原值	折旧额
小计	290							
主要机器设备								
1. 缝纫机	22							
2. 定型机	7		2.0					
3. 熨烫机	5				0.8			
小计	34							
主要办公设备								
1. 电脑	9		1.2					
2. 复印机	11							
小计	20							
合计	344							

青岛宏达服装有限公司于2021年12月正式投产，缝纫机和复印机均为2021年12月购入。缝纫机采用双倍余额递减法计提折旧，预计使用年限为10年，预计净残值率为5%；复印机采用年数总和法计提折旧，预计使用年限为5年，预计净残值率为3%；其他固定资产均采用直线法计提折旧：房屋、建筑物预计使用20年，预计净残值率为4%；机器设备预计使用10年，预计净残值率为5%；办公设备预计使用5年，预计净残值率为3%。

请完成该公司"固定资产折旧计算表"，并编制相关记账凭证。

二、知识链接

固定资产的期末计量包括三个方面的内容：一是计提固定资产折旧。二是通过实地盘点清查企业固定资产的实有数量，进行账实核对。三是按一定的方法对企业的固定资产进行计价，以反映其期末价值。

（一）固定资产折旧的核算

【任务3-3-1】 计提折旧的范围

（1）经营租入的设备。

（2）融资租入的办公楼。

（3）经营租出的厂房。

（4）融资租出的办公楼。

（5）提前报废的设备。

（6）超过预计使用年限继续使用的设备。

（7）单独计价的土地。

请判断：以上哪项固定资产应该计提折旧？

【任务3-3-2】 固定资产折旧的判定

（1）提前报废的固定资产不再补提折旧。

（2）固定资产折旧方法一经确定不得改变。

（3）已提足折旧但仍继续使用的固定资产不再计提折旧。

(4) 自行建造的固定资产应自办理竣工决算时开始计提折旧。

请判断：以上哪项表述正确？

1. 固定资产折旧概述

固定资产折旧是指在固定资产预计使用寿命内，按照确定的方法对应计折旧额进行系统分摊。应计折旧额是指应当计提折旧的固定资产原值扣除其预计净残值的金额。已计提减值准备的固定资产，还应当扣除已计提的固定资产减值准备累计金额。

温馨提示

固定资产在使用过程中，由于资产的更新换代和正常使用中损耗等原因，其价值会逐渐减少，会计上采用一定的方法将固定资产的价值在固定资产的使用寿命内进行系统的分摊，将其逐渐地转移到有关的成本费用中去。

固定资产的损耗包括有形损耗和无形损耗两种。有形损耗是指固定资产由使用和自然力侵蚀而引起的价值的损失。无形损耗是指固定资产由技术进步等而引起的价值的损失。

影响折旧的因素主要有以下几个方面。

1) 固定资产应计折旧额

固定资产应计折旧额的计算公式如下：

$$固定资产应计折旧额＝固定资产原值－预计净残值－固定资产减值准备$$

温馨提示

(1) 固定资产原值是指固定资产的初始入账价值。

(2) 预计净残值是指假定固定资产预计使用寿命已满并处于使用寿命终了时的预期状态，企业目前从该项资产处置中获得的扣除预计处置费用后的金额。

(3) 固定资产减值准备是指固定资产已计提的减值准备金额。

2) 固定资产的预计使用寿命

固定资产的预计使用寿命是指企业使用固定资产的预计期间，或者该固定资产预计所能生产产品或提供劳务的数量。确定固定资产的预计使用寿命时应考虑下列因素：该项资产的预计生产能力或实物产量；该项资产预计有形损耗，如设备使用中发生磨损、房屋建筑物受到自然侵蚀等；该项资产预计无形损耗，如因新技术的出现而使现有的资产技术水平相对陈旧、市场需求变化使产品过时等；法律或者类似规定对该项资产使用的限制。

温馨提示

企业应当根据固定资产的性质和使用情况，合理确定固定资产的预计使用寿命和预计净残值。固定资产的预计使用寿命、预计净残值一经确定，不得随意变更。

3) 固定资产的折旧范围

(1) 时间范围。固定资产应当按月计提折旧，当月增加的固定资产，当月不计提折旧，从下月起计提折旧；当月减少的固定资产，当月仍计提折旧，下月起停止计提折旧。

(2) 空间范围。除以下情况外，企业应当对所有固定资产计提折旧：

第一，已提足折旧仍继续使用的固定资产。提足折旧是指已提足该项固定资产的应计折旧额。固定资产提足折旧后,不论能否继续使用,均不再计提折旧。

第二,提前报废的固定资产。提前报废的固定资产,虽然未能提足折旧,但无需继续计提折旧。

第三,单独计价入账的土地。在我国,土地归国家所有,任何企业和个人只拥有土地的使用权而无所有权。企业取得的土地使用权应作为"无形资产"入账。"计入固定资产的土地"是指特定情况下按国家规定允许入账的固定资产。

企业至少应当于每年年度终了,对固定资产的使用寿命、预计净残值和折旧方法进行复核。使用寿命预计数与原先估计数有差异的,应当调整固定资产的使用寿命。净残值预计数与原先估计数有差异的,应当调整固定资产的预计净残值。与固定资产有关的经济利益预期实现方式有重大改变的,应当改变固定资产的折旧方法。

2. 固定资产折旧的计算方法

企业应当根据与固定资产有关的经济利益的预期实现方式,合理选择固定资产的折旧方法。固定资产的折旧方法包括年限平均法、工作量法、双倍余额递减法和年数总和法等。

1) 年限平均法

【任务 3-3-3】 采用年限平均法计算折旧额

在任务 3.2 的[例 3-7]中的生产线改建后,应如何计算其年折旧额?试编制青岛东方股份有限公司 2023 年计提折旧的会计分录。

年限平均法又称直线法,是将固定资产的应计折旧额在固定资产的使用寿命内平均分摊到各期的一种方法。这种方法适用于在整个使用周期中利用率比较均衡的固定资产。其缺点是假定固定资产的服务能力是随着时间推移而均衡减少的,而不论固定资产在各个期间的使用程序如何,偏重于固定资产的使用时间,而忽视了固定资产的利用程度。其计算公式如下:

$$固定资产年折旧率=(1-预计净残值率)\div 预计使用年限$$

$$预计净残值率=预计净残值\div 固定资产原值\times 100\%$$

$$固定资产月折旧率=固定资产年折旧率\div 12$$

$$固定资产月折旧额=固定资产原值\times 月折旧率$$

【例 3-14】 甲公司有一幢厂房,原价为 5 000 000 元,预计可使用 20 年,预计报废时的净残值率为 2%。该厂房的折旧率和折旧额的计算如下:

$$年折旧率=(1-2\%)\div 20=4.9\%$$

$$月折旧率=4.9\%\div 12=0.41\%$$

$$月折旧额=5\ 000\ 000\times 0.41\%=20\ 500(元)$$

2) 工作量法

【任务 3-3-4】 采用工作量法计算折旧额

某企业有货车一辆,原值为 200 000 元,预计总行驶里程为 750 000 千米,预计净残值率为 4%,4 月份行驶里程为 5 000 千米。请问该辆货车 4 月份的折旧额是多少?

工作量法是将固定资产的应计折旧额,在固定资产的使用寿命内按各期完成的工作量进行分摊的一种方法。其中,工作量可以是行驶里程、工作小时或产品生产数量等。该方法适用于磨损程度和其工作量关系密切,并且使用不均衡的运输车辆、机器设备等。该方法的优点是简单、易于掌握,并且计算出来的折旧额更接近损耗的价值,体现了收入与费用配比原则的要

求。但是该方法将有形损耗看成是引起固定资产折旧的唯一因素,忽视了无形损耗对固定资产的影响。其计算公式如下:

$$单位工作量折旧额 = 固定资产原值 \times (1 - 预计净残值率) \div 预计总工作量$$
$$某项固定资产月折旧额 = 该项固定资产当月工作量 \times 单位工作量折旧额$$

【例3-15】 某企业的一辆运货卡车的原价为600 000元,预计总行驶里程为500 000千米,预计报废时的净残值率为5%,本月行驶4 000千米,该辆汽车的月折旧额计算如下:

$$单位里程折旧额 = \frac{600\,000 \times (1-5\%)}{500\,000} = 1.14(元/千米)$$

$$本月折旧额 = 4\,000 \times 1.14 = 4\,560(元)$$

3) 双倍余额递减法

【任务3-3-5】 采用双倍余额递减法计算折旧额

青岛恒源有限公司于2023年3月购入并投入使用不需要安装的设备一台,原值为860万元,预计使用年限为5年,预计净残值为2万元,采用双倍余额递减法计提折旧,则该公司在2024年应计提的折旧额是多少?

双倍余额递减法是指在不考虑固定资产预计净残值的情况下,根据每期期初固定资产原价减去累计折旧后的金额和双倍的直线折旧率计算固定资产折旧的一种方法。其计算公式如下:

$$年折旧率 = 2 \div 折旧年限(预计使用年限) \times 100\%$$
$$年折旧额 = 期初固定资产账面净值 \times 双倍直线折旧率$$
$$\qquad = (期初固定资产原价 - 累计折旧) \times 双倍直线折旧率$$
$$月折旧额 = 年折旧额 \div 12$$

在固定资产折旧年限的最后2年,将固定资产账面净值扣除预计净残值后的余额平均摊销。其计算公式如下:

$$最后2年的折旧额 = (固定资产账面净值 - 预计净残值) \div 2$$

【例3-16】 青岛东方股份有限公司一项固定资产的原价为1 000 000元,预计使用年限为5年,预计净残值为4 000元,按双倍余额递减法计提折旧。该固定资产每年的折旧额计算如下:

年折旧率 = $2 \div 5 \times 100\% = 40\%$

第1年应提的折旧额 = $1\,000\,000 \times 40\% = 400\,000(元)$

第2年应提的折旧额 = $(1\,000\,000 - 400\,000) \times 40\% = 240\,000(元)$

第3年应提的折旧额 = $(600\,000 - 240\,000) \times 40\% = 144\,000(元)$

从第4年起改用年限平均法(直线法)计提折旧:

第4年、第5年的折旧额 = $[(360\,000 - 144\,000) - 4\,000] \div 2 = 106\,000(元)$

 课堂活动

1. 2023年12月31日,甲公司购入一台设备并投入使用,其成本为25万元,预计使用年限为5年,预计净残值为1万元,采用双倍余额递减法计提折旧。假定不考虑其他因素,2024年度该设备应计提的折旧为多少?

2. 某企业于2023年5月31日购入一项固定资产,其原价为200万元,预计使用年限为

5年,预计净残值为0.8万元,采用双倍余额递减法计提折旧。2024年度该项固定资产应计提的年折旧额为多少?

4)年数总和法

【任务3-3-6】 采用年数总和法计算折旧额

重庆山城公司为增值税一般纳税人,于2023年12月31日购入不需要安装的生产设备一台,当日投入使用。该设备价款为360万元,增值税额为46.8万元,预计使用寿命为5年,预计净残值为零,采用年数总和法计提折旧。该设备2024年应计提的折旧额为多少?

年数总和法是将固定资产原值减去净残值后的净额乘以一个逐年递减的分数,以计算每年折旧额的一种方法。其计算公式如下:

年折旧率 ＝ 尚可使用年数 ÷ 年数总和 × 100%

某年折旧额 ＝ (固定资产原值 － 预计净残值) × 该年折旧率

【例3-17】 承[例3-16],若青岛东方股份有限公司采用年数总和法对固定资产计提折旧,则计算的各年折旧额见表3-3。

表3-3　　　　　　　　折旧计算表(年数总和法)　　　　　　金额单位:元

年份	尚可使用年限	原价－净残值	变动折旧率	年折旧额	累计折旧
1	5	996 000	$\frac{5}{15}$	332 000	332 000
2	4	996 000	$\frac{4}{15}$	265 600	597 600
3	3	996 000	$\frac{3}{15}$	199 200	796 800
4	2	996 000	$\frac{2}{15}$	132 800	929 600
5	1	996 000	$\frac{1}{15}$	66 400	996 000

聪明屋

试比较双倍余额递减法和年数总和法的相同点和不同点。

温馨提示

(1)无论采用何种折旧方法,"应提折旧总额＝固定资产的原值－预计净残值"。固定资产的折旧方法一经确定,不得随意变更。

(2)固定资产的使用寿命、预计净残值和折旧方法改变后,固定资产计提折旧时应以"固定资产的原值－预计净残值－累计折旧－固定资产减值准备"作为计提折旧的基数(双倍余额递减法除外)。

(3)固定资产原值＝固定资产的初始入账价值

固定资产账面净值＝固定资产原值－累计折旧

固定资产账面价值＝固定资产原值－累计折旧－固定资产减值准备

(4)折旧年度与会计年度的区别如下:

会计年度:1月1日至12月31日。

折旧年度:从该资产计提折旧开始至 12 个月后的时间。

例如,某公司于 2023 年 3 月 31 日购入设备一台,价款为 100 万元,预计使用年限为 5 年,无残值。

第一个会计年度:2023 年 1 月 1 日至 2023 年 12 月 31 日。

第一个折旧年度:2023 年 4 月至 2024 年 3 月。

如采用年数总和法计提折旧,则折旧额计算如下:

2023 年度的折旧额 $=100\times\dfrac{5}{15}\div 12\times 9=25$(万元)

2024 年度的折旧额 $=100\times\dfrac{5}{15}\div 12\times 3+100\times\dfrac{4}{15}\div 12\times 9=28.33$(万元)

课堂活动

山东清河股份有限公司为增值税一般纳税人,适用的增值税税率为 13%。该公司 2023 年发生的固定资产业务如下:

(1) 1 月 20 日,生产车间购入一台不需安装的 A 设备,取得的增值税专用发票上注明设备价款为 550 万元,增值税额为 71.5 万元,款项均已用银行存款支付。A 设备经过调试后,于 1 月 22 日投入使用,预计使用 10 年,净残值为 35 万元,采用双倍余额递减法计提折旧。

(2) 7 月 15 日,生产车间购入一台需要安装的 B 设备,取得的增值税专用发票上注明设备价款为 600 万元,增值税额为 78 万元。款项均已用银行存款支付。

(3) 8 月 19 日,将 B 设备投入安装,以银行存款支付安装费 3 万元。B 设备于 8 月 25 日达到预定可使用状态,并投入使用。B 设备采用工作量法计提折旧,预计净残值为 35.65 万元,预计总工时为 5 万小时。9 月,B 设备实际使用工时为 720 小时。

要求:

(1) 编制该公司 2023 年 1 月 20 日购入 A 设备的会计分录。

(2) 计算该公司 2023 年 2 月 A 设备的折旧额并编制会计分录。

(3) 编制该公司 2023 年 7 月 15 日购入 B 设备的会计分录。

(4) 编制该公司 2023 年 8 月安装 B 设备及其投入使用的会计分录。

(5) 计算该公司 2023 年 9 月 B 设备的折旧额并编制会计分录。

温馨提示

已达到预定可使用状态但尚未办理竣工决算的固定资产,应当按照估计价值确定其成本,并计提折旧;待办理竣工决算后,按实际成本调整原来的暂估价值,但不需要调整原已计提的折旧额。

3. 固定资产折旧的账务处理

【任务 3-3-7】 计算固定资产的折旧

2023 年 3 月,重庆山城公司固定资产增减业务如下:

(1) 购买一台设备供一车间使用,采用工作量法计提折旧。该设备原价为 120 万元,预计总工作时数为 200 000 小时,预计净残值为 10 万元。该设备 2023 年 4 月的工作量为 4 000 小时。

(2) 厂部新办公楼交付使用,采用年限平均法计提折旧。该办公楼原价为1 240万元,预计使用年限为20年,预计净残值为40万元。

(3) 公司总部的一辆轿车使用期满予以报废。该轿车原价为74万元,预计使用年限为6年,净残值为2万元,采用年限平均法计提折旧。

2023年4月,假定该公司未发生固定资产增减业务,不考虑其他固定资产的折旧。

试计算重庆山城公司2023年4月应计提的折旧额;编制重庆山城2023年4月计提折旧的会计分录。

固定资产应当按月计提折旧,计提的折旧额应当记入"累计折旧"账户的贷方。"累计折旧"账户反映企业固定资产折旧的增减变动情况及累计折旧金额,是"固定资产"账户的备抵账户。当计提固定资产折旧和增加固定资产而相应增加已提折旧时,记入该账户的贷方;当因出售、报废清理、盘亏、投资等减少固定资产而相应转销其折旧额时,记入该账户的借方;余额在贷方,反映企业现有固定资产累计折旧额。

企业按月计提的固定资产折旧,按用途计入相关资产的成本或者当期损益:

(1) 企业自行建造固定资产过程中使用的固定资产,其计提的折旧额应计入在建工程成本。

(2) 基本生产车间所使用的固定资产,其计提的折旧额应计入制造费用。

(3) 管理部门所使用的固定资产,其计提的折旧额应计入管理费用。

(4) 企业专设销售机构所使用的固定资产,其计提的折旧额应计入销售费用。

(5) 经营租出的固定资产,其计提的折旧额应计入其他业务成本。

企业计提固定资产折旧时,应编制如下会计分录:

借:制造费用
　　管理费用
　　销售费用
　　其他业务成本
　　在建工程
　贷:累计折旧

企业未使用、不需用的固定资产是否计提折旧?大修理停用的固定资产是否计提折旧?

【例3-18】 青岛东方股份有限公司取得的原始凭证见图3-21。

固定资产折旧计算表

2023年06月　　　　　　　　　　　　　　　　　　　单位:元

固定资产使用部门	上月折旧额	上月增加固定资产		上月减少固定资产		本月折旧额
		原值	折旧额	原值	折旧额	
第一车间	2 000	10 000	1 000			3 000
第二车间	3 000			50 000	1 000	2 000
第三车间	1 000					1 000
合计	6 000	10 000	1 000	50 000	1 000	6 000

图3-21　固定资产折旧计算表

要求:填制记账凭证(图 3-22)。

记 账 凭 证
2023 年 06 月 30 日　　　　记字 049 号

摘要	会计科目	明细科目	借方金额 千百十万千百十元角分	贷方金额 千百十万千百十元角分	√
计提固定资产折旧	制造费用	第一车间	3 0 0 0 0 0		
		第二车间	2 0 0 0 0 0		
		第三车间	1 0 0 0 0 0		
	累计折旧			6 0 0 0 0 0	
合　计			￥6 0 0 0 0 0	￥6 0 0 0 0 0	

会计主管:李平　　记账:宋涛　　出纳:　　审核:朱丽　　制单:刘强

附件 1 张

图 3-22　记账凭证

【例 3-19】 青岛东方股份有限公司取得的原始凭证见图 3-23。

固定资产折旧计算表
2023 年 06 月　　　　　　　　　　　　单位:元

固定资产使用部门	上月折旧额	上月增加固定资产		上月减少固定资产		本月折旧额
		原值	折旧额	原值	折旧额	
行政管理部门	10 000					10 000
专设销售机构	20 000		2 000			22 000
合　计	30 000					32 000

图 3-23　固定资产折旧计算表

要求:填制记账凭证(图 3-24)。

记 账 凭 证
2023 年 06 月 30 日　　　　记字 050 号

摘要	会计科目	明细科目	借方金额 千百十万千百十元角分	贷方金额 千百十万千百十元角分	√
计提固定资产折旧	管理费用		1 0 0 0 0 0 0		
	销售费用		2 2 0 0 0 0 0		
	累计折旧			3 2 0 0 0 0 0	
合　计			￥3 2 0 0 0 0 0	￥3 2 0 0 0 0 0	

会计主管:李平　　记账:宋涛　　出纳:　　审核:朱丽　　制单:刘强

附件 1 张

图 3-24　记账凭证

思政案例

充分运用职业判断，树立会计职业道德意识

固定资产的折旧方法有年限平均法、工作量法、双倍余额抵减法和年数总和法。这些折旧方法并没有绝对优劣之分，企业在进行计提固定资产折旧时，通常应在遵循准则的原则下，结合企业实际情况和经营目标，作出最有利于自身的选择。

由于企业管理层所制定的目标不一样，如有的企业认为能够节约税款是企业最为重要的一个目标，从而缩短了固定资产的折旧年限；而有的企业相对于考虑税收，更大程度上会考虑企业的业绩，从而选择的固定资产折旧年限相对长一些，而且有优惠也不享受。多数会计人员在进行会计政策选择时，会考虑尽量与税法保持一致的会计政策，以减少调整的麻烦，因此在实际工作中，要求会计人员坚持原则、严格按照准则进行业务核算比想象中的要困难得多。

在实务中，很多企业的折旧政策选用会脱离生产经营实践，也没有考虑到准则的规范或者谨慎性原则的问题。可以说，折旧政策的选择对会计人员来说是一种职业道德的考验。

资料来源：固定资产折旧的政策选择——以天盛化工和育新化工为例[EB/OL].(2018-5-1)[2023-3-24]. https://max.book118.com/html/2017/0822/129391281.shtm.

在会计实务工作中，财务人员常常面临着会计政策的选择问题，固定资产折旧方式的选择就是其中之一，这就需要财务人员充分运用职业判断，选择正确的和适合企业的会计政策。同时要遵守会计职业道德的要求，坚持原则，严格按照准则进行业务核算。

（二）固定资产清查的核算

企业应定期或者至少于每年年末对固定资产进行清查盘点，以保证固定资产核算的真实性，充分挖掘企业现有固定资产的潜力。企业在固定资产清查的过程中，如果发现盘盈、盘亏的固定资产，应填制固定资产盘盈、盘亏报告表。清查固定资产的损益，及时查明原因，并按照规定程序报批处理。固定资产清查的业务流程及所涉及的原始凭证见图3-25。

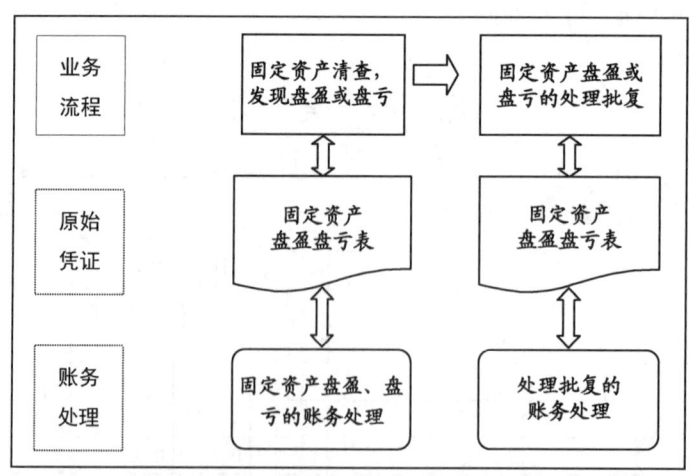

图3-25 固定资产清查的业务流程及所涉及的原始凭证

1. 固定资产盘盈的核算

企业在财产清查中盘盈的固定资产,作为前期差错处理。企业在财产清查中盘盈的固定资产,在按管理权限报经批准处理前应先通过"以前年度损益调整"账户核算。盘盈的固定资产应按重置成本确定其入账价值,借记"固定资产"账户,贷记"以前年度损益调整"账户。

【例 3-20】 2023 年 1 月 20 日,青岛东方股份有限公司在财产清查过程中,发现于 2022 年 12 月购入的一台设备尚未入账,该设备的重置成本为 30 000 元(假定与其计税基础不存在差异)。根据《企业会计准则第 28 号——会计政策、会计估计变更和差错更正》的规定,该盘盈固定资产作为前期差错进行处理,假定该公司按净利润的 10% 计提法定盈余公积,不考虑相关税费的影响。该公司应编制如下会计分录:

(1) 盘盈固定资产时:

借:固定资产　　　　　　　　　　　　　　　　　　　　　　30 000
　　贷:以前年度损益调整　　　　　　　　　　　　　　　　　　30 000

(2) 结转为留存收益时:

借:以前年度损益调整　　　　　　　　　　　　　　　　　　30 000
　　贷:盈余公积——法定盈余公积　　　　　　　　　　　　　 3 000
　　　　利润分配——未分配利润　　　　　　　　　　　　　　27 000

2. 固定资产盘亏的核算

企业在财产清查中盘亏的固定资产,按盘亏固定资产的账面价值,借记"待处理财产损溢"账户;按已计提的累计折旧,借记"累计折旧"账户;按已计提的减值准备,借记"固定资产减值准备"账户;按固定资产的原价,贷记"固定资产"账户。盘亏的固定资产按管理权限报经批准后处理时,按可收回的保险赔偿或过失人赔偿,借记"其他应收款"账户;按应计入营业外支出的金额,借记"营业外支出——盘亏损失"账户,贷记"待处理财产损溢"账户。

固定资产盘亏的核算流程见图 3-26。

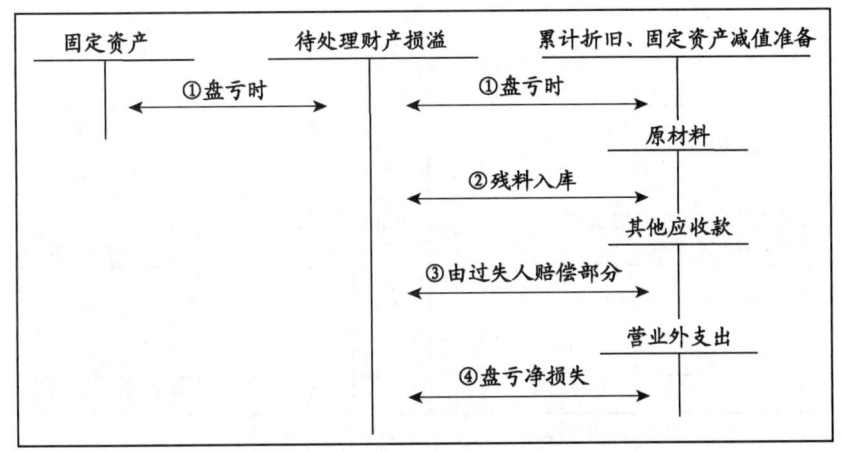

图 3-26　固定资产盘亏的核算流程

【例 3-21】 青岛东方股份有限公司取得的原始凭证见图 3-27。

固定资产盘盈、盘亏表

2023 年 06 月 30 日 金额单位:元

固定资产名称	规格型号	单位	数量	盘盈		盘亏		毁损		原因
				重置价值	估计损耗	原价	已提折旧	原价	已提折旧	
切割机	QG-9203	台	1			100 000.00	10 000.00			
备注: 主管部门批复:予以转销。										

图 3-27 固定资产盘盈、盘亏表

要求:填制记账凭证(图 3-28 和图 3-29)。

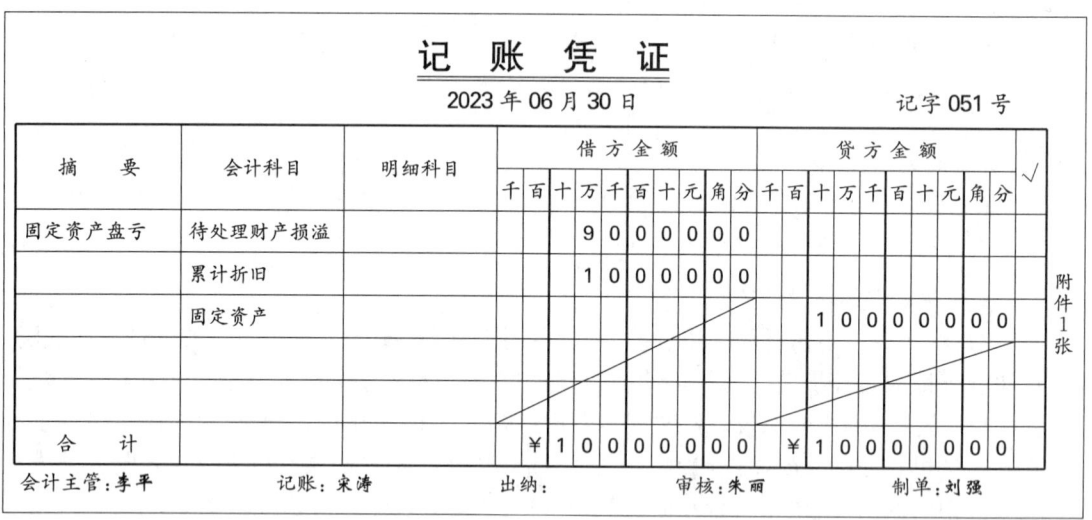

图 3-28 记账凭证

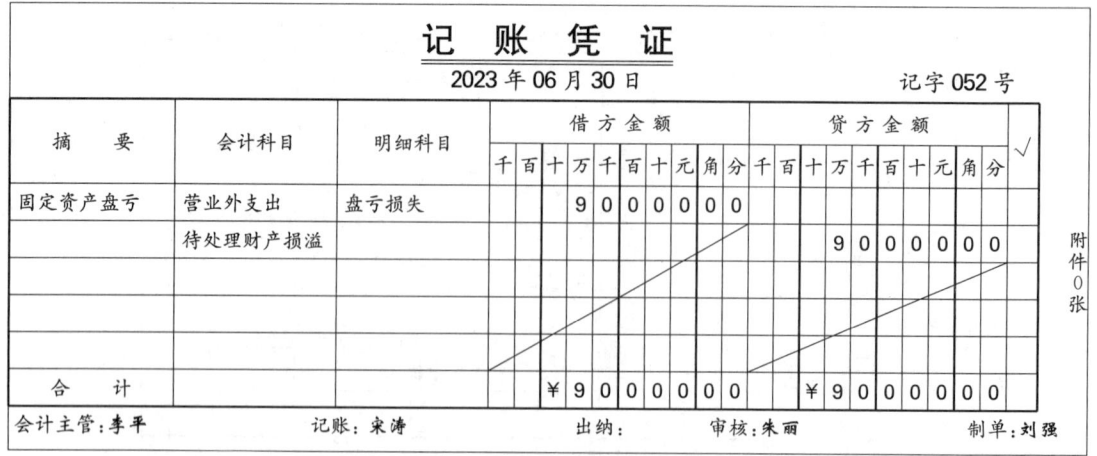

图 3-29 记账凭证

【例 3-22】 青岛东方股份有限公司进行财产清查时,发现短缺一台笔记本电脑,原价为

10 000 元,已计提折旧 7 000 元。该笔记本电脑购入时的增值税额为 1 300 元。该公司应编制如下会计分录:

(1) 盘亏固定资产时:

借:待处理财产损溢	3 000
累计折旧	7 000
贷:固定资产	10 000

(2) 转出不可抵扣的进项税额时:

借:待处理财产损溢	1 300
贷:应交税费——应交增值税(进项税额转出)	1 300

(3) 报经批准转销时:

借:营业外支出——盘亏损失	3 390
贷:待处理财产损溢	3 390

(三) 固定资产减值的核算

【任务 3-3-8】 计算固定资产的减值

2023 年 12 月 31 日,青岛宏达服装有限公司发现甲设备的原值是 280 万元,累计折旧为 80 万元,而同样设备的市价为 100 万元,该设备的市场价格已经大幅度下跌且无望恢复。

计算青岛宏达服装有限公司设备的账面价值是多少?该公司是否应确认该设备发生的价值损失呢?固定资产在这种情形下的价值减少与折旧有何不同呢?

1. 固定资产减值的确认标准

企业应当定期对固定资产逐项进行检查,如果发现存在减值的迹象,应当估计固定资产可收回金额,用可收回金额与账面价值进行比较,以判断固定资产是否已经发生减值。

当固定资产的可收回金额低于其账面价值时,表明固定资产发生减值,此时企业应当将该固定资产的账面价值减记至可收回金额,减记的金额确认为减值损失,计入当期损益,同时计提相应的资产减值准备。

温馨提示

可收回金额是指资产的公允价值减去处置费用后的总金额与资产预计未来现金流量的现值两者之中的较高者。

2. 固定资产减值的账务处理

企业计提固定资产减值准备,应当设置"固定资产减值准备"账户核算。企业按应减记的金额,借记"资产减值损失——计提的固定资产减值准备"账户,贷记"固定资产减值准备"账户。

固定资产的减值损失一经确认,在以后会计期间不得转回。

温馨提示

如果有迹象表明以前期间据以计提固定资产减值的各种因素发生变化,使得固定资产的可收回金额大于其账面价值,以前期间已计提的减值准备不得转回。

【例3-23】青岛东方股份有限公司取得的原始凭证见图3-30。

固定资产减值准备计算表

2023年06月30日　　　　　　　　　　　　　　　　　　单位:元

固定资产编号	名称	账面原值	已提折旧	已提减值准备	可收回金额	应提准备
21	机床	500 000	100 000	12 000	380 000	8 000
……						
合计						

图3-30　固定资产减值准备计算表

要求:填制记账凭证(图3-31)。

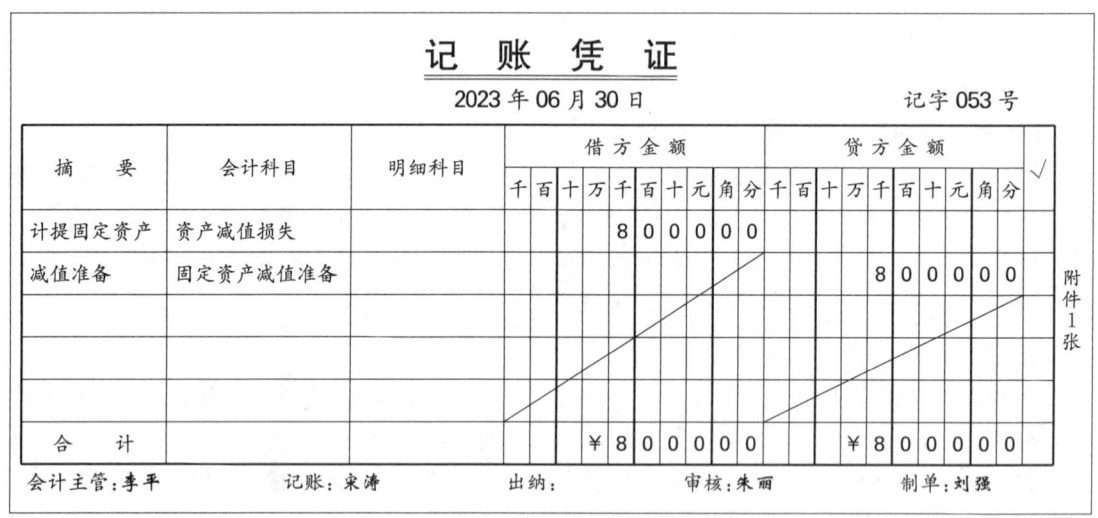

图3-31　记账凭证

【例3-24】青岛东方股份有限公司取得的原始凭证见图3-32。

固定资产减值准备计算表

2023年07月31日　　　　　　　　　　　　　　　　　　单位:元

固定资产编号	名称	账面原值	已提折旧	已提减值准备	账面价值	可变现净值	应提准备
21	机床	500 000	150 000	20 000	330 000	337 000	0
……							
合计							

图3-32　固定资产减值准备计算表

要求:分析该公司是否需要进行账务处理。

解答:固定资产的可收回金额大于其账面价值,以前期间已计提的减值准备不得转回,因而该公司不作账务处理。

【例 3-25】 青岛东方股份有限公司于 2019 年 9 月 5 日对一生产线进行改扩建，改扩建前该生产线的原价为 900 万元，已提折旧 200 万元，已提减值准备 50 万元。在改扩建过程中领用工程物资 300 万元，领用生产用原材料 58.5 万元（不含增值税）。发生改扩建人员工资 80 万元，用银行存款支付其他费用 61.5 万元。该生产线于 2019 年 12 月 20 日达到预定可使用状态。该公司对改扩建后的固定资产采用年限平均法计提折旧，预计尚可使用年限为 10 年，预计净残值为 50 万元。2021 年 12 月 31 日，该生产线的可收回金额为 690 万元。假定固定资产按年计提折旧，固定资产计提减值准备不影响固定资产的预计使用年限和预计净残值。

要求：

（1）编制上述与固定资产改扩建有关业务的会计分录，并计算改扩建后固定资产的入账价值。

（2）计算改扩建后的生产线 2020 年和 2021 年每年应计提的折旧额。

（3）计算 2021 年 12 月 31 日该生产线是否应计提减值准备，若计提减值准备，编制相关会计分录。

（4）计算该生产线 2022 年和 2023 年每年应计提的折旧额。

解答：

（1）该公司应编制如下会计分录：

借：在建工程	6 500 000
累计折旧	2 000 000
固定资产减值准备	500 000
贷：固定资产	9 000 000

| 借：在建工程 | 3 000 000 |
| 贷：工程物资 | 3 000 000 |

| 借：在建工程 | 585 000 |
| 贷：原材料 | 585 000 |

| 借：在建工程 | 800 000 |
| 贷：应付职工薪酬 | 800 000 |

| 借：在建工程 | 615 000 |
| 贷：银行存款 | 615 000 |

改扩建后在建工程账户的金额 = 650 + 300 + 58.5 + 80 + 61.5 = 1 150（万元）

| 借：固定资产 | 11 500 000 |
| 贷：在建工程 | 11 500 000 |

（2）2020 年和 2021 年每年计提折旧 = (1 150 − 50) ÷ 10 = 110（万元）

（3）2021 年 12 月 31 日，固定资产计提减值准备前的账面价值为 930 万元（1 150 − 110 × 2），可收回金额为 690 万元，应计提减值准备 240 万元（930 − 690）。该公司应编制如下会计分录：

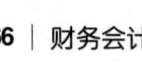

借：资产减值损失　　　　　　　　　　　　　　　　　　　2 400 000
　　贷：固定资产减值准备　　　　　　　　　　　　　　　　　　　2 400 000

（4）2022年和2023年每年计提折旧＝(690－50)÷8＝80(万元)

某企业于2022年12月31日购入一台设备,该设备入账价值为200万元,预计使用寿命为10年,预计净残值为20万元,采用年限平均法计提折旧。2023年12月31日,该设备存在减值迹象,经测试预计可收回金额为120万元。则2023年12月31日,该设备账面价值应为多少?

【项目总结】　完善本项目思维导图

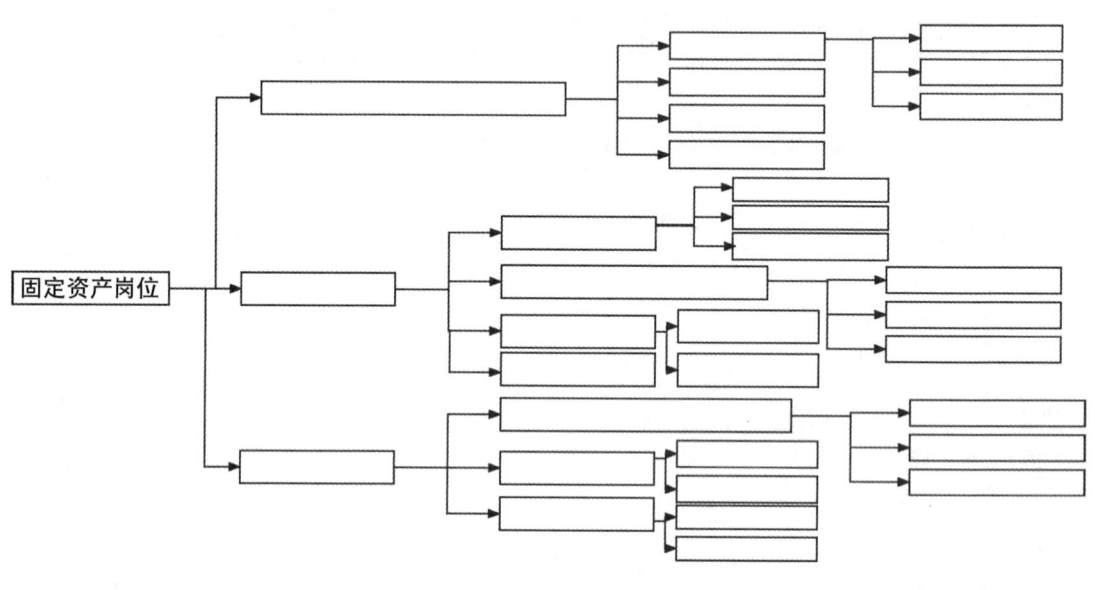

项目练习

一、单项选择题

1. 某增值税一般纳税人自建仓库一座,购入工程物资200万元,增值税额为26万元,已全部用于建造仓库;耗用库存材料50万元,应负担的增值税额为6.5万元;支付建筑工人工资36万元。该仓库建造完成并达到预定可使用状态,其入账价值为(　　)万元。
　　A. 250.0　　　　　B. 292.5　　　　　C. 286.0　　　　　D. 328.5

2. 某企业将自产的一批产品用于在建工程(厂房)。该批产品成本为750万元,计税价格为1 250万元,适用的增值税税率为13％。该企业应计入在建工程成本的金额为(　　)万元。
　　A. 750.0　　　　　B. 1 250.0　　　　C. 1 412.5　　　　D. 847.5

3. 某企业转让一台旧设备,取得价款56万元,发生清理费用2万元。该设备原值为

60万元,已提折旧10万元。假定不考虑其他税费。该企业出售该设备影响当期损益的金额为( )万元。

A. 4   B. 6   C. 54   D. 56

4. 某企业出售一幢办公楼,该办公楼账面原价为370万元,累计折旧为115万元,未计提减值准备。出售取得价款360万元,发生清理费用10万元。假定不考虑其他相关税费。该企业出售该办公楼确认的净收益为( )万元。

A. 10   B. 77   C. 95   D. 105

5. 某企业出售一台生产用设备,原值为160 000元,已提折旧45 000元。出售设备时发生各种清理费用3 000元,出售设备所得价款113 000元。假定不考虑其他相关税费。该企业出售该设备时应确认的净收益为( )元。

A. −2 000   B. 2 000   C. 5 000   D. −5 000

6. 企业出售固定资产的净收益,应计入( )账户。

A. "固定资产清理"　　　　　　B. "资产处置损益"
C. "营业外支出"　　　　　　　D. "其他业务成本"

7. 下列各项中,不应计入固定资产入账价值的是( )。

A. 固定资产购入过程中发生的运杂费
B. 固定资产达到预定可使用状态前发生的借款利息(符合资本化条件)
C. 固定资产达到预定可使用状态后至竣工决算前发生的借款利息
D. 外购固定资产的安装费和专业人员服务费

8. 甲公司为增值税一般纳税人,2023年12月31日,该公司购入不需安装的生产设备一台,当日投入使用。该设备价款为360万元,增值税额为46.8万元,该设备预计使用年限为5年,预计净残值为零,采用年数总和法计提折旧。2024年度该设备应计提的折旧为( )万元。

A. 72.00   B. 120.00   C. 140.40   D. 168.48

9. 某企业于2023年12月31日购入一台设备,其原价为200万元,预计使用年限为5年,预计净残值为0.8万元,按双倍余额递减法计算折旧。2024年度该项固定资产应计提的年折旧额为( )万元。

A. 39.84   B. 66.40   C. 79.68   D. 80.00

10. 某企业于2023年12月31日购入一台设备,入账价值为90万元,预计使用年限为5年,预计净残值为6万元,按年数总和法计算折旧。2024年度该设备应计提的折旧额为( )万元。

A. 16.8   B. 21.6   C. 22.4   D. 28.0

11. 下列各项中,应记入"其他业务成本"账户的是( )。

A. 库存商品盘亏净损失　　　　B. 经营租出固定资产的折旧额
C. 向灾区捐赠的商品成本　　　D. 火灾导致原材料毁损净损失

12. 企业的固定资产在盘盈时,应该通过( )账户进行核算。

A. "待处理财产损溢"　　　　　B. "以前年度损益调整"
C. "资本公积"　　　　　　　　D. "营业外收入"

13. 某企业于2022年12月31日购入一台设备,入账价值为200万元,预计使用年限为

10年,预计净残值为20万元,按年限平均法计算折旧。2023年12月31日,该设备存在减值迹象,经测试预计可收回金额为120万元。2023年12月31日,该设备账面价值应为( )万元。

A. 120　　　　　B. 160　　　　　C. 180　　　　　D. 182

14. 下列各项中,应计提折旧的是( )。

A. 当月新增加的固定资产
B. 已提足折旧仍继续使用的固定资产
C. 单独计价入账的土地
D. 当月新减少的固定资产

15. 某设备的账面原价为50 000元,预计使用年限为4年,预计净残值率为4%,采用双倍余额递减法计提折旧。该设备在第3年应计提的折旧额为( )元。

A. 6 000　　　　B. 5 250　　　　C. 6 250　　　　D. 9 600

16. 某设备的账面原价为80 000元,预计使用年限为5年,预计净残值为5 000元,按年数总和法计提折旧。该设备在第3年应计提的折旧额为( )元。

A. 15 000　　　B. 30 000　　　C. 10 000　　　D. 5 000

17. 与年限平均法相比,采用年数总和法对固定资产计提折旧将( )。

A. 计提折旧的初期,企业利润减少,固定资产原值减少
B. 计提折旧的初期,企业利润减少,固定资产净值减少
C. 计提折旧的后期,企业利润减少,固定资产原值减少
D. 计提折旧的后期,企业利润减少,固定资产净值减少

18. 某设备的账面原值为15 500元,预计使用年限为5年,预计净残值为500元,按双倍余额递减法计提折旧。则第3年年末该设备的账面价值为( )元。

A. 5 580　　　　B. 6 320　　　　C. 3 348　　　　D. 6 500

19. A企业于2020年12月购入一项固定资产,原价为600万元,采用年限平均法计提折旧,使用寿命为10年,预计净残值为零。2023年12月,A企业对该项固定资产的某一主要部件进行更换,发生支出合计400万元,符合固定资产的确认条件,被更换的部件的原价为300万元。则A企业对该项固定资产进行更换后的原价为( )万元。

A. 210　　　　　B. 1 000　　　　C. 820　　　　　D. 610

20. 甲公司为增值税一般纳税人,于2023年采用自营方式建造一条生产线,实际领用工程物资300万元。另外领用本公司所生产的产品一批,账面价值为360万元,该产品适用的增值税税率为13%,计税价格为390万元;发生的在建工程人员应付职工薪酬为222.3万元,假定该生产线已达到预定可使用状态;不考虑除增值税以外的其他相关税费。该生产线的入账价值为( )万元。

A. 882.3　　　　B. 972.3　　　　C. 933.3　　　　D. 999.6

21. 甲公司的注册资本为150万元。2023年6月25日,甲公司接受乙公司以一台设备进行投资。该台设备的原价为84万元,已计提折旧24.93万元,投资各方经协商确认的价值为45万元,公允价值为40万元,占甲公司注册资本的30%。假定不考虑其他相关税费。甲公司的固定资产入账价值为( )万元。

A. 40.00　　　　B. 84.00　　　　C. 49.07　　　　D. 45.00

22. A公司的一台机器设备采用工作量法计提折旧。该台机器设备的原价为153万元，预计生产产品产量为450万件，预计净残值率为3%，本月生产产品7.65万件。则该台机器设备的本月折旧额为（　　）万元。

   A. 2.67903　　　　B. 2.62959　　　　C. 2.52297　　　　D. 2.52283

23. 某企业2023年6月期初固定资产原值为10 500万元。6月份增加了一项固定资产入账价值为750万元；同时6月份减少了固定资产原值150万元。则2023年6月，该企业应提折旧的固定资产原值为（　　）万元。

   A. 11 100　　　　B. 10 650　　　　C. 10 500　　　　D. 10 350

24. 某企业于2023年购入一台需安装的设备，买价为600 000元，增值税额为78 000元，运输费为18 000元，上述款项用银行存款支付，安装过程中领用生产用材料50 000元，应付工程人员的工资30 000元，设备于2023年12月交付使用。则该设备的入账价值为（　　）元。

   A. 800 000　　　　B. 780 000　　　　C. 820 000　　　　D. 698 000

25. 甲公司购入一台需要安装的设备，取得的增值税专用发票上注明设备价款为50 000元，增值税额为6 500元，支付运输费1 500元和增值税额135元，设备安装时领用生产用的材料价值为1 000元，设备安装时支付的人员工资为2 000元。则该设备的成本为（　　）元。

   A. 63 170　　　　B. 54 500　　　　C. 63 000　　　　D. 61 170

26. 某企业对一座建筑物进行改建，该建筑物的原价为100万元，已提折旧为60万元，改建过程中发生支出30万元，取得变价收入5万元。该建筑物改建后的入账价值为（　　）万元。

   A. 65　　　　B. 70　　　　C. 125　　　　D. 130

27. 下列各项中，不能资本化的是（　　）。

   A. 资产生产的产品质量提高
   B. 资产的生产能力增大
   C. 资产的估计使用年限延长
   D. 恢复或保持资产的原有性能标准，以确保未来经济效益的实现

28. 下列各项中，应计提折旧的固定资产是（　　）。

   A. 经营租赁方式租入的固定资产　　　　B. 季节性停用的固定资产
   C. 正在改扩建的固定资产　　　　D. 融资租出的固定资产

二、多项选择题

1. 下列各项中，应计入企业固定资产价值的有（　　）。

   A. 房产税　　　　B. 车船税
   C. 车辆购置税　　　　D. 购入固定资产交纳的契税

2. 下列各项中，影响固定资产清理净损益的有（　　）。

   A. 清理固定资产发生的税费　　　　B. 清理固定资产的变价收入
   C. 清理固定资产的账面价值　　　　D. 清理固定资产耗用的材料成本

3. 企业结转固定资产清理净损益时，可能涉及（　　）账户。

   A. "管理费用"　　　　B. "营业外收入"
   C. "营业外支出"　　　　D. "长期待摊费用"

4. 下列各项中,应通过"固定资产清理"账户核算的有(　　)。
   A. 盘亏的固定资产　　　　　　　　B. 出售的固定资产
   C. 报废的固定资产　　　　　　　　D. 毁损的固定资产

5. 下列各项中,企业需要暂估入账的有(　　)。
   A. 月末已验收入库但发票账单未到的原材料
   B. 已发出商品但货款很可能无法收回的商品销售
   C. 已达到预定可使用状态但尚未办理竣工决算的办公楼
   D. 董事会议通过但股东大会尚未批准的拟分配现金股利

6. 下列各项中,需要记入"在建工程"账户的有(　　)。
   A. 购入不需安装的固定资产　　　　B. 购入需要安装的固定资产
   C. 固定资产的改扩建　　　　　　　D. 固定资产的大修理

7. 下列各项中,应计提固定资产折旧的有(　　)。
   A. 经营租入的设备
   B. 融资租入的办公楼
   C. 已投入使用但未办理竣工决算的厂房
   D. 已达到预定可使用状态但未投产的生产线

8. 下列关于固定资产计提折旧的表述中,正确的有(　　)。
   A. 提前报废的固定资产不再补提折旧
   B. 固定资产折旧方法一经确定不得改变
   C. 已提足折旧但仍继续使用的固定资产不再计提折旧
   D. 自行建造的固定资产应自办理竣工决算时开始计提折旧

9. 下列各项中,影响固定资产折旧的因素有(　　)。
   A. 预计净残值　　　　　　　　　　B. 原值
   C. 已计提的减值准备　　　　　　　D. 使用寿命

10. 下列各项中,应当计提折旧的有(　　)。
    A. 闲置的固定资产
    B. 单独计价入账的土地
    C. 经营租出的固定资产
    D. 虽已提足折旧但仍继续使用的固定资产

11. 企业计提固定资产折旧时,下列各项中,正确的有(　　)。
    A. 计提行政管理部门固定资产折旧:借记"管理费用"账户,贷记"累计折旧"账户
    B. 计提生产车间固定资产折旧:借记"制造费用"账户,贷记"累计折旧"账户
    C. 计提专设销售机构固定资产折旧:借记"销售费用"账户,贷记"累计折旧"账户
    D. 计提自建工程使用的固定资产折旧:借记"在建工程"账户,贷记"累计折旧"账户

12. 下列各项中,应通过"固定资产清理"账户核算的有(　　)。
    A. 盘亏的固定资产　　　　　　　　B. 出售的固定资产
    C. 报废的固定资产　　　　　　　　D. 毁损的固定资产

13. 下列关于固定资产的成本的表述中,正确的有(　　)。
    A. 以一笔款项购入多项没有单独标价的固定资产,应当按照各项固定资产公允价值的

比例对总成本进行分配,分别确定各项固定资产的成本
B. 购买固定资产的相关税费分情况计入固定资产的成本
C. 自行建造固定资产的成本,由建造该项资产达到预定可使用状态前所发生的必要支出构成
D. 外购固定资产的成本,包括购买价款、应计入成本的相关税费,以及使固定资产达到预定可使用状态前所发生的可归属于该项资产的运输费、装卸费、安装费和专业人员服务费等

14. 下列关于固定资产的折旧的表述中,正确的有( )。
A. 当月增加的固定资产,当月不计提折旧,从下月起计提折旧
B. 固定资产提足折旧后,不论能否继续使用,均不再计提折旧
C. 提前报废的固定资产,也不再补提折旧
D. 应计折旧额是指应当计提折旧的固定资产的原价扣除其预计净残值后的金额

15. 下列关于固定资产的使用寿命、预计净残值和折旧方法的表述中,正确的有( )。
A. 企业至少应当于每年年度终了对固定资产的使用寿命、预计净残值和折旧方法进行复核
B. 使用寿命预计数与原先估计数有差异的,应当调整固定资产使用寿命
C. 预计净残值预计数与原先估计数有差异的,应当调整预计净残值
D. 固定资产使用寿命、预计净残值和折旧方法的改变应当作为会计政策变更

16. 下列各项中,会引起固定资产账面价值发生变化的有( )。
A. 计提固定资产减值准备   B. 计提固定资产折旧
C. 固定资产改扩建   D. 固定资产大修理

17. 双倍余额递减法和年数总和法是两种计提折旧的方法,其共同点包括( )。
A. 都属于加速折旧的方法   B. 每期折旧率是固定的
C. 前期的折旧额高,后期的折旧额低 D. 都不考虑残值

三、判断题

1. 对于已达到预定可使用状态的固定资产,在尚未办理竣工决算前,不需要核算固定资产的成本。( )

2. 企业以一笔款项购入多项没有单独标价的固定资产时,应当按照各项固定资产公允价值的比例对总成本进行分配,分别确定各项固定资产的成本。( )

3. 固定资产的各组成部分具有不同的使用寿命或者以不同的方式为企业提供经济利益、适用不同折旧率或者折旧方法计提折旧的,应将各组成部分确认为单项固定资产。( )

4. 在建工程项目达到预定可使用状态前,试运转所发生的净支出,应当计入营业外支出。( )

5. 企业对固定资产进行更新改造时,应当将固定资产账面价值转入在建工程,并在此基础上核算更新改造后的固定资产原价。( )

6. 企业生产车间(部门)和行政管理部门等发生的修理费用应计入固定资产的成本。( )

7. 对于已达到预定可使用状态但尚未办理竣工决算的固定资产,待办理竣工决算后,若实际成本与原暂估价值存在差异的,应调整已计提的折旧。( )

8. 因进行大修理而停用的固定资产,应当照提折旧,计提的折旧应计入相关成本费用。
（   ）

9. 固定资产应当按月计提折旧,并根据用途计入相关资产的成本或者当期损益。（   ）

10. 固定资产减值损失一经确认,在以后会计期间可以转回。（   ）

11. 按双倍余额递减法计提的折旧额在任何时候都大于按平均年限法计算的折旧额。
（   ）

12. 企业购置的环保设备和安全设备等资产,由于它们的使用不能直接为企业带来经济利益,企业不应将其确认为固定资产。（   ）

13. 在不考虑计提固定资产减值准备的情况下,某项固定资产期满报废时,无论采用年限平均法,还是采用加速折旧法,其累计折旧额一定等于该项固定资产应计提折旧总额。（   ）

14. 固定资产发生的更新改造支出、房屋装修费用等,符合固定资产确认条件的,应当计入固定资产的成本,同时将被替换部分的账面价值扣除。（   ）

15. 固定资产折旧方法的选择不但影响资产负债表中的资产总额,还影响利润表中的净利润。（   ）

四、实务题

1. 某企业于2021年9月5日对一厂房进行改扩建,改扩建前该厂房的原价为900万元,已提折旧200万元,已提减值准备50万元。在改扩建过程中领用工程物资300万元(不含增值税),领用生产用原材料58.5万元(不含增值税)。发生改扩建人员工资80万元,用银行存款支付其他费用61.5万元。该厂房于2022年12月20日达到预定可使用状态。该企业对改扩建后的固定资产采用年限平均法计提折旧,预计尚可使用年限为20年,预计净残值为40万元。2023年12月31日,该厂房的可收回金额为940万元。假定固定资产按年计提折旧,固定资产计提减值准备不影响固定资产的预计使用年限和预计净残值。

要求:

(1) 编制上述与固定资产改扩建有关业务的会计分录。计算改扩建后固定资产的入账价值。

(2) 计算改扩建后的厂房2022年和2023年每年应计提的折旧额。

(3) 计算2023年12月31日该生产线是否应计提减值准备,若计提减值准备,编制相关会计分录。

(4) 计算该厂房2024年和2025年每年应计提的折旧额。

2. 丙股份有限公司(以下简称丙公司)为注册地在北京市的一家上市公司,其2019—2023年与固定资产有关的业务资料如下:

(1) 2019年12月12日,丙公司购进一台不需要安装的设备,取得的增值税专用发票上注明设备价款为350万元,增值税额为45.5万元,另发生运输费1.5万元,取得增值税普通发票一张,款项以银行存款支付;没有发生其他相关税费。该设备于当日投入使用,预计使用年限为10年,预计净残值为15万元,采用直线法计提折旧。

(2) 2020年12月31日,丙公司在对该设备进行检查时发现其已经发生减值,预计可收回金额为312万元;计提固定资产减值准备后,该设备原预计使用年限、预计净残值、折旧方法保持不变。

(3) 2021年12月31日,丙公司因生产经营方向调整,决定采用出包方式对该设备进行改良,改良工程验收合格后支付工程价款。该设备于当日停止使用,开始进行改良。

(4) 2022年3月12日,改良工程完工并验收合格,丙公司以银行存款支付工程总价款25万元。当日,改良后的设备投入使用,预计尚可使用年限为8年,采用直线法计提折旧,预计净残值为16万元。

(5) 2023年12月31日,该设备因遭受自然灾害发生严重毁损,丙公司决定对其进行处置,取得残料变价收入10万元,增值税税率为13%,取得保险公司赔偿款30万元;发生清理费用3万元,增值税税率为13%。款项均以银行存款收付。

要求:

(1) 编制2019年12月12日取得该设备的会计分录。
(2) 计算2020年度该设备计提的折旧额。
(3) 计算2020年12月31日该设备计提的固定资产减值准备,并编制相应的会计分录。
(4) 计算2021年度该设备计提的折旧额。
(5) 编制2021年12月31日该设备转入改良时的会计分录。
(6) 编制2022年3月12日支付该设备改良价款、结转改良后设备成本的会计分录。
(7) 计算2023年度该设备计提的折旧额。
(8) 计算2023年12月31日处置该设备实现的净损益。
(9) 编制2024年12月31日处置该设备的会计分录。

3. 甲企业为增值税一般纳税人,适用的增值税税率为13%。2020—2023年发生的有关固定资产的经济业务如下:

(1) 2020年6月1日,自行建造一条生产线,建造过程中领用工程物资100万元(不含增值税);领用生产用原材料100万元,其增值税进项税额为13万元;分配工程人员工资40万元;用银行存款支付其他相关费用30万元。该生产线全部符合资本化条件。

(2) 2020年6月30日,该生产线达到预定可使用状态,采用线法计提折旧,预计使用年限为10年,预计净残值为10万元。

(3) 2021年12月5日,对该生产线进行更新改造,发生符合资本化条件的支出150万元,包括原材料100万元,工程人员工资50万元;发生其他费用化支出10万元。2021年12月31日,该生产线达到预定可使用状态。

(4) 2022年1月1日,将该生产线对外经营出租,根据租赁协议约定,租期为1年,每月租金为5万元,增值税税率为13%。

(5) 2023年12月31日,因调整产品结构,甲企业将该生产线出售。出售时,该生产线已计提折旧90万元,其账面价值为381万元。甲企业取得处置收入410万元并存入银行,支付清理费用5万元,增值税税率为13%。

要求:

(1) 根据上述业务资料,编制相关会计分录。
(2) 根据业务(1)和(2),下列关于甲企业计提折旧的表述中,正确的是(　　)。
A. 2020年应计提的折旧额为18万元　　B. 自2020年6月开始计提折旧
C. 自2020年7月开始计提折旧　　D. 应计提折旧总额为360万元

4. 北方股份有限公司(以下简称北方公司)为注册地在北京市的一家上市公司,2019—2023年与固定资产有关的业务资料如下:

(1) 2019年10月10日,购进一台需要安装的设备,取得的增值税专用发票上注明设备价款为565万元(含税),另发生运输费2.18万元(含增值税),款项以银行存款支付;没有发生其他相关税费。安装设备时,领用原材料一批,价值为11.3万元(含增值税);支付安装工人的工资为11.3万元。该设备于2019年12月10日达到预定可使用状态并投入行政管理部门使用,预计使用年限为10年,预计净残值为10万元,采用年限平均法计提折旧。

(2) 2021年9月30日,北方公司因生产经营方向调整,决定采用出包方式对该设备进行改良,改良工程验收合格后支付工程价款。该设备于当日停止使用,开始进行改良。

(3) 2022年3月15日,改良工程完工并验收合格,北方公司以银行存款支付工程总价款62.5万元。当日,改良后的设备投入使用,预计尚可使用年限为8年,采用直线法计提折旧,预计净残值为5万元。2022年12月31日,该设备预计可收回金额为460万元。

(4) 2023年10月10日,该设备因遭受自然灾害发生严重毁损,北方公司决定对其进行处置,取得残料变价收入10万元、保险公司赔偿款30万元,发生清理费用5万元;款项均以银行存款收付,不考虑其他相关税费。

要求:

(1) 编制2019年10月10日取得该设备的会计分录。

(2) 编制该设备安装及该设备达到预定可使用状态的会计分录。

(3) 计算2020年度该设备计提的折旧额,并编制相应的会计分录。

(4) 计算2021年度该设备计提的折旧额,并编制相应会计分录。

(5) 编制2021年9月30日该设备转入改良时的会计分录。

(6) 编制2022年3月15日支付该设备改良价款、结转改良后设备成本的会计分录。

(7) 计算2022年12月31日该设备计提的固定资产减值准备,并编制相应的会计分录。

(8) 计算2023年度该设备计提的折旧额。

(9) 计算2023年10月10日处置该设备实现的净损益。

(10) 编制2023年10月10日处置该设备的会计分录。

项目 4

无形资产岗位

能力目标
1. 能够辨识无形资产相关的原始凭证,分析和判断经济业务内容。
2. 能够按照国家有关会计制度和企业要求,结合业务资料,对无形资产准确计价、合理摊销。
3. 能够按照规范流程和会计核算方法进行无形资产取得、摊销、减值和处置的账务处理。

知识目标
1. 熟悉《企业会计准则第 6 号——无形资产》。
2. 理解无形资产的确认条件。
3. 掌握无形资产入账价值的初始计量。
4. 掌握影响无形资产摊销的因素及计算方法。
5. 掌握无形资产取得、折旧、减值和处置的账务处理。

素质目标
1. 培养学生良好的沟通能力,能与资产管理人员有效沟通,建立有效的无形资产管理方法。
2. 培养学生创新理念,通过阅读企业加大研发投入、自主创新等案例,激发学生的创新创业意识和家国情怀。

 思政案例

研发投入提高中国企业竞争力,增强民族自豪感,涵养家国情怀

2022 年 3 月 28 日,华为在深圳总部举行 2021 年财报发布会,华为首席财务官孟晚舟在发布会上发言并强调,对华为而言,客户的价值优先于股东的利益,研发的投入不受利润的约束,这是华为一贯坚持的做法。华为年收入的 10% 固定投入了研发领域,这一条写进了华为公司的企业制度。

2021 年,华为研发投入再创新高,达到 1 427 亿元人民币,占全年收入的 22.4%,10 年累计投入的研发费用超过 8 450 亿元人民币。从事研究与开发的职员约 10.7 万名,约占公司总人数的 54.8%。

华为始终坚持全球化与本地化战略,欧盟委员会于 2021 年 12 月发布了全球研发投入最多的 2 500 家公司,华为排名第二。华为自 2000 年在瑞典成立了第一家研发中心,至今已在欧洲设立了23家研究中心。

作为反馈的一部分，华为已成长为全球最大的专利权人之一。截至2021年年底，其在全球共持有有效授权专利4.5万余族（超过11万件），其中90%以上为发明专利。在我国国家知识产权局和欧洲专利局2021年度专利授权量均排名第一，在美国专利及商标局2021年度专利授权量位居第五。

一家企业的价值不仅仅是反映在财务报表的结果上，尤其对像华为这样的高科技企业，面向未来的长期投资，更能说明一个企业的真正价值。孟晚舟指出，华为的真正价值在于长期在研发领域的投资所沉淀和积累下来的研发能力、研发队伍、研发平台，这些均是华为公司构建长期、持续的竞争力的核心。华为增加研发投入，研发世界先进技术，不断提高自身的核心竞争力，增强中国品牌的实力，使产品不再受制于外国。

资料来源：观察者网.孟晚舟发布2021年华为财报：营收6 368亿,研发投入1 427亿创历史新高[EB/OL].（2022-3-28）[2023-3-17]. https://baijiahao.baidu.com/s?id=1728533608784076023&wfr=spider&for=pc.

任务4.1　无形资产概述

一、任务布置

【任务4-1】　无形资产问题

1. 通过自行查阅资料，了解无形资产包括的内容。

2. 判断以下内容哪些属于青岛宏达服装有限公司的无形资产：①厂房10栋。②设备56台。③公司产品商标。④土地28公顷（未单独估价入账）。⑤公司产品设计图案。⑥公司员工王宏出版的一本小说。

二、知识链接

（一）无形资产的概念及特征

无形资产是指企业拥有或者控制的没有实物形态的可辨认非货币性资产。

请说出哪些资产属于无形资产，并试归纳无形资产的特征。

无形资产具有以下三个主要特征：

（1）不具有实物形态。无形资产是不具有实物形态的非货币性资产，它不像无形资产、存货等有形资产具有实物形态。

温馨提示

正因为无形资产不具有实物形态，所以无形资产不存在期末盘点和清查。

（2）具有可辨认性。资产满足下列条件之一的，符合无形资产定义中的可辨认性标准：①能够从企业中分离或者划分出来，并能单独或者与相关合同、资产、负债一起，用于出售、转让、授予许可、租赁或者交换。②源自合同性权利或其他法定权利，无论这些权利是否可以从企业或其他权利和义务中转移或者分离。

温馨提示

商誉的存在无法与企业自身分离,不具有可辨认性,因此其不属于无形资产。

(3) 属于非货币性长期资产。无形资产属于非货币性资产且能够在多个会计期间为企业带来经济利益。无形资产的使用年限在1年以上,其价值将在各个受益期间逐渐摊销。

温馨提示

货币性资产是指企业持有的货币资金及将以无形或可确定的金额收取的资产,包括库存现金、银行存款、应收账款、应收票据和准备持有至到期的债券投资等。非货币性资产是指除货币性资产以外的资产,包括存货、无形资产、长期股权投资、不准备持有至到期的债券投资等。

(二) 无形资产的内容

知识拓展

美国可口可乐公司凭借"可口可乐"商标权和饮料配方这些独特的无形资产,占领了全球饮料市场的每一个角落。

美国微软公司靠着其商标和独特的计算机软件,成为全球软件市场的霸主。

世界快餐业之王肯德基公司靠着服务商标和特许经营权等无形资产扩散、渗透在世界各地,无形资产的收入已成为其收入和利润的主要来源。

……

这些活生生的事例均证明,无形资产在企业中处于举足轻重的地位。企业界有这么一种说法:"三流"企业卖苦力,"二流"企业卖商品,"一流"企业卖专利,"超一流"企业靠无形资产获取长久收益。无形资产对于企业的重要性是无可估量的。优秀的企业离不开无形资产的支撑。

无形资产包括专利权、商标权、土地使用权、著作权、经营特许权和非专利技术(专有技术)。无形资产的内容见图4-1。

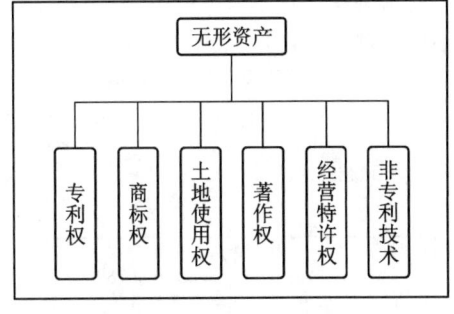

图4-1 无形资产的内容

温馨提示

单独估价入账的土地,作为固定资产核算,不作为无形资产核算。

任务4.2 无形资产岗位的核算

一、任务布置

【任务4-2】 无形资产岗位的核算案例

2023年上半年,青岛宏达服装有限公司自行研究开发了一项用于优化生产工艺的新技术,共发生相关费用 50 万元,其中前期考察费用为 3 万元,咨询论证费用为 5 万元;正式进入开发阶段后发生研发人员工资、补助等 17 万元,使用原材料 8 万元,其他支出 17 万元。2023 年 11 月,该公司购买了某财务软件,花费 8 万元。对于这两种情况的账务处理,几名财务人员存在分歧意见,请你帮助他们简要分析一下该怎么处理,并说服他们。

二、知识链接

(一) 无形资产取得的核算

无形资产取得的渠道见图 4-2。

无形资产应当按照成本进行初始计量。企业取得无形资产的主要方式有外购、自行研发、投资者投入等。无形资产取得的方式不同,其账务处理也有差别。

图 4-2 无形资产取得的渠道

1. 外购的无形资产

外购的无形资产的成本包括购买价款、相关税费和直接归属于使该项资产达到预定用途所发生的其他支出。达到预定用途所发生的其他支出是指使无形资产达到预定用途所发生的专业服务费用、测试无形资产是否能够正常发挥作用的费用等。下列各项不包括在无形资产的成本中:①为引入新产品进行宣传发生的广告费、管理费用和其他间接费用。②无形资产已经达到预定用途以后发生的费用。

企业购入的无形资产,应按实际支付的成本,借记"无形资产"账户,贷记"银行存款"等账户。

【例 4-1】 2023 年 12 月 5 日,青岛东方股份有限公司外购专利技术,相关原始凭证见图 4-3 和图 4-4。

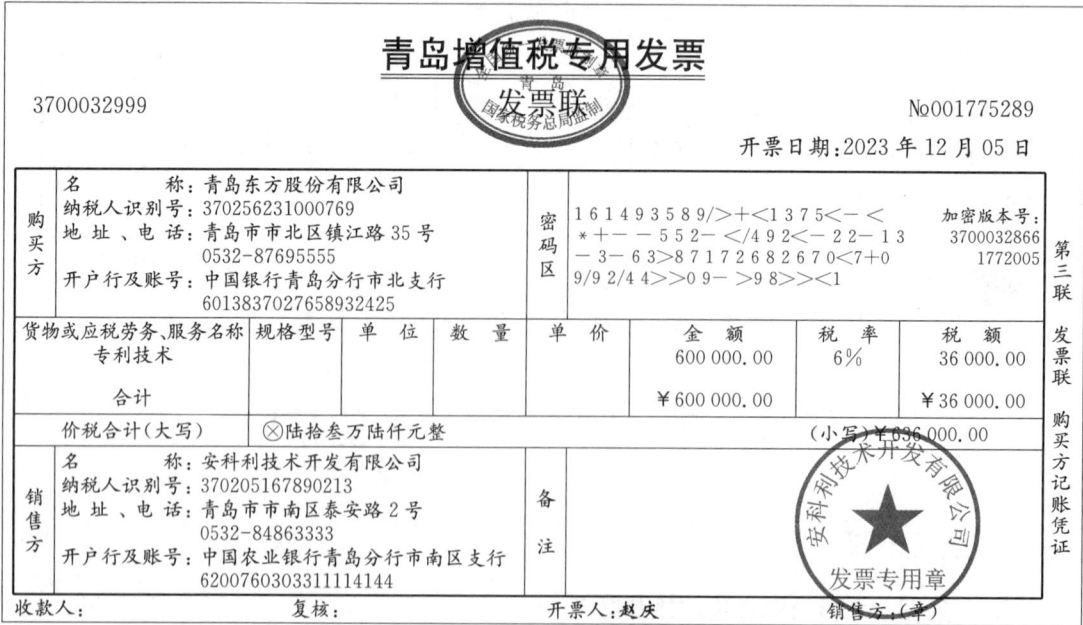

图 4-3 增值税专用发票

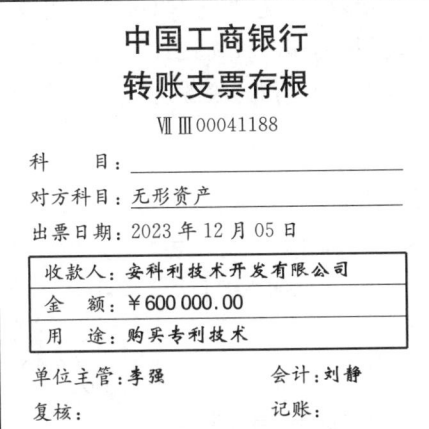

图 4-4 转账支票存根

要求：编制相关会计分录。

借：无形资产——专利权　　　　　　　　　　　　　　　　　　　　600 000
　　贷：银行存款　　　　　　　　　　　　　　　　　　　　　　　　　600 000

2. 自行研发的无形资产

聪明屋

思凯科技公司年初开始开发一套新的客户信息管理系统，历时 10 个月，耗资 60 万元，开发完成并投入运营，可是财务经理犯难了："这 60 万元若计入费用，当年利润就要大打折扣，公司股东肯定有意见；可是，若资本化处理计入管理系统成本则按年分摊……"

你认为应该如何处理该账务？为什么？

【任务 4-3】 编制相关会计分录

重庆山城公司正在研究和开发一项新工艺，2022 年 1~9 月发生各项研究、调查、试验等费用 100 万元，其中材料费用为 40 万元、人工费用为 60 万元。

2022 年 9 月末，该公司已经可以证实该项新工艺必然开发成功，并满足无形资产确认标准。

2022 年 10~12 月，该项新工艺发生材料费用 20 万元，人工费用等 40 万元。

2023 年 1~6 月，该项新工艺又发生材料费用 30 万元、直接参与开发人员的工资 160 万元、场地设备等租金和注册费等支出 30 万元。

2023 年 6 月末，该项新工艺完成，达到了预定可使用状态。

试编制重庆山城公司该项新工艺的相关会计分录。

温馨提示

企业内部研究开发项目所发生的支出应区分研究阶段的支出和开发阶段的支出。

研究是指为获取并理解新的科学或技术知识而进行的独创性的有计划的调查，如材料、设备、产品、工序、系统或服务的替代品研究。

开发是指在进行商业性生产或使用前，将研究成果或其他知识应用于某项计划或设计，以生产出新的或具有实质性改进的材料、装置、产品等,如生产或使用前的原型及模型的设计、建造和测试,含新技术的工具、夹具、模具和冲模的设计,不具有商业性生产经济规模的试生产设施的设计、建造和运营,新的或经改造的材料、设备、产品、工序、系统或服务所选定的替代品的设计、建造和测试等。

研发支出的账务处理见图4-5。

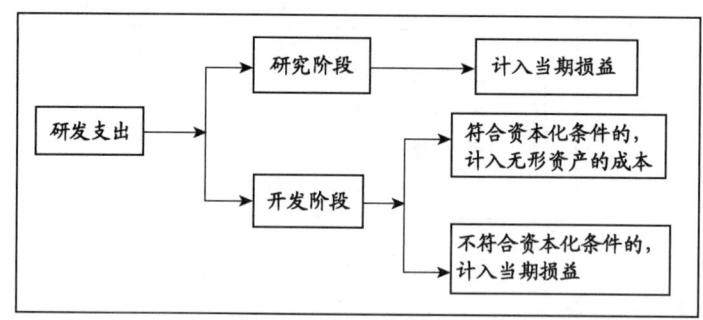

图4-5 研发支出的账务处理

企业应当设置"研发支出"账户,核算企业进行研究与开发无形资产过程中发生的各项支出,按照研究开发项目,分别"费用化支出"和"资本化支出"进行明细核算。

(1) 研究阶段的支出全部费用化(此阶段不存在资本化的可能)。

支出发生时:

借:研发支出——费用化支出
　　贷:原材料(或银行存款、应付职工薪酬等)

期末(含月末):

借:管理费用
　　贷:研发支出——费用化支出

(2) 开发阶段的支出分两种情况:符合条件的资本化和不符合条件的费用化。

其一,不满足资本化条件的支出,账务处理方式与研究阶段的支出相同。

其二,满足资本化条件的支出:

借:研发支出——资本化支出
　　贷:原材料(或银行存款、应付职工薪酬等)

达到预定用途形成无形资产时:

借:无形资产
　　贷:研发支出——资本化支出

企业自行研究开发无形资产的核算流程见图4-6。

温馨提示

(1) 不管是费用化支出还是资本化支出,均需要先在"研发支出"账户中进行归集核算,再从"研发支出"账户中转入"管理费用"账户或"无形资产"账户。

(2) 如果无法可靠区分研究阶段和开发阶段的支出，应将其所发生的研发支出全部费用化，计入当期损益。

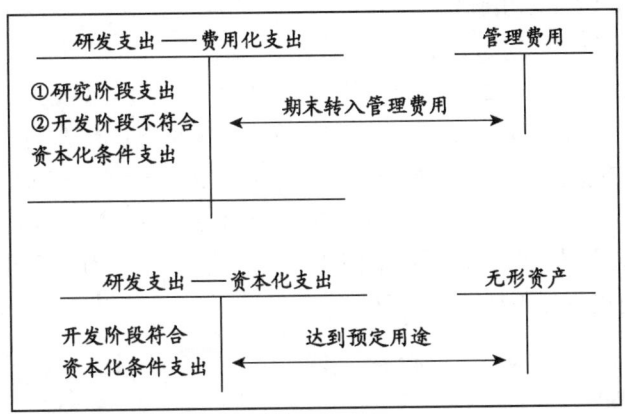

图 4-6 企业自行研究开发无形资产的核算流程

【例 4-2】 2023 年 1 月 1 日，青岛东方股份有限公司的董事会批准研发某项新型技术，该公司董事会认为，研发该项目具有可靠的技术和财务等资源的支持，并且一旦研发成功将降低该公司的生产成本。该公司在研究开发过程中发生材料费用 600 万元、人工费用 300 万元，以银行存款支付其他费用 200 万元。其中，符合资本化条件的支出为 500 万元。2023 年 12 月 31 日，该项新型技术已经达到预定用途。该公司应编制如下会计分录：

(1) 发生研发费用时：

借：研发支出——费用化支出　　　　　　　　　　　　　　　　　　6 000 000
　　　　　　——资本化支出　　　　　　　　　　　　　　　　　　　5 000 000
　　贷：原材料　　　　　　　　　　　　　　　　　　　　　　　　　6 000 000
　　　　应付职工薪酬　　　　　　　　　　　　　　　　　　　　　　3 000 000
　　　　银行存款　　　　　　　　　　　　　　　　　　　　　　　　2 000 000

(2) 2023 年 12 月 31 日：

借：管理费用　　　　　　　　　　　　　　　　　　　　　　　　　　6 000 000
　　无形资产　　　　　　　　　　　　　　　　　　　　　　　　　　5 000 000
　　贷：研发支出——费用化支出　　　　　　　　　　　　　　　　　6 000 000
　　　　　　　　——资本化支出　　　　　　　　　　　　　　　　　5 000 000

3. 投资者投入的无形资产

投资者投入的无形资产，应当按照合同或协议约定的价值确定，但合同或协议约定价值不公允的除外。企业应按投资各方确认的价值（假定该价值公允），借记"无形资产"账户，贷记"实收资本"或"股本"等账户。为首次发行股票而接受投资者投入的无形资产，企业应按该项无形资产在投资方的账面价值，借记"无形资产"账户，贷记"实收资本"或"股本"等账户。

【例 4-3】 青岛东方股份有限公司收到投资者 B 企业投入的非专利技术一项，双方确认的价值为 80 000 元。该公司应编制如下会计分录：

借：无形资产——非专利技术　　　　　　　　　　　　　　　　　　　80 000
　　贷：实收资本　　　　　　　　　　　　　　　　　　　　　　　　　80 000

(二) 无形资产处置的核算

无形资产的处置主要是指无形资产的出租、出售、报废等。当无形资产无法为企业带来未来经济利益时,应予转销并终止确认。

1. 无形资产的出租(转让使用权)

企业将所拥有无形资产的使用权让渡给他人,并收取租金。企业取得租金收入时,贷记"其他业务收入"账户;支付与转让有关的费用时,借记"其他业务成本"账户。

【例 4-4】 青岛东方股份有限公司将一项专利技术出租给 A 企业使用,该项专利技术的账面余额为 5 000 000 元,摊销期限为 10 年。出租合同规定,承租方每销售一件用该项专利生产的产品,必须付给出租方 10 元专利技术使用费。假定 A 企业当年销售该产品 10 万件,不考虑相关税费。该公司应编制如下会计分录:

借:银行存款　　　　　　　　　　　　　　　　　　　1 000 000
　　贷:其他业务收入　　　　　　　　　　　　　　　　　　1 000 000
借:其他业务成本　　　　　　　　　　　　　　　　　　500 000
　　贷:累计摊销　　　　　　　　　　　　　　　　　　　　500 000

2. 无形资产的出售(转让所有权)

企业出售无形资产,应当将取得的价款扣除该无形资产账面价值和出售相关税费后的差额计入资产处置损益。其中,无形资产的账面价值是无形资产的账面余额扣减累计摊销和计提的减值准备后的金额,其计算公式如下:

$$账面价值 = 无形资产的账面余额 - 累计摊销 - 计提的减值准备$$

【例 4-5】 青岛东方股份有限公司转让一项专利权,与此相关的资料如下:该项专利权的初始入账价值为 50 万元,已摊销 20 万元,计提减值准备 5 万元,取得的增值税专用发票注明不含税价款 28 万元,假设不考虑其他因素。请计算该公司应确认的转让无形资产净收益。

账面价值=50-20-5=25(万元)
应确认的转让无形资产净收益=28-25=3(万元)

【例 4-6】 2023 年 12 月 31 日,青岛东方股份有限公司将其购买的一项专利权出售,部分原始单据见图 4-7 至图 4-9。

无形资产转让损益计算表

2023 年 12 月 31 日　　　　　　　　　　　　　　　　　单位:元

项目	购入成本	累计摊销	售价	增值税		转让损益
				税率	税额	
特许权	600 000	220 000	500 000	6%	30 000	90 000
合计	600 000	220 000	500 000	6%	30 000	90 000

会计主管:李净　　　　　　　　　　　　　　制表:刘强

图 4-7　无形资产转让损益计算表

图 4-8 增值税专用发票

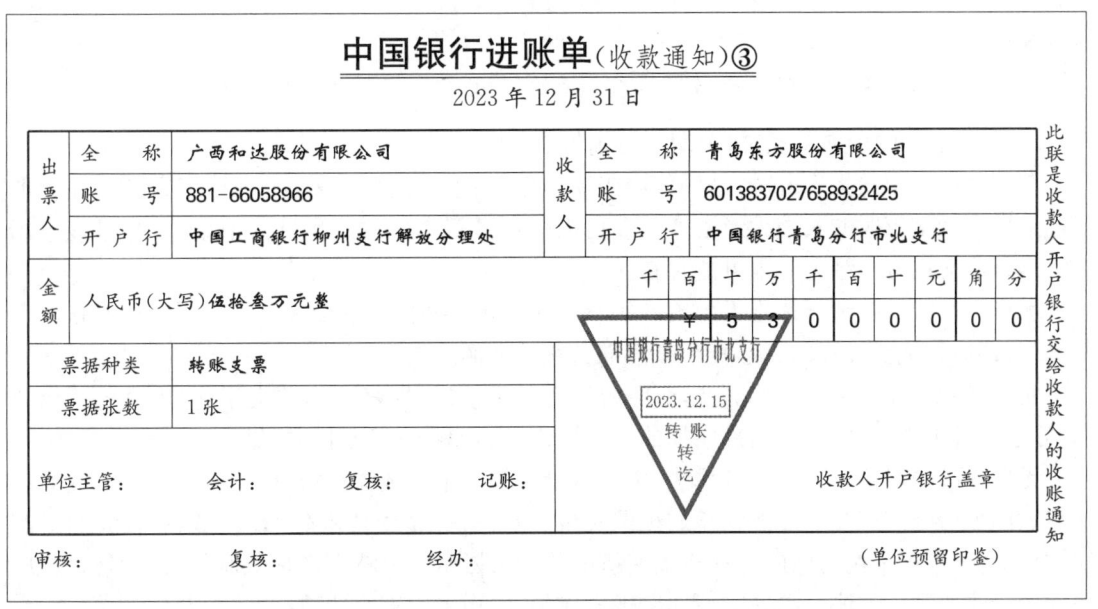

图 4-9 银行进账单

青岛东方股份有限公司应编制如下会计分录：

借：银行存款　　　　　　　　　　　　　　　　　　　　　　　　500 000
　　累计摊销　　　　　　　　　　　　　　　　　　　　　　　　220 000
　　贷：无形资产　　　　　　　　　　　　　　　　　　　　　　600 000
　　　　应交税费——应交增值税（销项税额）　　　　　　　　　 30 000
　　　　营业外收入——非流动资产处置利得　　　　　　　　　　 90 000

3. 无形资产的报废

如果无形资产预期不能给企业带来经济利益,如无形资产已被其他新技术所替代,则应将其报废并予转销,将其账面价值转作当期损益(营业外支出)。

【例 4-7】 2023 年 12 月 31 日,青岛东方股份有限公司某项专利权的账面余额为 6 000 000 元。该项专利权的摊销期限为 10 年,采用直线法进行摊销,已摊销 5 年。该项专利权的残值为零,已累计计提减值准备 1 600 000 元。假定以该项专利权生产的产品已没有市场,预期不能再为公司带来经济利益。该公司应编制如下会计分录:

借:累计摊销　　　　　　　　　　　　　　　　　　　　　　　3 000 000
　　无形资产减值准备　　　　　　　　　　　　　　　　　　　 1 600 000
　　营业外支出　　　　　　　　　　　　　　　　　　　　　　 1 400 000
　　贷:无形资产　　　　　　　　　　　　　　　　　　　　　　　　　　6 000 000

(三) 核对期末无形资产的信息

1. 无形资产摊销的核算

1) 无形资产的摊销范围

企业应当于取得无形资产时分析判断其使用寿命。使用寿命有限的无形资产应摊销,使用寿命不确定的无形资产不应摊销。

温馨提示

使用寿命不确定的无形资产和商誉不应摊销,但应当考虑计提减值准备。

2) 无形资产的应摊销额、摊销期和摊销方法

使用寿命有限的无形资产,其残值应当视为零,但下列情况除外:①有第三方承诺在无形资产使用寿命结束时购买该无形资产。②可以根据活跃市场得到预计残值信息,并且该市场在无形资产使用寿命结束时很可能存在。

无形资产的应摊销额是指无形资产的成本扣除预计残值后的金额。已计提减值准备的无形资产,还应扣除已计提的无形资产减值准备累计金额。

对于使用寿命有限的无形资产,企业应当自可供使用(即其达到预定用途)当月起开始摊销,处置当月不再摊销。即:当月增加的当月摊销;当月减少的当月不摊销。

无形资产的摊销方法包括直线法、生产总量法等。企业选择无形资产的摊销方法,应当反映与该项无形资产有关的经济利益的预期实现方式。例如,受技术陈旧因素影响较大的专利权等无形资产,可采用类似固定资产加速折旧的方法摊销。有特定产量限制的特许经营权,应采用产量法摊销。无法可靠确定预期实现方式的,应当采用直线法摊销。

3) 无形资产摊销的账务处理

企业应当按月对无形资产进行摊销。无形资产的摊销额一般应当计入当期损益,并同时记入"累计摊销"账户的贷方。①企业自用的无形资产,其摊销额记入"管理费用"账户。②出租的无形资产,其摊销额记入"其他业务成本"账户。③某项无形资产包含的经济利益通过所生产的产品或其他资产实现,其摊销额应当计入相关资产成本,借记"制造费用"等账户。

【例 4-8】 2023 年 12 月 31 日,青岛东方股份有限公司摊销无形资产,取得的原始凭证见图 4-10。

无形资产摊销计算表

2023 年 12 月 31 日　　　　　　　　　　　　金额单位：元

无形资产名称	账面价值	摊销期限	月摊销额
特许权	4 800 000	10	40 000
合计	4 800 000	10	40 000

会计主管：李强　　　　　　　　　　　　　制表：刘强

图 4-10　无形资产摊销计算表

该公司应编制如下会计分录：

借：管理费用　　　　　　　　　　　　　　　　　　　　　　　　　40 000
　　贷：累计摊销　　　　　　　　　　　　　　　　　　　　　　　　　40 000

【**例 4-9**】　2023 年 1 月 1 日，青岛东方股份有限公司将其自行开发完成的非专利技术出租给丁公司，该非专利技术成本为 360 万元，双方约定的租赁期限为 10 年，甲公司每月应摊销 3 万元。每月摊销时，甲公司应编制如下会计分录：

借：其他业务成本　　　　　　　　　　　　　　　　　　　　　　　30 000
　　贷：累计摊销　　　　　　　　　　　　　　　　　　　　　　　　　30 000

【**例 4-10**】　2023 年 1 月 1 日，青岛东方股份有限公司从外单位购入一项商标权，支付价款 3 000 万元，款项已经支付，该商标的使用寿命为 10 年，不考虑残值因素，以直线法摊销。该公司应编制如下会计分录：

（1）购入商标权时：

借：无形资产——商标权　　　　　　　　　　　　　　　　　　30 000 000
　　贷：银行存款　　　　　　　　　　　　　　　　　　　　　　　30 000 000

（2）每月摊销时：

借：管理费用　　　　　　　　　　　　　　　　　　　　　　　　　250 000
　　贷：累计摊销　　　　　　　　　　　　　　　　　　　　　　　　 250 000

【**例 4-11**】　2023 年 1 月 10 日，青岛东方股份有限公司购入一项专利权，价款为 600 万元，估计使用寿命为 8 年，款项用银行存款支付，不考虑残值。此项专利专门用于生产某种产品，其所包含的经济利益通过所生产的产品实现。该公司应编制如下会计分录：

（1）购入专利权时：

借：无形资产——专利权　　　　　　　　　　　　　　　　　　　6 000 000
　　贷：银行存款　　　　　　　　　　　　　　　　　　　　　　　　6 000 000

（2）每月摊销时：

借：制造费用　　　　　　　　　　　　　　　　　　　　　　　　　62 500
　　贷：累计摊销　　　　　　　　　　　　　　　　　　　　　　　　　62 500

2. 无形资产减值的核算

无形资产在资产负债表日存在可能发生减值的迹象时,其可收回金额低于账面价值的,企业应当将该无形资产的账面价值减记至可收回金额,减记的金额确认为减值损失,计入当期损益,同时计提相应的资产减值准备。企业按应减记的金额,借记"资产减值损失——计提的无形资产减值准备"账户,贷记"无形资产减值准备"账户。

温馨提示

无形资产减值损失一经确认,在以后会计期间不得转回。固定资产减值准备和无形资产减值准备一经计提,在以后会计期间不得转回。

【例 4-12】 2023 年 12 月 31 日,市场上某项新技术生产的产品销售势头较好,已对青岛东方股份有限公司产品的销售产生重大不利影响。青岛东方股份有限公司外购的类似专利技术的账面价值为 900 000 元,剩余摊销年限为 4 年,经减值测试,该专利技术的可收回金额为 850 000 元。该公司应编制如下会计分录:

借:资产减值损失——计提的无形资产减值准备　　　　　　　　　　50 000
　　贷:无形资产减值准备　　　　　　　　　　　　　　　　　　　　　50 000

无形资产摊销、减值的核算总结见图 4-11。

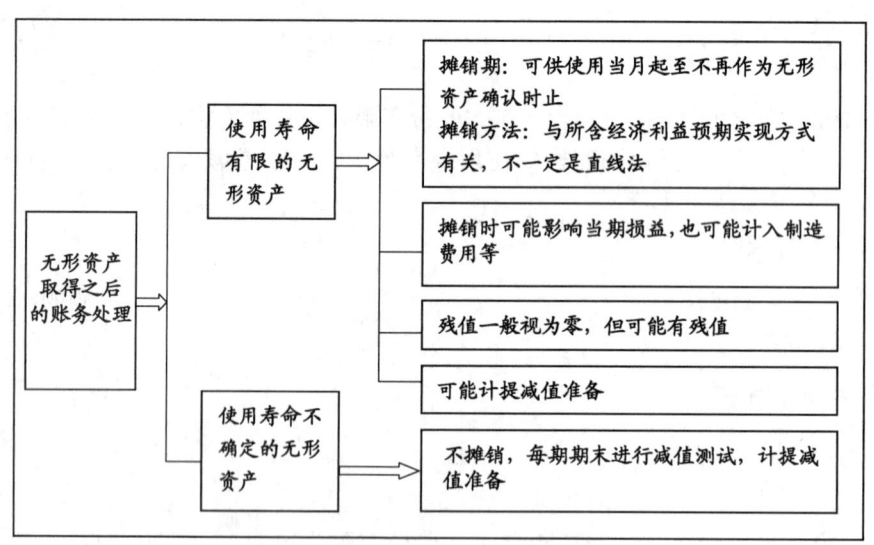

图 4-11　无形资产摊销、减值的核算总结

【项目总结】 完善本项目思维导图

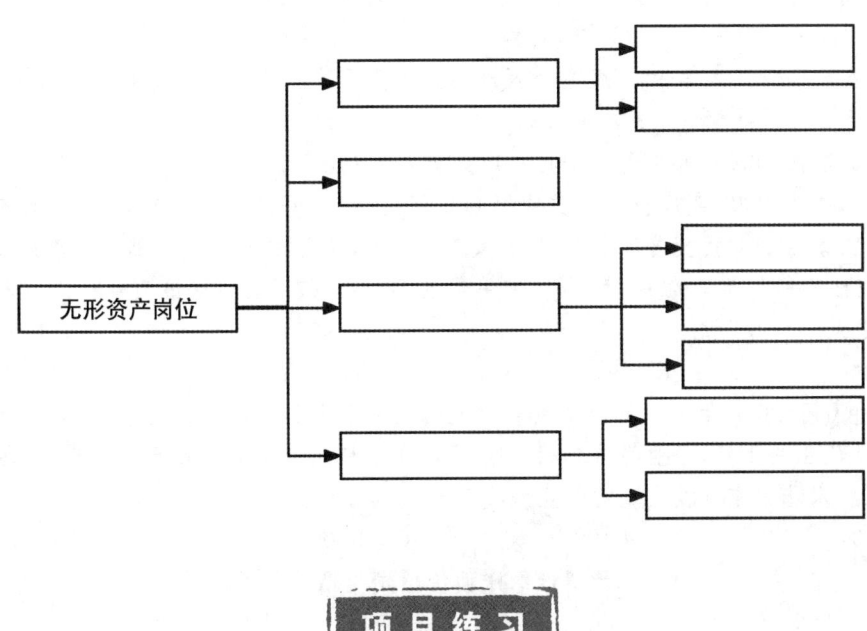

项目练习

一、单项选择题

1. 企业购入一项专利权,支付的买价为 70 万元,增值税额为 4.2 万元,为使该项专利权达到预定用途,另支付其他相关支出 8 万元。则该项专利的入账价值为( )万元。
   A. 78　　　　B. 90　　　　C. 70　　　　D. 8

2. 某企业试开发一项新技术,发生研究开发费用共计 200 万元,其中,满足资本化条件的开发支出为 120 万元。开发成功后申请专利权时,发生律师费及注册费等 10 万元,另发生广告宣传费 5 万元。该项技术的入账价值为( )万元。
   A. 200　　　　B. 120　　　　C. 130　　　　D. 135

3. 2023 年 1 月 1 日,中唐公司接受甲公司以一项账面价值为 210 万元的专利权投资,投资合同约定价值为 165 万元(价值公允)。中唐公司预计该专利权尚可使用年限为 10 年,采用直线法进行摊销。则 2023 年中唐公司对该项无形资产的摊销额为( )万元。
   A. 25.0　　　　B. 33.0　　　　C. 13.0　　　　D. 16.5

4. 2023 年 8 月 1 日,某企业开始研究开发一项新技术,当月共发生研发支出 800 万元,其中,费用化的金额为 650 万元,符合资本化条件的金额为 150 万元。2023 年 8 月末,研发活动尚未完成。该企业 2023 年 8 月应计入当期利润总额的研发支出为( )。
   A. 0　　　　B. 150 万元　　　　C. 650 万元　　　　D. 800 万元

5. 甲公司为增值税一般纳税人,2023 年 1 月 5 日,该公司以 2 700 万元购入一项专利权,另支付增值税额 162 万元。为推广由该项专利权生产的产品,甲公司发生广告宣传费 60 万元。该项专利权预计使用 5 年,预计净残值为零,采用直线法摊销,假设不考虑其他因素。

2023年12月31日,该项专利权的账面价值为(　　)万元。
　　A. 2 160　　　　B. 2 256　　　　C. 2 304　　　　D. 2 700
6. 下列关于无形资产的计量的表述中,正确的是(　　)。
　　A. 使用寿命不确定的无形资产应该按系统、合理的方法摊销
　　B. 使用寿命不确定的无形资产,其摊销额应按10年摊销
　　C. 企业无形资产的摊销方法,应当反映与该项无形资产有关的经济利益的预期实现方式
　　D. 无形资产的摊销方法只有直线法
7. 甲公司于2022年年初开始进行新产品研究开发,2022年度投入研究费用300万元(不符合资本化条件),2023年度投入开发费用600万元(符合资本化条件),至2024年年初获得成功,并向国家专利局提出专利权申请且获得专利权,实际发生包括注册登记费等90万元。该项专利权法律保护年限为10年,预计使用年限12年。则甲公司对该项专利权2024年度应摊销的金额为(　　)万元。
　　A. 55　　　　　B. 69　　　　　　C. 80　　　　　　D. 96
8. 某企业于2022年1月1日以80 000元购入一项专利权,摊销年限为8年,采用直线法摊销。2024年1月1日,企业将该专利权以68 000元对外出售。出售无形资产适用的增值税税率为6%。出售该专利权实现的营业外收入为(　　)元。
　　A. 600　　　　　B. 4 100　　　　 C. 4 600　　　　 D. 8 100
9. 下列各项中,不会引起无形资产的账面价值发生增减变动的是(　　)。
　　A. 对无形资产计提减值准备　　　　B. 发生无形资产后续支出
　　C. 摊销无形资产　　　　　　　　　D. 转让无形资产所有权

二、多项选择题

1. 下列各项中,属于企业无形资产的有(　　)。
　　A. 专利权　　　　B. 商标权　　　　C. 著作权　　　　D. 商誉
2. 下列各项中,应计入无形资产成本的有(　　)。
　　A. 购入专利权发生的支出
　　B. 购入商标权发生的支出
　　C. 取得土地使用权发生的支出
　　D. 研发新技术在研究阶段发生的支出
3. 企业对使用寿命有限的无形资产进行摊销时,其摊销额应根据不同情况分别计入(　　)。
　　A. 管理费用　　　B. 制造费用　　　C. 财务费用　　　D. 其他业务成本
4. 下列关于无形资产账务处理的表述中,正确的有(　　)。
　　A. 无形资产均应确定预计使用年限并分期摊销
　　B. 有偿取得的自用土地使用权应确认为无形资产
　　C. 内部研发项目开发阶段支出应全部确认为无形资产
　　D. 无形资产减值损失一经确认,在以后会计期间不得转回
5. 下列各项中,在符合相关条件时可以转回的有(　　)。
　　A. 坏账准备　　　　　　　　　　　B. 存货跌价准备
　　C. 无形资产减值准备　　　　　　　D. 固定资产减值准备

三、判断题

1. 无形资产是指企业拥有或控制的没有实物形态的非货币性资产,包括可辨认非货币性无形资产和不可辨认无形资产。（ ）
2. 企业无法可靠区分研究阶段和开发阶段支出的,应将其所发生的研发支出全部资本化计入无形资产成本。（ ）
3. 研究开发支出中的开发支出应资本化,计入无形资产成本。（ ）
4. 对于企业取得的所有无形资产,均应当按期摊销。（ ）
5. 企业取得的使用寿命有限的无形资产均应按直线法摊销。（ ）
6. 专门用于生产某产品的无形资产,其所包含的经济利益是通过所生产的产品实现的,该无形资产的摊销额应计入产品成本。（ ）

四、实务题

1. 某企业自行研制开发一项技术,经申请获得专利权。该企业有关资料如下：

（1）2022年5月,以银行存款支付研发支出20 000元,其中符合资本化条件的金额是16 500元。

（2）2022年12月1日,无形资产研发成功并申请专利,以银行存款支付律师费1 000元、注册费500元。

（3）按规定在5年内平均分摊,并于每月末摊销。

（4）2023年12月1日,以49 500元将此专利权出售给A公司,款项已存入银行。

要求：

（1）计算该专利权的入账价值,并编制研制过程与注册业务的相关付款业务分录。

（2）计算每月末的摊销额,并编制摊销分录。

（3）计算该专利权的出售损益,并编制相应的会计分录。

（"研发支出""应交税费"账户请写出明细账户）

2. 甲上市公司自行研究开发一项专利技术,与该项专利技术有关的资料如下：

（1）2023年1月,该项研发活动进入开发阶段,以银行存款支付开发费用280万元,其中满足资本化条件的金额为150万元。2023年7月1日,开发活动结束,并按法律程序申请取得专利权,供公司行政管理部门使用。

（2）该项专利权法律规定的有效期为5年,采用直线法摊销。

（3）2023年12月1日,将该项专利权转让,实际取得价款160万元,款项已存入银行。

要求：

（1）编制甲上市公司发生开发支出的会计分录。

（2）编制甲上市公司转销费用化开发支出的会计分录。

（3）编制甲上市公司形成专利权的会计分录。

（4）计算甲上市公司2023年7月专利权摊销额并编制会计分录。

（5）编制甲上市公司转让专利权的会计分录。

（会计分录涉及的账户要求写出明细账户）

项目 5

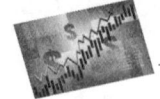

负债筹资岗位

| 能力目标 | 1. 能够熟知负债筹资的各种途径。
2. 能够按照国家有关财经法规和企业要求,结合业务资料,对负债筹资进行准确核算。 |

| 知识目标 | 1. 理解负债筹资的途径。
2. 掌握短期借款的核算方法。
3. 掌握长期借款的核算方法。
4. 掌握应付债券的核算方法。 |

| 素质目标 | 1. 培养学生准确无误地识别原始凭证、分析和判断经济业务的内容,能采用手工和电算化方式独立完成并审核会计凭证、编制记账凭证、登记相关账簿。
2. 培养学生与资金筹集人员进行有效沟通,建立有效的资金管理制度。
3. 培养学生具备洞察企业资金筹集、管理上的漏洞的能力并及时与领导沟通。 |

任务 5.1　建立贷款信息索引表

一、任务布置

【任务 5-1】　建立贷款信息索引表案例

青岛宏达服装有限公司的经营规模迅速扩大,最初主要从事服装生产与销售,现在已涉及房地产开发、国际贸易等多个领域。公司现有职工 2 000 余人,资产总额为 10 亿元。2022 年,该公司实现销售收入 12 亿元。

公司所属子公司亚齐房地产开发有限公司因业务需要,现在急需 3 亿元的资金用于房地产开发项目。为此,集团总经理张奇于 2023 年 2 月 10 日召开会议,讨论 3 亿元资金筹资的问题,参加人员有项目部、财务部、开发部等相关部门领导。

大家在会议上各抒己见,争论不休。有提议发行债券的,也有提议向银行借款的,还有提议让员工入股的……

会议要散场了,大家也没有达成一致意见。

要求:

(1) 如果你是参会一员,你的建议是什么?请说出理由。

(2) 讨论企业筹资的途径有哪些,并编制企业负债筹资目录(包括筹资名称、途径、期限、用途等)。

(3) 根据企业负债筹资目录设置负债筹资的相关会计账户(包括总账账户和明细账户)。

二、知识链接

(一) 负债筹资业务的主要方式及业务流程

1. 短期借款的筹资流程

短期借款是指企业为维持正常的生产经营所需的资金或为抵偿某项债务而向银行或其他金融机构借入的、还款期限在1年以下(含1年)的各种借款。短期借款主要有经营周转借款、临时借款、结算借款、票据贴现借款等。

企业向银行或其他金融机构办理短期借款,应提出借款申请书,并根据所需借款的具体情况,提供相应的证明材料。银行或其他金融机构对企业的借款申请及有关证明材料进行审查评估。经审核同意后,双方要签订借款合同。企业要严格按合同规定的金额、利率确认和计量短期借款及其利息费用。借款到期后,企业应按期偿还。短期借款的业务流程及所涉及的原始凭证见图5-1。

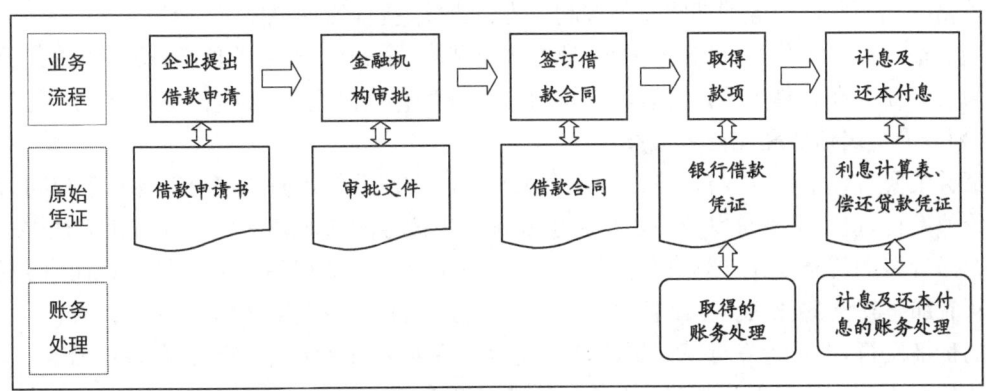

图5-1 短期借款的业务流程及所涉及的原始凭证

2. 长期借款的筹资流程

长期借款是指企业向银行或其他金融机构借入的期限在1年以上(不含1年)或超过1年的一个营业周期的各项借款。

银行等金融结构为降低贷款风险,对借款企业提出了必要条件。这些条件包括:借款企业应具有法人资格;借款企业在宏观上其经营方向和业务范围应符合国家政策,在微观上其借款用途应属于银行贷款办法规定的范围,并提供有关借款项目的可行性报告;借款企业具有一定的物资和财产保证,如果由第三方担保,则担保单位应具有相应的经济实力;借款企业每个经营周期都应有足够的净现金流入量来支付当期本息;借款企业应在有关金融部门开立账户、办理结算。

企业申请借款的程序为:企业提出借款申请,并附有资金使用的可行性报告;银行或其他金融结构审批;签订借款合同;发放贷款、监督贷款的使用;按期归还贷款本息。长期借款的业务流程及所涉及的原始凭证见图5-2。

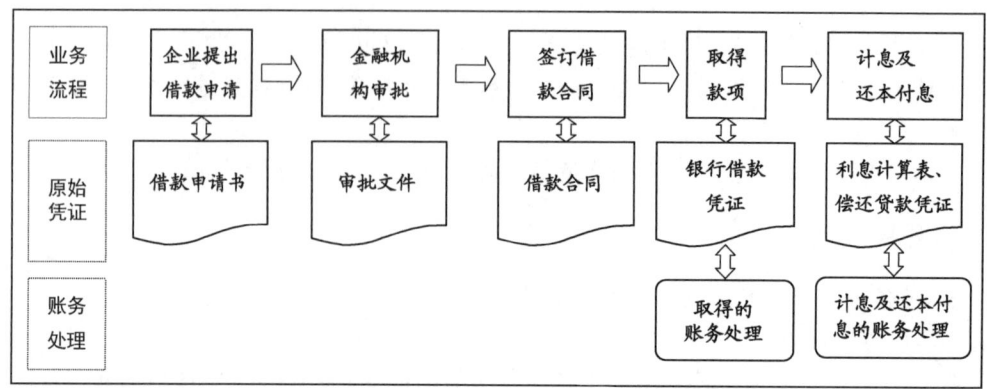

图5-2　长期借款的业务流程及所涉及的原始凭证

3. 债券的筹资流程

债券是广泛应用的一种融资工具,是企业对外部的机构或个人投资者发行的具有既定面值、到期日、利率和利息支付方式的证券,是具有法律效力的书面凭证。债券的本质是债的证明书,具有法律效力。债券购买者与发行者之间是一种债权债务关系,债券发行人即债务人,投资者(或债券持有人)即债权人。债券的要素主要包括债券的票面价值、债务人与债权人、债券的价格、债券利率、债券的期限及债券利息支付方式、提前赎回规定等。

债券按发行主体分类,可分为国债、地方政府债券、金融债券、企业债券;按募集方式分类,可分为公募债券和私募债券;按担保性质分类,可分为有担保债券、无担保债券;按是否记名分类,可划分为记名债券和无记名债券。

债券主要有以下三种发行方式:一是平价发行。当债券的票面利率与市场利率相同时,按票面价值发行,也就是平价发行。二是溢价发行。当债券的票面利率高于市场利率时,按超过债券票面价值的价格发行,即溢价发行。其发行溢价就是企业以后各期多付利息而事先从债券购买者那里得到的补偿。三是折价发行。当债券的票面利率低于市场利率时,按低于债券面值的价格发行,即折价发行。其折价是企业为以后少付利息而预先给投资者的补偿。

债券筹资的业务流程及所涉及的原始凭证见图5-3。

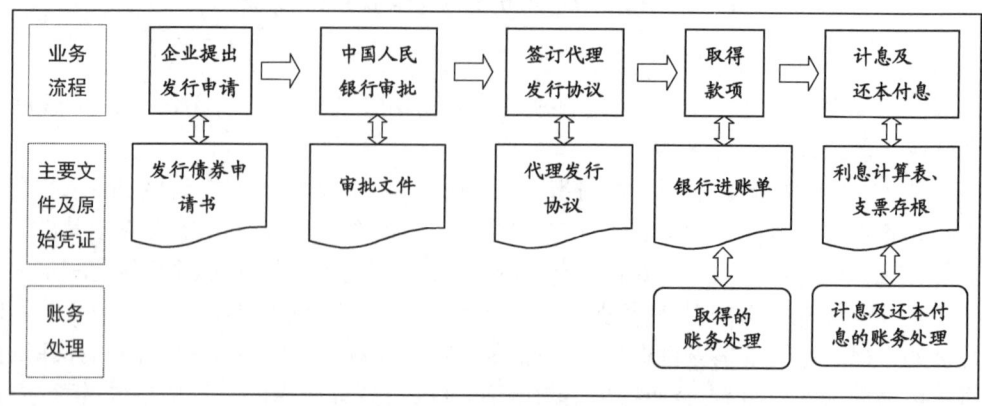

图5-3　债券筹资的业务流程及所涉及的原始凭证

（二）负债筹资岗位核算涉及的主要经济业务、总账账户、明细账户

负债筹资岗位核算涉及的主要经济业务、总账账户、明细账户见表 5-1。

表 5-1　　　　　　　主要经济业务、总账账户、明细账户一览表

经济业务	对应总账账户名称	对应明细账户名称	账户性质	核算内容
借入及偿还资金	短期借款	××银行	负债类	核算企业向银行或其他金融机构等借入的期限在1年以下（含1年）的各种借款
	长期借款	本金	负债类	核算企业向银行或其他金融机构等借入的期限在1年以上的各种借款
	应付债券	面值	负债类	核算企业发行1年期以上债券的面值
计提利息	应付利息		负债类	核算企业在分期付息下计提的利息
	长期借款	应计利息	负债类	核算企业长期借款到期一次还本付息时计提的利息
	应付债券	应计利息	负债类	核算企业因发行长期债券到期一次还本付息时计提的利息

思政案例

高利贷是大坑，融资须谨慎

江西浙达房地产开发有限公司（以下简称浙达房产公司）于 2012 年 1 月 12 日登记注册，注册资本为 1 000 万元，其开发建设的翰林雅苑、翰林嘉苑两个项目因小区地理位置优越、环境优美，吸引了当地众多业主在此购房，贵溪市政府亦在翰林嘉苑采购 278 套安置房用于拆迁户安置。因公司在经营过程中深陷高利贷、民间借贷泥潭，资金链断裂，工程项目处于烂尾状态，业主及政府购买的房屋不能如期交付，购房户、拆迁安置户多次信访，在省委巡视组"挂号"。2020 年 7 月 31 日，贵溪法院依法受理了浙达房产公司的破产清算申请，经审计评估，浙达房产公司的资产总额为 8.12 亿元，负债总额高达 16.58 亿元，资产负债率为 204.13%，资产不足以清偿全部债务。

该案件最终以"先完成小区建设，再理清法律问题"的"经营式"破产审理思路，以引入共益债务的方式向贵溪市国有资本管理有限公司借资 1.1 亿元完成烂尾工程建设。

资料来源：鹰潭中院新媒体."优化营商环境"贵溪法院破产案例入选2021年全省法院破产审判十大典型案例[EB/OL].(2022-2-23)[2023-7-24]. https://m.thepaper.cn/baijiahao_16819254.

生活中，无论是公司还是个人，都不乏高利贷导致企业破产、自然人死亡的案例，各种网贷平台，看似帮助，实则害人不浅。我们不能因为资金短缺"病急乱投医"，要谨慎再谨慎，坚决不能"跳进"高利贷的大坑。

任务 5.2　记录贷款借入和偿还信息（日常业务）

一、任务布置

【任务 5-2】　记录贷款借入和偿还信息案例

青岛宏达服装有限公司发生如下贷款业务：

（1）2023 年 1 月 1 日，取得短期借款。有关单据见图 5-4。

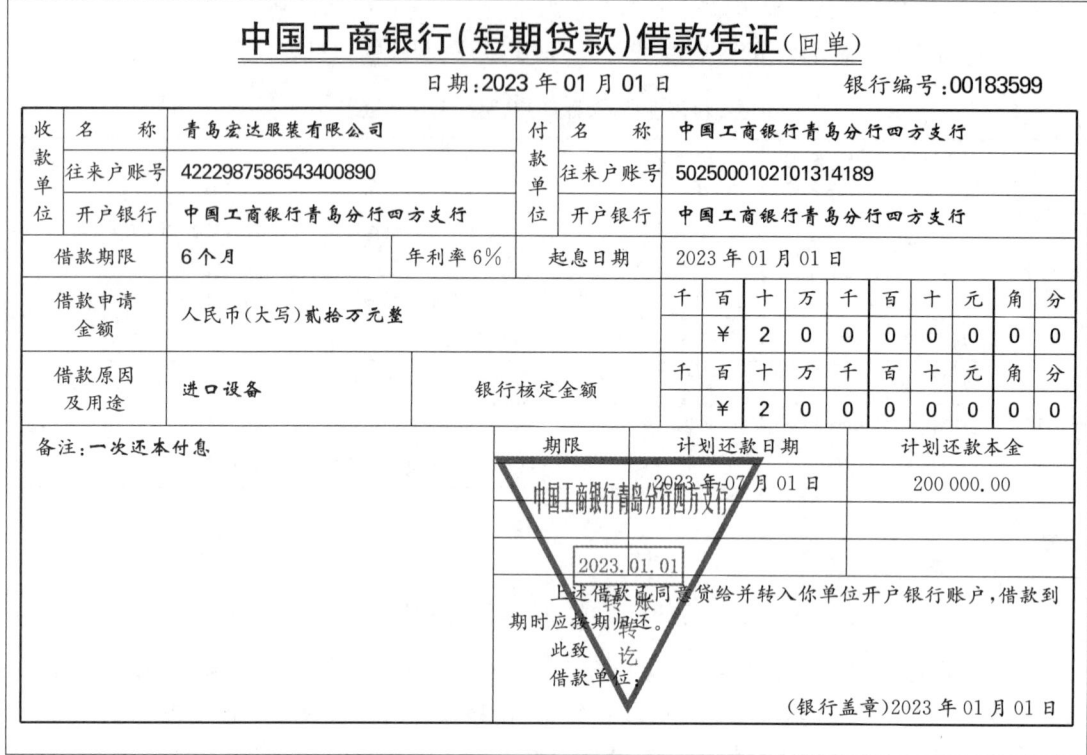

图 5-4　借款凭证

（2）2023 年 7 月 1 日，偿还短期借款。有关单据见图 5-5。

图 5-5　偿还贷款凭证

(3) 2020年1月1日,取得长期借款。有关单据见图5-6。

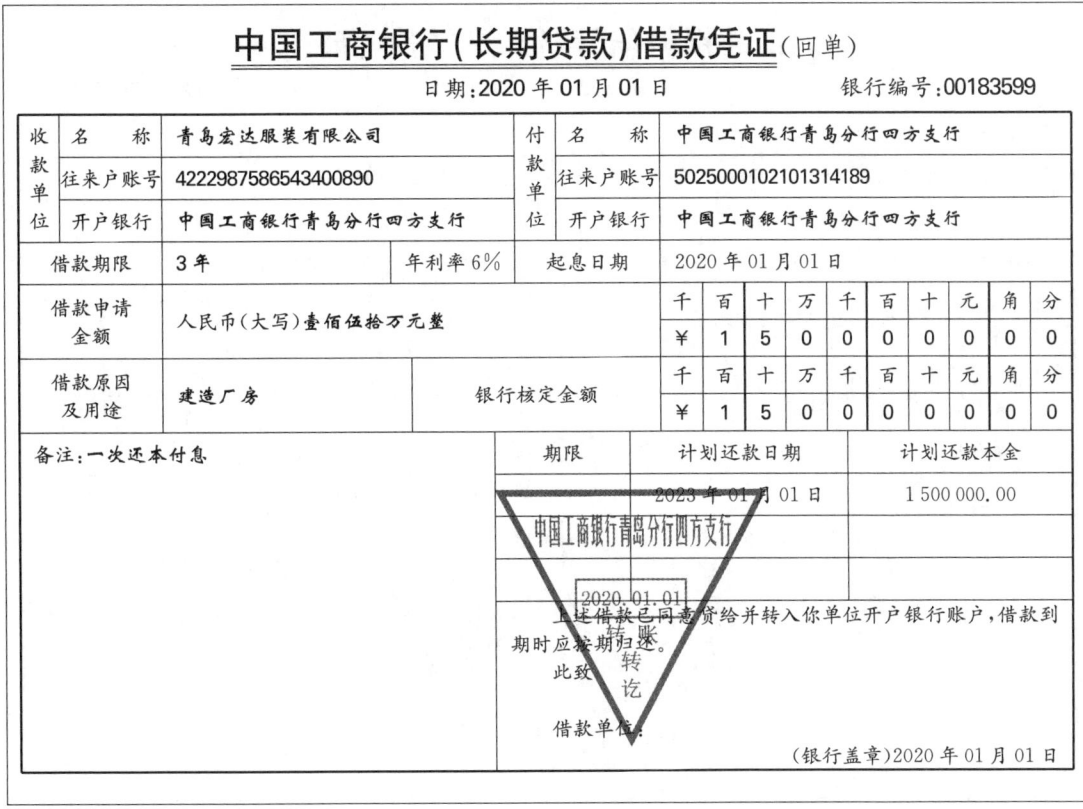

图5-6 借款凭证

(4) 2023年1月1日,偿还长期借款。有关单据见图5-7。

图5-7 偿还贷款凭证

(5) 2020 年 7 月 1 日,取得长期借款。有关单据见图 5-8。

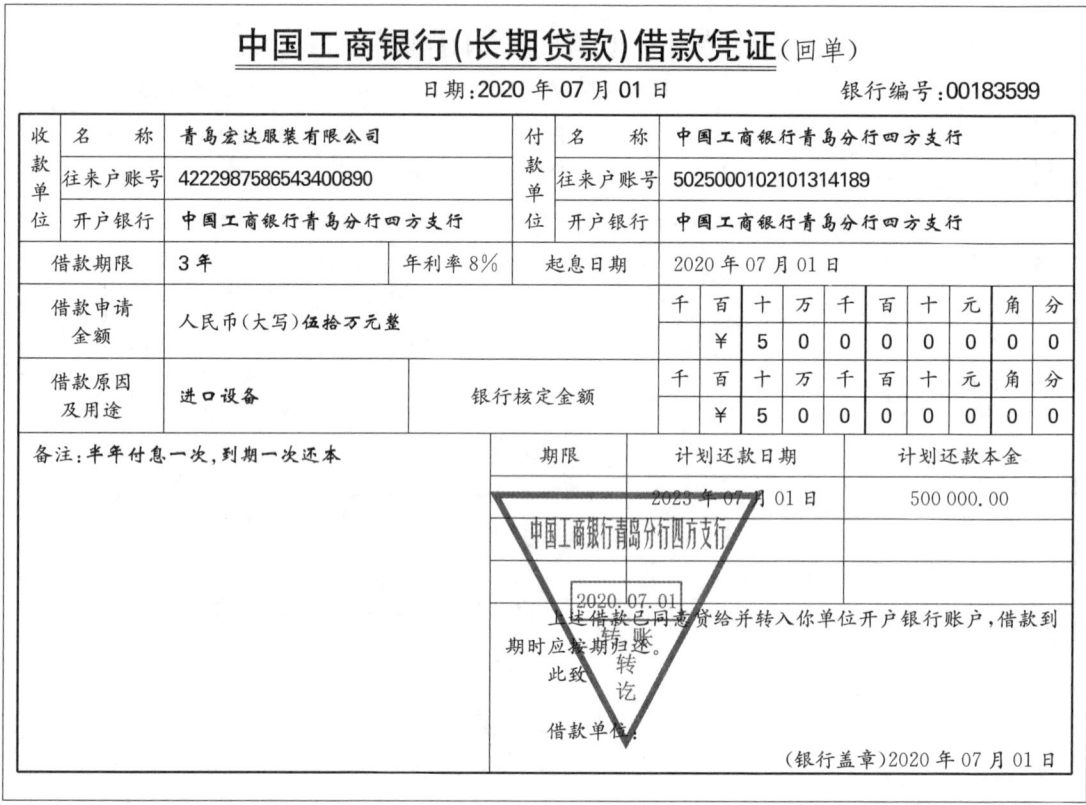

图 5-8 借款凭证

(6) 2023 年 7 月 1 日,偿还长期借款。有关单据见图 5-9。

图 5-9 偿还贷款凭证

要求:根据以上原始凭证编制记账凭证。

二、知识链接

（一）短期借款的日常核算

短期借款日常核算的内容包括取得借款、归还借款的核算。企业所发生的短期借款业务，应设置"短期借款"账户，该账户的贷方登记取得的借款本金；借方登记借款本金的偿还；期末余额在贷方，表示期末尚未偿还的借款本金，列示在资产负债表负债方的"流动负债"项目下。"短期借款"账户应按照债权人和短期借款的种类设置明细账户，进行明细核算。

【例 5-1】 2023 年 4 月 1 日，青岛东方股份有限公司向银行借入 80 万元，期限为 9 个月，年利率为 4.5%，该借款的利息按季支付，本金到期归还。该公司应编制如下会计分录：

(1) 2023 年 4 月 1 日，借入款项时：

借：银行存款　　　　　　　　　　　　　　　　　　　　　　　　800 000
　　贷：短期借款　　　　　　　　　　　　　　　　　　　　　　　　800 000

(2) 2023 年 12 月 31 日，偿还借款本金时：

借：短期借款　　　　　　　　　　　　　　　　　　　　　　　　800 000
　　贷：银行存款　　　　　　　　　　　　　　　　　　　　　　　　800 000

（二）长期借款的日常核算

长期借款日常核算的内容包括长期借款的借入、借款本息归还的核算。为了反映企业的各种长期借款，应设置"长期借款"总账账户，用来核算各种长期借款的借入、应计利息、归还和结欠情况。在总账账户下设置"本金"明细账户。"长期借款"账户属于负债类，其贷方登记借入的款项及预计的应付利息；借方登记还本付息的数额；期末余额在贷方，表示期末尚未偿还的长期借款本息数额。"长期借款"账户应按贷款单位设置明细账户，并按贷款种类进行明细核算。

【例 5-2】 青岛东方股份有限公司为增值税一般纳税人。2023 年 11 月 30 日，该公司从银行借入资金 4 000 000 元，借款期限为 3 年，年利率为 8.4%（每月计息，到期一次还本付息，不计复利）。所借款项已存入银行。该公司应编制如下会计分录：

(1) 取得借款时：

借：银行存款　　　　　　　　　　　　　　　　　　　　　　　　4 000 000
　　贷：长期借款——本金　　　　　　　　　　　　　　　　　　　　4 000 000

(2) 归还本息时：

借：长期借款——本金　　　　　　　　　　　　　　　　　　　　4 000 000
　　　　　　——应计利息　　　　　　　　　　　　　　　　　　　　980 000
　　财务费用　　　　　　　　　　　　　　　　　　　　　　　　　　28 000
　　贷：银行存款　　　　　　　　　　　　　　　　　　　　　　　　5 008 000

【例 5-3】 承[例 5-2]，如果该笔借款每月计息，每半年付息一次，则该公司应编制如下会计分录：

(1) 取得借款时：

借：银行存款　　　　　　　　　　　　　　　　　　　　　　　　4 000 000
　　贷：长期借款——本金　　　　　　　　　　　　　　　　　　　　4 000 000

(2) 归还本息时：

借：长期借款——本金　　　　　　　　　　　　　　　　　　　　　　4 000 000
　　应付利息　　　　　　　　　　　　　　　　　　　　　　　　　　140 000
　　财务费用　　　　　　　　　　　　　　　　　　　　　　　　　　28 000
　　贷：银行存款　　　　　　　　　　　　　　　　　　　　　　　　　　4 168 000

（三）应付债券的日常核算

应付债券日常核算的内容包括应付债券的发行、债券本息归还的核算。为了反映企业发行的债券，应设置"应付债券"总账账户，用来核算应付债券的发行、计息、归还和结欠情况。在总账账户下设置"本金""应计利息"明细账户。"应付债券"账户属于负债类，其贷方登记发行债券的面值及预计的应付利息；借方登记还本付息的数额；期末余额在贷方，表示尚未到期的债券本息数额。

【例5-4】 2020年1月1日，青岛东方股份有限公司按面值发行3年期、到期一次还本付息、年利率为8%（不计复利）、面值总额为1 000万元的债券。该公司发行债券所筹资金用于建造固定资产，至2020年12月31日工程完工。该公司应编制如下会计分录：

(1) 2020年1月1日，发行债券时：

借：银行存款　　　　　　　　　　　　　　　　　　　　　　　　　　10 000 000
　　贷：应付债券——面值　　　　　　　　　　　　　　　　　　　　　10 000 000

(2) 2023年1月1日，偿还债券本金和利息时：

借：应付债券——面值　　　　　　　　　　　　　　　　　　　　　　10 000 000
　　　　　　——应计利息　　　　　　　　　　　　　　　　　　　　　2 400 000
　　贷：银行存款　　　　　　　　　　　　　　　　　　　　　　　　　12 400 000

［例5-4］中的债券发行方式如果是分期付息、一次还本，账务处理会有何变化？请编制相应的会计分录。

任务5.3　计提贷款利息（期末业务）

一、任务布置

【任务5-3】 计提贷款利息案例

青岛宏达服装有限公司2023年发生的和计提贷款利息有关的经济业务如下：

(1) 1月31日，计提本月短期借款利息。有关单据见图5-10。

短期借款利息计算表

2023年01月31日　　　　　　　　　　　　　　　　　　　　　　金额单位：元

本　金	利　率	计息期限	利　息
200 000.00	6%	1个月	1 000.00

图5-10　短期借款利息计算表

(2) 7月31日,计提本月长期借款利息。有关单据见图5-11。

长期借款利息计算表

2023 年 07 月 31 日　　　　　　　　　金额单位:元

本　金	利　率	计息期限	利　息
500 000.00	8%	1个月	3 333.33

图5-11　长期借款利息计算表

(3) 12月31日,计提本年度长期借款利息。有关单据见图5-12。

长期借款利息计算表

2023 年 12 月 31 日　　　　　　　　　金额单位:元

本　金	利　率	计息期限	利　息
1 500 000.00	6%	12个月	90 000.00

图5-12　长期借款利息计算表

要求:根据上述原始凭证编制记账凭证。

二、知识链接

(一) 短期借款利息的账务处理

对于短期借款利息,应设置"应付利息"账户,其借方登记偿还的利息费用,贷方登记期末计提的利息费用。同时,还应设置"财务费用"账户。

【例5-5】承[例5-1],青岛东方股份有限公司于每月末计息。该公司应编制如下会计分录:

(1) 月末计息时:

借:财务费用　　　　　　　　　　　　　　　　　　　　　3 000
　　贷:应付利息　　　　　　　　　　　　　　　　　　　　　　3 000

(2) 季末偿还利息时:

借:应付利息　　　　　　　　　　　　　　　　　　　　　6 000
　　财务费用　　　　　　　　　　　　　　　　　　　　　3 000
　　贷:银行存款　　　　　　　　　　　　　　　　　　　　　　9 000

(二) 长期借款利息的账务处理

长期借款应当在资产负债表日(即按期)计提利息,计算确定利息费用。长期借款计算确定的利息费用应当按以下原则计入有关成本、费用:

(1) 属于筹建期间的,计入管理费用。

(2) 属于生产经营期间的,计入财务费用。

(3) 为购建固定资产而发生的长期借款利息,在固定资产达到预定可使用状态之前所发生的,计入所建固定资产价值;予以资本化的,计入在建工程等相关资产成本。

(4) 为购建固定资产而发生的长期借款利息,在固定资产达到预定可使用状态之后所发生的利息支出,以及按规定不予资本化的利息支出,计入财务费用。

长期借款计算确定的应付未付利息,如果属于分期付息的,记入"应付利息"账户;如果属于到期一次还本付息的,记入"长期借款——应计利息"账户。

【例5-6】 承[例5-2],青岛东方股份有限公司用所借款项于当日购买不需安装的设备一台,价款为3 000 000元。该公司应编制如下会计分录:

2023年12月31日,计提长期借款利息:

借:财务费用　　　　　　　　　　　　　　　　　　　　　　　　28 000
　　贷:长期借款——应计利息　　　　　　　　　　　　　　　　　28 000

如果该公司用该笔借款购买的设备需要安装,设备将于2024年4月30日安装完毕,借款仍是到期一次还本付息。该公司应编制如下会计分录:

(1) 截至2024年4月,每月计提利息时:

借:在建工程　　　　　　　　　　　　　　　　　　　　　　　　28 000
　　贷:长期借款——应计利息　　　　　　　　　　　　　　　　　28 000

(2) 2024年5月至借款到期,每月计提利息时:

借:财务费用　　　　　　　　　　　　　　　　　　　　　　　　28 000
　　贷:长期借款——应计利息　　　　　　　　　　　　　　　　　28 000

承[例5-6],如果该笔借款是每半年付息一次,到期一次还本,计提利息的会计分录是什么?

(三) 应付债券利息的账务处理

【任务5-3-1】 编制债券发行、每月计息、每年年末付息、到期还本的会计分录

重庆山城公司于2021年7月1日发行3年期、每年付息一次、到期时一次还本、年利率为8%(不计复利)、发行面值总额为4 000万元的债券,该债券按面值发行,发行所筹资金于借款当日开始建造固定资产,至2024年12月31日完工。

试编制重庆山城公司债券发行、每月计息、每年年末付息、到期还本的会计分录。

发行长期债券的企业应按期计提利息,对于按面值发行的债券,在每期采用票面利率计算计提利息时,应当按照与长期借款相一致的原则计入有关成本费用,借记"在建工程""制造费用""财务费用""研发支出"等账户;计算确定的应付未付利息,通过"应付利息"账户或者"应付债券——应计利息"账户核算。

【例5-7】 承[例5-4],青岛东方股份有限公司于发行该债券的每年年末计提利息。该公司应编制如下会计分录:

(1) 2021年12月31日,计提债券利息时:

借:在建工程　　　　　　　　　　　　　　　　　　　　　　　　800 000
　　贷:应付债券——应计利息　　　　　　　　　　　　　　　　　800 000

(2) 2022年12月31日,计提债券利息时:

借：财务费用 800 000
　　贷：应付债券——应计利息 800 000

（3）2023年12月31日，计提债券利息时：

借：财务费用 800 000
　　贷：应付债券——应计利息 800 000

【项目总结】完善本项目思维导图

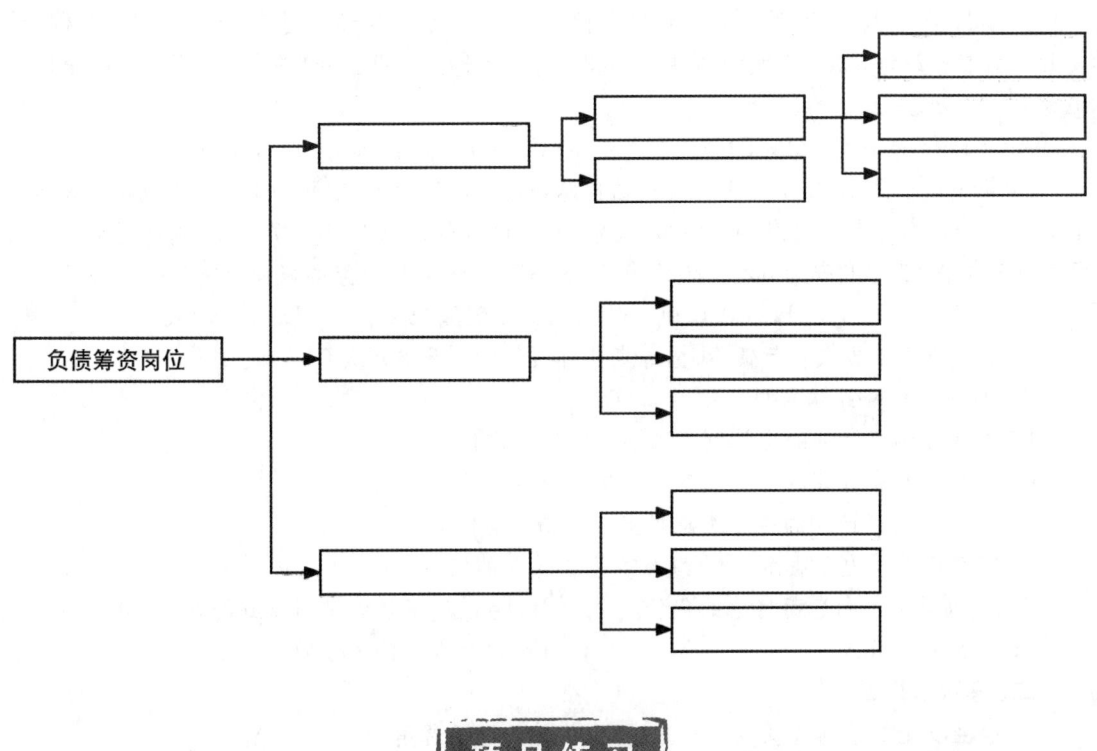

项目练习

一、单项选择题

1. 2023年9月1日，甲企业向银行借款200 000元用于生产经营周转，期限为2个月，到期一次还本付息，年利率为6%。借款利息不采用预提方式，于实际支付时确认。2023年11月1日，企业以银行存款偿还借款本息应编制的会计分录为（　　）。

A. 借：短期借款 200 000
　　　应付利息 2 000
　　　贷：银行存款 202 000

B. 借：短期借款 200 000
　　　应付利息 1 000
　　　财务费用 1 000
　　　贷：银行存款 202 000

C. 借：短期借款　　　　　　　　　　　　　　　　200 000
　　财务费用　　　　　　　　　　　　　　　　2 000
　　　贷：银行存款　　　　　　　　　　　　　　　202 000
D. 借：短期借款　　　　　　　　　　　　　　　　202 000
　　　贷：银行存款　　　　　　　　　　　　　　　202 000

2. 如果企业的长期借款属于筹建期间，则其利息费用应记入（　　）账户。
A. "在建工程"　　　　　　　　　　B. "应计利息"
C. "财务费用"　　　　　　　　　　D. "管理费用"

3. 2022年7月1日，甲企业按面值发行5年期、到期一次还本付息、年利率为6%（不计复利）、面值总额为5 000万元的债券。2023年12月31日，甲企业"应付债券"账户的账面价值为（　　）万元。
A. 5 150　　　B. 5 600　　　C. 5 000　　　D. 5 450

4. 甲公司于2023年1月1日发行面值总额为1 000万元，期限为5年的债券，该债券票面利率为6%，每年年初付息、到期一次还本，发行价格总额为1 043.27万元，利息调整采用实际利率法摊销，实际利率为5%。2023年12月31日，该应付债券的账面余额为（　　）万元。
A. 1 000.00　　　B. 1 060.00　　　C. 1 035.43　　　D. 1 095.43

5. 企业以溢价方式发行债券时，每期实际负担的利息费用是（　　）。
A. 按实际利率计算的利息费用
B. 按票面利率计算的应计利息减去应摊销的溢价
C. 按实际利率计算的应计利息加上应摊销的溢价
D. 按票面利率计算的应计利息加上应摊销的溢价

6. 就发行债券的企业而言，所获债券溢价收入的实质是（　　）。
A. 为以后少付利息而付出的代价　　　B. 为以后多付利息而得到的补偿
C. 本期利息收入　　　　　　　　　　D. 以后期间的利息收入

二、多项选择题

1. 企业发生的下列各项利息支出中，可能计入财务费用的有（　　）。
A. 应付债券的利息　　　　　　　　B. 短期借款的利息
C. 带息应付票据的利息　　　　　　D. 筹建期间的长期借款利息

2. 下列对长期借款利息费用的账务处理中，正确的有（　　）。
A. 筹建期间的借款利息计入管理费用
B. 筹建期间的借款利息计入长期待摊费用
C. 日常生产经营活动的借款利息计入财务费用
D. 符合资本化条件的借款利息计入相关资产成本

3. 债券发行价格的高低一般取决于（　　）。
A. 票面金额　　　　　　　　　　　B. 票面利率
C. 发行时的市场利率　　　　　　　D. 债券期限的长短

4. 企业发行公司债券的方式有（　　）。
A. 折价发行　　　　　　　　　　　B. 溢价发行
C. 面值发行　　　　　　　　　　　D. 在我国不能折价发行

5. 企业发行的应付债券产生的利息调整,每期摊销时可能记入(　　)账户。
A. "在建工程"　　　　　　　　　　B. "长期待摊费用"
C. "财务费用"　　　　　　　　　　D. "待摊费用"
E. "应收利息"

6. 长期借款所发生的利息支出、汇兑损失等借款费用,可能记入(　　)账户。
A. "长期待摊费用"　　　　　　　　B. "财务费用"
C. "管理费用"　　　　　　　　　　D. "在建工程"

三、判断题

1. 负债是指企业过去的交易或事项形成的,会导致经济利益流出企业的义务。(　　)
2. 某企业与中国银行达成了5个月后借入100万元的借款意向书,形成了该企业的一项负债。(　　)
3. 企业的短期借款利息应在实际支付时计入当期财务费用。(　　)
4. 短期借款利息属于筹资费用,应当在发生时直接计入当期财务费用。(　　)
5. 实际支付短期借款利息时,根据已经计提的利息,借记"应付利息"账户,根据当期应计利息,借记"管理费用"账户,根据应付利息总额,贷记"银行存款"账户。(　　)
6. "长期借款"账户的期末余额反映企业尚未偿还的各种长期借款的本金。(　　)
7. 债券溢价或折价不是债券发行企业的收益或损失,而是发行企业在债券存续期内对利息费用的一种调整。(　　)
8. 企业发行的一般公司债券,应区别是面值发行,还是溢价或折价发行,分别记入"应付债券——一般公司债券(面值)、(溢价)或(折价)"账户。(　　)

四、实务题

1. 宏远公司于2023年1月1日向银行借入一笔9个月到期的生产经营用资金,共计120 000元,年利率为4%。按季支付利息,到期还本。

要求:
(1) 编制2023年1月1日借入短期借款的会计分录。
(2) 编制2023年1月末、2月末计提短期借款利息的会计分录。
(3) 编制2023年3月末支付借款利息的会计分录。
(4) 编制第二、第三季度及偿还本金的相关会计分录。
(5) 如果上述借款期限是8个月,编制2023年9月1日偿还借款的相关会计分录。

2. 宏远公司于2023年11月30日从银行借入3 000 000元资金,3年期,年借款利率为7%,到期一次还本付息,单利,所借款项存入银行。该公司于当日购买不需安装的生产设备一台,价款为2 200 000元,增值税额为374 000元,另支付保险费等40 000元,设备已于当日交付使用。

要求:
(1) 编制2023年11月30日借入款项的会计分录。
(2) 编制生产设备购买及交付使用的会计分录。
(3) 编制2023年12月31日计提借款利息的会计分录。
(4) 编制2026年11月30日偿还借款本息的会计分录。

3. 宏远公司于2021年6月30日从银行借入资金1 000 000元,用于购置大型设备。借款期限为2年,年利率为10%,到期一次还本付息,款项已存入银行。2021年7月1日,宏远公司收到购入的设备,并用银行存款支付设备价款840 000元(含增值税)。该设备安装调试期间发生安装调试为160 000元,于2021年12月31日投入使用。该设备预计使用年限为5年,预计净残值率为5%,采用双倍余额递减法计提折旧。2023年6月30日,宏远公司以银行存款归还借款本息1 200 000元。2024年1月1日,宏远公司因转产,将该设备出售,收到价款450 000元并将其存入银行。另外,宏远公司用银行存款支付清理费用2 000元(不考虑借款存入银行产生的利息收入)。

要求:
(1) 计算该设备的入账价值。
(2) 计算该设备2022年度、2023年度应计提的折旧费用。
(3) 编制2021年年末应计借款利息的会计分录。
(4) 编制归还借款本息时的会计分录。
(5) 编制出售该设备时的会计分录。

4. 宏远公司于2021年7月1日发行3年期、到期一次还本付息、年利率为9%(不计复利)、总面值为30 000 000元的债券,发行时票面利率等于市场利率。该公司发行债券所筹资金用于建造固定资产,工程于2023年12月完工。

要求:
(1) 编制债券发行时的会计分录。
(2) 编制2021年12月31日计提债券利息的会计分录。
(3) 编制2024年7月1日偿还债券本息的会计分录。

5. 宏远公司于2020年1月1日发行5年期面值为100 000元的长期债券,票面利率为10%,到期一次还本付息,市场利率为8%。2024年1月1日,宏远公司按108 111元的价格出售。该债券每年年末计息、摊销溢价。

要求:编制债券发行、计息、溢价摊销和还本付息的会计分录。

6. 宏远公司于2019年1月1日发行5年期面值为100 000元的长期债券,票面利率为10%,到期一次还本付息,市场利率为12%。2023年7月1日,宏远公司按92 640元的价格出售。该债券每年年末计息、摊销折价。

要求:编制债券发行、计息、折价摊销和还本付息的会计分录。

项目 6

权益筹资岗位

能力目标	1. 熟知什么是权益筹资。 2. 按照国家有关财经法规和企业要求,结合业务资料,对权益筹资进行准确核算。
知识目标	1. 理解权益筹资的内容。 2. 掌握实收资本的核算方法。 3. 掌握资本公积的核算方法。
素质目标	1. 培养学生准确无误地识别原始凭证、分析和判断经济业务的内容,能采用手工和电算化方式独立完成审核会计凭证、编制记账凭证、登记相关账簿。 2. 培养学生与资金筹集人员进行有效沟通,建立有效的资金管理制度。 3. 培养学生具备洞察企业资金筹集、管理上的漏洞的能力并及时与领导沟通。

任务 6.1　建立所有者信息档案

一、任务布置

【任务 6-1】　建立所有者信息档案案例

　　大学一毕业,王林和于青就各自出资 30 000 元,在创业园开了一家零食坊。由于事先做过详细的市场调查,他们对年轻人的消费心理把握得比较透彻,零食坊 1 年的净利润竟然达到 50 000 元。于青对小店的经营非常满意,这样经营了 2 年后,王林没有满足现状,不断地发掘新的商机,王林发现"零食 DIY"在年轻人中很受欢迎,并且做好了的话会比以往普通零食的收益率更高。但是此项目需要的启动资金为 50 000 元,需要一台价值 50 000 元的专用设备。虽然零食坊经营了 2 年,收益也颇丰,但如果赚来的钱都用于新款零食的采购,收回的资金要用于日常经营的流转,启动资金和设备款还得另想办法。于是,王林把自己的想法和于青作了沟通并且说服了他。两人都认为不能再开口向家人要钱了,认为可以让他们的好友李可和张冰加入进来,比例各占1/4,不仅解决了资金和设备问题,还可以帮他们分担风险。四人一拍即合,资金和设备很快到位,开始了正常经营。

根据任务[6-1]的描述,列出零食坊的所有者信息档案(包括所有者名称、出资资产名称、金额,出资时间,所占比例等)。

二、知识链接

(一)所有者权益概述

1. 所有者权益的含义及特征

所有者权益是指企业资产扣除负债后,由所有者享有的剩余权益。公司的所有者权益又称为股东权益。所有者权益具有以下特征:①除非发生减资、清算或分派现金股利,企业不需要偿还所有者权益。②企业清算时,只有在清偿所有的负债后,所有者权益才返还给所有者。③所有者凭借所有者权益能够参与企业的利润分配。

2. 所有者权益的来源

我国《企业会计准则》规定:"所有者权益的来源包括所有者投入的资本、直接计入所有者权益的利得和损失、留存收益等"。

(1)所有者投入的资本是指所有者投入企业的资本部分。它既包括构成企业注册资本或股本部分的金额,又包括投入资本超过注册资本或者股本部分的金额(即资本溢价或股本溢价)。

(2)直接计入所有者权益的利得和损失是指不应计入当期损益、会导致所有者权益发生增减变动的、与所有者投入资本或向所有者分配利润无关的利得或者损失。其中,利得是指由企业非日常活动所形成的、会导致所有者权益增加的、与所有者投入资本无关的经济利益的流入,包括直接计入所有者权益的利得和直接计入当期利润的利得;损失是指由企业非日常活动所发生的、会导致所有者权益减少的、与向所有者分配利润无关的经济利益的流出,包括直接计入所有者权益的损失和直接计入当期利润的损失。

(3)留存收益是企业历年实现的净利润留存于企业的部分,主要包括累计计提的盈余公积和未分配利润。

3. 所有者权益的构成

所有者权益通常由实收资本、资本公积、盈余公积和未分配利润构成。

(1)实收资本是指企业投资者按照企业章程或合同、协议的约定,实际投入企业的资本。我国企业实行的是注册资本制,因而,在投资者足额缴纳资本之后,企业的实收资本应该等于企业的注册资本。所有者向企业投入的资本,在一般情况下无需偿还,可以长期周转使用。

(2)资本公积是企业收到的投资者超出其在企业注册资本(或股本)中所占份额的投资,以及直接计入所有者权益的利得和损失。一般来说,资本公积包括接受捐赠、股本溢价等。

(3)盈余公积项目包括法定盈余公积和任意盈余公积。

(4)未分配利润是企业未作分配的利润。

(二)权益筹资岗位核算涉及的主要经济业务及总账账户

权益筹资岗位核算涉及的主要经济业务及总账账户见表6-1。

表 6-1 主要经济业务及总账账户一览表

经济业务	对应账户名称	账户性质	核算内容
权益筹资	实收资本	所有者权益类	核算企业按照章程规定或合同、协议约定,接受投资者投入企业的资本。它总括地反映企业实收资本的增减变动及结存情况
	资本公积	所有者权益类	核算企业受到投资者出资额超出其在注册资本(或股本)中所占份额的部分,以及直接计入所有者权益的利得和损失等

任务 6.2 记录增资信息

一、任务布置

【任务 6-2】 记录增资信息案例

根据[任务 6-1]的资料,分别编制王林、于青、李可、张冰投资时的会计分录。

二、知识链接

(一)实收资本

1. 实收资本的含义及相关规定

实收资本是指企业按照章程规定或合同、协议约定,接受投资者投入企业的资本。实收资本的构成比例或股东的股份比例,是确定所有者在企业所有者权益中份额的基础,也是企业进行利润或股利分配的主要依据。

《中华人民共和国公司法》规定,股东可以用货币出资,也可以用实物、知识产权等能够用货币估价并可以依法转让的非货币财产作价出资;但是法律、行政法规规定不得作为出资的财产除外。全体股东的货币出资金额不得低于公司注册资本的30%。

2. 实收资本的业务流程及原始凭证

实收资本的业务流程及所涉及的原始凭证见图 6-1。

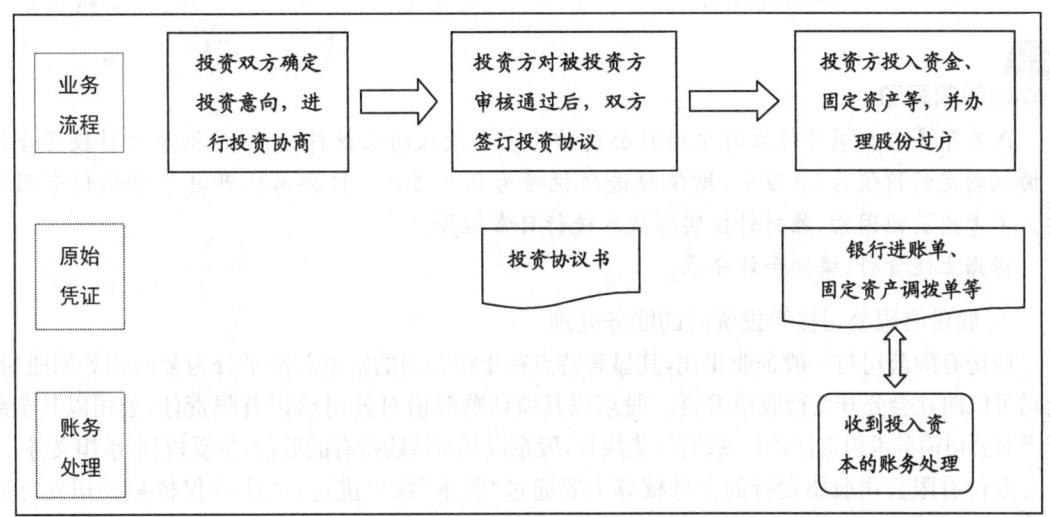

图 6-1 实收资本的业务流程及所涉及的原始凭证

3. 实收资本的账务处理

1）除股份有限公司以外的企业接受投资时的账务处理

【任务 6-2-1】 编制会计分录

甲、乙、丙共同投资设立天恒有限责任公司,该公司的注册资本为 300 万元,甲、乙、丙的持股比例分别为 60％、25％、15％。按照章程规定,甲、乙、丙投入资本分别为 180 万元、75 万元、45 万元。天恒有限责任公司已如期收到各投资者一次缴足的款项。

试编制天恒有限责任公司收到款项时的会计分录。

投资者以现金投入的资本,应以实际收到或者存入企业开户银行的金额,借记"银行存款"账户,贷记"实收资本"账户和"资本公积"账户。投资者以非现金资产投入的资本,应按投资各方确认的价值,借记有关资产账户,贷记"实收资本"账户和"资本公积"账户。

【例 6-1】 甲、乙、丙共同出资设立华源公司,公司注册资本为 10 000 000 元,甲、乙、丙的持股比例分别为 50％、30％、20％。2023 年 1 月 5 日,华源公司如期收到各投资者一次性缴足的款项。该公司应编制如下会计分录:

借:银行存款　　　　　　　　　　　　　　　　　　　　　　10 000 000
　　贷:实收资本——甲投资者　　　　　　　　　　　　　　　5 000 000
　　　　　　　　——乙投资者　　　　　　　　　　　　　　　3 000 000
　　　　　　　　——丙投资者　　　　　　　　　　　　　　　2 000 000

【例 6-2】 承［例 6-1］,如果华源公司于设立时收到甲投资者作为资本投入的不需要安装的设备一台,合同约定该设备的价税合计为 2 000 000 元。合同约定的固定资产价值与公允价值相符,不考虑其他因素,其他均为收到的现金。该公司应编制如下会计分录:

借:银行存款　　　　　　　　　　　　　　　　　　　　　　8 000 000
　　固定资产　　　　　　　　　　　　　　　　　　　　　　1 709 401
　　应交税费——应交增值税（进项税额）　　　　　　　　　　290 599
　　贷:实收资本——甲投资者　　　　　　　　　　　　　　　5 000 000
　　　　　　　　——乙投资者　　　　　　　　　　　　　　　3 000 000
　　　　　　　　——丙投资者　　　　　　　　　　　　　　　2 000 000

课堂活动

A 有限责任公司于设立时收到 B 公司作为资本投入的原材料一批,该批原材料投资合同或协议约定的价值为 20 万元,增值税进项税额为 2.6 万元。B 公司已开具了增值税专用发票。不考虑其他因素,原材料按实际成本进行日常核算。

根据上述资料,编制会计分录。

2）股份有限公司接受投资时的账务处理

股份有限公司与一般企业相比,其显著特点在于将公司的资本总额平分为金额相等的股份,公司可以向社会公开发行股票筹资。股东以其所认购股份对公司承担有限责任,公司以其全部资产对公司债务承担责任;每一股有一表决权,股东以其所认购持有的股份,享受权利、承担义务。

股份有限公司股票发行的会计核算主要通过"股本"账户进行,该账户仅核算公司发行股票的面值或设定价值部分。如果股份有限公司溢价发行股票,溢价部分记入"资本公积"账户。

发行股票相关的手续费、佣金等交易费用,如果是溢价发行股票的,应从溢价中扣除,企业应按扣除手续费、佣金后的数额记入"资本公积"账户。在采用面值发行的情况下,企业没有溢价收入,应按面值全部记入"股本"账户,支付的发行股票费用冲减盈余公积。

【例 6-3】 青岛东方股份有限公司发行股票 10 000 000 股,每股面值为 1 元,按面值发行。该公司与南方证券公司约定,按发行收入的 3‰ 收取手续费,并从发行费用中扣除。股款已经全部收到。该公司应编制如下会计分录:

借:银行存款　　　　　　　　　　　　　　　　　　　　　　9 700 000
　　资本公积　　　　　　　　　　　　　　　　　　　　　　　 300 000
　　贷:股本　　　　　　　　　　　　　　　　　　　　　　　　　　 10 000 000

【例 6-4】 青岛东方股份有限公司收到 A 公司作为资本投入的原材料一批,该批原材料投资合同约定价值(不含可抵扣的增值税进项税额部分)为 200 000 元,增值税进项税额为 26 000 元。A 公司已经开具了增值税专用发票。假设合同约定的价值公允,增值税进项税额允许抵扣,不考虑其他因素。青岛东方股份有限公司应编制如下会计分录:

借:原材料　　　　　　　　　　　　　　　　　　　　　　　 200 000
　　应交税费——应交增值税(进项税额)　　　　　　　　　　　 26 000
　　贷:股本——A 公司　　　　　　　　　　　　　　　　　　　　　 226 000

课堂活动

甲股份有限公司发行普通股 5 000 万股,每股面值为 1 元,发行价为 4.5 元。按承销协议规定,券商直接从发行收入中扣取手续费 5‰,普通股现已发行成功,股款已划入该公司账户。请根据上述资料,编制会计分录。

3) 实收资本减少的账务处理

【例 6-5】 2023 年 12 月 31 日,长远股份公司的股本为 5 000 万股,面值为 1 元,资本公积(股本溢价)为 1 500 万元。经股东大会批准,该公司以现金回购本公司股票 1 000 万股并注销。假定该公司按每股 2 元回购股票,不考虑其他因素。该公司应编制如下会计分录:

(1) 回购本公司股份时:

借:库存股　　　　　　　　　　　　　　　　　　　　　　 20 000 000
　　贷:银行存款　　　　　　　　　　　　　　　　　　　　　　　 20 000 000

(2) 注销本公司股份时:

借:股本　　　　　　　　　　　　　　　　　　　　　　　 10 000 000
　　资本公积　　　　　　　　　　　　　　　　　　　　　　 10 000 000
　　贷:库存股　　　　　　　　　　　　　　　　　　　　　　　　 20 000 000

严格遵守国家法律法规,认真履行职业操守

如果企业一次筹集的资本等于注册资本,那么实收资本就是企业的资本金;反之,如果企

业分期筹集资本，那么在最后一次缴入之前，实收资本都少于注册资本。有些企业不遵守法律法规，通过虚报注册资本、虚假出资、抽逃出资、虚列实收资本、虚假评估本等方式伪造财务数据，获取相应资质，受到了法律的惩罚。

《中华人民共和国公司法》对于虚报注册资本、虚假出资和抽逃出资的相关处罚规定如下：

（1）虚报注册资本。虚报注册资本、提交虚假材料或者采取其他欺诈手段隐瞒重要事实取得公司登记的，由公司登记机关责令改正，对虚报注册资本的公司，处以虚报注册资本金额 5% 以上 15% 以下的罚款；对提交虚假材料或者采取其他欺诈手段隐瞒重要事实的公司，处以 5 万元以上 50 万元以下的罚款；情节严重的，撤销公司登记或者吊销营业执照。

（2）虚假出资。公司的发起人、股东虚假出资，未交付或者未按期交付作为出资的货币或者非货币财产的，由公司登记机关责令改正，处以虚假出资金额 5% 以上 15% 以下的罚款。

（3）抽逃出资。公司的发起人、股东在公司成立后，抽逃其出资的，由公司登记机关责令改正，处以所抽逃出资金额 5% 以上 15% 以下的罚款。

《中华人民共和国刑法》对于虚报注册资本罪，虚假出资、抽逃出资罪的相关处罚规定如下：

（1）虚报注册资本罪。申请公司登记使用虚假证明文件或者采取其他欺诈手段虚报注册资本，欺骗公司登记主管部门，取得公司登记，虚报注册资本数额巨大、后果严重或者有其他严重情节，处 3 年以下有期徒刑或者拘役，并处或者单处虚报注册资本金额 1% 以上 5% 以下罚金。单位犯本罪的，对单位判处罚金，并对其直接负责的主管人员和其他直接责任人员，处 3 年以下有期徒刑或者拘役。

（2）虚假出资、抽逃出资罪。公司发起人、股东违反公司法的规定未交付货币、实物或者未转移财产权，虚假出资，或者在公司成立后又抽逃其出资，数额巨大、后果严重或者有其他严重情节的，处 5 年以下有期徒刑或者拘役，并处或者单处虚假出资金额或者抽逃出资金额 2% 以上 10% 以下罚金。单位犯本罪的，对单位判处罚金，并对其直接负责的主管人员和其他直接责任人员，处 5 年以下有期徒刑或者拘役。

（二）资本公积

1. 资本公积的来源

资本公积是企业收到投资者出资额超出其在注册资本（或股本）中所占份额的部分（即资本溢价或股本溢价），以及直接计入所有者权益的利得和损失等。

温馨提示

资本公积与实收资本的区别如下：

（1）从来源和性质上看，实收资本是指投资者按照企业章程或合同、协议的约定，实际投入企业并依法进行注册的资本，它体现了企业所有者对企业的基本产权关系。资本公积是投资者的出资中超出其在注册资本中所占份额的部分，以及直接计入所有者权益的利得和损失，它不直接表明所有者对企业的基本产权关系。

（2）从用途上看，实收资本的构成比例是确定所有者参与企业财务经营决策的基础，也是企业进行利润分配或股利分配的依据，同时还是企业清算时确定所有者对净资产的要求权的依据。资本公积的用途主要是用来转增资本，它不体现各所有者的占有比例，也不能作为所有者参与企业财务经营决策或进行利润、股利分配的依据。

2. 资本公积的账务处理

1) 资本溢价的账务处理

除股份有限公司外的其他类型的企业,在企业创立时,投资者认缴的出资额与注册资本一致,一般不会产生资本溢价。但在企业重组或有新投资者加入时,常常会出现资本溢价的情况。这是因为在企业进行正常生产经营后,其资本利润率要高于企业初创阶段,另外,企业有内部积累,新投资者加入企业后,对这些积累具有共享权,新加入的投资者往往要付出大于原投资者的出资额,才能取得与原投资者相同的出资比例。投资者多交的部分就形成了资本溢价。

【例6-6】 承[例6-1],华源公司经营2年后,为扩大经营规模,经批准其注册资本增加到12 000 000元,并引入第四位投资者丁。按照投资协议,新投资者须缴入现金2 800 000元,同时享有该公司15%的股份。华源公司已收到该现金投资,假定不考虑其他因素。该公司应编制如下会计分录:

借:银行存款 2 800 000
    贷:实收资本 1 800 000
        资本公积——资本溢价 1 000 000

承[例6-6],华源公司接受第四位投资者丁的投入后,各股东的投资比例分别是多少?

2) 股本溢价的账务处理

【例6-7】 青岛东方股份有限公司发行股票10 000 000股,每股面值为1元,每股发行价格为6元。该公司与南方证券公司约定,按发行收入的3%收取手续费,并从发行费用中扣除。股款已经全部收到。该公司应编制如下会计分录:

借:银行存款 58 200 000
    贷:股本 10 000 000
        资本公积——股本溢价 48 200 000

(1) A有限责任公司由一位投资者投资100万元设立,3年后,为扩大经营规模,经批准,该公司注册资本增加到200万元,并引入一位新的投资者。根据协议,新的投资者需出资150万元,同时享有该公司50%的股份,该公司已收到该笔投资。

(2) B股份有限公司发行普通股2 000万股,每股面值为1元,每股发行价格为5元,B公司与受托单位约定,按发行收入的3%收取手续费,从发行收入中扣除。收到的股款已存入银行。

要求:根据以上资料,编制会计分录。

3) 其他资本公积的账务处理

其他资本公积是指除资本溢价(或股本溢价)项目以外所形成的资本公积,其中主要是直接计入所有者权益的利得和损失。

【例6-8】 青岛东方股份有限公司持有上海新天地股份有限公司1 000万股,占该公司有表决权股份的40%,对其有重大影响。2023年,上海新天地股份有限公司可供出售金融资产的公允价值增加了4 000 000元。青岛东方股份有限公司按照持股比例确认相应的资本公积1 600 000元。该公司应编制如下会计分录:

  借:长期股权投资——其他权益变动   1 600 000
    贷:资本公积——其他资本公积   1 600 000

4)资本公积转增资本

【例6-9】 承[例6-6],华源公司为扩大经营规模需要,经批准,按出资比例将资本公积1 000 000元转增资本。该公司应编制如下会计分录:

  借:资本公积   1 000 000
    贷:实收资本——甲投资者   425 000
      ——乙投资者   255 000
      ——丙投资者   170 000
      ——丁投资者   150 000

【项目总结】 完善本项目思维导图

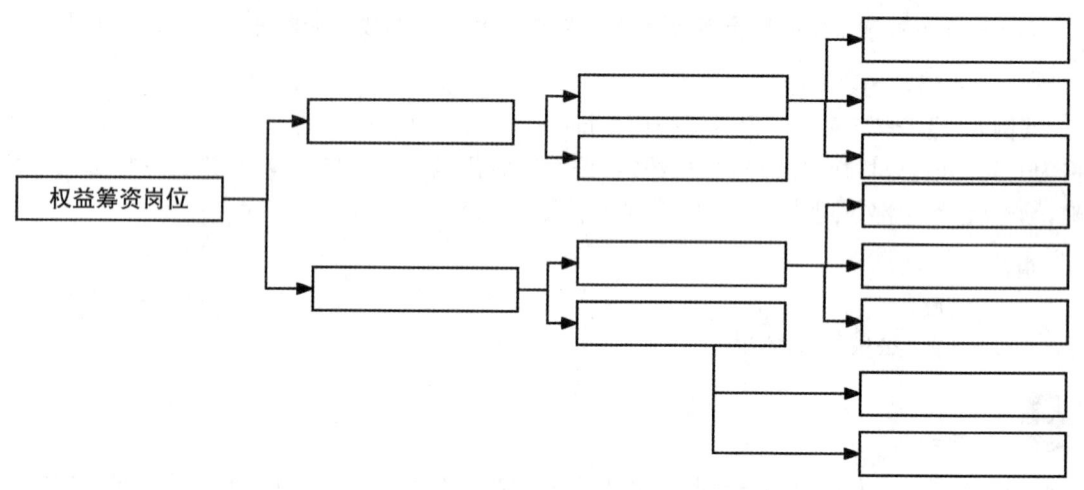

项目练习

一、单项选择题

1. 2023年1月1日,某企业所有者权益情况如下:实收资本为200万元,资本公积为17万元,盈余公积为38万元,未分配利润为32万元。则该企业2023年1月1日留存收益为(　　)万元。

  A. 32   B. 38   C. 70   D. 87

2. 甲股份有限公司委托A证券公司发行普通股1 000万股,每股面值为1元,每股发行价格为4元。根据约定,股票发行成功后,甲股份有限公司应按发行收入的2%向A证券公司支付发行费。如果不考虑其他因素,股票发行成功后,甲股份有限公司记入"资本公积"账户的金额应为(　　)万元。

　　A. 20　　　　　　　B. 80　　　　　　　C. 2 920　　　　　　D. 3 000

3. 某企业2023年年初"利润分配——未分配利润"账户的贷方余额为200万元,本年度实现的净利润为100万元,按10%提取法定盈余公积。假定不考虑其他因素,该企业2023年年末"利润分配——未分配利润"账户的贷方余额应为(　　)万元。

　　A. 205　　　　　　　B. 255　　　　　　　C. 270　　　　　　　D. 290

4. 下列各项中,能够引起所有者权益总额变化的是(　　)。

　　A. 以资本公积转增资本　　　　　　　B. 增发新股
　　C. 向股东支付已宣告分派的现金股利　　D. 以盈余公积弥补亏损

5. 企业接受的现金捐赠,应计入(　　)。

　　A. 资本公积　　B. 营业外收入　　C. 待转资产价值　　D. 未分配利润

6. 某企业年初"盈余公积"账户的贷方余额为500万元,本年提取法定盈余公积200万元,用盈余公积转增资本200万元。该企业"盈余公积"账户的年末贷方余额为(　　)万元。

　　A. 450　　　　　　　B. 500　　　　　　　C. 550　　　　　　　D. 600

7. 某企业委托券商代理发行股票5 000万股,每股面值为1元,每股发行价格6元。该企业按发行价格的1%向券商支付发行费用,发行股票期间冻结的利息收入为50万元。该企业在收到股款时,应记入"资本公积"账户的金额为(　　)万元。

　　A. 24 650　　　　　B. 24 700　　　　　C. 24 750　　　　　D. 25 000

8. 某上市公司发行普通股1 000万股,每股面值为1元,每股发行价格为5元,支付手续费20万元,支付咨询费60万元。该上市公司发行普通股计入股本的金额为(　　)万元。

　　A. 1 000　　　　　　B. 4 920　　　　　　C. 4 980　　　　　　D. 5 000

9. 企业增资扩股时,投资者实际出资额大于按约定比例计算的其在注册资本中所占份额的部分,应作为(　　)。

　　A. 资本公积　　B. 实收资本　　C. 盈余公积　　D. 营业外收入

二、多项选择题

1. 企业吸收投资者出资时,下列各项中,(　　)账户的余额可能发生变化。

　　A. "盈余公积"　　B. "资本公积"　　C. "实收资本"　　D. "利润分配"

2. 下列各项中,属于企业留存收益的有(　　)。

　　A. 法定盈余公积　　　　　　　　　B. 任意盈余公积
　　C. 资本公积　　　　　　　　　　　D. 股本溢价

3. 下列各项中,构成企业留存收益的有(　　)。

　　A. 资本溢价　　　　　　　　　　　B. 未分配利润
　　C. 任意盈余公积　　　　　　　　　D. 法定盈余公积

4. 下列各项中,不会引起所有者权益总额发生变动的有(　　)。

　　A. 宣告发放股票股利　　　　　　　B. 资本公积转增资本
　　C. 盈余公积转增资本　　　　　　　D. 接受投资者追加投资

5. 企业减少实收资本应该按照法定程序报经批准,一般发生在企业(　　)而需要减资的情况下。

  A. 资本过剩　　　　B. 发生重大亏损　　　C. 投资者要求　　　D. 盈利

 6. 下列各项中,应通过"资本公积"账户核算的有(　　)。

  A. 资本(或股本)溢价　　　　　　　　B. 直接计入所有者权益的损失

  C. 接受捐赠非现金资产　　　　　　　D. 按净利润一定比例提取的盈余公积

 7. 在持股比例不变的情况下,采用权益法核算时,下列各项中,不会引起投资企业"资本公积——其他资本公积"账户余额发生变化的有(　　)。

  A. 被投资企业以盈余公积弥补亏损

  B. 被投资企业其他资本公积发生增减变动

  C. 被投资企业以税后利润补亏

  D. 被投资企业以资本公积转增资本

三、判断题

 1. 企业以盈余公积向投资者分配现金股利,不会引起留存收益总额的变动。(　　)

 2. 接受非现金资产投资时,可抵扣的增值税额应该记入"应交税费——应交增值税(进项税额)"账户。(　　)

 3. 企业接受投资者作价投入的材料物资,应按投资合同或协议约定价值确定材料物资价值(投资合同或协议约定价值不公允的除外)。(　　)

 4. 经过董事会决议之后,可以使用资本公积转增资本。(　　)

 5. "利润分配——未分配利润"账户的年末余额等于企业当年实现的税后利润加未分配利润年初数。(　　)

 6. 资本公积经批准后可用于派发现金股利。(　　)

 7. 除资本溢价(股本溢价)以外形成的资本公积都是其他资本公积。(　　)

四、实务题

 1. 甲公司属于工业企业,为增值税一般纳税人,由 A、B、C 三位股东于 2021 年 12 月 31 日共同出资成立,出资比例分别为 40%、35%、25%。该公司的有关资料如下:

 (1) 2021 年 12 月 31 日,三位股东的出资方式及出资额见表 6-2(各位股东的出资已全部到位,并经中国注册会计师验资,有关法律手续已经办妥)。

表 6-2　　　　　　　　　　股东出资情况表　　　　　　　　　　单位:万元

出资者	货币资金	实物资产	无形资产	合计
A	270		50(专利权)	320
B	130	150(设备)		280
C	170	30(轿车)		200
合计	570	180	50	800

 (2) 2022 年,甲公司实现净利润 400 万元,决定分配现金股利 100 万元,计划在 2023 年 2 月 10 日支付。

 (3) 2023 年 12 月 31 日,吸收 D 股东加入本公司,将甲公司注册资本由原 800 万元增加到 1 000 万元。D 股东以银行存款 100 万元、原材料 56.5 万元(增值税专用发票中注明材料计税价格为 50 万元,增值税额为 6.5 万元)出资,占增资后注册资本 10%的股份;其余的

100 万元增资由 A、B、C 三位股东按原持股比例以银行存款出资。2023 年 12 月 31 日,四位股东的出资已全部到位,并取得 D 股东开出的增值税专用发票,有关的法律手续已经办妥。

要求:

(1) 编制甲公司 2021 年 12 月 31 日收到投资者投入资本的会计分录("实收资本"账户要求写出明细账户)。

(2) 编制甲公司 2022 年决定分配现金股利的会计分录("应付股利"账户要求写出明细账户)。

(3) 计算甲公司 2023 年 12 月 31 日吸收 D 股东出资时产生的资本公积。

(4) 编制甲公司 2023 年 12 月 31 日增收到 A、B、C 股东追加投资和 D 股东出资的会计分录。

(5) 计算甲公司 2023 年 12 月 31 日增资扩股后各股东的持股比例。

2. 甲公司原由投资者 A 和投资者 B 共同出资成立,每人出资 200 000 元,各占 50% 的股份。公司经营 2 年后,投资者 A 和投资者 B 决定增加公司资本,此时有一新投资者 C 要求加入甲公司。经有关部门批准后,甲公司实施增资,将实收资本增加到 900 000 元。经三方协商,一致同意,完成下述投入后,三方投资者各拥有甲公司 300 000 元实收资本,并各占甲公司 1/3 的股份,各投资者的出资情况如下:

(1) 投资者 A 以一台设备投入甲公司作为增资,该设备原价为 180 000 元,已提折旧 95 000 元,评估确认原价为 180 000 元,评估确认净值为 126 000 元。

(2) 投资者 B 以一批原材料投入甲公司作为增资,该批材料账面价值为 105 000 元,评估确认价值为 110 000 元,税务部门认为应交增值税额为 14 300 元。投资者 B 已开具了增值税专用发票。

(3) 投资者 C 以银行存款投入甲公司 390 000 元。

要求:根据以上资料,分别编制甲公司接受投资者 A、投资者 B 增资时,以及投资者 C 初次出资时的会计分录("应交税费"账户要求写出明细账户和专栏名称)。

3. 甲有限责任公司(以下简称甲公司)2023 年年初"利润分配——未分配利润"账户的借方余额为 600 万元,"盈余公积"账户的贷方余额为 600 万元。甲公司本年实现税后净利润为 2 600 万元,法定盈余公积和任意盈余公积的计提比例均为 10%;股东大会宣告分配现金股利 600 万元。因扩大经营规模的需要,经批准,甲公司决定将资本公积 500 万元和法定盈余公积 300 万元转增资本。

要求:

(1) 编制计提法定盈余公积和任意盈余公积的会计分录。

(2) 编制以资本公积和法定盈余公积转增资本的会计分录。

(3) 计算 2023 年年末留存收益金额。

项目 7

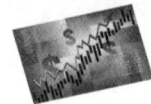

交易性金融资产岗位

| 能力目标 | 1. 能够办理交易性资产核算岗位的各项工作。
2. 能够按照规范流程和方法进行交易性金融资产的会计核算。 |

| 知识目标 | 1. 熟悉《企业会计准则第22号——金融工具确认和计量》。
2. 掌握交易性金融资产的账务处理。 |

| 素质目标 | 1. 培养学生学习证券市场的相关知识,熟悉股票、债券的特点及交易流程。
2. 培养学生准确无误地识别原始凭证、分析和判断经济业务的内容,能采用手工和电算化方式独立完成建账、填制和审核会计凭证、汇总和试算平衡、登记账簿、结账、对账。
3. 培养学生与资产管理人员进行有效沟通,建立有效的交易性金融资产管理办法。 |

任务 7.1 建立交易性金融资产档案

一、任务布置

【任务 7-1】 建立交易性金融资产档案问题

通过去证券交易所实地考察及阅读相关资料,了解交易性金融资产的基本内容,讨论并编制某一企业的交易性金融资产目录(包括交易性金融资产的分类、品种等)。

二、知识链接

(一)投资概述

投资是指经济主体(包括国家、企业和个人)为了在未来可预见的时期内获得收益或使资金增值,在一定时期向一定领域的标的物投放足够数额的资金或实物等货币等价物的经济行为。从特定企业角度上看,投资是企业为获取收益而向一定对象投放资金的经济行为。投资的分类包括以下几点。

1. 按投资的回收期限不同,分为短期投资和长期投资

短期投资是指回收期限在 1 年以内(含 1 年)的投资,主要包括现金、应收款项、存货、短期有价证券等投资。长期投资是指回收期在 1 年以上的投资,主要包括固定资产、无形资产、对外长期投资等。

2. 按投资的回收时间不同,分为直接投资和间接投资

直接投资包括企业内部直接投资和对外直接投资,前者形成企业内部直接用于生产经营的各项资产,后者形成企业持有的各种股权性资产,如持有子公司或联营公司股份等。间接投资是指企业通过购买被投资对象发行的金融工具而将资金间接转移交付给被投资对象使用的投资,如企业购买特定投资对象发行的股票、债券、基金等。

3. 按投资的方向不同,分为对内投资和对外投资

从企业的角度上看,对内投资就是项目投资,企业筹集到资金以后为了维持正常的生产经营活动必须提供必要的物资、技术条件,即购置所需要的固定资产和无形资产等。对内投资是指企业将资金投放于为取得供本企业生产经营使用的固定资产、无形资产、其他资产和垫支流动资金而形成的一种投资。对外投资是企业为了利用闲置的资金谋取更大的经济利益,企业利用这部分资金购买国家及其他企业发行有价证券(如交易性金融资产),其他金融产品(包括期货与期权、信托、保险),或者以货币资金、实物资产、无形资产向其他企业(如联营企业、子公司等)注入资金而发生的投资。

(二) 交易性金融资产概述

《企业会计准则第 22 号——金融工具确认和计量》规定,金融资产是指企业持有的现金、其他方的权益工具以及符合下列条件之一的资产:

(1) 从其他方收取现金或其他金融资产的合同权利。

(2) 在潜在有利条件下,与其他方交换金融资产或金融负债的合同权利。

(3) 将来须用或可用企业自身权益工具进行结算的非衍生工具合同,且企业根据该合同将收到可变数量的自身权益工具。

(4) 将来须用或可用企业自身权益工具进行结算的衍生工具合同,但以固定数量的自身权益工具交换固定金额的现金或其他金融资产的衍生工具合同除外。其中,企业自身权益工具不包括应当按照《企业会计准则第 37 号——金融工具列报》分类为权益工具的可回售工具或发行方仅在清算时才有义务向另一方按比例交付其净资产的金融工具,也不包括本身就要求在未来收取或交付企业自身权益工具的合同。

企业应当根据其管理金融资产的业务模式和金融资产的合同现金流量特征,将金融资产划分为以下三类:

(1) 以摊余成本计量的金融资产。

(2) 以公允价值计量且其变动计入其他综合收益的金融资产。

(3) 以公允价值计量且其变动计入当期损益的金融资产。

本项目只介绍"以公允价值计量且其变动计入当期损益的金融资产"中的交易性金融资产的相关内容。

1. 交易性金融资产的含义

交易性金融资产主要是指企业为了近期内出售而持有的金融资产,如以赚取差价为目的从二级市场购入的股票、债券、基金等。它属于以公允价值计量且其变动计入当期损益的金融资产之一。

2. 交易性金融资产的特点

交易性金融资产的特点包括：

（1）具有较强的变现能力，流动性强。交易性金融资产均有活跃的市场报价，可以随时变现，其流动性仅次于货币资金。

（2）持有交易性金融资产的目的是从其价格的短期波动中获利。交易性金融资产保持了资金的流动性和获利性，企业是为了利用生产经营过程中暂时闲置的资金获得一定的收益而持有股票、债券、基金等交易性金融资产，而不是为了控制被投资企业。

（三）交易性金融资产核算的业务流程及原始凭证

交易性金融资产核算的业务流程及所涉及的原始凭证见图7-2。

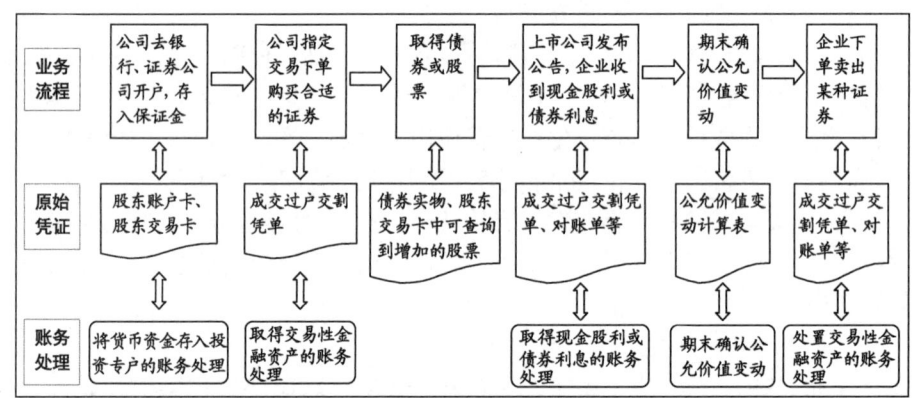

图7-2 交易性金融资产的业务流程及所涉及的原始凭证

（四）交易性金融资产的核算流程和设置的主要账户

1. 交易性金融资产的核算流程

根据交易性金融资产的核算流程（图7-3）可知，企业交易性金融资产的核算内容主要包括交易性金融资产取得的核算、持有期间股利及利息的核算、交易性金融资产的期末计量和交易性金融资产处置的核算。

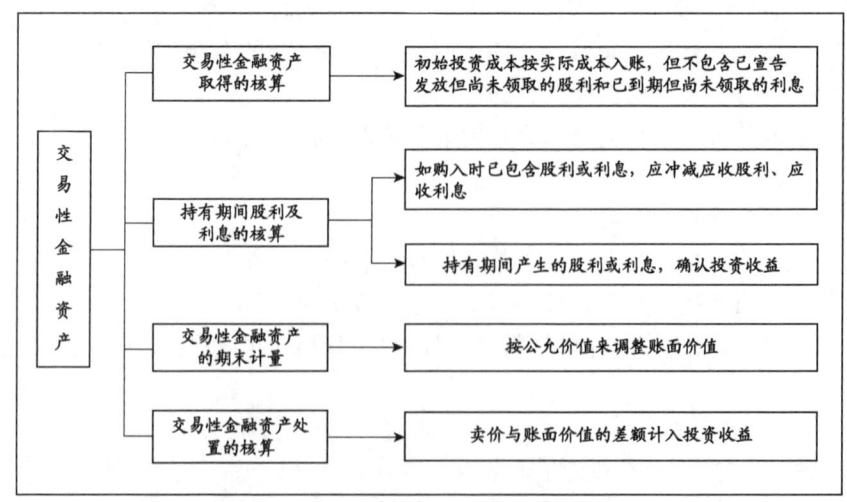

图7-3 交易性金融资产的核算流程

2. 交易性金融资产设置的主要账户

为了核算交易性金融资产业务,企业应设置"交易性金融资产——成本""交易性金融资产——公允价值变动""应收股利""应收利息""投资收益""公允价值变动损益"等账户。交易性金融资产设置的主要账户见表 7-1。

表 7-1　　　　　　　　　　　　主要账户一览表

账户名称	账户性质	核 算 内 容
交易性金融资产	资产类	核算企业为交易目的所持有的债券投资、股票投资、基金投资等交易性金融资产的公允价值。该账户应按照交易性金融资产的类别和品种,分别设置"成本""公允价值变动"等明细账户
公允价值变动损益	损益类	核算企业交易性金融资产等的公允价值变动而形成的,应计入当期损益的利得或损失
投资收益	损益类	核算企业持有交易性金融资产期间取得的投资收益以及处置交易性金融资产等实现的投资收益或投资损失

注：交易性金融资产和直接指定为以公允价值计量且其变动计入当期损益的金融资产,均通过"交易性金融资产"账户核算,且在资产负债表上均在"交易性金融资产"项目内列示。

任务 7.2　记录交易性金融资产变更信息

一、任务布置

【任务 7-2】 记录交易性金融资产变更信息案例

2023 年,青岛宏达服装有限公司发生如下与交易性金融资产有关的经济业务：

（1）1 月 3 日,转入投资款。有关单据见图 7-4 和图 7-5。

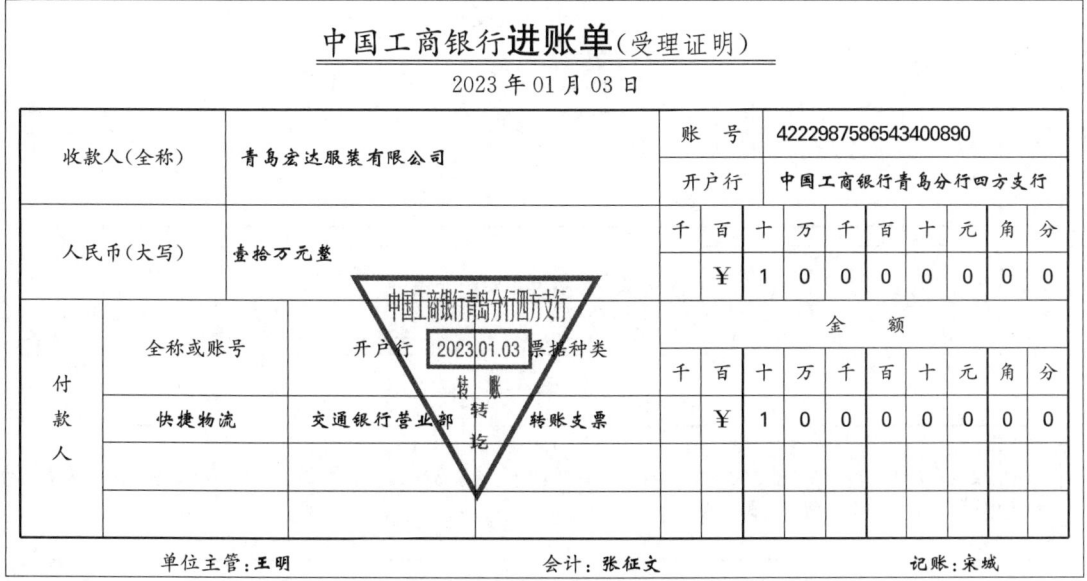

图 7-4　银行进账单

```
        中国工商银行
        转账支票存根
         Ⅶ Ⅲ 00041191
   科    目：_____
   对方科目：其他货币资金
   出票日期：2023 年 01 月 03 日
   收款人：本公司投资户
   金   额：￥100 000.00
   用   途：存出投资款
   单位主管：李平    会计：刘强
   复核：            记账：
```

图 7-5　转账支票存根

(2) 1月11日，购买股票作为交易性金融资产持有。有关单据见图 7-6 和图 7-7。

```
              成交过户交割凭单

股东代码：        154              股东姓名：     青岛宏达服装有限公司
资金账号：       7578478
合同账号：       587478
证券名称：       陆家嘴           委托时间：           09:50:01
成交号码：       5478             成交时间：           10:05:12
成交股数：       5 000 股         本次余额：           10 000 股
成交价格：       15.00            成交金额：           75 000.00
手续费：         100.00           印花税：             50.00
过户费：         50.00            其他收费：           0.00
清算费：         0.00
收付余额：       75 200.00
上次余额：       100 000.00       买卖方向：           买
本次余额：       24 800.00
成交日期：       2023.01.11
备注信息：
```

图 7-6　成交过户交割凭单

```
               证 券 市 场 报

……
   陆家嘴发布董事会通告：公司于2023年01月01日通过了每股发放现金股利0.1元的2022年度股息分配方
案……股利支付日为2023年02月10日。
……
```

图 7-7　证券市场报

(3) 2月10日,出售股票。有关单据见图7-8。

成交过户交割凭单

股东代码:	154	股东姓名:	青岛宏达服装有限公司
资金账号:	7578478		
合同账号:	266013		
证券名称:	陆家嘴	委托时间:	09:55:02
成交号码:	772	成交时间:	10:44:30
成交股数:	股	本次余额:	股
成交价格:		成交金额:	500.00
手续费:		印花税:	
过户费:		其他收费:	500.00 股息
清算费:			
收付余额:	500.00		
上次余额:	24 800.00	买卖方向:	卖
本次余额:	253 000.00		
成交日期:	2023.02.10		
备注信息:			

图7-8 成交过户交割凭单

要求:根据以上原始凭证,编制相关记账凭证。

二、知识链接

【任务7-2-1】 交易性金融资产的核算

A公司于2023年12月5日从证券市场上购入B公司发行在外的股票20万股作为交易性金融资产,每股支付价款5元;2023年12月31日,该股票公允价值为110万元。

(1) 假定2024年1月10日,A公司将上述股票全部出售,收到款项115万元并存入银行。

(2) 假定2024年1月10日,A公司出售10万股上述股票,收到款项60万元并存入银行。

请编制相关会计分录。

(一) 交易性金融资产取得的核算

企业取得交易性金融资产时,应当按照该交易性金融资产的公允价值作为初始确认金额,记入"交易性金融资产——成本"账户。如果在取得交易性金融资产所支付价款中,包含了已宣告但尚未发放的现金股利或已到付息期但尚未领取的债券利息(相当于企业投资时暂时垫付的款项),应当单独确认为应收项目,记入"应收股利"或"应收利息"账户。

图7-9形象地展示了应收股利的期间,为股利宣告日至支付日。

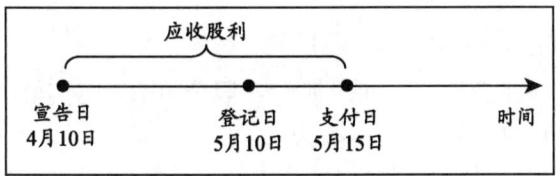

图7-9 应收股利的期间

取得交易性金融资产所发生的相关交易费用,应在发生时计入投资损益,而不计入交易性金融资产的成本。

取得交易性金融资产的核算流程见图7-10。

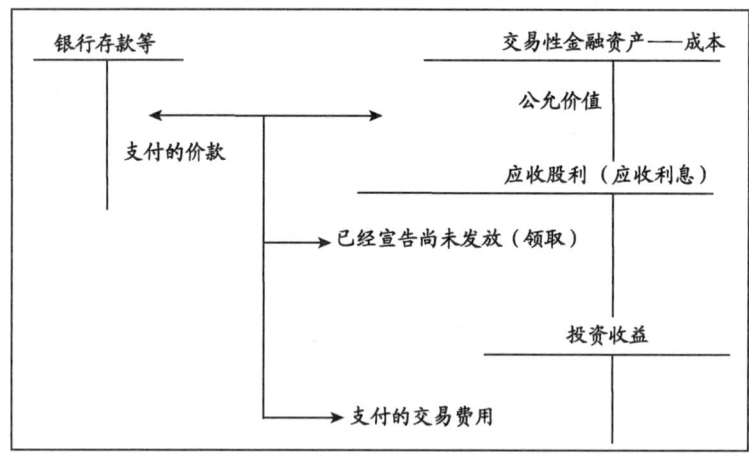

图7-10 取得交易性金融资产的核算流程

温馨提示

交易费用是指可直接归属于购买、发行或处置金融工具新增的外部费用,包括支付给代理机构、咨询公司、券商等的手续费、佣金和其他必要支出。

取得交易性资产的方式不同,贷方登记的账户也不同,如果是直接购入某公司的股票,则贷方登记"银行存款"账户;如果是委托证券公司购买,则贷方登记"其他货币资金——存出投资款"账户。

【例7-1】 2023年1月20日,青岛东方股份有限公司委托证券公司购入海尔集团股票100万股,并将其划分为交易性金融资产。该笔股票投资在购买日的公允价值为1 000万元。另支付相关交易费用金额为2.5万元,取得的增值税专用发票上注明增值税额为0.15万元。该公司应编制如下会计分录:

(1) 2023年1月20日,购买海尔集团股票时:

借:交易性金融资产——成本　　　　　　　　　　　　　　　10 000 000
　　贷:其他货币资金——存出投资款　　　　　　　　　　　10 000 000

(2) 支付相关交易费用时:

借:投资收益　　　　　　　　　　　　　　　　　　　　　　25 000
　　应交税费——应交增值税(进项税额)　　　　　　　　　　1 500
　　贷:其他货币资金——存出投资款　　　　　　　　　　　26 500

【例7-2】 2023年1月8日,青岛东方股份有限公司购入海信集团发行的公司债券,该笔债券于2022年7月1日发行,面值为2 500万元,票面利率为4%。上年债券利息于下年年初支付。青岛东方股份有限公司将其划分为交易性金融资产,支付价款2 550万元(其中包含已到付息期尚未发放的债券利息50万元),另支付交易费用30万元,取得的增值税专用发票上注明增值税额为 1.8 万元。该公司应编制如下会计分录：

借：交易性金融资产——成本	25 000 000	
应收利息	500 000	
投资收益	300 000	
应交税费——应交增值税(进项税额)	18 000	
贷：其他货币资金——存出投资款		25 818 000

【例 7-3】 2023 年 1 月 1 日，青岛东方股份有限公司转入投资款。取得的原始凭证见图 7-11 和图 7-12。

中国银行
转账支票存根
ⅦⅢ00041191

科　　目：
对方科目：其他货币资金
出票日期：2023 年 01 月 01 日

收款人：	本公司投资户
金　额：	¥500 000.00
用　途：	存出投资款

单位主管：李平　　会计：刘强
复核：　　记账：

图 7-11　转账支票存根

中国银行进账单(受理证明)
2023 年 01 月 01 日

收款人(全称)	青岛东方股份有限公司		账　号	601383702765893245									
			开户行	中国银行青岛分行市北支行									
人民币(大写)	伍拾万元整		千	百	十	万	千	百	十	元	角	分	
				¥	5	0	0	0	0	0	0	0	
付款人	全称或账号	开户行	票据种类	金　额									
				千	百	十	万	千	百	十	元	角	分
	青岛东方股份有限公司	中国银行青岛分行市北支行	转账支票		¥	5	0	0	0	0	0	0	0

中国银行青岛分行市北支行 2023.01.01 转讫

单位主管：王明　　会计：张征文　　记账：宋城

图 7-12　进账单

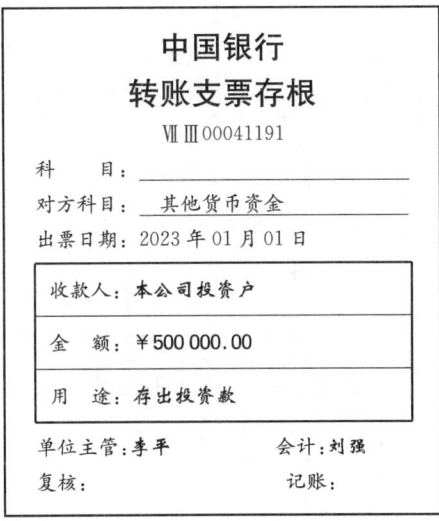

要求：填制记账凭证(图7-13)。

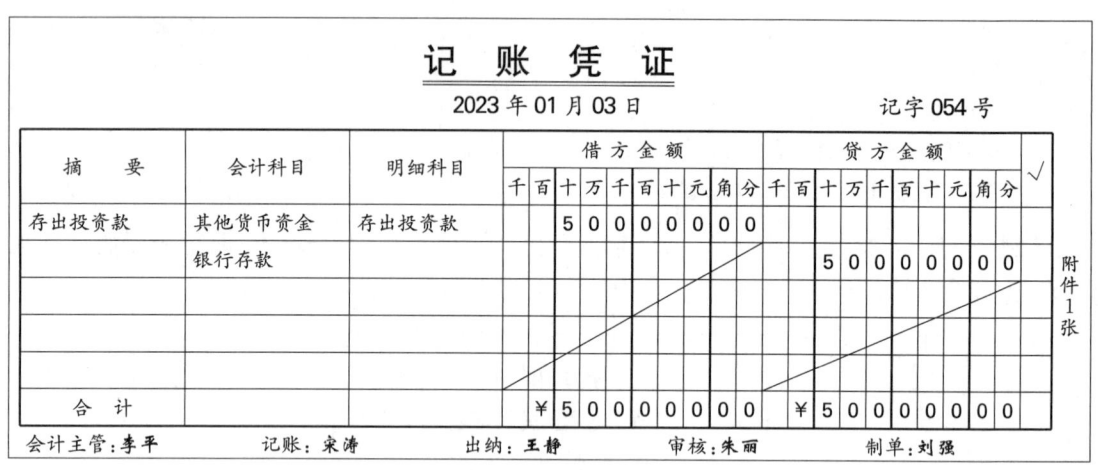

图 7-13　记账凭证

【例 7-4】 2023年4月1日，青岛东方股份有限公司购买股票，并将其作为交易性金融资产持有。取得的原始凭证见图 7-14 和图 7-15。

成交过户交割凭单

股东代码：	B112985442	股东姓名：	青岛东方股份有限公司
资金账号：	788621335		
合同账号：	3220517		
证券名称：	紫鑫药业	委托时间：	09:50:01
成交号码：	5478	成交时间：	10:05:12
成交股数：	10 000 股	本次余额：	10 000 股
成交价格：	28.00	成交金额：	280 000.00
手续费：	300.00	印花税：	100.00
过户费：	100.00	其他收费：	0.00
清算费：	0.00		
收付余额：	280 500.00		
上次余额：	500 000.00	买卖方向：	买
本次余额：	219 500.00		
成交日期：	**2023.04.01**		
备注信息：			

图 7-14　成交过户交割凭单

证 券 市 场 报

……紫鑫药业发布董事会通告：公司于2023年03月25日通过了每股发放现金股利0.1元的2022年度股息分配方案……股利支付日为2023年04月10日。
……

图 7-15　证券市场报

要求：填制记账凭证(图 7-16)。

记 账 凭 证

2023 年 04 月 01 日　　　　　　记字 055 号

摘要	会计科目	明细科目	借方金额	贷方金额	√
购买股票	交易性金融资产	成本	2 790 000 00		附件2张
	应收股利	紫鑫药业	10 000 00		
	应交税费	应交增值税(进项税额)	2 400		
	投资收益		5 000 00		
	其他货币资金	存出投资款		2 805 240 0	
合计			¥ 2 805 240 0	¥ 2 805 240 0	

会计主管：李平　　记账：宋涛　　出纳：　　审核：朱丽　　制单：刘强

图 7-16　记账凭证

课堂活动

某企业购入 W 上市公司股票 180 万股，并将其划分为交易性金融资产，共支付款项 2 830 万元，其中包括已宣告但尚未发放的现金股利 126 万元，另外支付相关交易费用 4 万元，取得的增值税专用发票上注明增值税额为 0.24 万元。该项交易性金融资产的入账价值为多少？

(二) 交易性金融资产持有期间取得现金股利和利息的核算

企业持有交易性金融资产期间，收到购买价款中包含的应收未收股利或应收未收利息，应借记"银行存款"等账户，贷记"应收股利"或"应收利息"账户，不通过"投资收益"账户核算。

企业持有交易性金融资产期间，对于被投资单位宣告发放的现金股利或企业在资产负债表日按分期付息、一次还本债券投资的票面利率计算的利息收入，应当确认为应收项目，记入"应收股利"或"应收利息"账户，并计入当期投资收益。

【例 7-5】 承[例 7-2]，2022 年 2 月 5 日，青岛东方股份有限公司收到该笔债券上年利息 50 万元。2023 年年初，公司收到 2022 年度债券利息 100 万元。该公司应编制如下会计分录：

(1) 2022 年 2 月 5 日，收到购买价款中包含的已宣告发放的债券利息时：

借：其他货币资金——存出投资款　　　　　　　　　　　　500 000
　　贷：应收利息　　　　　　　　　　　　　　　　　　　　　　　500 000

(2) 2022 年 12 月 31 日，确认海信集团的公司债券利息收入时：

借：应收利息　　　　　　　　　　　　　　　　　　　　1 000 000
　　贷：投资收益　　　　　　　　　　　　　　　　　　　　　　1 000 000

(3) 2023 年年初，收到持有债券利息时：

借：其他货币资金——存出投资款　　　　　　　　　　　1 000 000
　　贷：应收利息　　　　　　　　　　　　　　　　　　　　　　1 000 000

【例 7-6】 承[例 7-4],假定青岛东方股份有限公司于 2024 年 4 月 11 日收到股利。取得的原始凭证见图 7-17。

成交过户交割凭单

股东代码:	B112985442	股东姓名:	青岛东方股份有限公司
资金账号:	788621335		
合同账号:	266013		
证券名称:	紫鑫药业	委托时间:	09:55:02
成交号码:	772	成交时间:	10:44:30
成交股数:	股	本次余额:	股
成交价格:		成交金额:	1 000.00
手续费:		印花税:	
过户费:		其他收费:	1 000.00 股息
清算费:			
收付余额:	1 000.00		
上次余额:	219 500.00	买卖方向:	其他
本次余额:	220 500.00		
成交日期:	2024.04.11		
备注信息:			

图 7-17 成交过户交割单

要求:填制记账凭证(图 7-18)。

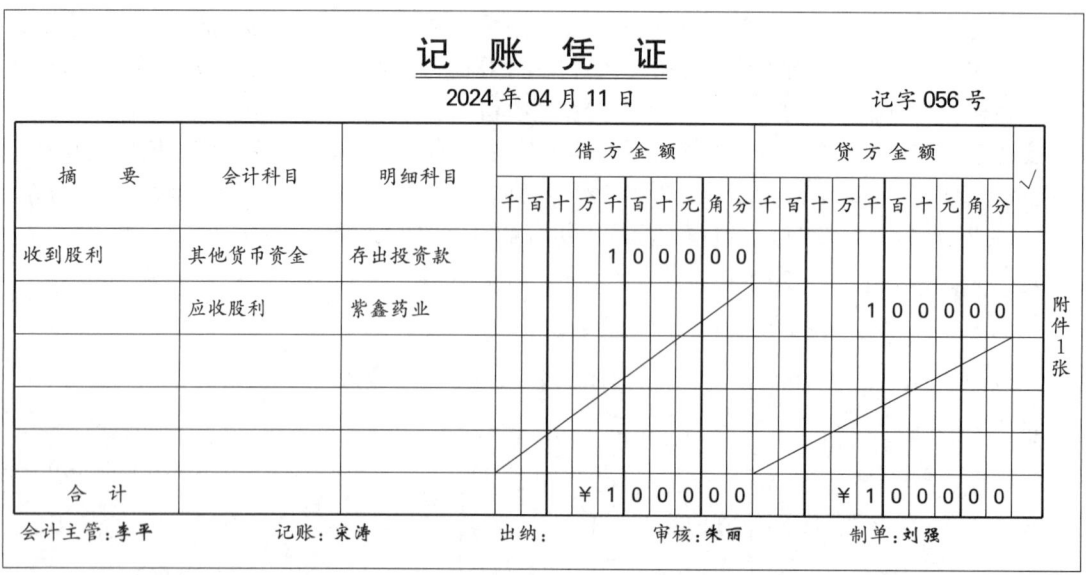

图 7-18 记账凭证

（三）交易性金融资产处置的核算

企业出售交易性金融资产时,应按照该交易性金融资产的出售净价,借记"其他货币资金——存出投资款"账户,把"交易性金融资产——成本"和"交易性金融资产——公允价值变动"账户余额转出。同时,依据交易性金融资产的售价减去买入价(不扣除购买时已宣告未发放的现金股利或已到付息期尚未支付的利息)按照含税价计算增值税,借记或贷记"应交税费——转让金融商品应交增值税"账户,差额借记或贷记"投资收益"账户。

聪明屋

"交易性金融资产——公允价值变动"账户和"公允价值变动损益"账户有何区别和联系？

【例 7-7】 承[例 7-2],假定 2024 年 2 月 15 日,青岛东方股份有限公司出售了所持有的海信集团债券,售价为 2 565 万元,增值税税率为 6%,公允价值变动 60 万元。青岛东方股份有限公司应编制如下会计分录：

```
借：其他货币资金——存出投资款                    25 650 000
    贷：交易性金融资产——成本                         25 000 000
                ——公允价值变动                        600 000
        投资收益                                       50 000
```

温馨提示

由于交易性金融资产期末采用公允价值计量,不存在计提减值准备的情况,"交易性金融资产"账户的期末余额等于交易性金融资产的账面价值,金额上就是期末交易性金融资产的公允价值。

【例 7-8】 承[例 7-4]和[例 7-6],青岛东方股份有限公司取得的原始凭证见图 7-19。

成交过户交割凭单

股东代码：	B112985442	股东姓名：	青岛东方股份有限公司
资金账号：	788621335		
合同账号：	112410		
证券名称：	紫鑫药业	委托时间：	14:10:10
成交号码：	772	成交时间：	17:52:30
成交股数：	10 000 股	本次余额：	10 000 股
成交价格：	35.00	成交金额：	175 000.00
手续费：	100.00	印花税：	60.00
过户费：	40.00	其他收费：	0.00
清算费：	0.00		
收付余额：	174 800.00		
上次余额：		买卖方向：	卖
本次余额：			
成交日期：	2023.09.05		
备注信息：			

图 7-19 成交过户交割凭单

要求：填制记账凭证(图7-20)。

记 账 凭 证

2023 年 09 月 05 日　　　　记字 057 号

摘要	会计科目	明细科目	借方金额	贷方金额
出售股票	其他货币资金	存出投资款	174800.00	
	应交税费	转让金融商品应交增值税	5954.72	
	投资收益		98245.28	
	交易性金融资产	成本		279000.00
合计			¥279000.00	¥279000.00

会计主管：李平　　记账：宋涛　　出纳：　　审核：朱丽　　制单：刘强

附件 1 张

图 7-20　记账凭证

任务 7.3　核对期末交易性金融资产信息

一、任务布置

【任务 7-3】核对期末交易性金融资产信息案例

青岛宏达服装有限公司 2023 年发生如下与交易性金融资产有关的经济业务：
(1) 6 月 30 日，对持有的交易性金融资产进行期末计价。有关单据见图 7-21。
提示：根据[任务 7-2]，计算股票的账面价值。

交易性金融资产市价表

2023 年 06 月 30 日　　　　金额单位：元

投资项目	持有股(份)数	单位市价	账面价值	市价总额
股票投资：				
陆家嘴	5 000	20.00		100 000.00
合计				

图 7-21　交易性金融资产市价表

(2) 12 月 18 日，出售持有的股票。有关单据见图 7-22。
提示：结合[任务 7-2]和[任务 7-3]中的第(1)题。

成交过户交割凭单

股东代码：	154	股东姓名：	青岛宏达服装有限公司
资金账号：	7578478		
合同账号：	112410		
证券名称：	陆家嘴	委托时间：	14:10:10
成交号码：	772	成交时间：	17:52:30
成交股数：	5 000 股	本次余额：	
成交价格：	25.00	成交金额：	125 000.00
手续费：	100.00	印花税：	60.00
过户费：	40.00	其他收费：	0.00
清算费：	0.00		
收付余额：	124 800		
上次余额：		买卖方向：	卖
本次余额：			
成交日期：	2023.12.18		
备注信息：			

图 7-22 成交过户交割凭单

要求：根据以上原始凭证,编制记账凭证。

二、知识链接

（一）交易性金融资产期末计量的确定

资产负债表日,交易性金融资产应当按照公允价值计量,公允价值与账面余额之间的差额计入当期损益。企业应当在资产负债表日按照交易性金融资产公允价值与其账面余额的差额,借记或贷记"交易性金融资产——公允价值变动"账户,贷记或借记"公允价值变动损益"账户。

交易性金融资产期末计量的核算流程见图 7-23。

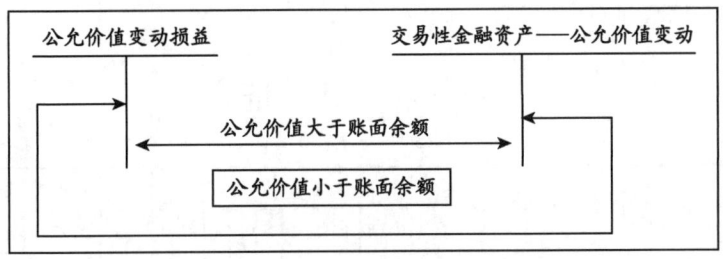

图 7-23 交易性金融资产期末计量的核算流程

温馨提示

购买当期的公允价值变动＝当期期末的公允价值－购入时的成本

以后期间的公允价值变动＝本期期末的公允价值－上期期末的公允价值

期末公允价值＝该交易性金融资产的账面余额＝该交易性金融资产的账面价值

交易性金融资产的账面余额＝交易性金融资产的所有明细账户之和

＝交易性金融资产(成本)＋交易性金融资产(公允价值)

(二)交易性金融资产期末计量的账务处理

【例 7-9】 承[例 7-2]和[例 7-5],假定 2023 年 6 月 30 日,青岛东方股份有限公司购买的该笔债券的市价为 2 580 万元;2023 年 12 月 31 日,该笔债券的市价为 2 560 万元。该公司应编制如下会计分录:

(1) 2023 年 6 月 30 日,确认该笔债券的公允价值变动损益时:

借:交易性金融资产——公允价值变动　　　　　　　　　　　　　　800 000
　　贷:公允价值变动损益　　　　　　　　　　　　　　　　　　　　　　800 000

(2) 2023 年 12 月 31 日,确认该笔债券的公允价值变动损益时:

借:公允价值变动损益　　　　　　　　　　　　　　　　　　　　　200 000
　　贷:交易性金融资产——公允价值变动　　　　　　　　　　　　　　　　200 000

在本例中,2023 年 6 月 30 日,该笔债券的公允价值为 2 580 万元,账面余额为 2 500 万元,公允价值大于账面余额 80 万元,应记入"公允价值变动损益"账户的贷方。2023 年 12 月 31 日,该笔债券的公允价值为 2 560 万元,账面余额为 2 580 万元,公允价值小于账面余额 20 万元,应记入"公允价值变动损益"账户的借方。

【例 7-10】 承[例 7-4]和[例 7-6],青岛东方股份有限公司于 2023 年 6 月 30 日取得的原始凭证见图 7-24。

交易性金融资产市价表

2023 年 06 月 30 日　　　　　　　　　　　　　　　金额单位:元

投资项目	持有股(份)数	单位市价	账面余额	公允价值
股票投资: 紫鑫药业	10 000	40.00	279 000.00	400 000.00
合计			279 000.00	400 000.00

图 7-24　交易性金融资产市价表

要求:填制记账凭证(图 7-25)。

记　账　凭　证

2023 年 06 月 30 日　　　　　　　　　　　　　　　记字 058 号

摘要	会计科目	明细科目	借方金额	贷方金额	√
公允价值上升	交易性金融资产	公允价值变动	121 000 00		附件1张
	公允价值变动损益			121 000 00	
合计			¥121 000 00	¥121 000 00	

会计主管:李平　　记账:宋涛　　出纳:　　审核:朱丽　　制单:刘强

图 7-25　记账凭证

【例 7-11】 2023 年 2 月 15 日,青岛东方股份有限公司购入甲公司股份 10 000 股,并将其划分为交易性金融资产。该笔股票投资在购买日的公允价值为 500 000 元,交易费用为 1 250 元,增值税额为 75 元。2023 年 6 月 30 日,该股票的公允价值为 510 000 元。2023 年 12 月 31 日,该股票的公允价值为 480 000 元。该公司应编制如下会计分录：

(1) 2023 年 2 月 15 日,取得交易性金融资产时：

借：交易性金融资产——成本 500 000
　　投资收益 1 250
　　应交税费——应交增值税(进项税额) 75
　　贷：其他货币资金——存出投资款 501 325

(2) 2023 年 6 月 30 日,确认公允价值变动损益时：

借：交易性金融资产——公允价值变动 10 000
　　贷：公允价值变动损益 10 000

(3) 2023 年 12 月 31 日,确认公允价值变动损益时：

借：公允价值变动损益 30 000
　　贷：交易性金融资产——公允价值变动 30 000

根据[例 7-11]的资料,请回答以下问题：
(1) 2023 年 6 月 30 日,交易性金融资产的账面余额是多少?
(2) 2023 年 12 月 31 日,交易性金融资产的账面余额是多少?

全民守法,做社会主义法治的自觉遵守者

吴某作为广西丰茂股份有限公司实际控制人、董事长、法定代表人、董事会秘书(代)及法定代表人,实际控制和使用"刘某""吴某"证券账户以及 14 个信托账户共计 28 个 HOMS 交易单元(以下简称账户组),采用多种手段操纵"丰茂股份"股价。具体操纵"丰茂股份"股价的手段如下：

(1) 吴某通过集中资金优势、持股优势连续买卖操纵"丰茂股份"股价。2022 年 1 月 17 日至 2023 年 6 月 12 日,账户组持有"丰茂股份"。该股总股本 10% 以上的交易日为 60 个,占 5% 以上的交易日为 179 个,持股最高时占公司总股本的 13.99%。

(2) 吴某利用信息优势控制信息披露节奏及内容操纵"丰茂股份"股价。吴某通过控制账户组事先连续、大量买入"丰茂股份",后通过控制"丰茂股份"拟更名事项披露节奏和"丰茂股份"信息披露内容误导投资者。在信息披露后,"丰茂股份"接连涨停,吴某由此获利。

(3) 吴某通过在自己控制的账户之间进行证券交易操纵"丰茂股份"股价。吴某在自己实际控制的账户组证券账户之间交易"丰茂股份"的数量占市场成交量比例超过 5% 的有 30 个交易日,超过 10% 的有 16 个交易日,其中 2021 年 1 月 12 日最高达到 40.27%。

(4) 吴某通过虚假申报操纵"丰茂股份"股价。2021 年 5 月 11 日和 5 月 12 日,账户组在涨停价买盘远大于卖盘的情况下,大量以涨停价申买丰茂股份,并频繁撤单后再申报,明显不以成交为目的,以虚假申报方式制涨停价买单众多假象,影响投资者判断,2天实际买入量均为零。

综上,吴某通过采用集中资金优势、持股优势、信息优势连续买卖,在自己实际控制的证券账户之间进行交易,以及虚假申报等方式,影响"丰茂股份"交易价格和交易量,违法所得共计4.34亿元。吴某违反了《中华人民共和国证券法》第五十五条第(一)项、第(三)项、第(四)项的规定,构成了《中华人民共和国证券法》第二百零三条所述的违法行为。根据当事人违法行为的事实、性质、情节与社会危害程度,依据《中华人民共和国证券法》第一百九十三条、第二百零三条的规定,中国证券监督管理委员会决定对吴某操纵"丰茂股份"的行为,责令依法处理非法持有的证券,没收违法所得4.34亿元,并处以27.34亿元罚款。

资料来源:根据中国证券监督管理委员会《投资者保护典型案例——鲜言操纵证券市场民事侵权赔偿案》资料改编。

本案属于上市公司实际控制人利用多种手段炒作股价,操纵市场的典型代表。上市公司管理者本应忠实勤勉,维护公司和投资者利益,但本案中公司的实际控制人利用其掌握的公司信息操纵市场,为自己牟取利益,令广大投资者遭受损失。

对于操纵证券市场的行为,有关监管部门将始终保持高压态势,坚决查处肆意妄为、逃避监管的机构和个人,坚决打好防范化解市场风险的攻坚战,坚决守住不发生系统性金融风险的底线。广大投资者切莫盲目跟风炒作,切莫出借账户给他人使用,警惕操纵证券市场的行为和其他异常交易的行为,不给违法者可乘之机,维护自己的正当权益。

【项目总结】 完善本项目思维导图

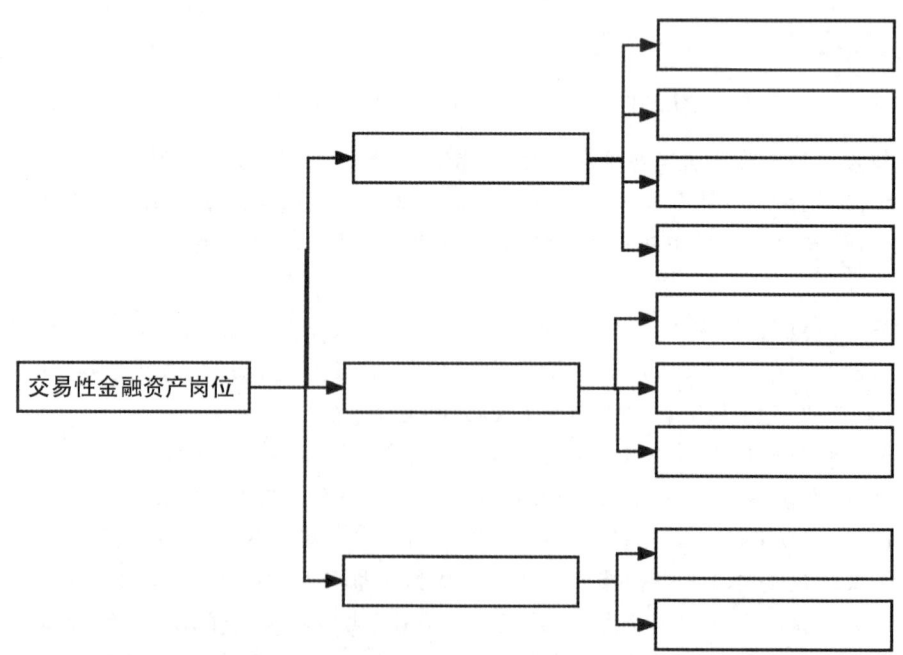

项目练习

一、单项选择题

1. 2023年1月20日,甲公司委托某证券公司从上海证券交易所购入A上市公司股票100万股,并将其划分为交易性金融资产。该笔股票投资在购买日的公允价值为1 000万元。另支付相关交易费用金额为2.5万元。该项交易性金融资产的入账价值为( )万元。
   A. 1 000.0   B. 1 002.5   C. 997.5   D. 1 100.0

2. 某企业购入W上市公司股票180万股,并划分为交易性金融资产,共支付款项2 830万元,其中包括已宣告但尚未发放的现金股利126万元。另外,支付相关交易费用4万元。该项交易性金融资产的入账价值为( )万元。
   A. 2 700   B. 2 704   C. 2 830   D. 2 834

3. A公司于2023年11月5日从证券市场上购入B公司发行在外的股票200万股作为交易性金融资产,每股支付价款5元,另支付相关费用20万元。2023年12月31日,这部分股票的公允价值为1 050万元。A公司2023年12月31日应确认的公允价值变动损益为( )万元。
   A. 损失50   B. 收益50   C. 收益30   D. 损失30

4. 甲公司将其持有的交易性金融资产全部出售,售价为3 000万元。出售前该金融资产的账面价值为2 800万元(其中成本为2 500万元,公允价值变动为300万元),假定不考虑其他因素。甲公司对该交易应确认的投资收益为( )万元。
   A. 200   B. —200   C. 500   D. —500

5. 甲公司于2023年7月1日购入乙公司于2023年1月1日发行的债券,支付价款2 100万元(含已到付息期但尚未领取的债券利息40万元),另支付交易费用15万元。该债券的面值为2 000万元,票面年利率为4%(票面利率等于实际利率),每半年付息一次,甲公司将其划分为交易性金融资产。甲公司2023年度该项交易性金融资产应确认的投资收益为( )万元。
   A. 25   B. 40   C. 65   D. 80

6. 甲公司于2022年1月1日购入面值为200万元、年利率为4%的A债券;取得时支付价款208万元(含已到付息期但尚未发放的利息8万元),另支付交易费用1万元,甲公司将该项金融资产划分为交易性金融资产。2022年1月5日,甲公司收到购买时价款中所含的利息8万元;2022年12月31日,A债券的公允价值为212万元;2023年1月5日,收到A债券2022年度的利息8万元;2023年4月20日,甲公司出售A债券,售价为215万元。甲公司出售A债券时应确认投资收益的金额为( )万元。
   A. 15   B. 11   C. 16   D. 3

7. 下列各项中,应反映在交易性金融资产的初始计量金额中的是( )。
   A. 债券的买入价   B. 支付的手续费
   C. 支付的印花税   D. 已到付息期但尚未领取的利息

二、多项选择题

1. 下列有关交易性金融资产的表述中,正确的有( )。

A. 初始取得交易性金融资产时支付的相关税费计入投资收益
B. 期末应根据交易性金融资产的公允价值调整其账面价值
C. 持有交易性金融资产期间收到的现金股利一律计入投资收益
D. 初始取得交易性金融资产的入账价值不包括买价中已宣告未发放的现金股利

2. 下列各项中,应记入"投资收益"账户的有( )。
A. 初始取得交易性金融资产时支付的相关税费
B. 资产负债表日交易性金融资产发生的公允价值变动
C. 持有期间被投资单位宣告的现金股利
D. 出售时公允价值与其账面价值的差额

3. 企业持有交易性金融资产时,对于持有的分期付息到期还本的债券投资,在计息日企业进行相关账务处理时涉及( )账户。
A. "投资收益"　　　　　　　　B. "营业外收入"
C. "公允价值变动损益"　　　　D. "应收利息"

4. 交易性金融资产的入账价值不包括( )。
A. 取得时已到付息期尚未发放的利息　　B. 买价中包含的已宣告未发放的现金股利
C. 取得时支付的增值税　　　　　　　　D. 买价

5. 下列有关交易性金融资产的表述中,正确的有( )。
A. 企业取得交易性金融资产时支付的增值税应单独记入"应交税费"账户
B. 企业持有交易性金融资产期间收到的现金股利,应贷记"应收股利"账户
C. 交易性金融资产在期末应根据交易性金融资产的公允价值调整其账面价值
D. 处置交易性金融资产时,应该按照售价与其账面价值的差额计算应交税费

三、判断题

1. 按照《中华人民共和国增值税法》的规定,企业因购买交易性金融资产而支付给第三方的佣金应该交纳增值税。　　　　　　　　　　　　　　　　　　　　( )
2. 企业取得交易性金融资产时支付的增值税应记入"投资收益"账户。( )
3. 企业为取得交易性金融资产而支付的相关税费应计入初始投资成本中。( )
4. 企业转让交易性金融资产时交纳的增值税,应记入"应交税费——应交增值税(销项税额)"账户。( )
5. 企业转让交易性金融资产时应将原计入公允价值变动损益的金额转入投资收益。( )

四、实务题

1. 2022年1月8日,甲公司购入丙公司发行的公司债券,该笔债券于2021年7月1日发行,面值为2 500万元,票面利率为4%。上年债券利息于下年年初支付。甲公司将其划分为交易性金融资产,支付价款为2 600万元(其中包含已宣告发放的债券利息50万元),另支付交易费用30万元。2022年2月5日,甲公司收到该笔债券利息50万元。2022年6月30日,甲公司购买的该笔债券的市价为2 580万元。2022年12月31日,甲公司购买的该笔债券的市价为2 560万元。2023年2月5日,甲公司收到债券利息100万元。2023年2月15日,甲公司出售其所持有的丙公司债券,售价为2 565万元。

要求:编制甲公司相关会计分录。

2. 2023年3月~5月，甲上市公司发生的交易性金融资产业务如下：

(1) 3月1日，向D证券公司划出投资款1 000万元，款项已通过开户行转入D证券公司银行账户。

(2) 3月2日，委托D证券公司购入A上市公司股票100万股，每股为8元，另发生相关交易费用2万元，并将该股票划分为交易性金融资产。

(3) 3月31日，该股票在证券交易所的收盘价格为每股7.70元。

(4) 4月30日，该股票在证券交易所的收盘价格为每股8.10元。

(5) 5月10日，将所持有的该股票全部出售，取得价款825万元，已存入银行。假定不考虑相关税费。

要求：逐笔编制甲上市公司上述业务的会计分录（会计分录涉及的账户要求写出明细账户）。

3. 某公司从证券市场上购入债券作为交易性金融资产，有关情况如下：

(1) 2022年1月1日，购入某公司债券，共支付价款1 025万元（含债券应该发放的2021年下半年的利息），另支付交易费用4万元。该债券面值为1 000万元，于2021年1月1日发行，4年期，票面利率为5%，每年1月2日和7月2日付息，到期时归还本金和最后一次利息。

(2) 2022年1月2日，收到该债券2021年下半年的利息。

(3) 2022年6月30日，该债券的公允价值为990万元（不含利息）。

(4) 2022年7月2日，收到2022年上半年的利息。

(5) 2022年12月31日，该债券的公允价值为980万元（不含利息）。

(6) 2023年1月2日，收到该债券2022年下半年利息。

(7) 2023年3月31日，该公司将该债券以1 015万元价格售出，扣除手续费5万元后，将收款净额1 010万元存入银行。

要求：编制该公司与上述经济业务有关的会计分录。

4. 2023年4月1日，黄海公司以银行存款购入A公司股票，市场价值为1 500万元，黄海公司将其划分为交易性金融资产，支付价款1 550元，其中，包含A公司已宣告但尚未发放的现金股利50万元，另支付交易费用10万元。2023年4月15日，黄海公司收到该现金股利50万元。2023年4月30日，该股票的市价为1 520万元。2023年5月20日，黄海公司出售其所持有的A公司股票，售价为1 600万元。

要求：根据上述资料编制相关会计分录。

项目 8

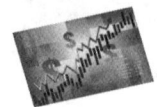

长期股权投资岗位

能力目标	1. 能够熟悉办理长期股权投资岗位的各项工作。 2. 能够按照规范流程和方法进行长期股权投资业务的账务处理。
知识目标	1. 熟悉《企业会计准则第2号——长期股权投资》。 2. 掌握长期股权投资成本法和权益法的会计核算。
素质目标	1. 培养学生理解投资企业与被投资企业各种关系的成因,以及对投资企业的影响。 2. 培养学生准确无误地识别原始凭证、分析和判断经济业务的内容,能采用手工和电算化方式独立完成建账、填制和审核会计凭证、汇总和试算平衡、登记账簿、结账、对账。 3. 培养学生与资产管理人员进行有效沟通,建立有效的长期股权投资管理办法。

任务8.1 建立长期股权投资档案

一、任务布置

【任务8-1】 建立长期股权投资档案问题

通过去公司实地考察及阅读相关资料,了解子公司、合营企业和联营企业的主要特征。讨论并编制某一公司的子公司、合营企业和联营企业目录。

二、知识链接

(一)长期股权投资概述

1. 长期股权投资的概念

长期股权投资是指企业通过投资取得被投资单位的股份,按所持股权享有权益并承担责任的一种长期投资。它是投资企业对被投资单位实施控制、重大影响的权益性投资,以及对其合营企业的权益性投资。

2. 投资企业与被投资单位的关系

根据拥有被投资单位股权份额的多少,以及对被投资单位影响的大小,长期股权投资可以分为以下三种类型：

（1）控制。控制是指投资企业拥有对被投资单位的权力，通过参与被投资单位的相关活动而享有可变回报，并且有能力运用对被投资单位的权力影响其回报金额。存在控制关系时，被投资单位称为子公司，投资企业称为母公司。在通常情况下，当投资企业拥有被投资单位50%以上的表决权资本，便取得了该单位的控制权。

（2）共同控制。共同控制是指按照合同约定对某项经济活动所共有的控制，仅在与该项经济活动相关的重要财务和经营决策需要分享控制权的投资方一致同意时存在。投资企业与其他方对被投资单位实施共同控制的且双方形成同一主体时，被投资单位为投资企业的合营企业。

（3）重大影响。重大影响是指投资企业对被投资单位的财务和经营政策有参与决策的权力，但并不能够控制或者与其他单位一起共同控制这些政策的制定。投资企业能够对被投资单位施加重大影响的，被投资单位为投资企业的联营企业。一般认为，投资企业拥有被投资单位20%～50%的表决权资本，或者虽然拥有被投资单位的表决权资本不足20%，但可以对被投资单位施加重大影响时，都应当属于这种投资类型。

温馨提示

不具有控制、共同控制或重大影响的投资，投资企业承担的是投资资产的价格变动风险，以及被投资单位的信用风险，此时适用于《企业会计准则第22号——金融工具的确认和计量》。

聪明屋

下列投资中，不应作为长期股权投资核算的是（　　）。

A. 对子公司的投资
B. 对联营企业和合营企业的投资
C. 在活跃市场中没有报价、公允价值无法可靠地计量的没有控制、共同控制或重大影响的权益性投资
D. 在活跃市场中有报价、公允价值能可靠地计量的没有控制、共同控制或重大影响的权益性投资

（二）长期股权投资的业务流程及原始凭证

长期股权投资的业务流程及所涉及的原始凭证见图8-1。

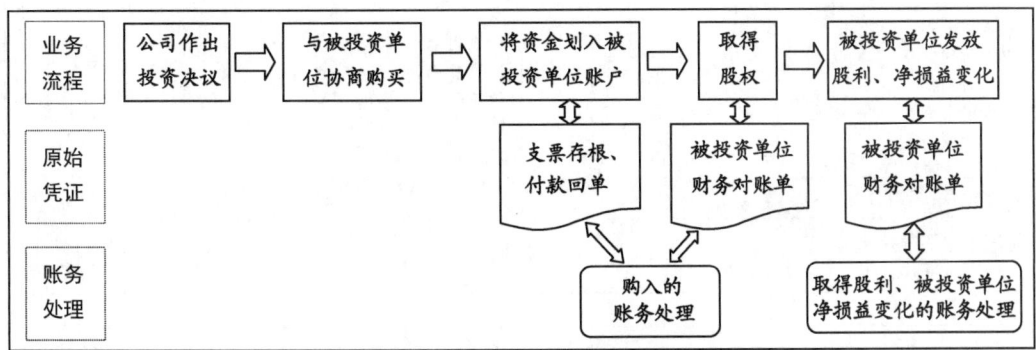

图8-1　长期股权投资的业务流程及所涉及的原始凭证

(三)账户设置

长期股权投资核算的主要账户见图 8-2。

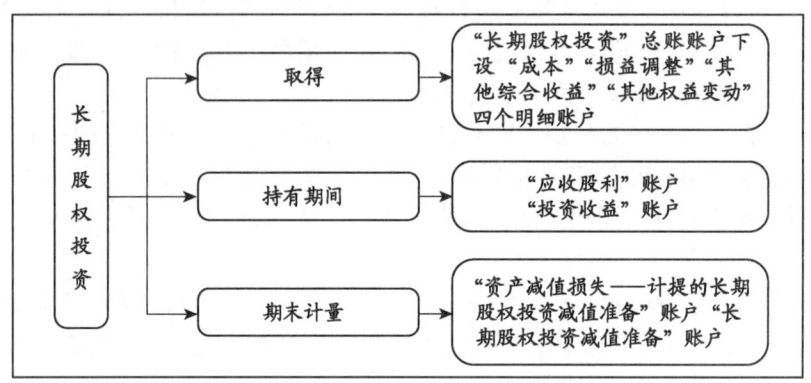

图 8-2　长期股权投资核算的主要账户

任务 8.2　成本法记录长期股权投资信息

一、任务布置

【任务 8-2】成本法记录长期股权投资信息案例

2023 年,青岛宏达服装有限公司发生如下与长期股权投资相关的经济业务:

(1) 7 月 1 日,购买 M 股票准备长期持有并能控制被投资单位,买价为 3 040 万元,包含已经宣告尚未发放的现金股利 40 万元,另外支付投资费用 50 万元。有关单据见图 8-3。

深圳证券中央登记结算中心成交过户交割凭证	
2023 年 07 月 01 日	
公司代码:20500 股东账号:120100 资金账号:9665 股东名称:青岛宏达服装有限公司	证券名称:M 股票 成交数量:300 万股 成交价格:10.00 元 成交金额:3 000 万元
申请编号: 申请时间: 成交时间: 资金前余额:3 090 万元 资金余额:0 证券前余额:200 万股 本次余额:500 万股	标准用金: 过户费用: 印花税: 附加费用:50 万元 其他费用:40 万元 实际收付金额:3 090 万元
备注:(1) 取得控股权。 　　　(2) 其他费用为已宣告未发放的股利。	

图 8-3　成交过户交割凭证

(2) 9月24日,将长期持有的W股票出售,支付相关税费25万元,取得价款475万元,款项已由银行收妥。该长期股权投资账面价值为200万元,已提减值准备30万元。有关单据见图8-4。

上海证券中央登记结算中心成交过户交割凭证

2023年09月24日

公司代码：20500	证券名称：W股票
股东账户：120100	成交数量：200万股
资金账号：9665	成交价格：2.50元
股东名称：青岛宏达服装有限公司	成交金额：500万元
申请编号：	标准用金：
申请时间：	过户费用：
成交时间：	印花税：（略）
资金前余额：0.00	附加费用：25万元
资金余额：0.00	其他费用：
证券前余额：20万股	实际收付金额：475万元
本次余额：0	
备注：(1) 出售。 (2) 账面价值为200万元,已提减值准备30万元。	

图8-4 成交过户交割凭证

要求：根据以上原始凭证,编制相关记账凭证。

二、知识链接

长期股权投资的后续计量有成本法和权益法两种。两种方法的选择见图8-5。本任务主要讲述成本法,权益法将在任务8.3中详细阐述。

（一）成本法核算长期股权投资的范围

成本法是指长期股权投资日常核算按投资成本计价的一种方法。范围是指企业能够对被投资单位实施控制的长期股权投资,即企业对子公司的长期股权投资。企业对子公司的长期股权投资应当采用成本法核算,编制合并财务报表时按照权益法进行调整。

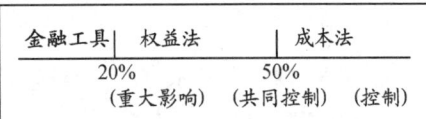

图8-5 长期股权投资成本法和权益法的选择

 温馨提示

在一般情况下,投资企业在被投资单位所占股份不超过20%,则视为投资企业对被投资单位不具有控制、共同控制或重大影响。

 聪明屋

按照《企业会计准则第2号——长期股权投资》的规定,下列各项中,投资企业应采用成本法核算的有（　　）。

A. 投资企业能够对被投资单位实施控制的长期股权投资
B. 投资企业对被投资单位不具有控制、共同控制或重大影响,并且在活跃市场中没有报价、公允价值不能可靠地计量的长期股权投资
C. 投资企业对被投资单位不具有控制、共同控制或重大影响,并且在活跃市场中有报价、公允价值能够可靠地计量的长期股权投资
D. 投资企业对被投资单位具有共同控制的长期股权投资

（二）取得长期股权投资的核算

1. 长期股权投资初始投资成本的确定

除了同一控制下形成企业合并的长期股权投资,以支付现金取得的长期股权投资,应当按照实际支付的购买价款作为初始投资成本。企业发生的与取得长期股权投资直接相关的费用、税金和其他必要支出应在发生时计入当期损益,一般确认为管理费用。

此外,企业取得长期股权投资,如果实际支付的价款中包含已宣告但尚未发放的现金股利或利润,应将其作为应收项目处理,而不构成长期股权投资的成本。

2. 取得长期股权投资

取得长期股权投资时,应按照初始投资成本计价。除了同一控制下形成企业合并的长期股权投资,以支付现金、非现金资产等其他方式取得的长期股权投资,应按照上述规定确定的长期股权投资初始投资成本,借记"长期股权投资"账户,贷记"其他货币资金——存出投资款"等账户。如果实际支付的价款中包含有已宣告但尚未发放的现金股利或利润,借记"应收股利"账户,贷记"长期股权投资"账户。

【例 8-1】 青岛东方股份有限公司于 2023 年 3 月 10 日购买长信股份有限公司发行的股票 50 000 股,并准备长期持有,从而拥有长信股份有限公司 5% 的股份,每股股票买入价为 6 元,另外购买该股票时发生有关税费 5 000 元,款项已支付。协议规定,青岛东方股份有限公司对长信股份有限公司董事会成员有任免权,对其实施了控制。该公司应编制如下会计分录:

借:长期股权投资(50 000×6)　　　　　　　　　　　　　　　300 000
　　管理费用　　　　　　　　　　　　　　　　　　　　　　　　5 000
　　贷:其他货币资金——存出投资款　　　　　　　　　　　　　305 000

【例 8-2】 青岛东方股份有限公司于 2023 年 5 月 15 日以银行存款购买诚远股份有限公司的股票 100 000 股作为长期投资,每股股票买入价为 10 元,每股价格中包含有 0.2 元的已宣告分派的现金股利,另支付相关税费 7 000 元。该公司应编制如下会计分录:

借:长期股权投资[100 000×(10－0.2)]　　　　　　　　　　　980 000
　　管理费用　　　　　　　　　　　　　　　　　　　　　　　　7 000
　　应收股利(100 000×0.2)　　　　　　　　　　　　　　　　20 000
　　贷:其他货币资金——存出投资款　　　　　　　　　　　　1 007 000

假定青岛东方股份有限公司于 2023 年 6 月 20 日收到诚远股份有限公司分来的购买该股票时已宣告分派的股利 20 000 元。此时,该公司应编制如下会计分录:

借:其他货币资金——存出投资款　　　　　　　　　　　　　　20 000
　　贷:应收股利　　　　　　　　　　　　　　　　　　　　　　20 000

（三）长期股权投资持有期间被投资单位宣告发放现金股利或利润

长期股权投资持有期间被投资单位宣告发放现金股利或利润时，企业应按投资持股比例计算的份额，借记"应收股利"账户，贷记"投资收益"账户。

【例 8-3】 承[例 8-1]，如果青岛东方股份有限公司于 2024 年 3 月 20 日收到长信股份有限公司宣告发放现金股利的通知，应分得现金股利 5 000 元。该公司应编制如下会计分录：

借：应收股利　　　　　　　　　　　　　　　　　　　　　　　　　　5 000
　　贷：投资收益　　　　　　　　　　　　　　　　　　　　　　　　　　5 000

成本法下长期股权投资取得及收到股利的账务处理见图 8-6。

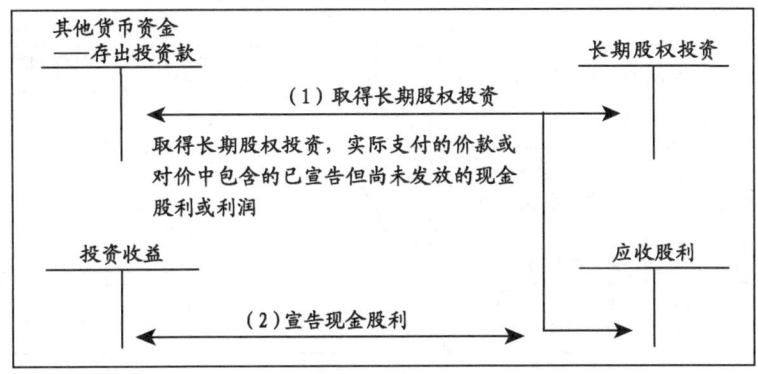

图 8-6　成本法下长期股权投资取得及收到股利的账务处理

（四）长期股权投资的处置

处置长期股权投资时，按实际取得的价款与长期股权投资账面价值的差额确认为投资损益，并应同时结转已计提的长期股权投资减值准备。企业处置长期股权投资时，应按实际收到的金额，借记"银行存款"等账户；按原已计提减值准备，借记"长期股权投资减值准备"账户；按该项长期股权投资的账面余额，贷记"长期股权投资"账户；按尚未领取的现金股利或利润，贷记"应收股利"账户；按其差额，贷记或借记"投资收益"账户。

温馨提示

在成本法下，长期股权投资账面价值的计算公式如下：
长期股权投资账面价值＝长期股权投资账面余额－长期股权投资减值准备

【例 8-4】 青岛东方股份有限公司将其作为长期投资持有的远海股份有限公司 15 000 股股票，以每股 10 元的价格卖出，支付相关税费 1 000 元，取得价款 149 000 元，款项已存入投资专户。该长期股权投资账面价值为 140 000 元，假定没有计提减值准备。青岛东方股份有限公司应编制如下会计分录：

借：其他货币资金——存出投资款　　　　　　　　　　　　　　　　　149 000
　　贷：长期股权投资　　　　　　　　　　　　　　　　　　　　　　　140 000
　　　　投资收益　　　　　　　　　　　　　　　　　　　　　　　　　　9 000

任务8.3 权益法记录长期股权投资信息

一、任务布置

【任务8-3】 权益法记录长期股权投资信息案例

2023年,青岛宏达服装有限公司发生如下与长期股权投资相关的经济业务:

(1) 5月3日,收到现金股利60万元,存入银行。有关单据见图8-7。

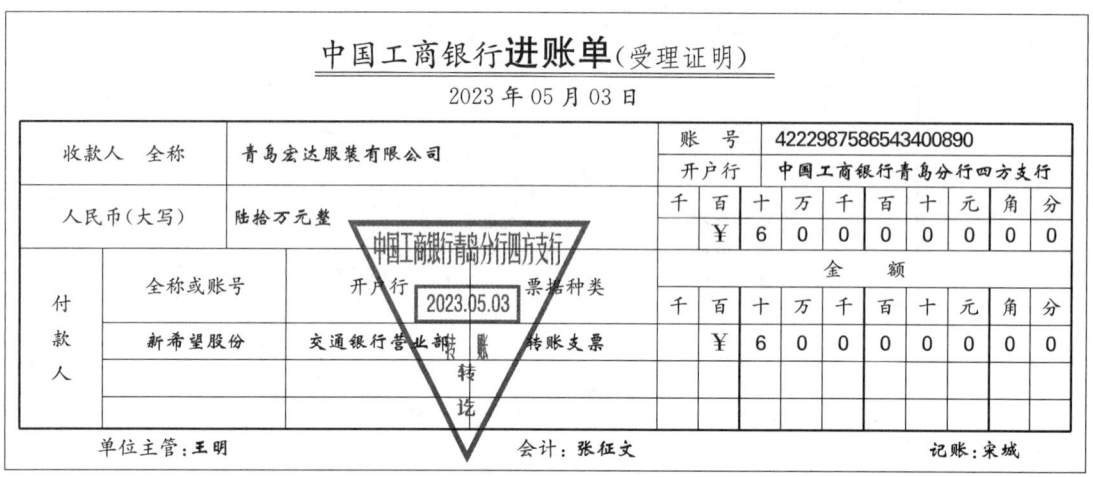

图8-7 进账单

(2) 8月15日,向北方机械制造股份有限公司投资一套设备,双方协议价为565万元,占被投资方35%的股份。有关单据见图8-8和图8-9。

投资协议书

接受投资方	投资方
企业名称:北方机械制造股份有限公司	企业名称:青岛宏达服装有限公司
单位地址:山西太原	单位地址:山东青岛
开户银行:中国银行南街分行	开户银行:中国工商银行青岛分行四方支行
账　号:6753210250042125473	账　号:4222987586543400890
联系电话:0351-88954211	联系电话:0532-68924560

今有青岛宏达服装有限公司以高精数控设备一套对北方机械制造股份有限公司投资。双方协议价格为565万元,占北方机械制造股份有限公司35%的股份。北方机械制造股份有限公司应按青岛宏达服装有限公司所占股份,根据董事会决议比例予以分配红利;青岛宏达服装有限公司应按投资所占股份比例承担北方机械制造股份有限公司的亏损额。投资后,北方机械制造股份有限公司可辨认净资产的公允价值为2 000万元。

本协议自签字之日起生效,若一方违约,按有关法律条款处理。

法定代表人:(签字)签词专用章　　　　法定代表人:(签字)盖格同专用章
签字日期:2023年08月15日　　　　　　签字日期:2023年08月15日

图8-8 投资协议书

资产评估报告

中青资产评估[2023]字第 135 号

青岛宏达服装有限公司：

我单位接受贵单位委托，依据《国有资产评估管理办法》《中华人民共和国注册会计师法》和《企业会计准则》等的规定，对贵公司准备对外投资的高精数控设备进行评估，该套设备账面价值为 400 万元，按现行市价确定评估价值为 500 万元。

中国注册资产评估师：万 明
中国注册资产评估师：赵建东
2023 年 07 月 28 日

图 8-9 资产评估报告

要求：根据以上经济业务，编制青岛宏达服装有限责任公司的相关记账凭证。

二、知识链接

（一）权益法核算长期股权投资的范围

投资企业对被投资单位具有共同控制或者重大影响时，长期股权投资应当采用权益法核算。

（1）投资企业对被投资单位具有共同控制的长期股权投资，即企业对其合营企业的长期股权投资。

（2）投资企业对被投资单位具有重大影响的长期股权投资，即企业对其联营企业的长期股权投资。

（二）取得长期股权投资的核算

取得长期股权投资，长期股权投资的初始投资成本大于投资时应享有被投资单位可辨认净资产公允价值份额的，不调整长期股权投资的初始投资成本，多出的部分视为商誉，借记"长期股权投资——成本"账户，贷记"银行存款"等账户；长期股权投资的初始投资成本小于投资时应享有被投资单位可辨认净资产公允价值份额的，借记"长期股权投资——成本"账户，贷记"银行存款"等账户，按其差额，贷记"营业外收入"账户。企业发生的与取得长期股权投资直接相关的费用、税金和其他必要支出应计入长期股权投资的初始投资成本。

【例 8-5】 青岛东方股份有限公司于 2023 年 1 月 20 日购买南方股份有限公司发行的股票 5 000 000 股准备长期持有，占南方股份有限公司股份的 30%。每股股票买入价为 6 元，另外，购买该股票时发生相关税费 500 000 元，款项已由银行存款支付。2023 年 12 月 31 日，南方股份有限公司的所有者权益的账面价值（与其公允价值不存在差异）为 100 000 000 元。青岛东方股份有限公司应编制如下会计分录：

借：长期股权投资——成本（5 000 000×6＋500 000） 30 500 000
　　贷：银行存款 30 500 000

本例中，长期股权投资的初始投资成本 30 500 000 元大于投资时应享有被投资单位可辨认净资产公允价值的份额 30 000 000 元，其差额 500 000 元不调整已确认的初始投资成本。但是，如果长期股权投资的初始投资成本小于投资时应享有被投资单位可辨认净资产公允价值的份额，应借记"长期股权投资——成本"账户，贷记"银行存款"等账户，按其差额，贷记"营业外收入"账户。

【例 8-6】 2023 年 4 月 1 日，青岛东方股份有限公司以 1 000 万元取得恒生公司 30% 的股权，取得投资时被投资单位可辨认净资产的公允价值为 3 000 万元。

要求：

（1）如果该公司能够对恒生公司施加重大影响，请编制相应的会计分录。

（2）如果该公司能够对恒生公司施加重大影响，投资时恒生公司可辨认净资产的公允价值为 3 500 万元，请编制相应的会计分录。

解答：

（1）如果该公司能够对恒生公司施加重大影响，享有被投资单位可辨认净资产公允价值的份额为 900 万元（3 000×30%），小于初始投资成本 1 000 万元，不作额外调整。该公司应编制如下会计分录：

借：长期股权投资——成本　　　　　　　　　　　　　　　　　　　　　10 000 000
　　贷：银行存款　　　　　　　　　　　　　　　　　　　　　　　　　　　10 000 000

注：商誉 100 万元（1 000－3 000×30%）体现在长期股权投资成本中，不调整长期股权投资成本。

（2）如果该公司能够对恒生公司施加重大影响，投资时恒生公司可辨认净资产的公允价值为 3 500 万元，享有被投资单位可辨认净资产公允价值的份额为 1 050 万元（3 500×30%），大于初始投资成本 1 000 万元，按 1 050 万元确认长期股权投资的成本。该公司应编制如下会计分录：

借：长期股权投资——成本　　　　　　　　　　　　　　　　　　　　　10 500 000
　　贷：银行存款　　　　　　　　　　　　　　　　　　　　　　　　　　　10 000 000
　　　　营业外收入　　　　　　　　　　　　　　　　　　　　　　　　　　　 500 000

聪明屋

根据[例 8-6]，你能总结出权益法下"长期股权投资——成本"账户的入账价值是如何确定的吗？

（三）持有长期股权投资期间的有关核算

1. 被投资单位实现净利润或发生净亏损

根据被投资单位实现的净利润计算应享有的份额，借记"长期股权投资——损益调整"账户，贷记"投资收益"账户。被投资单位发生净亏损则编制相反的会计分录，但以"长期股权投资"账户的账面余额减记至零为限，借记"投资收益"账户，贷记"长期股权投资——损益调整"账户。

温馨提示

"长期股权投资"账户由"成本""损益调整""其他综合收益""其他权益变动"四个明细账户组成，账面余额为零，意味着四个明细账户合计为零。

【例 8-7】 承[例 8-5]，2023 年，南方股份有限公司实现净利润 10 000 000 元。青岛东方股份有限公司按照持股比例确认投资收益 3 000 000 元，应编制如下会计分录：

借：长期股权投资——损益调整　　　　　　　　　　　　　　　　　　　　　3 000 000
　　贷：投资收益　　　　　　　　　　　　　　　　　　　　　　　　　　　　　　3 000 000

2. 被投资单位宣告分派股利(利润)

【任务 8-3-1】　计算长期股权投资的账面余额

2022 年 1 月 1 日，甲公司以 1 600 万元购入乙公司 30% 的股份，另支付相关费用 8 万元，采用权益法核算。取得投资时，乙公司所有者权益的账面价值为 5 000 万元(与可辨认净资产的公允价值相同)。乙公司 2022 年度实现净利润 300 万元。2023 年 1 月 5 日，乙公司宣告发放现金股利，每股派 1 元，假定不考虑其他因素。试写出甲公司在 2023 年 1 月 5 日应编制的会计分录。

被投资单位宣告分派股利(利润)时，投资企业按照持股比例计算应分得利润或现金股利，冲减长期股权投资账面价值，借记"应收股利"账户，贷记"长期股权投资——损益调整"账户。收到被投资单位宣告的股票股利，不进行账务处理，但应在备查簿中进行登记。

【例 8-8】　承[例 8-7]，2023 年 2 月 15 日，南方股份有限公司已宣告发放现金股利，每 10 股派 3 元，青岛东方股份有限公司可分派到 1 500 000 元。2023 年 3 月 15 日，青岛东方股份有限公司收到南方股份有限公司分派的现金股利。该公司应编制如下会计分录：

(1) 被投资单位宣告发放现金股利时：

借：应收股利　　　　　　　　　　　　　　　　　　　　　　　　　　　　　　1 500 000
　　贷：长期股权投资——损益调整　　　　　　　　　　　　　　　　　　　　　1 500 000

(2) 收到现金股利时：

借：银行存款　　　　　　　　　　　　　　　　　　　　　　　　　　　　　　1 500 000
　　贷：应收股利　　　　　　　　　　　　　　　　　　　　　　　　　　　　　1 500 000

试总结"长期股权投资——损益调整"账户的核算内容。

3. 被投资单位其他综合收益变动

持股比例不变的情况下，被投资单位其他综合收益变动时，投资企业按持股比例计算应享有的份额，借记或贷记"长期股权投资——其他综合收益"账户，贷记或借记"其他综合收益"账户。

【任务 8-3-2】　编制会计分录

黄海公司于 2021 年 1 月 3 日以 1 000 万元的价格，投资购买宏远公司普通股，另支付相关税费 30 万元，占宏远公司有表决权股份的 40%，并对宏远公司的财务和经营决策具有重大影响。该公司对长期股权投资采用权益法核算。投资时，宏远公司所有者权益账面价值为 2 400 万元，与公允价值不存在差异。

2021 年 12 月 31 日，宏远公司宣布实现净利润 150 万元。

2022 年 2 月 25 日，经宏远公司董事会研究决定，分派 2021 年现金股利 120 万元，并于 2022 年 4 月 2 日发放现金股利。

2022 年 12 月 31 日，宏远公司宣布当年发生亏损 500 万元，不分配现金股利。

2023 年 6 月 30 日，宏远公司持有的其他权益工具投资公允价值变动，贷记"其他综合收益"账户 8 万元。

2023 年 12 月 31 日,宏远公司宣布当年实现净利润 200 万元,不分配现金股利。

试编制黄海公司长期股权投资的会计分录。完成并计算"长期股权投资"各明细账户的账面余额(表 8-1)。

表 8-1　　　　　　　　　"长期股权投资"各明细账户的账面余额

明细账户名称	账户余额	
	借方	贷方
成本		
损益调整		
其他权益变动		

4. 被投资单位所有者权益的其他变动

在持股比例不变的情况下,被投资单位除净损益、利润分配和其他综合收益外,所有者权益的其他变动,投资企业按持股比例计算应享有的份额,借记或贷记"长期股权投资——其他权益变动"账户,贷记或借记"资本公积——其他资本公积"账户。

【例 8-9】　承[例 8-5],2023 年,南方股份有限公司持有的其他权益工具投资公允价值变动,贷记"其他综合收益"账户 4 000 000 元。青岛东方股份有限公司按照持股比例确认相应的其他综合收益 1 200 000 元,并编制如下会计分录:

　　借:长期股权投资——其他综合收益　　　　　　　　　　　　　　1 200 000
　　　　贷:其他综合收益　　　　　　　　　　　　　　　　　　　　　　　　　1 200 000

【例 8-10】　甲公司长期持有乙公司 30%的股权,采用权益法核算。2023 年 1 月 1 日,该项投资的账面价值为 1 300 万元,均为投资成本。2023 年 12 月 1 日,乙公司接收其他股东的资本性投入,所有者权益增加了 200 万元。甲公司持股比例虽然下降,但是仍然能够对乙公司实施重大影响。甲公司应编制如下会计分录:

　　借:长期股权投资——其他权益变动(2 000 000×30%)　　　　　600 000
　　　　贷:资本公积——其他资本公积　　　　　　　　　　　　　　　　　　　600 000

本例中,被投资单位乙公司所有者权益增加的 200 万元属于除净损益、利润分配和其他综合收益之外,所有者权益的其他变动。按照持股比例计算,甲公司应借记"长期股权投资——其他权益变动"账户,金额为 60 万元,同时贷记"资本公积——其他资本公积"账户。但是,如果是乙公司其他股东撤资,所有者权益减少 200 万元,甲公司的持股比例变为 35.45%[13 000 000×30%÷(13 000 000－2 000 000)],甲公司仍对乙公司实施重大影响。此时,甲公司应贷记"长期股权投资——其他权益变动"账户,金额仍为 60 万元,同时,借记"资本公积——其他资本公积"账户。

(四)长期股权投资的处置

【任务 8-3-3】　编制会计分录

甲上市公司发生下列长期股权投资业务:

(1) 2021 年 1 月 3 日,购入乙公司股票 580 万股,占乙公司有表决权股份的 25%,对乙公司的财务和经营决策具有重大影响,甲公司将其作为长期股权投资核算。每股买入价为8元,每股价格中包含已宣告但尚未发放的现金股利0.25元,另外支付相关税费7万元。款项均以银行存款支付。当日,乙公司所有者权益的账面价值(与其公允价值不存在差异)为18 000万元。

(2) 2021年3月16日,收到乙公司宣告分派的现金股利。

(3) 2021年度,乙公司实现净利润3 000万元。

(4) 2022年2月16日,乙公司宣告分派2021年度股利,每股分派现金股利0.20元。

(5) 2022年3月12日,甲上市公司收到乙公司分派的2021年度的现金股利。

(6) 2023年1月4日,甲上市公司出售所持有的全部乙公司的股票,共取得价款5 200万元(不考虑长期股权投资减值及相关税费)。

试编制甲上市公司长期股权投资的会计分录。

处置长期股权投资时,按实际取得的价款与长期股权投资账面价值的差额确认为投资损益,并应同时结转已计提的长期股权投资减值准备。企业处置长期股权投资时,应按实际收到的金额,借记"银行存款"等账户;按原已计提减值准备,借记"长期股权投资减值准备"账户;按该长期股权投资的账面余额,贷记"长期股权投资"账户;按尚未领取的现金股利或利润,贷记"应收股利"账户;按其差额,贷记或借记"投资收益"账户。同时,还应结转原计入资本公积的相关金额,借记或贷记"资本公积——其他资本公积"账户,贷记或借记"投资收益"账户。

【例8-11】 承[例8-5][例8-7]和[例8-8],2023年1月20日,青岛东方股份有限公司出售所持南方股份有限公司的股票5 000 000股,每股股票出售价为10元,款项已收回。该公司应编制如下会计分录:

借:银行存款　　　　　　　　　　　　　　　　　　　　　50 000 000
　　贷:长期股权投资——成本　　　　　　　　　　　　　　　30 500 000
　　　　　　　　　　——损益调整　　　　　　　　　　　　　1 500 000
　　　　　　　　　　——其他权益变动　　　　　　　　　　　1 200 000
　　　　投资收益　　　　　　　　　　　　　　　　　　　　　16 800 000

同时:

借:其他综合收益　　　　　　　　　　　　　　　　　　　　1 200 000
　　贷:投资收益　　　　　　　　　　　　　　　　　　　　　1 200 000

思政案例

守正创新,执业可信,如实反映,识破粉饰

虽然长期股权投资相比于其他资产更为复杂,但其在资产减值的处理上与其他资产较为相似。仍有企业利用资产减值的相关账务处理进行盈余管理,甚至出现明显的会计信息纵向不可比现象。

2021年12月31日,YT集团持有GD公司48%的股份,确认为长期股权投资,账面价值为22 377 904.37元(披露相关股权转让协议前)。2021年12月31日,YT集团董事会决议披露了《关于转让GD公司电子器件有限公司21%股权的议案》,将YT集团对GD公司所持

48%长期股权投资定价为2 001.76万元。YT集团以875万元出售所持GD公司21%股权,按该价格测算,YT集团2022年年末持有的GD公司48%股权的账面价值为2 000万元。

无论是依据公告议案对48%股权的定价,还是依据21%股权的出售价测算48%股权的账面价值,两种定价依据中的金额均低于披露议案之前此项长期股权投资的账面价值,即22 377 904.37元,属于"资产可能发生减值的迹象",YT集团及其审计师团队应当关注上述减值迹象,分析判断是否应计提减值准备。

2022年1月20日,YT集团临时股东大会决议通过《关于转让GD电子器件有限公司21%股权的议案》。但是,2021年年底YT集团未对所持GD公司48%股权对应的长期股权投资计提减值准备。该行为导致其2021年虚增净利润2 377 904.37元(未考虑所得税因素)。

如果说虚增净利润的原因是YT集团内会计机构对准则理解不充分,无意识地忽视了此项减值准备,那么为何在2022年年底按照前述的定价依据对余下的27%GD公司股权计提了1 027 064.92元长期股权投资减值准备呢?可见,YT集团对原先的定价依据是有所了解的,但并没有对2021年的错误进行追溯调整,会计信息不具有纵向可比性。此外,2023年1月,YT集团以同一定价依据确定交易价格,转让了GD公司9.36%的股权。这种以2021年的定价依据进行股权转让的行为,间接证明了YG集团认可前述定价依据是所持有股份的实际价值。

资料来源:根据中国证券监督管理委员会《中国证监会行政处罚决定书(瑞华会计师事务所、温亭水、秦宝)》资料改编。

《中国注册会计师胜任能力指南》指出,注册会计师要将职业价值观、道德与态度的培养贯穿于注册会计师职业生涯的始终,并应当将其作为注册会计师终身学习的内容。职业价值观、道德与态度的培养目标包括:①维护公众利益,保持对社会责任的敏感。②不断进取和终身学习。③珍视自身信誉,负责任,守时,有涵养以及尊重他人。④遵守法律法规。这些不仅是对注册会计师的要求,也是对每一名会计人员的最基本要求。压力不是进行会计舞弊活动的理由,会计人员要坚守诚信底线,如实反映会计信息,不要让会计工作成为非法牟利的工具。

任务8.4 核对期末长期股权投资信息

一、任务布置

【任务8-4】 核对期末长期股权投资信息案例

2023年12月31日,青岛宏达服装有限公司持有的长期股权投资的可收回金额为490万元。该公司编制的长期股权投资减值准备计算表见表8-2。

表8-2　　　　　　　　长期股权投资减值准备计算表
2023年12月31日　　　　　　　　　　　　　　　单位:万元

长期股权投资名称	投资比例	长期股权投资成本	已提减值准备	可收回金额	本年提取金额
北方机械制造股份有限公司	35%			490	
合计					

注:本资料承[任务8-3]。

要求：根据以上原始凭证，编制相关记账凭证。

二、知识链接

（一）长期股权投资减值金额的确定

企业对子公司、合营企业和联营企业的长期股权投资在资产负债表日存在可能发生减值的迹象时，其可收回金额低于账面价值的，应当将该长期股权投资的账面价值减记至可收回金额，减记的金额确认为减值损失，计入当期损益，同时计提相应的资产减值准备。

（二）长期股权投资减值的账务处理

资产负债表日，企业计提长期股权投资减值准备时，应当设置"长期股权投资减值准备"账户核算。企业按应减记的金额，借记"资产减值损失——计提的长期股权投资减值准备"账户，贷记"长期股权投资减值准备"账户。

长期股权投资减值损失一经确认，在以后会计期间不得转回。

【例 8-12】 接［任务 8-3-2］，假定黄海公司购入宏远公司的股票后，2024 年，宏远公司发生严重亏损。2024 年 6 月 30 日，宏远公司持有的股票预计可收回金额只有 880 万元，之前宏远公司未计提过长期股权投资减值准备，为此宏远公司应计提减值准备 45.2 万元（925.2－880），黄海公司编制如下会计分录：

借：资产减值损失——长期股权投资减值损失　　　　　　　　　　　　452 000
　　贷：长期股权投资减值准备　　　　　　　　　　　　　　　　　　452 000

【项目总结】 完善本项目思维导图

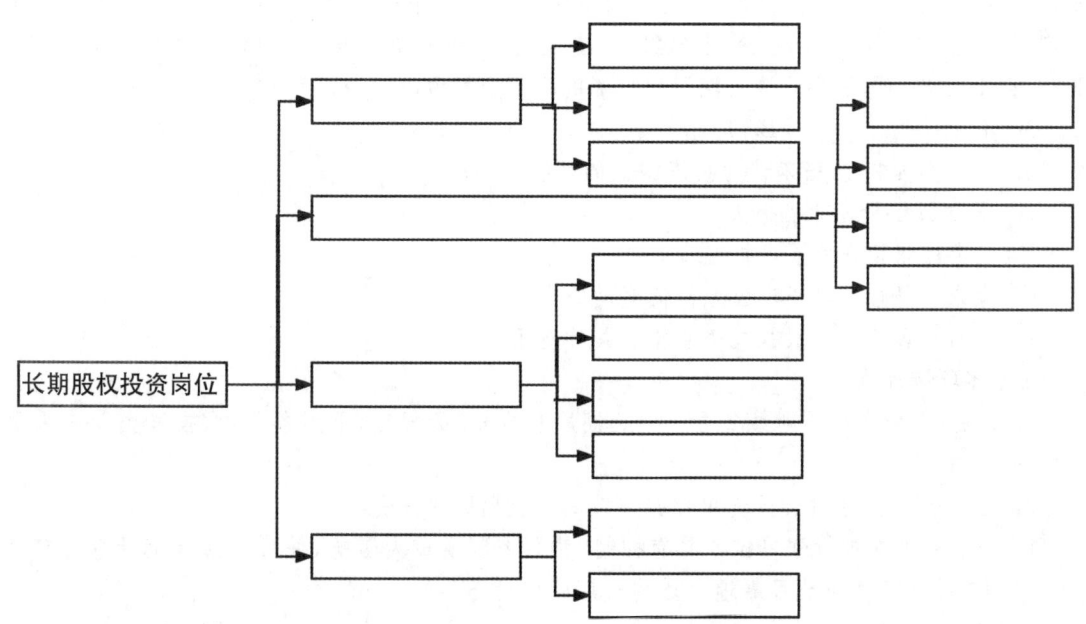

项目练习

一、单项选择题

1. 下列各项中,不应作为长期股权投资核算的是(　　)。
   A. 对子公司的投资
   B. 对联营企业和合营企业的投资
   C. 在活跃市场中没有报价、公允价值无法可靠计量的没有控制、共同控制或重大影响的权益性投资
   D. 投资企业对被投资单位实施共同控制形成的长期股权投资

2. 甲公司长期持有乙公司10%的股权,协议规定,甲公司拥有乙公司股东大会半数以上表决权,采用成本法核算。2023年1月1日,该项投资的账面价值为1 300万元。2023年度,乙公司实现净利润2 000万元,宣告发放现金股利1 200万元,假设不考虑其他因素。2023年12月31日,该项投资的账面价值为(　　)万元。
   A. 1 300　　　　　B. 1 380　　　　　C. 1 500　　　　　D. 1 620

3. 甲公司于2023年1月5日支付价款2 000万元购入乙公司30%的股份,准备长期持有,另支付相关税费20万元,购入时乙公司可辨认净资产公允价值为12 000万元。甲公司取得投资后对乙公司具有重大影响,假定不考虑其他因素。甲公司因确认投资而影响利润的金额为(　　)。
   A. －20万元　　　B. 0　　　　　　C. 1 580万元　　　D. 1 600万元

4. 2023年1月1日,甲公司以1 600万元购入乙公司30%的股份,另支付相关费用8万元,采用权益法核算。取得投资时乙公司所有者权益的账面价值为5 000万元(与可辨认净资产的公允价值相同)。乙公司2023年度实现净利润300万元,假定不考虑其他因素。2023年12月31日,甲公司该长期股权投资的账面余额为(　　)万元。
   A. 1 590　　　　　B. 1 598　　　　　C. 1 608　　　　　D. 1 698

5. 下列各项中,应当确认为投资损益的是(　　)。
   A. 长期股权投资减值损失
   B. 长期股权投资处置净损益
   C. 期末交易性金融资产公允价值变动的金额
   D. 支付与取得长期股权投资直接相关的费用

二、多项选择题

1. 按照《企业会计准则第2号——长期股权投资》的规定,下列各项中,投资企业应采用成本法核算的有(　　)。
   A. 投资企业能够对被投资单位实施控制的长期股权投资
   B. 投资企业对被投资单位不具有控制、共同控制或重大影响,并且在活跃市场中没有报价、公允价值不能可靠地计量的长期股权投资
   C. 投资企业对被投资单位不具有控制、共同控制或重大影响,并且在活跃市场中有报价、公允价值能够可靠地计量的长期股权投资
   D. 投资企业对被投资单位具有共同控制的长期股权投资

2. 甲公司采用成本法核算对乙公司的长期股权投资,甲公司对乙公司投资的账面余额只有在发生（　　）的情况下,才应作相应的调整。

A. 追加投资

B. 收回投资

C. 被投资企业接受非现金资产捐赠

D. 对该股权投资计提减值准备

3. 下列各项中,能引起权益法核算的长期股权投资账面价值发生变动的有（　　）。

A. 被投资单位实现净利润

B. 被投资单位宣告发放股票股利

C. 被投资单位宣告发放现金股利

D. 被投资单位除净损益外的其他所有者权益变动

4. 下列各项中,权益法下会导致长期股权投资账面价值发生增减变动的有（　　）。

A. 确认长期股权投资减值损失

B. 投资持有期间被投资单位实现净利润

C. 投资持有期间被投资单位提取盈余公积

D. 投资持有期间被投资单位宣告发放现金股利

5. 下列关于长期股权投资账务处理的表述中,正确的有（　　）。

A. 对子公司长期股权投资应采用成本法核算

B. 处置长期股权投资时应结转其已计提的减值准备

C. 成本法下,按被投资方实现净利润应享有的份额确认投资收益

D. 成本法下,按被投资方宣告发放现金股利应享有的份额确认投资收益

三、判断题

1. 采用权益法核算的长期股权投资,其初始投资成本大于投资时应享有被投资单位可辨认净资产公允价值份额的,应调整已确认的初始投资成本。（　　）

2. 企业对长期股权投资计提的减值准备,在该长期股权投资价值回升期间应当转回,但转回的金额不应超过原计提的减值准备。（　　）

3. 企业持有的长期股权投资发生减值的,减值损失一经确认,即使以后期间价值得以回升,也不得转回。（　　）

4. 企业持有的长期股权投资发生减值的,应将其减值损失计入营业外支出。（　　）

四、实务题

1. 甲公司于2023年1月20日购买东方股份有限公司发行的股票5 000 000股并准备长期持有,占东方股份有限公司股份的30%。每股股票买入价为6元,另外,购买该股票时发生相关税费500 000元,款项已由银行存款支付。2022年12月31日,东方股份有限公司的所有者权益的账面价值（与其公允价值不存在差异）为100 000 000元。

要求:编制甲公司的会计分录。

2. A公司以800万元取得B公司25%的股权,取得投资时被投资单位可辨认净资产的公允价值为3 000万元。

要求:

(1) 如A公司能够对B公司施加重大影响,要求编制相应的会计分录。

(2) 如A公司能够对B公司施加重大影响，投资时B公司可辨认净资产的公允价值为3 500万元，要求编制相应的会计分录。

3. 甲公司为一家上市公司，2023年对外投资的有关资料如下：

(1) 1月20日，甲公司以银行存款购买A公司发行的股票200万股准备长期持有，实际支付价款10 000万元，另支付相关税费120万元，占A公司有表决权股份的40%，能够对A公司施加重大影响，投资时，A公司可辨认净资产公允价值为30 000万元（各项可辨认资产、负债的公允价值与账面价值相同）。

(2) 4月17日，甲公司委托证券公司从二级市场购入B公司股票，并将其划分为交易性金融资产。甲公司支付价款1 600万元（其中包含宣告但尚未发放的现金股利40万元），另支付相关交易费用4万元。

(3) 5月5日，甲公司收到B公司发放的现金股利40万元并存入银行。

(4) 6月30日，甲公司持有B公司股票的公允价值下跌为1 480万元。

(5) 7月15日，甲公司持有的B公司股票全部出售，售价为1 640万元，款项存入银行，不考虑相关税费。

(6) A公司2023年实现净利润5 000万元。

(7) A公司2023年年末因可供出售金融资产公允价值变动，增加资本公积700万元。

假定除上述资料外，不考虑其他相关因素。

要求：根据上述资料，逐笔编制甲公司相关会计分录。

4. 甲上市公司发生下列长期股权投资业务：

(1) 2021年1月3日，购入乙公司股票580万股，占乙公司有表决权股份的25%，对乙公司的财务和经营决策具有重大影响，甲公司将其作为长期股权投资核算。每股股票买入价为8元，每股价格中包含已宣告但尚未发放的现金股利0.25元，另外支付相关税费7万元。款项均以银行存款支付。当日，乙公司所有者权益的账面价值（与其公允价值不存在差异）为18 000万元。

(2) 2021年3月16日，收到乙公司宣告分派的现金股利。

(3) 2021年度，乙公司实现净利润3 000万元。

(4) 2022年2月16日，乙公司宣告分派2013年度股利，每股分派现金股利0.20元。

(5) 2022年3月12日，甲上市公司收到乙公司分派的2021年度的现金股利。

(6) 2023年1月4日，甲上市公司出售所持有的全部乙公司的股票，共取得价款5 200万元（不考虑长期股权投资减值及相关税费）。

要求：根据上述资料，编制甲上市公司长期股权投资的会计分录（"长期股权投资"账户要求写出明细账户）。

项目 9

财务成果岗位

能力目标
1. 能够正确地根据财务成果岗位的经济业务编制记账凭证。
2. 能够根据记账凭证正确地登记相应账簿并进行账证核对和账账核对。

知识目标
1. 熟悉财务成果岗位的重要性。
2. 理解财务成果岗位的岗位职责。
3. 掌握财务成果岗位的核算方法。

素质目标
1. 培养学生具备高尚的职业道德：讲诚信、遵纪守法等。
2. 培养学生主动地思考问题、分析问题和解决问题的能力。
3. 培养学生提升沟通技巧和团队协作精神。
4. 培养学生具备严谨的工作态度和自主学习能力。

任务 9.1 记录收入

一、任务布置

【任务 9-1】 记录收入案例

青岛宏达服装有限公司 2023 年 12 月发生如下收入业务：

(1) 5日,赊销裤子。有关单据见图9-1和图9-2。

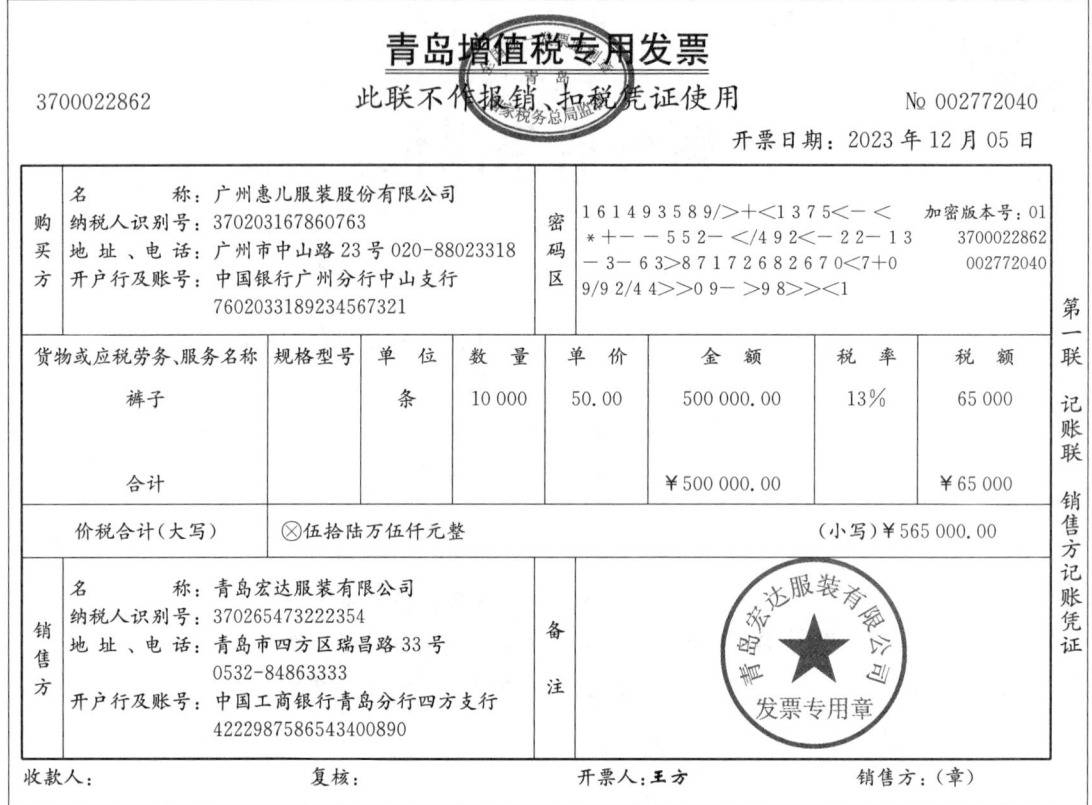

图9-1 增值税专用发票

产品出库单

入库部门：仓库　　　　2023 年 12 月 05 日　　　　专字 第 8 号

种类	编号	名称	规格	数量	单位	单价	运杂费	成本金额 千	百	十	万	千	百	十	元	角	分
A类	501	裤子	AD-71	10 000	条	20		¥		2	0	0	0	0	0	0	0
备注：							合计	¥		2	0	0	0	0	0	0	0

仓库：　　　　会计：李平　　　　发料员：王仟　　　　制单：李平

图9-2 出库单

(2) 14 日，收到押金。有关单据见图 9-3。

收　据

收到：青岛利达有限责任公司押金　　2023 年 12 月 14 日　　420513

摘　要	千	百	十	万	千	百	十	元	角	分
押　金				¥	3	0	0	0	0	0
合计金额人民币（大写）叁仟元整										
备　注										

第三联　记账联

现金收讫

青岛宏达服装有限公司　财务专用章

收款单位(印章)　　会计：李文　　收款人：方娜　　经手人：

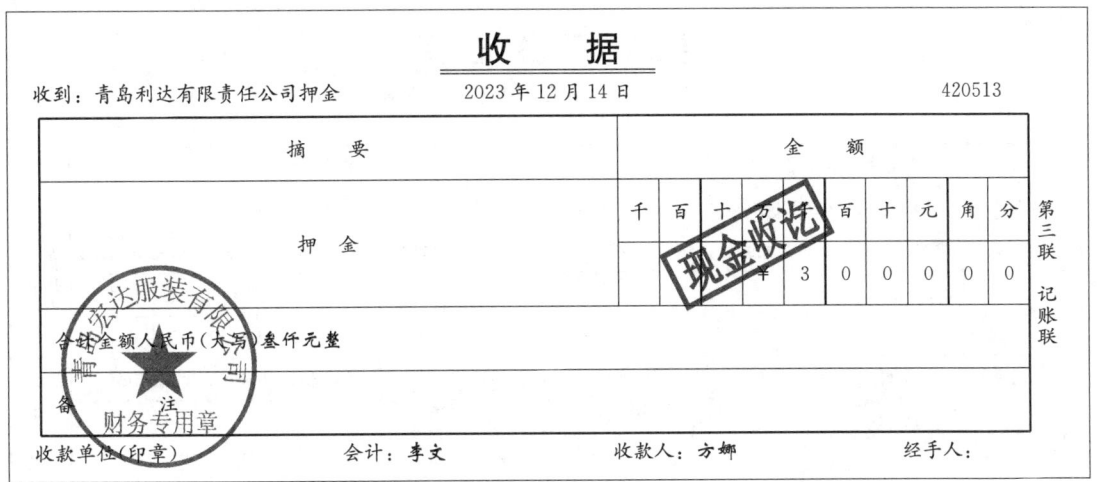

图 9-3　收据

(3) 18 日，收到货款。有关单据见图 9-4。

转账进账单（回单或收账通知）

2023 年 12 月 18 日　　1

签发人	全　称	广州惠儿服装股份有限公司	收款人	全　称	青岛宏达服装有限公司
	账　号	7602033189234567321		账　号	4222987586543400890
	开户银行	中国银行广州分行中山支行		开户银行	中国工商银行青岛分行四方支行

人民币（大写）		千	百	十	万	千	百	十	元	角	分
	壹拾万元整		¥	1	0	0	0	0	0	0	0

票据种类	转账支票
票据张数	1 张

中国工商银行青岛分行四方支行　2023.12.18　转账　转讫

单位主管：王强　会计：丁平　复核：王晓　记账：赵山

收款人开户行盖章

此联是收款人开户银行交给收款人的回单或收账通知

图 9-4　转账进账单

(4) 20日，赊销牛仔裤。有关单据见图9-5和图9-6。

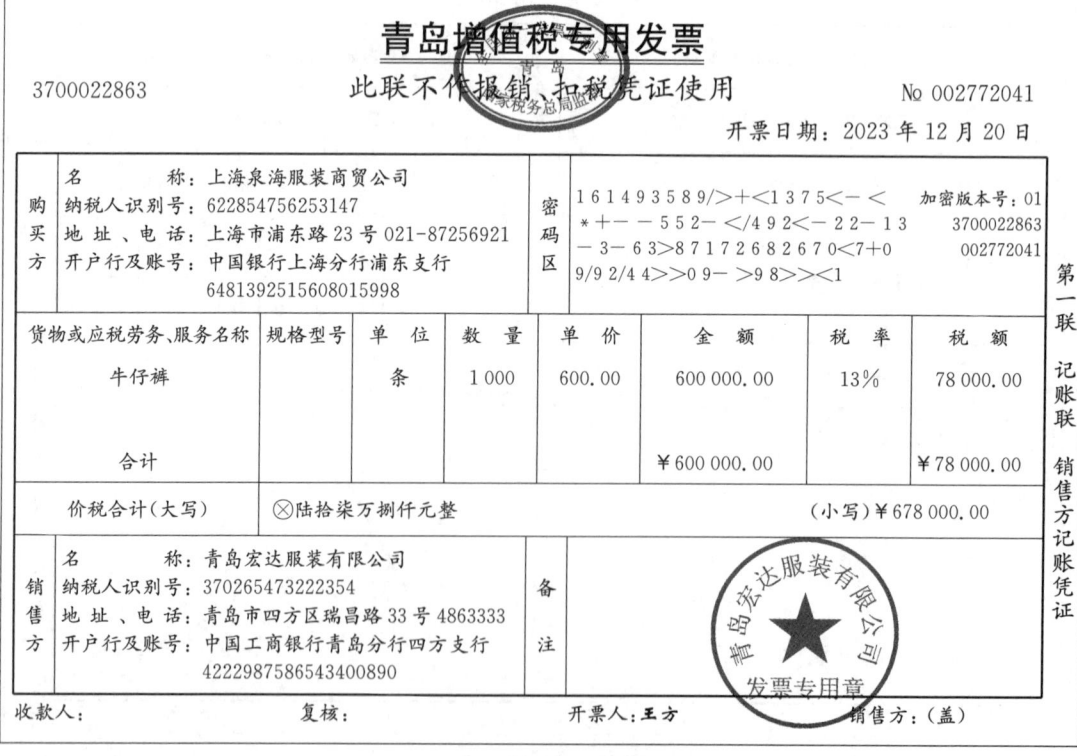

图9-5　银行承兑汇票

图9-6　增值税专用发票

（5）21日，销售羽绒服。有关单据见图9-7和图9-8。

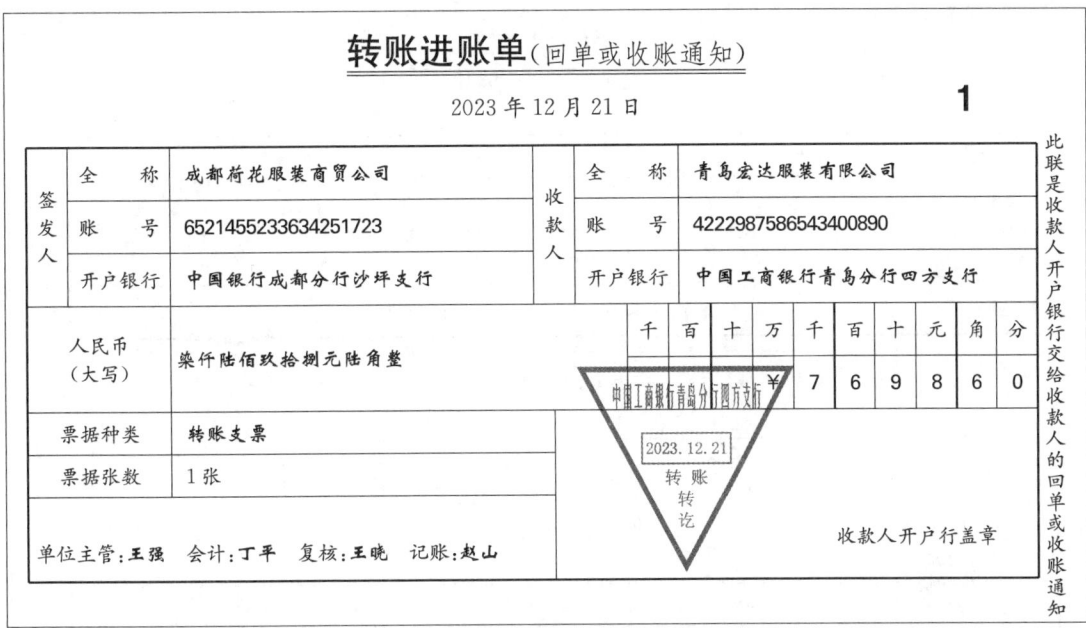

图9-7 转账进账单

图9-8 增值税专用发票

(6) 28 日,收到员工迟到罚款。有关单据见图 9-9 和图 9-10。

图 9-9　罚款单

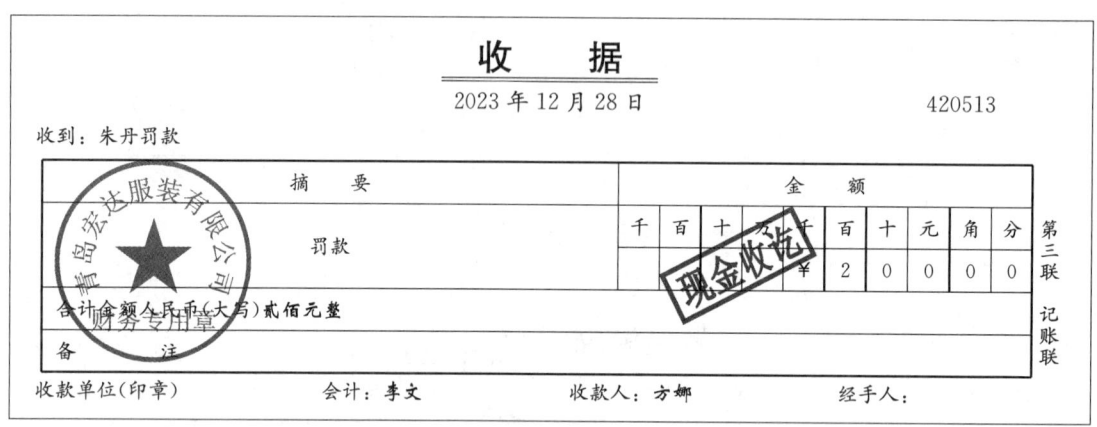

图 9-10　收据

要求：根据以上原始凭证编制记账凭证,并总结确认收入的条件。

二、知识链接

【任务 9-1-1】　回答问题

(1)"主营业务收入"账户属于哪一类？

(2)属于收入的金额一定通过"主营业务收入"账户和"其他业务收入"账户核算吗？

（一）收入概述

收入是指企业在日常活动中形成的、会导致所有者权益增加的、与所有者投入资本无关的经济利益的总流入。

聪明屋

什么是日常活动？请以不同行业举例说明。

1. 收入的确认和计量

收入确认是指收入入账的时间。收入的确认应解决两个问题：一是定时；二是计量。定时是指收入在什么时候记入账册,如商品销售(或长期工程)是在售前、售中,还是在售后确认收入。计量是指以什么金额登记,是按总额法,还是按净额法,劳务收入按完工百分比法,还是按完成合同法。

1) 收入确认的原则

企业在确认和计量收入,应遵循的基本原则是:确认收入的方式应当反映其向客户转让商品或提供服务的模式;收入的金额应当反映企业因转让商品或提供服务而预期有权收取的对价金额。

企业应当在履行了合同中履约义务,即客户取得相关商品控制权时确认收入。取得商品控制权应包括以下三个要素:一是客户必须拥有现时权利,能够主导该商品的使用并从中获得几乎全部经济利益。如果客户只能在未来的某一期间主导该商品的使用并从中获益,则表明其尚未取得该商品的控制权。二是客户有能力主导该商品的使用,即客户在其活动中有权使用该商品,或者能够允许或组织其他方使用该商品。三是客户能够获得商品几乎全部的经济利益。

特别说明的是,本任务中所称的商品是广义的商品,包括商品和服务。

2) 收入确认的前提条件

根据《企业会计准则第14号——收入》的相关规定,企业应当在履行了合同中的履约义务,即在客户取得相关商品控制权时确认收入。当企业与客户之间的合同同时满足下列条件时,企业应当在客户取得相关商品控制权时确认收入:

(1) 合同各方已批准该合同并承诺将履行各自义务。

(2) 该合同明确了合同各方与所转让商品或提供劳务(以下简称转让商品)相关的权利和义务。

(3) 该合同有明确的与所转让商品相关的支付条款。

(4) 该合同具有商业实质,即履行该合同将改变企业未来现金流量的风险、时间分布或金额。

(5) 企业因向客户转让商品而有权取得的对价很可能收回。

3) 收入的分类

收入按企业经营业务的主次不同,可以分为主营业务收入和其他业务收入。

(1) 主营业务收入。不同行业的主营业务收入包括的内容有所不同。例如,制造业的主营业务收入主要包括销售产品、自制半成品、代制品等。又如,商业企业的主营业务收入主要包括销售商品实现的收入。再如,服务性企业的主营业务收入主要是提供服务实现的收入。

(2) 其他业务收入。不同行业的其他业务收入包括的内容也有所不同。例如,制造业的其他业务收入主要包括销售多余材料、对外出租等收入。

(二) 收入核算

1. 设置的主要会计账户

(1) "主营业务收入"账户。该账户核算企业确认的销售商品、提供服务等主营业务的收入。其贷方登记企业主营业务活动实现的收入,借方登记期末转入"本年利润"账户的金额。该账户按主营业务的种类进行明细核算,结转后期末无余额。

(2) "其他业务收入"账户。该账户核算企业确认的除主营业务活动之外的其他经营活动实现的收入。其贷方登记企业其他业务活动实现的收入,借方登记期末转入"本年利润"账户的金额。该账户按其他业务的种类进行明细核算,结转后期末无余额。

(3)"主营业务成本"账户。该账户核算企业确认销售商品、提供服务等主营业务时应结转的成本。其借方登记企业因主营业务而发生的成本,贷方登记期末转入"本年利润"账户的金额,该科目按主营业务的种类进行明细核算,结转后期末无余额。

(4)"其他业务成本"账户。该账户核算企业除主营业务活动之外的其他经营活动应结转的成本。其借方登记企业因其他经营活动而发生的成本,贷方登记期末转入"本年利润"账户的金额,该账户按其他业务的种类进行明细核算,结转后期末无余额。

(5)"合同取得成本"账户。该账户核算企业取得合同发生的、预计能够收回的增量成本。其借方登记发生的合同取得成本,贷方登记摊销的合同取得成本,期末余额在借方,反映企业尚未结转的合同取得成本。该账户可以按合同进行明细核算。

(6)"合同履约成本"账户。该账户核算企业履行当前或预期取得的合同所发生的、不属于其他企业会计准则规范范围且按照收入准则应当确认为一项资产的成本。其借方登记发生的合同履约成本,贷方登记摊销的额合同履约成本,期末余额在借方,反映企业尚未结转的合同履约成本。该账户按照合同分别在"服务成本""工程施工"账户等进行明细核算。

(7)"合同资产"账户。该账户核算企业已向客户转让商品而有权收取对价的权利,并且该权利取决于除时间流逝之外的其他因素。其借方登记因已经转让商品而有权收取的对价金额,贷方登记取得无条件收款权的金额,期末余额在借方,反映企业已向客户转让商品而有权收取的对价金额。该账户按合同进行明细核算。

(8)"合同负债"账户。该账户核算企业已收或应收客户对价而应向客户转让商品的义务。其贷方登记企业在向客户转让商品之前,已经收到或已经取得无条件收取合同对价权利的金额,借方登记企业向客户转让商品是冲销的金额。期末余额在贷方,反映企业在向客户转让商品之前,已经收到的合同对价或已经取得的无条件收取合同对价权利的金额。

2. 商品销售收入的账务处理

1)在某一时点完成的商品销售收入的账务处理

【任务 9-1-2】 编制会计分录

青岛庆恒股份有限公司向恒生公司销售商品一批,开出的增值税专用发票上注明售价为 80 000 元,增值税额为 10 400 元;该批商品已经发出,青岛庆恒股份有限公司以银行存款代垫运杂费 320 元;该批商品成本为 32 000 元。请编制青岛庆恒有限公司的相关会计分录。如果青岛庆恒股份有限公司收到恒生公司开出的不带息银行承兑汇票一张,票面金额为 93 600 元,期限为 2 个月,其他条件不变,青岛庆恒股份有限公司的会计分录有何变化?

(1)现金结算方式销售业务。企业以现金结算方式对外销售商品,在客户取得相关商品控制权时点确认收入。

【例 9-1】 青岛东方股份有限公司向青岛艾玛公司销售一批商品,开出的增值税专用发票上注明价款为 125 000 元,增值税额为 16 250 元。该公司已收到青岛艾玛公司开出的转账支票,金额为 141 250 元,并将提货单送交青岛艾玛公司;该批商品成本为 76 000 元。该公司应编制如下会计分录:

第一,确认收入时:

借:银行存款 141 250
　　贷:主营业务收入 125 000
　　　　应交税费——应交增值税(销项税额) 16 250

第二,结转成本时:

借:主营业务成本 76 000
　　贷:库存商品 76 000

【例 9-2】 青岛东方股份有限公司于 2023 年 5 月 13 日接受一项设备安装任务,该任务可以一次完成,实际发生安装成本 1 200 元,为安装人员薪酬。对方开出的增值税专用发票注明安装费为 3 500 元,增值税额为 455 元,安装完成时对方支付现金 3 955 元。该公司应编制如下会计分录:

第一,确认收入时:

借:库存现金 3 955
　　贷:主营业务收入 3 500
　　　　应交税费——应交增值税(销项税额) 455

第二,结转成本时:

借:主营业务成本 1 200
　　贷:应付职工薪酬 1 200

(2) 托收承付方式销售业务。采用托收承付方式的,在办妥托收手续时确认收入。

【例 9-3】 青岛东方股份有限公司采用托收承付结算方式销售一批资产产品,开出的增值税专用发票上注明价款为 500 000 元,增值税额为 65 000 元;商品已经发出,并已向银行办妥托收手续;该批商品的成本为 350 000 元。该公司应编制如下会计分录:

第一,确认收入时:

借:应收账款 565 000
　　贷:主营业务收入 500 000
　　　　应交税费——应交增值税(销项税额) 65 000

第二,结转成本时:

借:主营业务成本 350 000
　　贷:库存商品 350 000

(3) 支付手续费方式委托代销商品业务。采用支付手续费方式委托代销商品的,委托方在收到代销清单时确认收入。

【例 9-4】 青岛东方股份有限公司委托恒信公司销售商品 200 件,商品已经发出,每件成本为 160 元。合同约定恒信公司应按每件 240 元对外销售,青岛东方股份有限公司按售价的 8% 向恒信公司支付手续费。恒信公司对外实际销售 150 件,开出的增值税专用发票上注明的销售价格为 36 000 元,增值税额为 4 680 元,款项已经收到。青岛东方股份有限公司收到恒信公司开具的代销清单时,向恒信公司开具一张相同金额的增值税专用发票。假定青岛东方股份有限公司发出商品时纳税义务尚未发生;青岛东方股份有限公司采用实际成本核算,恒信公司采用进价核算代销商品。

青岛东方股份有限公司应编制如下会计分录:

第一,发出商品时:

借：委托代销商品　　　　　　　　　　　　　　　　　　　32 000
　　贷：库存商品　　　　　　　　　　　　　　　　　　　　32 000

第二，收到代销清单时：

借：应收账款　　　　　　　　　　　　　　　　　　　　　40 680
　　贷：主营业务收入　　　　　　　　　　　　　　　　　　36 000
　　　　应交税费——应交增值税（销项税额）　　　　　　　 4 680
借：主营业务成本　　　　　　　　　　　　　　　　　　　24 000
　　贷：委托代销商品　　　　　　　　　　　　　　　　　　24 000
借：销售费用　　　　　　　　　　　　　　　　　　　　　 2 880
　　贷：应收账款　　　　　　　　　　　　　　　　　　　　 2 880

第三，收到货款时：

借：银行存款　　　　　　　　　　　　　　　　　　　　　37 800
　　贷：应收账款　　　　　　　　　　　　　　　　　　　　37 800

恒信公司应编制如下会计分录：
第一，收到商品时：

借：受托代销商品　　　　　　　　　　　　　　　　　　　48 000
　　贷：受托代销商品款　　　　　　　　　　　　　　　　　48 000

第二，对外销售时：

借：银行存款　　　　　　　　　　　　　　　　　　　　　40 680
　　贷：受托代销商品　　　　　　　　　　　　　　　　　　36 000
　　　　应交税费——应交增值税（销项税额）　　　　　　　 4 680

第三，收到增值税专用发票时：

借：应交税费——应交增值税（进项税额）　　　　　　　　 4 680
　　受托代销商品款　　　　　　　　　　　　　　　　　　36 000
　　贷：应付账款　　　　　　　　　　　　　　　　　　　　40 680

第四，支付货款并计算代销手续费时：

借：应付账款　　　　　　　　　　　　　　　　　　　　　40 680
　　贷：银行存款　　　　　　　　　　　　　　　　　　　　37 800
　　　　其他业务收入　　　　　　　　　　　　　　　　　　 2 880

温馨提示

采用支付手续费方式委托代销商品时涉及的账户如下：

（1）"委托代销商品"账户：属于资产类账户，借方核算委托代销的商品成本，收到代销清单时或收回商品时记入该账户的贷方，期末余额在借方，表明委托代销商品的成本。

（2）"受托代销商品"账户：属于资产类账户，借方核算受托代销的商品售价，销售受托代销商品时按售价记入该账户的贷方，期末余额在借方，表明受托代销商品的售价。

(3)"受托代销商品款"账户:属于负债类账户,贷方核算受托代销商品的售价,收到委托方开具的专用发票时记入该账户的借方,期末余额在贷方,表明受托代销商品的售价。

(4)材料销售业务。企业在日常活动中销售不需用的材料、随同商品一起销售而不单独计价的包装物等业务,其收入的确认原则对照商品销售,确认的收入记入"其他业务收入"账户,结转的成本记入"其他业务成本"账户。

【例9-5】 青岛东方股份有限公司销售一批原材料,开出的增值税专用发票上注明售价为4 000元,增值税额为520元,款项已收取并存入银行。该批原材料的实际成本为2 800元。该公司应编制如下会计分录:

第一,取得原材料销售收入时:

  借:银行存款   4 520
    贷:其他业务收入   4 000
      应交税费——应交增值税(销项税额)   520

第二,结转已销原材料的实际成本时:

  借:其他业务成本   2 800
    贷:原材料   2 800

(5)发出商品业务。如果企业已经发出商品,但不符合收入确认的5个条件中的任何一条,均不应该确认收入。为了单独反映已经发出但尚未确认销售收入的商品成本,企业应设置"发出商品"账户。"发出商品"账户核算企业商品已发出但客户没有取得商品控制权的商品成本。

【例9-6】 青岛东方股份有限公司于2023年3月3日采用托收承付结算方式向上海虹桥公司销售一批商品,开出的增值税专用发票上注明售价为160 000元,增值税额为20 800元;该批商品成本为73 200元。该公司在销售该批商品时已得知上海虹桥公司资金流转发生暂时困难,但为了减少存货积压,同时也为了维持与上海虹桥公司长期以来建立的商业关系,该公司仍将商品发出,并办妥托收手续。假定青岛东方股份有限公司销售该批商品的纳税义务已经发生。

本例中,由于上海虹桥公司现金流转存在暂时困难,青岛东方股份有限公司很可能收不回销售货款。根据销售商品收入的确认条件,青岛东方股份有限公司在发出商品时不能确认 收入。为此,青岛东方股份有限公司应将已发出的商品成本通过"发出商品"账户反映;同时,由于青岛东方股份有限公司销售该批商品的纳税义务已经发生,还应确认应交的增值税销项税额。青岛东方股份有限公司应编制如下会计分录:

第一,发出商品时:

  借:发出商品   73 200
    贷:库存商品   73 200

第二,确认应交增值税销项税额时:

  借:应收账款   20 800
    贷:应交税费——应交增值税(销项税额)   20 800

第三,对方经营情况好转并承诺付款时(假定2023年9月青岛东方股份有限公司得知上

海虹桥公司经营情况逐渐好转,并且承诺近期付款,青岛东方股份有限公司应在上海虹桥公司承诺付款时确认收入并结转成本):

借:应收账款　　　　　　　　　　　　　　　　　　　　　　　160 000
　　贷:主营业务收入　　　　　　　　　　　　　　　　　　　　　　160 000

借:主营业务成本　　　　　　　　　　　　　　　　　　　　　　　73 200
　　贷:发出商品　　　　　　　　　　　　　　　　　　　　　　　　73 200

第四,收到货款时(假定青岛东方股份有限公司于2023年12月6日收到上海虹桥公司支付的货款):

借:银行存款　　　　　　　　　　　　　　　　　　　　　　　　180 800
　　贷:应收账款　　　　　　　　　　　　　　　　　　　　　　　　180 800

(6)销售折让和销售退回业务。

【任务9-1-3】　编制会计分录

重庆山城公司在2023年4月2日向恒生公司销售一批商品,开出的增值税专用发票上注明售价为150 000元,增值税额为19 500元。该批商品成本为67 000元。恒生公司在2023年4月15日支付货款。如果2023年7月5日,该批商品因质量问题,双方协商重庆山城公司给予5%的折让,开具了增值税专用发票(红字);如果2023年7月5日,该批商品因质量问题被恒生公司全部退回,重庆山城公司当日支付有关退货款。

试编制重庆山城公司的相关会计分录。

销售折让是指企业因售出商品的质量不合格等原因而在售价上给予的减让。如果企业已经确认销售商品收入发生销售折让时,并且不属于资产负债表日后事项的,按应冲减的销售商品收入金额,借记"主营业务收入"账户;按增值税专用发票上注明的应冲减的增值税销项税额,借记"应交税费——应交增值税(销项税额)"账户;按实际支付或应退还的价款,贷记"银行存款""应收账款"等账户。如果发生销售折让时,企业尚未确认销售商品收入的,则应在确认销售商品收入时直接按扣除销售折让后的金额确认。

【例9-7】　青岛东方股份有限公司销售一批商品给烟台徐记公司,开出的增值税专用发票上注明售价为120 000元,增值税额为15 600元。该批商品的成本为78 600元。货到后,烟台徐记公司发现商品质量不符合合同的要求,要求在价格上给予5%的折让。烟台徐记公司提出的销售折让要求符合原合同的约定,青岛东方股份有限公司同意并办妥了相关手续,开具了增值税专用发票(红字)。假定此前青岛东方股份有限公司已确认该批商品的销售收入,销售款项尚未收到,发生的销售折让允许扣减当期增值税销项税额。青岛东方股份有限公司应编制如下会计分录:

第一,销售实现时:

借:应收账款　　　　　　　　　　　　　　　　　　　　　　　135 600
　　贷:主营业务收入　　　　　　　　　　　　　　　　　　　　　120 000
　　　　应交税费——应交增值税(销项税额)　　　　　　　　　　　15 600

借:主营业务成本　　　　　　　　　　　　　　　　　　　　　　　78 600
　　贷:库存商品　　　　　　　　　　　　　　　　　　　　　　　　78 600

第二,发生销售折让时:

借:主营业务收入(120 000×5%) 6 000
　　应交税费——应交增值税(销项税额) 780
　　贷:应收账款 6 780

第三,实际收到款项时:

借:银行存款 128 820
　　贷:应收账款 128 820

【例 9-8】 承[例 9-7],如果青岛东方股份有限公司发生销售折让前未确认该批商品的销售收入,纳税义务也未发生;发生销售折让后 2 个月,烟台徐记公司承诺付款。则青岛东方股份有限公司应编制如下会计分录:

第一,发出商品时:

借:发出商品 78 600
　　贷:库存商品 78 600

第二,对方承诺付款,确认销售收入时:

借:应收账款 128 820
　　贷:主营业务收入 114 000
　　　　应交税费——应交增值税(销项税额) 14 820

借:主营业务成本 78 600
　　贷:发出商品 78 600

第三,实际收到款项时:

借:银行存款 128 820
　　贷:应收账款 128 820

销售退回的处理包括以下两方面内容:

其一,对于未确认收入的售出商品发生的销售退回,应借记"库存商品"账户,贷记"发出商品"账户。若原发出商品时增值税纳税义务已发生,则应借记"应交税费——应交增值税(销项税额)"账户,贷记"应收账款"账户。

【例 9-9】 青岛东方股份有限公司于 2023 年 9 月 15 日收到卓越公司因质量问题而退回的商品 10 件,每件商品成本为 210 元。该批商品系青岛东方股份有限公司于 2023 年 6 月 12 日出售给卓越公司,每件商品售价为 300 元,适用的增值税税率为 13%,货款尚未收到,青岛东方股份有限公司尚未确认销售商品收入,纳税义务尚未发生。青岛东方股份有限公司应在验收退货入库时编制如下会计分录:

借:库存商品 2 100
　　贷:发出商品 2 100

其二,对于已确认收入的售出商品发生的销售退回,企业已经确认销售商品收入的售出商品发生销售退回的,应当在退回时冲减退回当期销售商品收入、销售成本等。

【例 9-10】 青岛东方股份有限公司于 2023 年 7 月 20 日销售自产产品一批,增值税专用发票上注明的售价为 257 000 元,增值税额为 33 410 元。该批商品的成本为 113 000 元。商品于 2023 年 7 月 23 日发出,购货方尚未付款。青岛东方股份有限公司对该项销售确认了销售收入。2023 年 10 月 18 日,该商品一半出现了严重质量问题,购货方将问题商品退回给青岛东方股份有限公司,青岛东方股份有限公司同意退货,并按规定向购货方开具了增值税专用发票(红字)。青岛东方股份有限公司应编制如下会计分录:

第一,销售实现时:

借:应收账款　　　　　　　　　　　　　　　　　　　　　　300 690
　　贷:主营业务收入　　　　　　　　　　　　　　　　　　　257 000
　　　　应交税费——应交增值税(销项税额)　　　　　　　　　33 410

借:主营业务成本　　　　　　　　　　　　　　　　　　　　113 000
　　贷:库存商品　　　　　　　　　　　　　　　　　　　　　113 000

第二,销售退回时:

借:主营业务收入　　　　　　　　　　　　　　　　　　　　128 500
　　应交税费——应交增值税(销项税额)　　　　　　　　　　16 705
　　贷:应收账款　　　　　　　　　　　　　　　　　　　　　145 205

借:库存商品　　　　　　　　　　　　　　　　　　　　　　　56 500
　　贷:主营业务成本　　　　　　　　　　　　　　　　　　　　56 500

2)在某一时段内完成的商品销售收入的账务处理

对于在某一时段内履行的履约义务,企业应当在该时间段内按照履约进度确认收入,履约进度不能合理确定的除外。

满足下列条件之一的,属于在某一时段内履行履约义务:

(1)客户在企业履约的同时即取得并消耗企业履约所带来的经济利益。

(2)客户能够控制企业履约过程中在建的商品。

(3)企业履约过程中所产出的商品具有不可替代性用途,并且该企业在整个合同期间内有权就累计至今已完成的履约部分收取款项。

【任务 9-1-4】　分别编制以下业务的会计分录

(1)2023 年 3 月 18 日,重庆山城公司接受恒生公司委托为其提供会计培训服务,培训期 3 个月,培训费 30 000 元于合同到期时一次性支付,增值税税率为 6%。该合同现金支付业务员 1 000 元佣金,培训期第一个月支付培训成本 4 000 元,第二个月支付 6 000 元,第三个月支付 2 000 元,全部以现金支付,培训进度以培训时间为标准计算。试编制重庆山城公司的相关会计分录。

(2)名仕公司于 2023 年 2 月 25 日接受某公司委托为其提供法律咨询服务,为期 12 个月,服务从 2023 年 3 月 1 日正式开始。合同约定,对方公司应向本公司共支付咨询费 120 000 元,咨询费每月支付,增值税税率为 6%。名仕公司每月发生咨询成本 2 000 元(假定均为人员薪酬)。请作出名仕公司每月收取咨询费,以及发生咨询成本的会计分录。

温馨提示

企业可以根据提供劳务的特点,选用下列方法确定提供劳务交易的完工进度:

(1) 已完工作的测量,这是一种比较专业的测量方法,由专业测量师对已经提供的劳务进行测量,并按一定方法计算确定提供劳务交易的完工程度。

(2) 已经提供的劳务占应提供劳务总量的比例,这种方法主要以劳务量为标准确定提供劳务交易的完工程度。

(3) 已经发生的成本占估计总成本的比例,这种方法主要以成本为标准确定提供劳务交易的完工程度。只有反映已提供劳务的成本才能包括在已经发生的成本中,只有反映已提供或将提供劳务的成本才能包括在估计总成本中。

【例 9-11】 青岛东方股份有限公司于 2023 年 8 月为承接一项为期 6 个月的安装合同,共发生差旅费 3 000 元,支付销售人员佣金 10 000 元,奖励销售经理 2 000 元。该公司预期这些支出未来均能够收回。合同约定安装总价款为 400 万元,增值税税率为 13%,公司已收到 452 万元存入银行。预计安装总成本 280 万元,采用完工百分比法确认劳务收入。截至 2023 年 12 月 31 日,累计发生安装成本 168 万元。假定安装成本均以银行存款支付。该公司 2023 年应编制如下会计分录:

(1) 支付与取得合同相关的费用:

  借:合同取得成本   10 000
    销售费用   3 000
    贷:银行存款   13 000

(2) 摊销合同取得成本:

  借:销售费用   10 000
    贷:合同取得成本   10 000

(3) 销售经理奖金:

  借:销售费用   2 000
    贷:应付职工薪酬   2 000

(4) 发放销售经理奖金:

  借:应付职工薪酬   2 000
    贷:银行存款   2 000

(5) 收到合同价款时:

  借:银行存款   4 520 000
    贷:合同负债   4 000 000
      应交税费——待转销项税额   520 000

(6) 实际发生劳务成本:

  借:合同履约成本   1 680 000
    贷:银行存款   1 680 000

(7) 2023 年 12 月 31 日,确认收入,结转成本:

  完工百分比 = 168 ÷ 280 × 100% = 60%

  应确认的收入金额 = 400 × 60% = 240(万元)

借：应收账款	2 400 000	
应交税费——待转销项税额	312 000	
贷：主营业务收入		2 400 000
应交税费——应交增值税(销项税额)		312 000
借：主营业务成本	1 680 000	
贷：合同履约成本		1 680 000

以后发生履约成本,确认收入,结转成本会计分录同上。

> **温馨提示**
>
> 根据《企业会计准则第14号——收入》第二十八条的规定,企业为取得合同发生的增量成本预期能够收回的,应当作为合同取得成本确认为一项资产;但是,该资产摊销期限不超过一年的,可以在发生时计入当期损益。据此,[例9-11]中销售人员佣金也可以在发生时直接计入销售费用。

3. 让渡资产使用权收入

让渡资产使用权收入主要是指让渡无形资产等资产的使用权形成的使用费收入,出租固定资产取得的租金、进行债权投资收取的利息和股权投资取得的现金股利等也构成让渡资产使用权的使用费收入。这里主要涉及让渡无形资产的使用权形成的使用费收入、出租固定资产取得的租金收入的核算。

1) 让渡资产使用权收入的确认和计量

让渡资产使用权的使用费收入同时满足下列条件的,才能予以确认:

(1) 相关的经济利益很可能流入企业。

(2) 收入的金额能够可靠地计量。

2) 让渡资产使用权收入的账务处理

企业确认让渡资产使用权的使用费收入时,按确定的收入金额,借记"银行存款""应收账款"等账户,贷记"其他业务收入"或"主营业务收入"账户。企业对所让渡资产计提的摊销额以及所发生的与让渡资产有关的支出等,借记"其他业务成本"或"主营业务成本"账户,贷记"累计摊销"等账户。

如果合同或协议规定一次性收取使用费,并且不提供后续服务的,应当视同销售该项资产一次性确认收入;提供后续服务的,应在合同或协议规定的有效期内分期确认收入。如果合同或协议规定分期收取使用费的,通常应按合同或协议规定的收款时间和金额或规定的收费方法计算确定的金额分期确认收入。

【例9-12】 青岛东方股份有限公司向乙公司转让其软件的使用权,一次性收取使用费15 000元,不提供后续服务,款项已经收回。假定不考虑相关税费,青岛东方股份有限公司确认使用费收入时应编制如下会计分录:

借：银行存款	15 000	
贷：其他业务收入		15 000

【例9-13】 青岛东方股份有限公司于2023年1月1日向盛大公司转让某专利权的使用

权,协议约定转让期为5年,每年年末收取使用费175 000元。2023年该专利权计提的摊销额为96 000元。假定不考虑其他因素和相关税费。青岛东方股份有限公司应编制如下会计分录:

(1) 2023年年末,确认使用费收入时:

借:应收账款(或银行存款) 175 000
    贷:其他业务收入 175 000

(2) 2023年,每月计提专利权摊销额时:

借:其他业务成本 8 000
    贷:累计摊销 8 000

【例9-14】 青岛东方股份有限公司向红利公司转让商标使用权,约定红利公司每年年末按年销售收入的10%支付使用费,使用期为8年。第一年,红利公司实现销售收入1 200 000元;第二年,红利公司实现销售收入1 800 000元。假定青岛东方股份有限公司均于每年年末收到使用费,不考虑相关税费。青岛东方股份有限公司确认使用费收入时应编制如下会计分录:

(1) 第一年年末确认使用费收入时:

借:银行存款 120 000
    贷:其他业务收入(1 200 000×10%) 120 000

(2) 第二年年末确认使用费收入时:

借:银行存款 180 000
    贷:其他业务收入(1 800 000×10%) 180 000

4. 政府补助收入

1) 政府补助的概念和特征

政府补助是指企业从政府无偿取得货币性资产或非货币性资产,但不包括政府作为企业所有者投入的资本。其中,"政府"包括各级政府及其所属机构,如财政、卫生、税务、环保部门等;联合国、世界银行等国际类似组织也视同为政府。

政府补助分为与资产相关的政府补助和与收益相关的政府补助。其中,与资产相关的政府补助是指企业取得的、用于购建或以其他方式形成长期资产的政府补助;与收益相关的政府补助是指除与资产相关的政府补助之外的政府补助。

政府补助的特征如下:

(1) 政府补助是无偿的。政府向企业提供补助属于非互惠交易,具有无偿性的特点。

(2) 政府补助通常附有一定的条件包括:①政策条件。企业只有符合政府补助政策的规定,才有资格申请政府补助。符合政策规定不一定都能够取得政府补助;不符合政策规定、不具备申请政府补助资格的,不能取得政府补助。②使用条件。企业已获批准取得政府补助的,应当按照政府相关文件等规定的用途使用政府补助。

(3) 政府补助不包括政府的资本性投入。

2) 政府补助的主要形式

【任务 9-1-5】 明确政府补助的形式

试判断以下内容是否属于政府补助：

(1) 收到的财政贴息。

(2) 收到先征后返的增值税。

(3) 财政拨款。

(4) 收到政府为支持企业技术创新无偿拨付的款项。

(5) 增值税出口退税。

政府补助表现为政府向企业转移资产，包括货币性资产或非货币性资产，通常为货币性资产，但也存在非货币性资产的情况。

(1) 财政拨款。财政拨款是政府为了支持企业而无偿拨付的款项，通常在拨款时就明确了资金的用途。

(2) 财政贴息。财政贴息是政府为支持特定领域或区域发展，根据国家宏观经济形势和政策目标，对贷款企业的银行贷款利息给予的补贴。

(3) 税收返还。税收返还是政府按照先征后返(退)、即征即退等办法向企业返还的税款，属于以税收优惠形式给予的一种政府补助。增值税出口退税不属于政府补助。

除税收返还外，税收优惠还包括直接减征、免征、增加计税抵扣额、抵免部分税额等形式。这类税收优惠体现了政策导向，政府并未直接向企业无偿提供资产，不作为《企业会计准则》规范的政府补助处理。

3) 与资产相关的政府补助的处理

与资产相关的政府补助，应当确认为递延收益，并在相关资产使用寿命内平均分配，计入当期损益(营业外收入)。相关资产在使用寿命结束前被处置(出售、转让、报废等)，应将尚未分配的递延收益余额一次性转入资产处置当期的损益(营业外收入)。

按照名义金额(即1元人民币)计量的政府补助，直接计入当期损益(营业外收入)。

【例 9-15】 2022年1月1日，政府拨付给青岛东方股份有限公司300万元财政拨款(同日到账)，要求其用于购买大型科研设备一台；并规定若有结余，留归企业自行支配。2022年2月1日，青岛东方股份有限公司购入一台大型科研设备(假定不需安装)，实际成本为288万元，使用寿命为10年。2023年2月1日，青岛东方股份有限公司出售了这台设备。假定该设备预计净残值为零，采用直线法计提折旧。青岛东方股份有限公司应编制如下会计分录：

(1) 2022年1月1日，实际收到财政拨款，确认政府补助时：

借：银行存款　　　　　　　　　　　　　　　　　　　　　3 000 000
　　贷：递延收益　　　　　　　　　　　　　　　　　　　　　　3 000 000

(2) 2022年2月1日，购入设备时：

借：固定资产　　　　　　　　　　　　　　　　　　　　　2 880 000
　　贷：银行存款　　　　　　　　　　　　　　　　　　　　　　2 880 000

(3) 在该项固定资产的使用期间每个月计提折旧并分配递延收益时：

借：研发支出　　　　　　　　　　　　　　　　　　　　　　24 000
　　贷：累计折旧　　　　　　　　　　　　　　　　　　　　　　　24 000

借：递延收益 25 000
　　贷：营业外收入 25 000

聪明屋

你能说出[例9-15]会计分录中营业外收入25 000元的来源吗？

(4) 2023年2月1日，出售设备时：

借：固定资产清理 2 592 000
　　累计折旧 288 000
　　贷：固定资产 2 880 000
借：递延收益 270 000
　　贷：营业外收入 270 000

【例9-16】 2022年1月1日，青岛东方股份有限公司为建造一项环保工程向银行贷款450万元，期限为3年，年利率为6%。2022年12月31日，青岛东方股份有限公司向当地政府提出财政贴息申请。经审核，当地政府批准按照实际贷款额450万元给予青岛东方股份有限公司年利率4%的财政贴息，共计54万元，分两次支付。2023年1月15日，第一笔财政贴息资金30万元到账。2023年7月1日，工程完工，第二笔财政贴息资金24万元到账，该工程预计使用寿命10年。青岛东方股份有限公司应编制如下会计分录：

(1) 2023年1月15日，实际收到财政贴息并确认政府补助时：

借：银行存款 300 000
　　贷：递延收益 300 000

(2) 2023年7月1日，实际收到财政贴息并确认政府补助时：

借：银行存款 240 000
　　贷：递延收益 240 000

(3) 2023年7月1日，工程完工，每个月的资产负债表日分配递延收益时：

借：递延收益 4 500
　　贷：营业外收入 4 500

4) 与收益相关的政府补助的处理

【任务9-1-6】 编制会计分录

甲企业为一家粮食储备企业，2023年实际粮食储备量1亿千克。根据国家有关规定，财政部门按照企业的实际储备量给予每千克0.03元/季的粮食保管费补贴，于每个季度初支付。试编制甲企业的相关会计分录。

与收益相关的政府补助，应当分别按照下列情况处理：

(1) 用于补偿企业以后期间的相关费用或损失的，确认为递延收益，并在确认相关费用的期间，计入当期损益（营业外收入）。

(2) 用于补偿企业已发生的相关费用或损失的，取得时直接计入当期损益（营业外收入）。

【例9-17】 青岛东方股份有限公司生产一种先进的模具产品，按照国家相关规定，该公司的这种产品适用增值税先征后返的政策，即先按规定征收增值税，再按实际交纳增值税额返

还 70%。2022 年 8 月,该公司实际交纳增值税额 87.5 万元。2023 年 2 月,青岛东方股份有限公司实际收到返还的增值税额 61.25 万元。青岛东方股份有限公司实际收到返还的增值税额时应编制如下会计分录:

借:银行存款　　　　　　　　　　　　　　　　　　　　　612 500
　　贷:营业外收入　　　　　　　　　　　　　　　　　　　　612 500

【例 9-18】　按照相关规定,粮食储备企业需要根据有关主管部门每季度下达的轮换计划出售陈粮,同时购入新粮。为弥补粮食储备企业发生的轮换费用,财政部门按照轮换计划中规定的轮换量支付给企业 0.03 元/千克的轮换费补贴。假设按照轮换计划,丙企业需要在 2023 年第一季度轮换储备粮 1 亿千克,款项尚未收到。丙企业应编制如下会计分录:

(1) 2023 年 1 月,按照轮换量 1 亿千克和国家规定的补贴定额 0.03 元/千克,计算和确认其他应收款 300 万元时:

借:其他应收款　　　　　　　　　　　　　　　　　　　　3 000 000
　　贷:递延收益　　　　　　　　　　　　　　　　　　　　3 000 000

(2) 2023 年 1 月,将补偿 1 月份轮换费补贴计入当期收益时:

借:递延收益　　　　　　　　　　　　　　　　　　　　　1 000 000
　　贷:营业外收入　　　　　　　　　　　　　　　　　　　1 000 000

(2023 年 2 月和 3 月的会计分录同上)

5) 与资产和收益均相关的政府补助的处理

企业取得这类政府补助时,需要将其分解为与资产相关的部分和与收益相关的部分,分别进行账务处理。如不能区分,企业可以将整项政府补助归类为与收益相关的政府补助。

【例 9-19】　天欣公司于 2019 年 12 月申请某国家级研发补贴。申报书中的有关内容如下:"本公司于 2019 年 1 月启动数字印刷技术开发项目,预计总投资 360 万元、为期 3 年,已投入资金 120 万元。项目还需新增投资 240 万元(其中,购置固定资产 80 万元、场地租赁费 40 万元、人员费 100 万元、市场营销费 20 万元),计划自筹资金 120 万元、申请财政拨款 120 万元。"

2022 年 1 月 1 日,主管部门批准了天欣公司的申报,签订的补贴协议规定:批准天欣公司补贴申请,共补贴款项 120 万元,分两次拨付。合同签订日拨付 60 万元,结算验收时支付 60 万元(如果不能通过验收,则不支付第二笔款项)。天欣公司应编制如下会计分录:

(1) 2022 年 1 月 1 日,实际收到第一笔拨款时:

借:银行存款　　　　　　　　　　　　　　　　　　　　　600 000
　　贷:递延收益　　　　　　　　　　　　　　　　　　　　600 000

(2) 自 2022 年 1 月 1 日至 2024 年 1 月 1 日,每个资产负债表日分配递延收益(假设按年分配)时:

借:递延收益　　　　　　　　　　　　　　　　　　　　　300 000
　　贷:营业外收入　　　　　　　　　　　　　　　　　　　300 000

(3) 2022 年,项目完工且通过验收,于 5 月 1 日实际收到第二笔拨款时:

借:银行存款　　　　　　　　　　　　　　　　　　　　　600 000
　　贷:营业外收入　　　　　　　　　　　　　　　　　　　600 000

任务9.2 记录费用

一、任务布置

【任务9-2】 记录费用案例

青岛宏达服装有限公司2023年12月发生如下费用业务：

（1）9日，支付汽车修理费。有关单据见图9-11和图9-12。

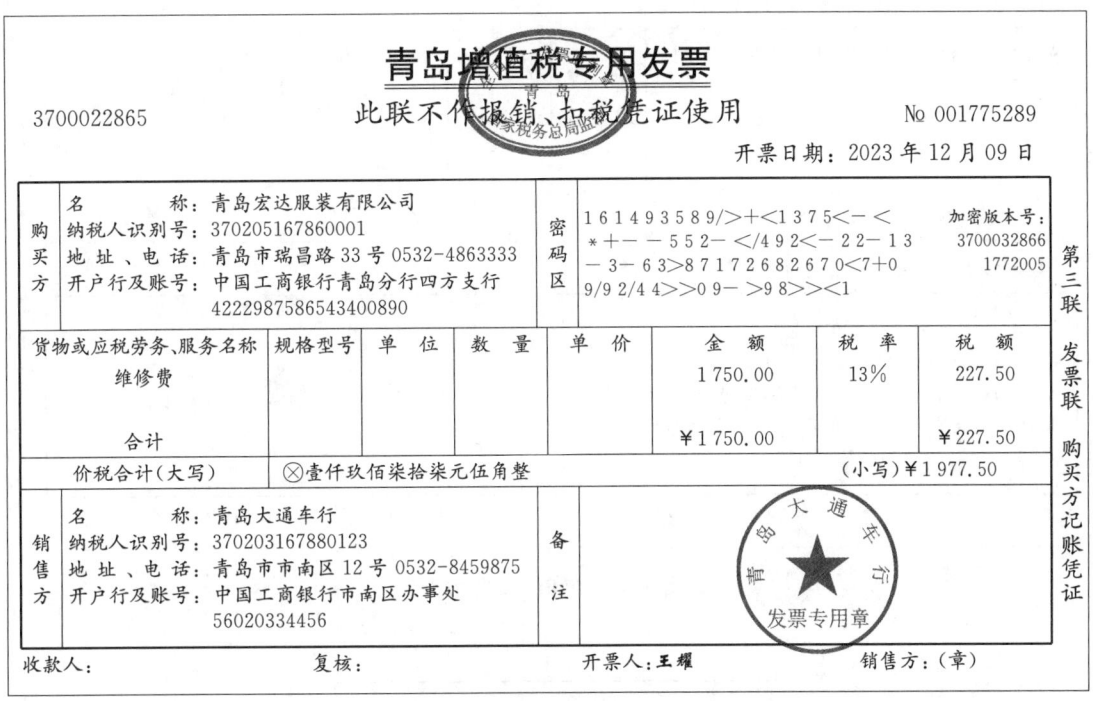

图9-11 增值税专用发票

图9-12 转账支票存根

(2) 9日，支付广告费。有关单据见图9-13和图9-14。

青岛增值税专用发票

3700022866　　此联不作报销、扣税凭证使用　　No 001775289

开票日期：2023年12月09日

购买方	名　称：青岛宏达服装有限公司 纳税人识别号：370205167860001 地　址、电　话：青岛市瑞昌路33号 0532-4863333 开户行及账号：中国工商银行青岛分行四方支行 4222987586543400890	密码区	1 6 1 4 9 3 5 8 9 / > + < 1 3 7 5 < - < * + - - 5 5 2 - < / 4 9 2 < - 2 2 - 1 3 - 3 - 6 3 > 8 7 1 7 2 6 8 2 6 7 0 < 7 + 0 9 / 9 2 / 4 4 > > 0 9 - > 9 8 > > < 1	加密版本号： 3700032866 1772005

货物或应税劳务、服务名称	规格型号	单位	数量	单价	金　额	税率	税　额
广告费					5 400.00	6%	324.00
合计					￥5 400.00		￥324.00

价税合计（大写）	⊗伍仟柒佰贰拾肆元整	（小写）￥5 724.00

销售方	名　称：青岛有线电视台 纳税人识别号：370203167880123 地　址、电　话：青岛市市北区12号 0532-8459875 开户行及账号：中国工商银行市北区办事处 76020334456	备注	（发票专用章）

收款人：　　　复核：　　　开票人：赵庆　　　销售方：（章）

图9-13　增值税专用发票

中国工商银行
转账支票存根

Ⅶ Ⅲ 00041569

科　目：_____

对方科目：费用

出票日期：2023年12月09日

收款人：青岛有线电视台

金　额：￥5 724.00

用　途：支付广告费

单位主管：李平　　　会计：刘强

复核：　　　记账：

图9-14　转账支票存根

(3) 10 日,办公室领用乙甘醇。有关单据见图 9-15。

领 料 单

2023 年 12 月 10 日

凭证编号：1245
发料仓库：1 号仓库

领料单位：厂办公室

材料编号	材料名称	材料用途	数量（千克）		材料成本	
			请领	实发	单位成本	金额
1101	乙甘醇	一般耗用	600	600	8.00	4 800.00

仓库管理员：李平　　　　　　　　　　　　　　　领料人：王励

第三联：记账联

图 9-15　领料单

(4) 12 日,销售防护服。有关单据见图 9-16 和图 9-17。

图 9-16　产品出库单

图 9-17　增值税专用发票

(5) 12日，支付业务招待费。有关单据见图9-18。

图9-18　增值税专用发票

(6) 18日，报销差旅费。有关单据见图9-19和图9-20。

差旅费报销单

附件：20张　　　　　　　2023年12月18日

出差人	王玉林		共1人		职务	专业技术	部门	采购部		审批人	李伟	
出差事由	联系购货						自	2023年12月02日				
到达地点	北京						至	2023年12月18日 共16天				
项目金额	交通工具						旅馆费	1 680.00				
	火车	汽车	轮船	飞机			住宿情况	在途	2	天	住宿	14	天
	500	300											
总计人民币(大写)贰仟肆佰捌拾元整								￥2 480.00				
原借款金额			报销金额				交结余或超支金额￥520.00					
3 000.00			2 480.00				人民币(大写)伍佰贰拾元整					

图9-19　差旅费报销单

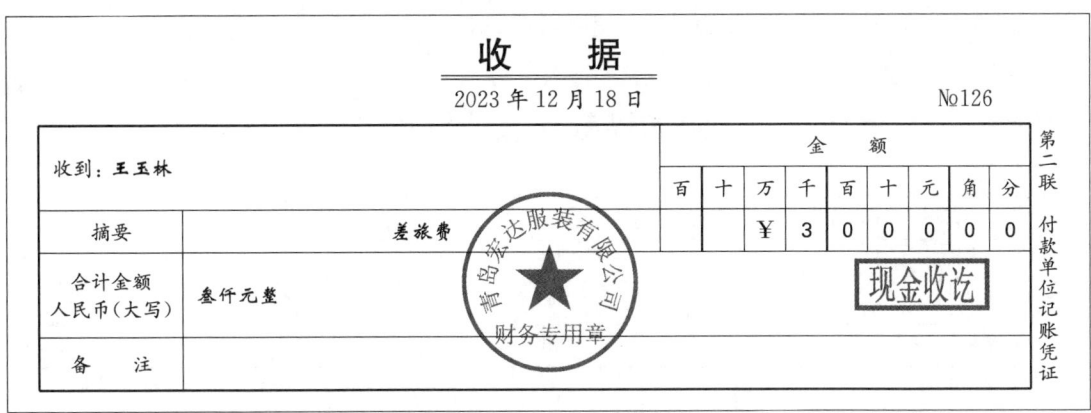

图 9-20 收　据

(7) 30 日，支付培训费 700 元。有关单据见图 9-21。

图 9-21　劳务报酬发放表

(8) 31 日，计提本月工资及福利费。有关单据见图 9-22。

工资及福利费计提计算表

2023 年 12 月 31 日　　　　　　　　　　单位：元

职工类别		工资总额	计提比例	应提福利费	工资及福利费合计
生产车间	生产工人	90 000	10%	9 000	99 000
	管理人员	5 000	10%	500	5 500
	小计	95 000	10%	9 500	104 500
行政管理部门		36 000	10%	3 600	39 600
专设销售机构		19 000	10%	1 900	20 900
合　计		150 000	10%	15 000	165 000

图 9-22　工资及福利费计提计算表

(9) 31 日，计提本月短期借款利息。有关单据见图 9-23。

短期借款利息计算表

2023 年 12 月 31 日　　　　　　　　　　　　　　　　金额单位：元

本　金	月　利　率	计息期限	利息
20 000.00	4‰	1 个月	800.00

会计主管：李平　　　　　　　　　　　　　　　　　　　　　制单：刘强

图 9-23　短期借款利息计算表

要求：根据以上原始凭证编制记账凭证，并总结确认费用的条件。

二、知识链接

费用是指企业在日常活动中引起的，能使所有者权益减少，与向所有者分配利润无关的经济利益的总流出。费用包括主营业务成本、其他业务成本、营业税金及附加、期间费用等。

（一）主营业务成本

主营业务成本是指企业销售商品、提供劳务等日常活动所发生的成本。企业一般在确认销售商品、提供劳务等主营业务收入时，或在月末将已销售商品、已提供劳务的成本结转入主营业务成本。

企业应通过"主营业务成本"账户核算主营业务成本的确认和结转情况。企业结转主营业务成本时，借记本账户，贷记"库存商品""劳务成本"等账户。期末应将该账户余额结转至"本年利润"账户，借记"本年利润"账户，贷记"主营业务成本"账户。结转后，"主营业务成本"账户无余额。

【例 9-20】2023 年 1 月 20 日，青岛东方股份有限公司向万达公司销售一批产品，开出的增值税专用发票上注明售价为 100 000 元，增值税额为 13 000 元。青岛东方股份有限公司已收到万达公司支付的货款 113 000 元，并将提货单交给了万达公司。该批产品成本为 60 000 元。青岛东方股份有限公司应编制如下会计分录：

（1）销售实现时：

借：银行存款　　　　　　　　　　　　　　　　　　　　　　　　　　113 000
　　贷：主营业务收入　　　　　　　　　　　　　　　　　　　　　　　　100 000
　　　　应交税费——应交增值税（销项税额）　　　　　　　　　　　　　 13 000

（2）结转成本时：

借：主营业务成本　　　　　　　　　　　　　　　　　　　　　　　　 60 000
　　贷：库存商品　　　　　　　　　　　　　　　　　　　　　　　　　　 60 000

【例 9-21】2023 年 2 月 20 日，青岛东方股份有限公司销售塑钢制品，开出的增值税专用发票上注明售价为 200 000 元，增值税额为 26 000 元，货款尚未收到。该批产品成本为

160 000元。月末,因产品质量问题遭对方退货。青岛东方股份有限公司应编制如下会计分录:

(1) 销售实现时:

借: 应收账款　　　　　　　　　　　　　　　　　　　　　226 000
　　贷: 主营业务收入　　　　　　　　　　　　　　　　　　　　200 000
　　　　应交税费——应交增值税(销项税额)　　　　　　　　　26 000

借: 主营业务成本　　　　　　　　　　　　　　　　　　　　160 000
　　贷: 库存商品　　　　　　　　　　　　　　　　　　　　　　160 000

(2) 销售退回时:

借: 主营业务收入　　　　　　　　　　　　　　　　　　　　200 000
　　应交税费——应交增值税(销项税额)　　　　　　　　　　26 000
　　贷: 应收账款　　　　　　　　　　　　　　　　　　　　　　226 000

借: 库存商品　　　　　　　　　　　　　　　　　　　　　　160 000
　　贷: 主营业务成本　　　　　　　　　　　　　　　　　　　　160 000

【例 9-22】 2023 年 3 月 10 日,青岛东方股份有限公司向万达公司销售一批产品,开出的增值税专用发票上注明售价为 50 000 元,增值税额为 6 500 元,款项未收,并将提货单交给了万达公司。该批产品成本为 30 000 元。2023 年 3 月 18 日,万达公司确认该批商品存在一定的质量问题,经双方协商,青岛东方股份有限公司给予对方 20%的折让并开出红字增值税专用发票。青岛东方股份有限公司应编制如下会计分录:

(1) 销售实现时:

借: 应收账款　　　　　　　　　　　　　　　　　　　　　　56 500
　　贷: 主营业务收入　　　　　　　　　　　　　　　　　　　　50 000
　　　　应交税费——应交增值税(销项税额)　　　　　　　　　6 500

借: 主营业务成本　　　　　　　　　　　　　　　　　　　　30 000
　　贷: 库存商品　　　　　　　　　　　　　　　　　　　　　　30 000

(2) 发生销售折让时:

借: 主营业务收入　　　　　　　　　　　　　　　　　　　　10 000
　　应交税费——应交增值税(销项税额)　　　　　　　　　　1 300
　　贷: 应收账款　　　　　　　　　　　　　　　　　　　　　　11 300

(二)其他业务成本

其他业务成本是指企业确认的除主营业务活动之外的其他经营活动所发生的成本。它包括销售多余材料、出租固定资产的折旧额、出租无形资产的摊销额等。

企业应通过"其他业务成本"账户核算其他业务成本的确认和结转情况。企业发生或结转的其他业务成本,借记该账户,贷记"原材料""累计折旧""累计摊销"等账户。期末,应将该账户的发生额合计结转入"本年利润"账户,借记"本年利润"账户,贷记"其他业务成本"账户。结转后,"其他业务成本"账户无余额。

【例 9-23】 2023 年 3 月 2 日,青岛东方股份有限公司销售一批多余生产用材料,开出的增值税专用发票注明售价为 10 000 元,增值税额为 1 300 元,款项已收。该批产品成本为 8 000 元。青岛东方股份有限公司应编制如下会计分录:

借:银行存款　　　　　　　　　　　　　　　　　　　　　　　11 300
　　贷:其他业务收入　　　　　　　　　　　　　　　　　　　　10 000
　　　　应交税费——应交增值税(销项税额)　　　　　　　　　　1 300
借:其他业务成本　　　　　　　　　　　　　　　　　　　　　　8 000
　　贷:原材料　　　　　　　　　　　　　　　　　　　　　　　8 000

【例 9-24】　2023 年 1 月 2 日,青岛东方股份有限公司将自己的一项专利技术出租给万达公司,租赁期为 1 年,每月使用费为 30 000 元,增值税税率为 6%,该专利的实际成本为 120 000 元,预计使用期为 10 年,采用直线法摊销。青岛东方股份有限公司应编制如下会计分录:

(1) 每月收取租金时:

借:银行存款　　　　　　　　　　　　　　　　　　　　　　　30 000.00
　　贷:其他业务收入　　　　　　　　　　　　　　　　　　　　28 301.89
　　　　应交税费——应交增值税(销项税额)　　　　　　　　　　1 698.11

(2) 每月摊销时:

借:其他业务成本　　　　　　　　　　　　　　　　　　　　　　1 000
　　贷:累计摊销　　　　　　　　　　　　　　　　　　　　　　1 000

【例 9-25】　2023 年 1 月 22 日,青岛东方股份有限公司销售商品领用单独计价的包装物,开出的增值税专用发票上注明售价为 100 000 元,增值税额为 13 000 元,款项已收。该批包装物成本为 40 000 元。青岛东方股份有限公司应编制如下会计分录:

(1) 出售包装物时:

借:银行存款　　　　　　　　　　　　　　　　　　　　　　　113 000
　　贷:其他业务收入　　　　　　　　　　　　　　　　　　　　100 000
　　　　应交税费——应交增值税(销项税额)　　　　　　　　　　13 000

(2) 结转成本时:

借:其他业务成本　　　　　　　　　　　　　　　　　　　　　　40 000
　　贷:周转材料——包装物　　　　　　　　　　　　　　　　　40 000

(三) 税金及附加

税金及附加是指企业因经营活动应负担的相关税费。它包括消费税、城市维护建设税和教育费附加等。

温馨提示

并不是所有的税都记入"税金及附加"账户,如增值税。记入"税金及附加"账户的具体税费有消费税、城市维护建设税、资源税、出口关税、土地增值税和教育费附加。

企业应通过"税金及附加"账户核算企业因经营活动而发生的相关税费及结转情况。企业按规定计算的消费税、城市维护建设税等,借记"税金及附加"账户,贷记"应交税费"账户。期末,应将"税金及附加"账户的借方发生额合计结转至"本年利润"账户,借记"本年利润"账户,贷记"税金及附加"账户。结转后,"税金及附加"账户无余额。

【例 9-26】 2023 年 1 月,青岛东方股份有限公司应交纳消费税 30 000 元。青岛东方股份有限公司应编制如下会计分录:

（1）计算消费税时：

借：税金及附加 30 000
　　贷：应交税费——应交消费税 30 000

（2）交纳消费税时：

借：应交税费——应交消费税 30 000
　　贷：银行存款 30 000

【例 9-27】 2023 年 1 月,青岛东方股份有限公司当月实际应交增值税为 750 000 元,应交消费税为 150 000 元,城市维护建设税和教育费附加的税率分别为 7% 和 3%。青岛东方股份有限公司应编制如下会计分录:

（1）月末计算时：

借：税金及附加 100 000
　　贷：应交税费——应交城市维护建设税[(750 000＋150 000＋100 000)×7%] 70 000
　　　　　　　　——应交教育费附加[(750 000＋150 000＋100 000)×3%] 30 000

（2）实际交纳时：

借：应交税费——应交城市维护建设税 70 000
　　　　　　——应交教育费附加 30 000
　　贷：银行存款 100 000

（四）期间费用

期间费用是指企业日常活动发生的不能计入特定核算对象的成本,只能计入发生当期损益的费用。期间费用包括销售费用、管理费用和财务费用。

1. 销售费用

销售费用是指企业因销售商品、提供劳务过程中发生的费用。它包括销售商品和材料、提供劳务的过程中发生的各种费用,如保险费、包装费、展览费和广告费、商品维修费、预计产品质量保证损失、运输费、装卸费等,以及为销售本企业商品而专设销售机构(含销售网点、售后服务网点等)的职工薪酬、业务费、折旧费等经营费用。企业发生的与专设销售机构相关的固定资产修理费用等后续支出也属于销售费用。

销售费用是与企业销售商品活动有关的费用,但不包括销售商品本身的成本和劳务成本。销售产品的成本属于主营业务成本,提供劳务所发生的成本属于劳务成本。

企业应通过"销售费用"账户核算销售费用的发生和结转情况。该账户借方登记企业所发生的各项销售费用,贷方登记期末结转入本年利润的销售费用。期末结转后该账户无余额。该账户应按销售费用的费用项目进行明细核算。

企业在销售商品过程中发生的包装费、保险费、展览费和广告费、运输费、装卸费等费用,借记"销售费用"账户,贷记"库存现金""银行存款"等账户;企业发生的为销售本企业商品而专设的销售机构的职工薪酬、业务费等经营费用,借记"销售费用"账户,贷记"应付职工薪酬""银行存款""累计折旧"等账户。期末,应将"销售费用"账户余额转入"本年利润"账户,借记"本年利润"账户,贷记"销售费用"账户。结转后,"销售费用"账户无余额。

【例 9-28】 2023 年 3 月 1 日,青岛东方股份有限公司发生广告费 100 000 元,收到对方开具的增值税普通发票,开出转账支票支付。该公司应编制如下会计分录:

借:销售费用——广告费　　　　　　　　　　　　　　　　　100 000
　　贷:银行存款　　　　　　　　　　　　　　　　　　　　　　100 000

【例 9-29】 2023 年 2 月,青岛东方股份有限公司专设的销售机构共发生费用 150 000 元,其中办公设备折旧费为 50 000 元,业务费为 100 000 元(用银行存款支付)。该公司应编制如下会计分录:

借:销售费用——折旧费　　　　　　　　　　　　　　　　　50 000
　　　　　　——业务费　　　　　　　　　　　　　　　　　100 000
　　贷:累计折旧　　　　　　　　　　　　　　　　　　　　　50 000
　　　　银行存款　　　　　　　　　　　　　　　　　　　　　100 000

【例 9-30】 青岛东方股份有限公司于 2023 年 3 月销售产品共发生运杂费 15 000 元(未取得增值税专用发票),款项已用银行存款支付。该公司应编制如下会计分录:

借:销售费用——运杂费　　　　　　　　　　　　　　　　　15 000
　　贷:银行存款　　　　　　　　　　　　　　　　　　　　　15 000

【例 9-31】 青岛东方股份有限公司于 2023 年 3 月计提专设的销售机构的人员工资共计 236 000 元。该公司应编制如下会计分录:

借:销售费用——工资　　　　　　　　　　　　　　　　　　236 000
　　贷:应付职工薪酬　　　　　　　　　　　　　　　　　　　236 000

2. 管理费用

管理费用是指企业为组织和管理企业生产经营所发生的费用。它包括企业在筹建期间内发生的开办费,董事会和行政管理部门在企业的经营管理中发生的或者应由企业统一负担的公司经费(如行政管理部门职工薪酬、物料消耗、低值易耗品摊销、办公费和差旅费、经营租赁费、折旧费等)、工会经费、董事会费(如董事会成员津贴、会议费和差旅费等)、聘请中介机构费、咨询费(含顾问费)、诉讼费、业务招待费、房产税、土地使用税、车船税、印花税、技术转让费、无形资产摊销、矿产资源补偿费、研究费用、排污费、存货盘亏或盘盈、融资租赁发生的履约成本、经营租赁发生的初始直接费用、长期待摊费用的摊销、高危行业安全生产费等。

企业应通过"管理费用"账户核算管理费用的发生和结转情况。该账户借方登记企业所发生的各项管理费用,贷方登记期末结转入本年利润的管理费用。期末结转后该账户无余额。该账户应按管理费用的费用项目进行明细核算。

发生管理费用时,借记"管理费用"账户,贷记"库存现金""银行存款""应付职工薪酬""累计折旧""应交税费"等账户。期末,应将"管理费用"账户余额转入"本年利润"账户,借记"本年利润"账户,贷记"管理费用"账户。

【例9-32】 2023年1月22日,青岛东方股份有限公司为增进与建立大客户关系而发生业务招待费100 000元,用银行存款支付,未取得增值税专用发票。该公司应编制如下会计分录:

借:管理费用——业务招待费　　　　　　　　　　　　　　　　　　100 000
　　贷:银行存款　　　　　　　　　　　　　　　　　　　　　　　　　　100 000

【例9-33】 2023年2月5日,青岛东方股份有限公司就一项目方案的法律问题向有关专家进行咨询,以现金支付咨询费20 000元,取得对方开具的增值税普通发票。该公司应编制如下会计分录:

借:管理费用——咨询费　　　　　　　　　　　　　　　　　　　　20 000
　　贷:库存现金　　　　　　　　　　　　　　　　　　　　　　　　　　20 000

【例9-34】 2023年1月,青岛东方股份有限公司行政部门共发生费用230 000元,其中行政人员工资为150 000元,行政部专用办公设备折旧费为50 000元,报销行政人员差旅费为21 000元(假定当初出差人员已预借差旅费20 000元),其他办公费为9 000元(以银行存款支付)。该公司应编制如下会计分录:

借:管理费用——工资　　　　　　　　　　　　　　　　　　　　　150 000
　　　　　　——设备折旧　　　　　　　　　　　　　　　　　　　　50 000
　　　　　　——差旅费　　　　　　　　　　　　　　　　　　　　　21 000
　　　　　　——其他　　　　　　　　　　　　　　　　　　　　　　9 000
　　贷:应付职工薪酬　　　　　　　　　　　　　　　　　　　　　　　150 000
　　　　累计折旧　　　　　　　　　　　　　　　　　　　　　　　　　50 000
　　　　其他应收款　　　　　　　　　　　　　　　　　　　　　　　　20 000
　　　　银行存款　　　　　　　　　　　　　　　　　　　　　　　　　9 000
　　　　库存现金　　　　　　　　　　　　　　　　　　　　　　　　　1 000

3. 财务费用

财务费用是指企业为筹集生产经营所需资金等而发生的筹资费用,包括利息支出(减去利息收入)、汇兑差额以及相关的手续费、企业发生或收到的现金折扣等。

企业应通过"账务费用"账户核算财务费用的发生和结转情况。该账户借方登记企业所发生的各项财务费用,贷方登记期末结转入本年利润的财务费用。期末结转后该账户无余额。该账户应按财务费用的费用项目进行明细核算。

企业发生的各项财务费用,借记"财务费用"账户,贷记"库存现金""银行存款""应付职工薪酬""累计折旧""应收账款"等账户。期末,应将"财务费用"账户余额转入"本年利润"账户,借记"本年利润"账户,贷记"财务费用"账户。

【例9-35】 2023年1月31日,青岛东方股份有限公司计提本月应负担的短期借款利息20 000元。该公司应编制如下会计分录:

借:财务费用——利息支出　　　　　　　　　　　　　　　　　　　20 000
　　贷:应付利息　　　　　　　　　　　　　　　　　　　　　　　　　　20 000

【例9-36】 2023年2月2日,青岛东方股份有限公司用银行存款支付银行结算手续费500元。该公司应编制如下会计分录:

```
借：财务费用——手续费                    500
    贷：银行存款                              500
```

【例 9-37】 2023 年 2 月 7 日，青岛东方股份有限公司归还万达公司欠款 200 000 元，根据对方规定的现金折扣条件提前付款，获得对方给予的现金折扣 5 000 元。该公司应编制如下会计分录：

```
借：应付账款                          200 000
    贷：财务费用                            5 000
        银行存款                          195 000
```

财务部门的相关支出应计入哪项期间费用？

任务 9.3　计算利润

一、任务布置

【任务 9-3】 计算利润案例

青岛宏达服装有限公司 2023 年年终结账前有关损益类科目的年末余额见表 9-1。

表 9-1　　　　　　　　损益类科目年末余额　　　　　　　单位：元

收入科目	年末余额	费用科目	年末余额
主营业务收入	950 000	主营业务成本	650 000
其他业务收入	200 000	其他业务成本	15 000
投资收益	15 000	税金及附加	36 000
营业外收入	40 000	销售费用	400 000
		管理费用	120 000
		财务费用	25 000
		营业外支出	70 000

公司于 2022 年年末购入一台机器设备，成本为 1 500 000 元，预计使用年限为 5 年，预计净残值为零，会计上按直线法计提折旧，因该设备符合税法规定的税收优惠条件，计税时可采用年数总和法计提折旧。假定税法规定的使用年限及预计净残值均与会计相同，该公司各会计期间均未对固定资产计提减值准备并且不存在其他税法和会计差异。

要求：

(1) 计算该公司本年度会计利润（利润总额及净利润）。

(2) 编制相关记账凭证。

二、知识链接

利润是企业一定会计期间的经营成果。利润包括营业利润、利润总额和净利润。

（一）与利润计算相关的公式

1. 营业利润

营业利润的计算公式如下：

营业利润＝营业收入－营业成本－税金及附加－销售费用－管理费用－研发费用－财务费用＋其他受益＋投资收益（－投资损失）＋净敞口套期收益（－净敞口套期损失）＋公允价值变动收益（－公允价值变动损失）－信用减值损失－资产减值损失＋资产处置收益（－资产处置损失）

其中：

（1）营业收入是指企业日常经营业务所确认的收入总额，包括主营业务收入和其他业务收入。

（2）营业成本是指企业日常经营业务所发生的实际成本总额，包括主营业务成本和其他业务成本。

（3）研发费用是指企业计入管理费用的进行研究与开发过程中发生的费用化支出，以及计入管理费用的自行开发无形资产的摊销。

（4）其他收益主要是指与企业日常活动相关，除冲减相关成本费用之外的政府补助，以及其他应计入其他收益的内容。

（5）投资收益（或损失）是指企业以各种方式对外投资所取得的收益（或损失）。

（6）公允价值变动收益（或损失）是指企业交易性金融资产等公允价值变动形成的应计入当期损益的利得（或损失）。

（7）信用减值损失是指企业计提各项金融资产信用减值准备所确认的信用损失。

（8）资产减值损失是指企业集体有关资产减值准备所形成的损失。

（9）资产处置收益（或损失）反映企业出售划分为持有待售的非流动资产（金融工具、长期股权投资和投资性房地产除外）或处置组（子公司和业务除外）时确认的处置利得或损失，以及处置未划分为持有待售的固定资产、在建工程、生产性生物资产和无形资产而产生的处置利得或损失，非货币性资产交换中划出非流动资产产生的利得或损失也包括在其中。

2. 利润总额

利润总额的计算公式如下：

利润总额＝营业利润＋营业外收入－营业外支出

其中：

（1）营业外收入是指企业发生的与其日常活动无直接关系的各项利得。

（2）营业外支出是指企业发生的与其日常活动无直接关系的各项损失。

3. 净利润

净利润的计算公式如下：

净利润＝利润总额－所得税费用

其中，所得税费用是指企业确认的应从当期利润总额中扣除的所得税费用。

【任务 9-3-1】 明确营业外收支的使用范围及账务处理方法

重庆山城有限公司 2023 年 5 月发生的经济业务如下：

(1) 8 日,因职工违反规定罚款 200 元现金,已收到。

(2) 12 日,清理一台 2018 年 1 月 1 日购入的设备,该设备原值为 385 000 元,已提折旧 336 000 元,已提减值准备 12 000 元,以现金支付清理费用 2 000 元,处置收入为 46 800 元,增值税税率为 13%。

(3) 20 日,出售一项专利权,该专利权原值为 188 000 元,已摊销 162 000 元,无减值准备,处置收入为 10 000 元,增值税税率为 6%。

(4) 22 日,以上月收到的财政拨款 600 万元用于购买设备,该设备预计使用 10 年,预计净残值为 0,该设备不需安装。

(5) 25 日,收到捐赠的原材料,取得增值税专用发票,注明价款为 20 000 元,增值税税率为 13%。

(6) 27 日,清查因泥石流原因砸坏的一座仓库,经查,共损失库存商品 12 000 元,经协商保险公司赔付 5 000 元,其余损失企业自负。

(7) 28 日,通过当地民政部门向希望工程捐赠现金 10 000 元。

(8) 30 日,以现金上缴滞纳金 500 元。

(9) 31 日,盘盈库存现金 100 元,经批准转入营业外收入;盘亏库存商品 100 件,单位成本为 52 元,确实无法找到原因,经批准处理。

试根据以上经济业务编制相关会计分录,并总结营业外收入和营业外支出的核算范围及账务处理方法。

(二) 营业外收支

1. 营业外收入

营业外收入是指企业发生的与其日常活动无直接关系的各项利得。营业外收入不是企业经营资金耗费所产生的,是经济利益的净流入,不需要与有关的费用进行配比。营业外收入主要包括非流动资产毁损报废收益、政府补助、盘盈利得、捐赠利得等。其中:非流动资产毁损报废收益是指因自然灾害等发生毁损,已丧失使用功能而报废非流动资产所产生的清理收益。政府补助是指从政府无偿取得货币性资产或非货币性资产,并且与企业日常活动无关的利得,不包括政府作为所有者对企业的资本收入。盘盈利得是指企业对现金等资产清查盘点时发生盘盈,报经批准后计入营业外收入的金额。捐赠利得是指企业接受捐赠产生的利得。

2. 营业外支出

营业外支出是指企业发生的与其日常活动无直接关系的各项损失。它主要包括非流动资产毁损报废损失、捐赠支出、盘亏损失、非常损失、罚款支出等。其中:非流动资产毁损报废损失是指因自然灾害等发生毁损,已丧失使用功能而报废非流动资产所产生的清理损失。捐赠支出是指企业对外捐赠发生的支出。盘亏损失主要指对于财产清查盘点中盘亏的资产,查明原因并报经批准计入营业外支出的损失。非常损失是指企业对于因客观因素(如自然灾害等)造成的损失,扣除保险公司赔偿后应计入营业外支出的净损失。罚款支出是指企业支付的行政罚款、税务罚款,以及其他违反法律法规、合同协议等而支付的罚款、违约金、赔偿金等支出。

(三) 所得税费用

企业所得税的计算过程也就是寻找税法和会计之间的差异，并通过调整差异计算应纳税所得额的过程。而所得税会计就是在应交所得税基础上如何确定会计核算中的所得税费用。从 2007 年开始，我国所得税会计采用了资产负债表债务法，要求企业从资产负债表出发，通过比较资产负债表上列示的资产、负债，按照《企业会计准则》规定确定的账面价值与按照税法规定确定计税的基础，对于两种之间的差异分别为应纳税暂时性差异与可抵扣暂时性差异，从而确认相关的递延所得税负债和递延所得税资产，并在此基础上确定每一会计期间利润表中的所得税费用。

1. 所得税会计核算的一般程序

(1) 按照《企业会计准则》的规定，确定资产负债表中除递延所得税资产和递延所得税负债以外的其他资产和负债项目的账面价值。

(2) 按照《企业会计准则》中对于资产和负债计税基础的确定方法，以适用的税收法规为基础，取得资产负债表中有关资产、负债项目的计税基础。

(3) 比较资产、负债的账面价值与其计税基础，对于两者之间的差额形成的暂时性差异，按照其不同种类，分为应纳税暂时性差异与可抵扣暂时性差异。应纳税暂时性差异是应该纳税而未纳税，形成企业的一项负债，成为递延所得税负债；可抵扣暂时性差异是可抵扣企业的所得税费用，形成企业的一项资产，成为递延所得税资产。

(4) 已求出递延所得税负债与递延所得税资产和当期的所得税的数额（税法规定的应纳税所得额与使用的所得税税率相乘计算出的结果），用当期的所得税数额与递延所得税负债、递延所得税资产加减计算，就能得出利润表中的所得税费用。

2. 所得税会计的相关概念

(1) 资产的计税基础。资产的计税基础是指企业收回资产账面价值的过程中，计算应纳税所得时按照税法可以自应税经济利益中抵扣的金额，即该项资产在未来使用或最终处置时，允许作为成本或费用于税前列支的金额。相关计算公式如下：

$$资产的计税基础 = 未来课税前列支的金额$$
$$某一资产负债表日资产的计税基础 = 成本 - 以前期间已税前列支的金额$$

【例 9-38】 青岛东方股份有限公司某项机器设备的原价为 150 万元，预计使用年限为 5 年，账务处理是按照直线法计提折旧，税收处理允许加速折旧，该公司在计税时对该项资产按年数总和法计提折旧，预计净残值为零。计提了 2 年的折旧后，该项资产的账面价值和计税基础分别如下：

$$账面价值 = 150 - 60 = 90 (万元)$$
$$计税基础 = 150 - 50 - 40 = 60 (万元)$$

(2) 负债的计税基础。负债的计税基础是指负债的账面价值减去未来期间计算应纳税所得时按照税法规定准予抵扣的金额。其计算公式如下：

$$负债的计税基础 = 账面价值 - 未来可税前列支的金额$$

一般负债的确认和清偿不影响所得税的计算，差异主要是自费用中提取的负债。

【例 9-39】 2023 年，青岛东方股份有限公司因销售商品提供售后服务等原因于当期确认了400万元的预计负债。税法规定,有关产品售后服务等于取得经营收入直接相关的费用于实际发生时允许税前列支。假定该公司在确认预计负债的当期发生售后服务费用,预计负债的账面价值和计税基础分别如下:

$$账面价值＝400(万元)$$

$$计税基础＝400(账面价值)-400(可从未来经济利益中扣除的金额)＝0$$

3. 暂时性差异

暂时性差异是指资产或负债的账面价值与其计税基础之间的差额。按照暂时性差异对未来期间应税金额的影响,分为应纳税暂时性差异和可抵扣暂时性差异。

应纳税暂时性差异是指在确定未来收回资产或清偿负债期间的应纳税所得额时,将导致产生应税金额的暂时性差异。应纳税暂时性差异产生递延所得税负债,包括:①资产的账面价值大于其计税基础。②负债的账面价值小于其计税基础。

可抵扣暂时性差异是指在确定未来收回资产或清偿负债期间的应纳税所得额时,将导致产生可抵扣金额的暂时性差异。可抵扣暂时性差异确认递延所得税资产,包括:①资产的账面价值小于其计税基础。②负债的账面价值大于其计税基础。

例如,某项固定资产的账面价值大于计税基础,说明未来课税前扣除的数额少,也就意味着未来交的所得税多,即应纳税暂时性差异。

4. 递延所得税资产及递延所得税负债的确认和计量

(1) 递延所得税资产的确认和计量。资产、负债的账面价值与其计税基础不同产生可抵扣暂时性差异的,在估计未来期间能够取得足够的应纳税所得额用于利用该可抵扣暂时性差异时,应当以很可能取得用来抵扣可抵扣暂时性差异的应纳税所得额为限,确认相关的递延所得税资产。

(2) 递延所得税负债的确认和计量。除《企业会计准则》中明确规定可不确认递延所得税负债的情况以外,企业对于所有的应纳税暂时性差异均应确认相关的递延所得税负债。在确认递延所得税负债的同时,应增加利润表中的所得税费用。

【例9-40】 青岛东方股份有限公司于2022年12月31日购入一台机器设备,成本为150万元,预计使用5年,预计净残值为零。会计上采用直线法计提折旧,按税法规定采用年数总和法计提折旧。该公司适用的所得税税率为25%。假定税法规定的预计使用年限和预计净残值均与会计一致,并且该项固定资产使用期间未计提减值准备。

则该公司每年因固定资产账面价值与计税基础不同应予确认的递延所得税情况见表9-2。

表9-2　　　　　　　　　　递延所得税情况　　　　　　　　金额单位:万元

项　　目	第1年	第2年	第3年	第4年	第5年
实际成本	150	150	150	150	150
累计会计折旧	30	60	90	120	150
账面价值	120	90	60	30	0
累计税折旧	50	90	120	140	150
计税基础	100	60	30	10	0
暂时性差异	20	30	30	20	0
适用税率	25%	25%	25%	25%	25%
递延所得税负债余额	5.0	7.5	7.5	5.0	0

第 1 年资产负债表日：

  该项固定资产的账面价值＝实际成本－累计会计折旧＝150－30＝120(万元)

  该项固定资产的计税基础＝实际成本－累计计税折旧＝150－50＝100(万元)

因账面价值大于其计税基础，两者之间产生的 20 万元差异会增加未来期间的应纳税所得额和应交所得税，产生应纳税暂时性差异，应确认与其相关的递延所得税负债 5 万元(20×25％)。

　　借：所得税费用　　　　　　　　　　　　　　　　　　　　　　　　　　50 000
　　　　贷：递延所得税负债　　　　　　　　　　　　　　　　　　　　　　　　　50 000

第 2 年资产负债表日：

  该项固定资产的账面价值＝实际成本－累计会计折旧＝150－30×2＝90(万元)

  该项固定资产的计税基础＝实际成本－累计计税折旧＝150－50－40＝60(万元)

因账面价值大于其计税基础 30 万元，产生应纳税暂时性差异，应确认与其相关的递延所得税负债 7.5 万元(30×25％)。

　　借：所得税费用　　　　　　　　　　　　　　　　　　　　　　　　　　75 000
　　　　贷：递延所得税负债　　　　　　　　　　　　　　　　　　　　　　　　　75 000

第 3 年资产负债表日：

  该项固定资产的账面价值＝实际成本－累计会计折旧＝150－30×3＝60(万元)

  该项固定资产的计税基础＝实际成本－累计计税折旧＝150－50－40－30＝30(万元)

因账面价值大于其计税基础 30 万元，产生应纳税暂时性差异，应确认与其相关的递延所得税负债 7.5 万元，但递延所得税负债有期初余额为 7.5 万元，故当期不应再确认。

第 4 年资产负债表日：

  该项固定资产的账面价值＝实际成本－累计会计折旧＝150－30×4＝30(万元)

  该项固定资产的计税基础＝实际成本－累计计税折旧＝150－50－40－30－20＝10(万元)

因账面价值大于其计税基础 20 万元，产生应纳税暂时性差异，应确认与其相关的递延所得税负债 5 万元，但递延所得税负债有期初余额 7.5 万元，故当期应转回原已确认的递延所得税负债 2.5 万元。

　　借：递延所得税负债　　　　　　　　　　　　　　　　　　　　　　　　25 000
　　　　贷：所得税费用　　　　　　　　　　　　　　　　　　　　　　　　　　　25 000

第 5 年资产负债表日：

  该项固定资产的账面价值＝实际成本－累计会计折旧＝150－30×5＝0

  该项固定资产的计税基础＝实际成本－累计计税折旧＝150－50－40－30－20－10＝0

因账面价值与其计税基础均为 0，两者之间不存在暂时性差异，原已确认与其相关的递延所得税负债应全部转回。

```
借：递延所得税负债                                              50 000
    贷：所得税费用                                                     50 000
```

 课堂活动

某公司于 2022 年 12 月 31 日购入一台机器设备，成本为 100 万元，预计使用年限为 5 年，预计净残值为零。该机器设备在会计上采用直线法计提折旧，按税法规定采用双倍余额递减法计提折旧。该公司适用的所得税税率为 25%。假定税法规定的预计使用年限和预计净残值均与会计一致，并且该项固定资产使用期间未计提减值准备。

要求：

（1）计算每年资产负债表日的该项资产的账面价值与计税基础，确定是应纳税暂时性差异还是可抵扣暂时性差异，并作出相关账务处理。

（2）如果该机器设备在会计上采用双倍余额递减法，在税法上采用直线法，其他条件不变，又应该如何处理？

5. 所得税费用的确认和计量

所得税包括当期应交所得税和递延所得税两个部分，其中：当期应交所得税是根据税法和会计差异得出的应纳税所得额乘以所得税税率计算的结果；递延所得税就是当期递延所得税负债的增加（或减少）与当期递延所得税资产的增加（或减少）之和。对计入利润表的所得税费用的财务处理，首先确定本期递延所得税资产、递延所得税负债和应交所得税的发生额，其次确定本期所得税费用的发生额。其计算公式如下：

$$\text{本期所得税费用} = \text{本期应交所得税} + \text{本期递延所得税资产、递延所得税负债贷方发生额} - \text{本期递延所得税资产、递延所得税负债借方发生额}$$

（四）本年利润的核算

本年利润的核算如图 9-24 所示。

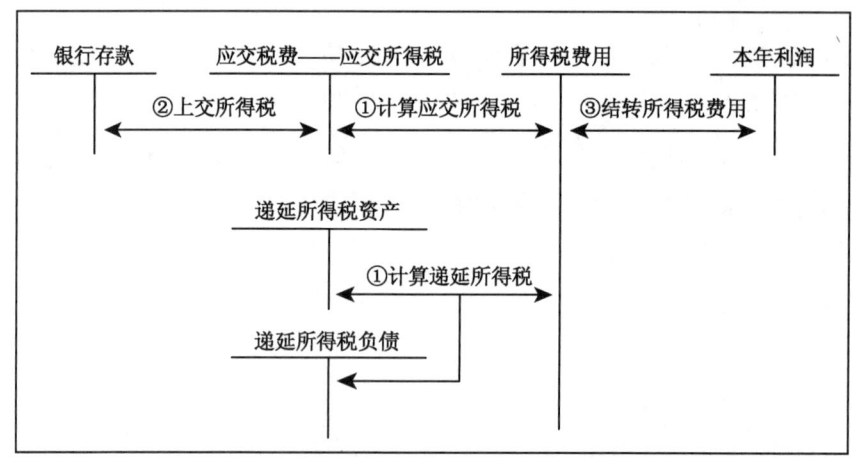

图 9-24 本年利润的核算

【例 9-41】 青岛东方股份有限公司 2023 年年末结账前有关损益类科目的年末余额见表 9-3。

表 9-3　　　　　　　　　　　损益类科目的年末余额　　　　　　　　　　单位：元

收入科目	年末余额	费用科目	年末余额
主营业务收入	950 000	主营业务成本	650 000
其他业务收入	200 000	其他业务成本	150 000
投资收益	15 000	税金及附加	36 000
营业外收入	40 000	销售费用	40 000
		管理费用	120 000
		财务费用	25 000
		营业外支出	70 000

12月31日，该公司又发生下列业务：

(1) 在现金清查中，发现库存现金比账面余额多1 500元，无法查明原因，经批准转销。

(2) 营业外支出中有3 500元为非公益性捐赠。

(3) 本年国债利息收入4 000元已入账。

要求：

(1) 根据上述业务编制第(1)笔经济业务的会计分录。

(2) 将损益类账户结转"本年利润"账户。

(3) 计算公司2023年应交所得税并编制相关会计分录(所得税税率为25%，除上述事项外，不考虑其他纳税调整因素)。

(4) 计算2023年公司净利润。

青岛东方股份有限公司的账务处理如下：

(1) 第(1)笔经济业务的会计分录如下：

借：库存现金　　　　　　　　　　　　　　　　　　　　　　　　　　1 500
　　贷：待处理财产损溢　　　　　　　　　　　　　　　　　　　　　　　　1 500

借：待处理财产损溢　　　　　　　　　　　　　　　　　　　　　　　1 500
　　贷：营业外收入　　　　　　　　　　　　　　　　　　　　　　　　　　1 500

(2) 结转损益类账户：

借：主营业务收入　　　　　　　　　　　　　　　　　　　　　　　950 000
　　其他业务收入　　　　　　　　　　　　　　　　　　　　　　　200 000
　　投资收益　　　　　　　　　　　　　　　　　　　　　　　　　 15 000
　　营业外收入　　　　　　　　　　　　　　　　　　　　　　　　 41 500
　　贷：本年利润　　　　　　　　　　　　　　　　　　　　　　　1 206 500

借：本年利润　　　　　　　　　　　　　　　　　　　　　　　　1 091 000
　　贷：主营业务成本　　　　　　　　　　　　　　　　　　　　　 650 000
　　　　其他业务成本　　　　　　　　　　　　　　　　　　　　　 150 000
　　　　税金及附加　　　　　　　　　　　　　　　　　　　　　　　36 000
　　　　销售费用　　　　　　　　　　　　　　　　　　　　　　　　40 000
　　　　管理费用　　　　　　　　　　　　　　　　　　　　　　　 120 000
　　　　财务费用　　　　　　　　　　　　　　　　　　　　　　　　25 000
　　　　营业外支出　　　　　　　　　　　　　　　　　　　　　　　70 000

(3) 2023年应纳所得税的计算及相关会计分录如下：

应纳税所得额＝会计利润＋非公益性捐赠—国债利息收入
　　　　　　＝1 206 500—1 091 000＋3 500—4 000
　　　　　　＝115 000(元)

应纳所得税＝115 000×25％＝28 750(元)

借：所得税费用　　　　　　　　　　　　　　　　　　　　　　　28 750
　　贷：应交税费——应交所得税　　　　　　　　　　　　　　　　　　28 750

结转所得税费用：

借：本年利润　　　　　　　　　　　　　　　　　　　　　　　　28 750
　　贷：所得税费用　　　　　　　　　　　　　　　　　　　　　　　　28 750

"所得税费用"账户属于哪一类账户？为什么该账户不能与其他同类账户一起结转至"本年利润"账户呢？

(4) 经过上述结转后，"本年利润"账户年末余额为86 750元(1 206 500－1 091 000－28 750)，即为本年净利润。

(五) 利润的分配

利润分配是指企业根据国家有关规定和企业章程、投资者协议等，对企业当年可供分配的利润所进行的分配。其计算公式如下：

$$可供分配的利润 = 当年实现的净利润(或净亏损) + 年初未分配利润(或年初未弥补亏损) + 其他转入$$

利润分配的次序为：①提取法定盈余公积。②提取任意盈余公积。③向投资者分配利润。

盈余公积是指企业按照公司法有关规定从净利润(减去弥补以前年度亏损，不包括年初未分配利润)中提取的积累资金。公司制企业的盈余公积包括法定盈余公积和任意盈余公积。法定盈余公积是指企业按照规定10％的比例从净利润中提取的盈余公积。非公司制企业法定盈余公积的提取比例可以超过10％。法定盈余公积累计额达到注册资本的50％时可以不再提取。任意盈余公积是指企业按照股东会或股东大会决议提取的盈余公积。企业提取的盈余公积可用于弥补亏损、转增资本或发放现金股利或利润等。

【例9-42】承[例9-41]，假定青岛东方股份有限公司2023年年初未分配利润为37 000元，全年实现的净利润为86 750元，法定盈余公积和任意盈余公积提取比例均为10％，宣告发放现金股利40 000元，不考虑其他因素。该公司应编制如下会计分录：

(1) 将本年净利润从"本年利润"账户转入"利润分配——未分配利润"账户时：

借：本年利润　　　　　　　　　　　　　　　　　　　　　　　　86 750
　　贷：利润分配——未分配利润　　　　　　　　　　　　　　　　　　86 750

(2) 提取盈余公积和发放现金股利时：

借：利润分配——提取法定盈余公积　　　　　　　　　　　　　　　　8 675
　　　　　　——提取任意盈余公积　　　　　　　　　　　　　　　　8 675
　　　　　　——发放现金股利　　　　　　　　　　　　　　　　　　40 000
　　贷：盈余公积——法定盈余公积　　　　　　　　　　　　　　　　　8 675
　　　　　　　　——任意盈余公积　　　　　　　　　　　　　　　　　8 675
　　　　应付股利　　　　　　　　　　　　　　　　　　　　　　　　40 000

(3) 将已经分配的利润结转至"利润分配——未分配利润"账户时：

借：利润分配——未分配利润　　　　　　　　　　　　　　　　　　　57 350
　　贷：利润分配——提取法定盈余公积　　　　　　　　　　　　　　　8 675
　　　　　　　　——提取任意盈余公积　　　　　　　　　　　　　　　8 675
　　　　　　　　——发放现金股利　　　　　　　　　　　　　　　　40 000

结转后"利润分配——未分配利润"账户的余额在贷方，表示累计未分配的利润。

1. 请说明法定盈余公积和任意盈余公积的相同点和不同点。
2. 如何计算法定盈余公积和任意盈余公积？为什么提取盈余公积时不包括年初未分配利润，而应该减除以前年度亏损？

虚增在建工程，"洗白"本期利润

QST 上市公司及相关当事人于 2020 年 8 月 6 日收到中国证券监督管理委员会对公司及相关当事人的《行政处罚决定书》(〔2020〕32 号)及《市场禁入决定书》(〔2020〕10 号)，处罚决定如下：

根据当事人违法行为的事实、性质、情节与社会危害程度，依据 2005 年《中华人民共和国证券法》第一百九十三条第一款的规定，处罚决定：

(1) 对 QST 责令改正，给予警告，并处以 60 万元的罚款。
(2) 对刘某华、刘某山给予警告，并分别处以 30 万元的罚款。
(3) 对其余高管、相关责任人共计 11 人给予警告并罚款。

其违规事实描述如下：

2016 年 8 月，QST 子公司 QSMB 与长沙春华建筑有限公司签订《建设工程施工合同》，合同金额为 1.8 亿元。QST2016 年年度报告及相关账务记录显示 QST2016 年代 QSMB 支付给春华建筑工程款 9 166.23 万元，其中以银行存款代付工程款 5 861.29 万元、以银行承兑汇票背书方式代付工程款 3 304.95 万元。

造假方式：虚构交易，违规确认销售收入，虚增利润；将违规确认的部分收入及转出的自有资金，一并确认为在建工程。

财务报表影响：虚列的银行存款支出 26.44 万元，记入"在建工程"账户；虚列背书支付给春华建筑，并记入"在建工程"账户。QST2016 年年度报告以上述方式虚增"在建工程"账户

9 166.23万元。

在建工程在财务造假案例中频频出现,成为上市公司财务造假的优选账户。"在建工程"作为非流动资产账户,时间长,不易核查与审计,后期的折旧减值极易使得企业蒙混过关。

QST的行为既"洗白"了本期虚增的收入,又显示给投资者一种"本期营业收入、利润稳定增长,公司又将经营成果投入在建工程,营造未来业绩利好"的假象。这样做既削弱了公司财务报表的真实性,增加了投资者了解公司内部运作的难度,又给公司管理层打开了"利润操纵"的空间。利用虚增在建工程"洗白"本期利润的情形违反了诚信原则,应予以警惕。

资料来源:审计之家.自虚假陈述案例浅谈上市公司财务造假乱象[EB/OL].(2020-9-13)[2023-3-24]. https://www.163.com/dy/article/FMD2E2900519BIO4.html.

【项目总结】 完善本项目思维导图

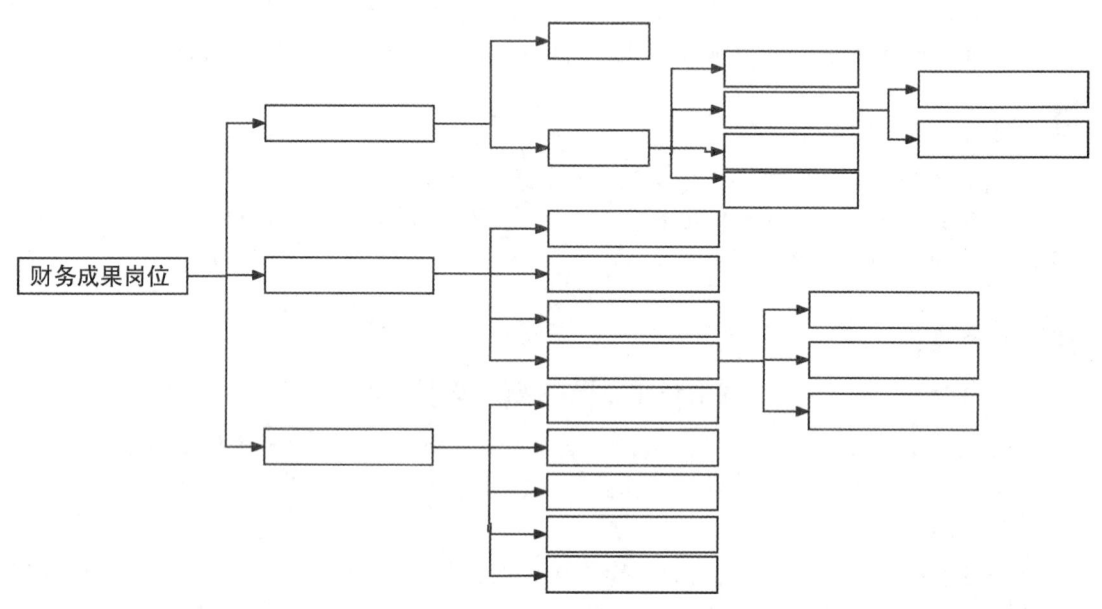

项目练习

一、单项选择题

1. 下列各项中,应按《企业会计准则第14号——收入》进行账务处理的是(　　)。
   A. 提供服务　　　　　　　　　　　B. 出租固定资产收取的租金
   C. 进行债券投资收取的利息　　　　D. 进行股权投资收取的现金股利

2. 某企业与客户签订合同为其建造一栋办公楼,约定的价款为1 500万元,5个月完工,合同约定若提前1个月完工,客户将额外奖励该企业100万元,该企业估计工程提前1个月完工的概率为95%,不考虑其他因素。该企业应确定的交易价格为(　　)万元。
   A. 1 500　　　　B. 1 595　　　　C. 1 600　　　　D. 1 405

3. 某企业与客户签订合同,向其销售甲产品并提供安装服务,该安装服务较简单,除该企业外,其他供应商也可以提供类似的安装服务,合同价款为9 000元。甲产品和服务的单独售价分别为8 000元和2 000元,合计10 000元。上述价格均不包含增值税,不考虑其他因素。甲产品应当分摊的交易价格为(　　)元。
   A. 7 200　　　　　B. 1 800　　　　　C. 8 000　　　　　D. 2 000

4. 企业对于已经发出但不符合收入确认条件的商品,其成本应借记(　　)账户。
   A. "在途物资"　　　　　　　　　B. "发出商品"
   C. "库存商品"　　　　　　　　　D. "主营业务成本"

5. 企业销售商品确认收入后,对于客户实际享受的现金折扣,应当(　　)。
   A. 确认当期财务费用　　　　　　B. 冲减当期主营业务收入
   C. 确认当期管理费用　　　　　　D. 确认当期主营业务成本

6. 某企业于2023年8月1日赊销一批商品,售价为120 000元(不含增值税),适用的增值税税率为13%。规定的现金折扣条件为"2/10,1/20,n/30",计算现金折扣时考虑增值税,不考虑其他因素。该企业的客户于2023年8月15日付清货款。该企业收款金额为(　　)元。
   A. 134 244　　　　B. 120 000　　　　C. 138 996　　　　D. 135 600

7. 某企业为增值税一般纳税人,适用的增值税税率为13%。2023年10月1日,该企业向某客户销售商品40 000件,单独售价为10元(不含增值税),单位成本为5元,给予客户10%的商业折扣,当日产品送达客户,并符合收入的确认条件。合同规定的现金折扣条件为"2/10,1/20,n/30",计算现金折扣时不考虑增值税,不考虑其他因素。该企业的客户于2023年10月15日付款时享有的现金折扣为(　　)元。
   A. 4 520　　　　　B. 3 600　　　　　C. 4 068　　　　　D. 4 000

8. 2023年11月1日,某企业接受客户委托,为客户提供为期6个月的咨询服务,合同约定客户应支付的总的服务费的金额为60 000元(不含增值税)。当日收到客户30 000元的预付款。截至2023年12月31日,企业累计发生服务成本15 000元,估计还将发生服务成本25 000元,履约进度按照已发生成本占估计总成本的比例确定。2023年12月31日,该企业应确认的该项服务的收入为(　　)元。
   A. 20 000　　　　B. 22 500　　　　C. 15 000　　　　D. 60 000

9. 某企业于2022年12月1日承接一项设备安装劳务,安装期限为3个月,劳务合同总收入为60 000元,合同价款在签订合同时已收取50%。截至2022年12月31日,该企业实际发生安装费15 000元,预计至安装完成还将发生安装费用25 000元。该企业确定的履约进度为37.5%。2023年2月25日,该企业完成设备的安装。不考虑其他因素,该企业2022年应确认的营业收入为(　　)万元。
   A. 37 500　　　　B. 20 000　　　　C. 22 500　　　　D. 60 000

10. 下列各项中,属于合同取得成本的是(　　)。
    A. 投标费　　　　B. 销售佣金　　　　C. 差旅费　　　　D. 销售人员的奖金

11. 下列各项中,通过"营业成本"账户进行核算的是(　　)。
    A. 出租厂房发生的折旧额
    B. 委托方委托代销产品支付的手续费

C. 房地产企业销售房屋交纳的土地增值税
D. 出售无形资产的账面成本

12. 下列各项中,不应记入"税金及附加"账户的是(　　)。
    A. 进口商品交纳的消费税　　　　　　B. 自用房产交纳的房产税
    C. 环境保护税　　　　　　　　　　　D. 销售商品交纳的城市维护建设税

13. 下列各项中,不属于企业期间费用的是(　　)。
    A. 固定资产报废发生的净损失　　　　B. 销售商品发生的现金折扣
    C. 厂部管理人员的工资　　　　　　　D. 计提的短期借款利息

14. 下列各项中,不应计入销售费用的是(　　)。
    A. 已售商品预计保修费用
    B. 为推广新产品而发生的广告费用
    C. 随同商品出售且单独计价的包装物成本
    D. 随同商品出售而不单独计价的包装物成本

15. 下列各项中,应计入管理费用的是(　　)。
    A. 预计产品质量保证损失　　　　　　B. 聘请中介机构年报审计费
    C. 专设售后服务网点的职工薪酬　　　D. 企业负担的生产职工养老保险费

16. 下列各项中,应列入利润表"管理费用"项目的是(　　)。
    A. 计提的坏账准备　　　　　　　　　B. 出租无形资产的摊销额
    C. 支付中介机构的咨询费　　　　　　D. 处置固定资产的净损失

17. 下列各项中,应计入管理费用的是(　　)。
    A. 筹建期间的开办费　　　　　　　　B. 预计产品质量保证损失
    C. 生产车间管理人员工资　　　　　　D. 专设销售机构的固定资产修理费

18. 某企业某月销售商品发生商业折扣20万元、现金折扣15万元、销售折让25万元。该企业上述业务计入当月财务费用的金额为(　　)万元。
    A. 15　　　　B. 20　　　　C. 35　　　　D. 45

19. 2023年2月,某企业的主营业务收入为100万元,主营业务成本为80万元,管理费用为5万元,信用减值损失为2万元,投资收益为10万元。假定不考虑其他因素。该企业当月的营业利润为(　　)万元。
    A. 13　　　　B. 15　　　　C. 18　　　　D. 23

20. 下列各项中,不应计入营业外收入的是(　　)。
    A. 接受固定资产捐赠　　　　　　　　B. 出售固定资产净收益
    C. 与企业日常活动无关的政府补助　　D. 确实无法支付的应付账款

21. 下列各项中,不属于企业营业外支出的是(　　)。
    A. 行政罚款支出　　　　　　　　　　B. 发生的咨询费支出
    C. 捐赠支出　　　　　　　　　　　　D. 固定资产盘亏损失

22. 2023年10月10日,某企业销售商品开出的增值税专用发票上注明价款为200万元,增值税额为26万元,款项未收。该商品的成本为100万元,并结转相应的存货跌价准备的金额为10万元,不考虑其他因素。该业务使得该企业2023年度的营业利润增加(　　)万元。
    A. 100　　　B. 110　　　C. 116　　　D. 126

23. 下列各项中,不属于利润表"利润总额"项目的是( )。
   A. 确认的资产减值损失　　　　　　B. 无法查明原因的现金溢余
   C. 确认的所得税费用　　　　　　　D. 收到的政府补助确认的其他收益

24. 2023年,某企业取得债券投资利息收入15万元,其中国债利息收入为5万元,全年税前利润总额为150万元,所得税税率为25%,不考虑其他因素。2023年,该企业的净利润为( )万元。
   A. 112.50　　　B. 113.75　　　C. 116.75　　　D. 111.25

25. 某公司2023年计算的当年应交所得税为100万元,递延所得税负债年初数为30万元、年末数为35万元,递延所得税资产年初数为20万元、年末数为18万元,不考虑其他因素。该公司2023年应确认的所得税费用为( )万元。
   A. 103　　　B. 97　　　C. 127　　　D. 107

二、多项选择题

1. 下列各项中,工业企业应确认为其他业务收入的有( )。
   A. 对外销售材料收入　　　　　　　B. 出售专利所有权收入
   C. 处置厂房净收益　　　　　　　　D. 转让商标使用权收入

2. 下列各项中,应作为合同履约成本确认合同资产的有( )。
   A. 为取得合同发生但预期能够收回的增量成本
   B. 与合同直接相关的成本,如直接材料、直接人工和制造费用
   C. 为履行合同发生的非正常消耗的直接材料、直接人工和制造费用
   D. 明确由客户承担的成本以及仅因该合同而发生的其他成本

3. 取得商品控制权的因素有( )。
   A. 企业因向客户转让商品而有权取得的对价很可能收回
   B. 客户有能力主导该商品的使用,即客户在其活动中有权使用该商品,或者能够允许或阻止其他方使用该商品
   C. 客户能够获得商品几乎全部的经济利益。商品的经济利益是指商品的潜在现金流量,既包括现金流入的增加,又包括现金流出的减少
   D. 客户必须拥有现时权利,能够主导该商品的使用并从中获得几乎全部经济利益

4. 下列各项中,应计入销售费用的有( )。
   A. 销售商品发生的商业折扣
   B. 销售商品发生的运输费
   C. 购买商品发生的运输费
   D. 结转随同商品出售而不单独计价的包装物成本

5. 下列各项中,不应计入管理费用的有( )。
   A. 总部办公楼折旧　　　　　　　　B. 企业筹建期间发生的开办费
   C. 发生的宣传费　　　　　　　　　D. 专设销售机构房屋的修理费

6. 下列各项中,应通过"管理费用"账户核算的有( )。
   A. 诉讼费　　　　　　　　　　　　B. 企业支付的印花税
   C. 业务招待费　　　　　　　　　　D. 日常经营活动聘请中介机构费

7. 下列关于现金折扣财务处理的表述中,正确的有( )。

A. 销售企业在确认销售收入时将现金折扣抵减收入
B. 销售企业在取得价款时将实际发生的现金折扣计入财务费用
C. 购买企业在购入商品时将现金折扣直接抵减应确认的应付账款
D. 购买企业在偿付应付账款时将实际发生的现金折扣冲减财务费用

8. 下列各项中,应计入财务费用的有( )。
A. 银行承兑汇票手续费　　　　　　B. 购买交易性金融资产手续费
C. 外币应收账款汇兑损失　　　　　D. 短期借款利息支出

9. 下列各项中,属于收入确认和计量的步骤有( )。
A. 该合同明确了合同各方与所转让的商品相关的权利和义务
B. 识别合同中的单项履约义务
C. 履行各单项履约义务时确认收入
D. 确定交易价格和合同履约成本

10. 下列各项中,应通过"其他业务成本"账户核算的有( )。
A. 出租固定资产的折旧额　　　　　B. 出售不需要原材料的成本
C. 出租包装物的摊销额　　　　　　D. 结转销售商品的成本

11. 下列各项中,应计入期间费用的有( )。
A. 销售商品发生的销售折让　　　　B. 销售商品发生的售后服务费
C. 销售商品发生的商业折扣　　　　D. 委托代销商品支付的手续费

12. 下列各项中,影响企业当期营业利润的有( )。
A. 所得税费用　　　　　　　　　　B. 应收账款减值损失
C. 销售商品收入　　　　　　　　　D. 固定资产报废净损失

13. 下列各项中,影响当期利润表中利润总额的有( )。
A. 固定资产盘盈　　　　　　　　　B. 确认所得税费用
C. 对外捐赠固定资产　　　　　　　D. 无形资产出售利得

14. 下列各项中,不应确认为营业外收入的有( )。
A. 存货盘盈　　　　　　　　　　　B. 固定资产出租收入
C. 固定资产盘盈　　　　　　　　　D. 无法查明原因的现金溢余

15. 下列各项中,期末余额应结转至"本年利润"账户的有( )。
A. 主营业务成本　　　　　　　　　B. 信用减值损失
C. 财务费用　　　　　　　　　　　D. 公允价值变动损益

三、判断题

1. 已完成销售手续、但购买方在当月尚未提取的产品,销售方仍应作为本企业库存商品核算。( )
2. 企业已确认销售收入的售出商品发生销售折让,且不属于资产负债表日后事项的,应在发生时冲减销售收入。( )
3. 履约义务是指合同中企业向客户转让可明确区分商品或服务的承诺。( )
4. 现金折扣和销售折让,均应在实际发生时计入当期财务费用。( )
5. 企业在确定商品销售收入时,应考虑各种可能发生的现金折扣的销售折让。( )
6. 企业为取得合同发生的差旅费应计入合同取得成本。( )

7. 企业应当在履行了合同中的履约义务,即在客户取得相关商品控制权时确认收入。
( )

8. 企业取得与资产相关的政府补助,应当确认为递延收益,并在该项资产使用寿命内分期计入当期损益。
( )

9. 企业出售固定资产的净损失应计入营业外支出。 ( )

10. 制造费用和管理费用都是本期发生的生产费用,因此它们均应计入当期损益。
( )

11. 月末终了时,"本年利润"账户无余额。 ( )

四、实务题

1. 甲公司为增值税一般纳税人,适用的增值税税率为13%。2023年6月1日,向乙公司销售某商品1 000件,每件标价2 200元,实际售价2 000元(售价中不含增值税额),已开出增值税专用发票,商品已交付给乙公司,无其他收款条件。为了及早收回货款,甲公司在合同中规定的现金折扣条件为"2/10,1/20,n/30"。假定计算现金折扣时不考虑增值税。

要求:

(1) 编制甲公司销售商品时的会计分录。

(2) 根据以下假定,分别编制甲公司收到款项时的会计分录。

第一,乙公司在2023年6月8日按合同规定付款,甲公司收到款项并存入银行。

第二,乙公司在2023年6月19日按合同规定付款,甲公司收到款项并存入银行。

第三,乙公司在2023年6月29日按合同规定付款,甲公司收到款项并存入银行。

("应交税费"账户要求写出明细账户及专栏,答案中的金额单位用万元表示)

2. 甲上市公司为增值税一般纳税人,适用的增值税税率为13%,销售商品和提供服务均为主业且全部符合收入的确认条件,销售成本月末一次结转。2023年3月,甲上市公司发生业务如下:

(1) 3月1日,向乙公司销售W产品8 000件,开具的增值税专用发票上注明价款为80万元,增值税额为10.4万元。商品当日已发出,并且控制权已转移,甲公司上月已预收乙公司30万货款,余款于当日收到并存入银行。

(2) 5日,采用托收承付方式向丁公司销售W产品7 500件,开具的增值税专用发票上注明价款为75万元,增值税额为9.75万元,上述款项尚未收到,无其他收款条件。

(3) 6日,按照与戊公司签订的租赁合同,以短期租赁方式将上月初取得的一台拟自用生产设备出租给戊公司。31日,收取当月租金2万元(不含增值税),并存入银行。该设备原价为60万元,预计净残值率为0,采用年限平均法按10年计提折旧,未计提减值准备。

要求:

(1) 根据上述资料,逐项编制甲公司相关经济业务的会计分录。

(2) 计算甲上市公司于2023年3月31日营业收入和营业成本的金额。

("应交税费"账户要求写出明细账户和专栏名称,答案中的金额单位用万元表示)。

3. 甲、乙两公司签订了一份800万元的劳务合同,甲公司为乙公司开发一套系统软件(以下简称项目)。2023年3月2日,项目开发工作开始,预计于2024年2月28日完工。截至2023年12月31日,甲公司为完成该合同累计发生劳务成本252万元(假定均为人工薪酬),预计开发完成该项目的总成本为468万元(假定均为人工薪酬)。2023年3月30日,甲公司预收乙公司支付的项目款350万元存入银行。

要求：

（1）编制甲公司预收项目款的账务处理。

（2）编制甲公司实际发生劳务成本的账务处理。

（3）编制甲公司2023年确认收入、结转成本的账务处理。

（答案中的金额单位用万元表示）

4. 甲公司为增值税一般纳税人，适用的增值税税率为13%，商品销售价格不含增值税；确认销售收入时逐笔结转销售成本。

2023年12月，甲公司发生如下经济业务：

（1）2日，向乙公司销售A产品，销售价格为600万元，实际成本为540万元。产品已发出，款项存入银行。销售前，该产品已计提跌价准备5万元。

（2）8日，收到丙公司退回的B产品并验收入库，当日支付退货款并收到经税务机关出具的《开具红字增值税专用发票通知单》。该批产品系2023年8月售出并已确认销售收入，销售价格为200万元，实际成本为120万元。

（3）31日，将本公司生产的C产品作为福利发放给生产工人，市场销售价格为80万元，实际成本为50万元。

假定除上述资料外，不考虑其他相关因素。

要求：根据上述资料，逐项编制甲公司相关经济业务的会计分录。

（答案中的金额单位用万元表示）

项目 10

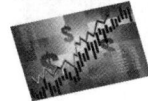

财务报表岗位

| 能力目标 | 1. 能够认识各种财务报表。
2. 能够正确编制财务报表。 |

| 知识目标 | 1. 掌握财务报表的编制方法。
2. 理解财务报表岗位的岗位职责。
3. 熟悉财务报表岗位的重要性。 |

| 素质目标 | 1. 培养学生具备高尚的职业道德：讲诚信、遵纪守法等。
2. 培养学生主动地思考问题、分析问题和解决问题的能力。
3. 培养学生提升沟通技巧和团队协作精神。
4. 培养学生具备严谨的工作态度和自主学习能力。 |

任务 10.1 认识财务报表

一、任务布置

【任务 10-1】 认识财务报表案例

1. 将下列会计科目填入相应的财务报表中

青岛宏达服装有限公司 2023 年涉及的会计科目有：

库存现金、银行存款、营业外收入、营业外支出、应收账款、应付账款、其他应收款、其他应付款、预收账款、预付账款、交易性金融资产、长期股权投资、短期借款、长期借款、财务费用、盈余公积、利润分配、主营业务收入、其他业务收入、主营业务成本、其他业务成本、应收票据、应付票据、管理费用、销售费用、资产减值损失、公允价值变动损益、无形资产、固定资产、在建工程、实收资本、税金及附加、资本公积、应付职工薪酬、应交税费、投资收益、所得税费用。

资产负债表项目有：

利润表项目有：

2. 给表 10-1 至表 10-3 分别填上表名

表 10-1 _____表

编制单位：　　　　　　　　　_____年___月___日　　　　　　　　会企 01 表
单位：元

资产	期末余额	上年年末余额	负债及所有者权益（或股东权益）	期末余额	上年年末余额
流动资产：			流动负债：		
货币资金			短期借款		
交易性金融资产			交易性金融负债		
衍生金融资产			衍生金融负债		
应收票据			应付票据		
应收账款			应付账款		
应收款项融资			预收款项		
预付款项			合同负债		
其他应收款			应付职工薪酬		
存货			应交税费		
合同资产			其他应付款		
持有待售资产			持有待售负债		
一年内到期的非流动资产			一年内到期的非流动负债		
其他流动资产			其他流动负债		
流动资产合计			流动负债合计		
非流动资产：			非流动负债：		
债权投资			长期借款		
其他债权投资			应付债券		
长期应收款			其中：优先股		
长期股权投资			永续债		
其他权益工具投资			租赁负债		
其他非流动金融资产			长期应付款		

(续表)

资产	期末余额	上年年末余额	负债及所有者权益（或股东权益）	期末余额	上年年末余额
投资性房地产			预计负债		
固定资产			递延收益		
在建工程			递延所得税负债		
生产性生物资产			其他非流动负债		
油气资产			非流动负债合计		
使用权资产			负债合计		
无形资产			所有者权益(或股东权益)：		
开发支出			实收资本(或股本)		
商誉			其他权益工具		
长期待摊费用			其中：优先股		
递延所得税资产			永续债		
其他非流动资产			资本公积		
非流动资产合计			减：库存股		
			其他综合收益		
			专项储备		
			盈余公积		
			未分配利润		
			所有者权益（或股东权益)合计		
资产总计			负债和所有者权益（或股东权益)总计		

表10-2　　　　　　　　_____表

会企02表

编制单位：　　　　　　　　_____年___月　　　　　　　　单位：元

项　目	本期金额
一、营业收入	
减：营业成本	
税金及附加	
销售费用	
管理费用	
研发费用	
财务费用	
其中：利息费用	
利息收入	

(续表)

项　　目	本期金额
加：其他收益	
投资收益（损失以"－"号填列）	
其中：对联营企业和合营企业的投资收益	
以摊余成本计量的金融资产终止确认收益（损失以"－"号填列）	
净敞口套期收益（损失以"－"号填列）	
公允价值变动收益（损失以"－"号填列）	
信用减值损失（损失以"－"号填列）	
资产减值损失（损失以"－"号填列）	
资产处置收益（损失以"－"号填列）	
二、营业利润（亏损以"－"号填列）	
加：营业外收入	
减：营业外支出	
三、利润总额（亏损总额以"－"号填列）	
减：所得税费用	
四、净利润（净亏损以"－"号填列）	
（一）持续经营净利润（净亏损以"－"号填列）	
（二）终止经营净利润（净亏损以"－"号填列）	
五、其他综合收益的税后净额	
（一）不能重分类进损益的其他综合收益	
1. 重新计量设定收益计划变动额	
2. 权益法下不能转损益的其他综合收益	
3. 其他权益工具投资公允价值变动	
4. 企业自身信用风险公允价值变动	
……	
（二）将重分类进损益的其他综合收益	
1. 权益法下可转损益的其他综合收益	
2. 其他债券投资公允价值变动	
3. 金融资产重分类计入其他综合收益的金额	
4. 其他债券投资信用减值准备	
5. 现金流量套期储备	
6. 外币财务报表折算差额	
……	
六、综合收益总额	
七、每股收益：	
（一）基本每股收益	
（二）稀释每股收益	

表 10-3　　　　　　　　　　　　　　　_____表

会企 03 表

编制单位：　　　　　　　　　　　　　_____年___月　　　　　　　　　　单位：元

项　　目	本期金额	上期金额
一、经营活动产生的现金流量：		
销售商品、提供劳务收到的现金		
收到的税费返还		
收到其他与经营活动有关的现金		
经营活动现金流入小计		
购买商品、接受劳务支付的现金		
支付给职工以及为职工支付的现金		
支付的各项税费		
支付其他与经营活动有关的现金		
经营活动现金流出小计		
经营活动产生的现金流量净额		
二、投资活动产生的现金流量：		
收回投资收到的现金		
取得投资收益收到的现金		
处置固定资产、无形资产和其他长期资产收回的现金净额		
处置子公司及其他营业单位收到的现金净额		
收到其他与投资活动有关的现金		
投资活动现金流入小计		
购建固定资产、无形资产和其他长期资产支付的现金		
投资支付的现金		
取得子公司及其他营业单位支付的现金净额		
支付其他与投资活动有关的现金		
投资活动现金流出小计		
投资活动产生的现金流量净额		
三、筹资活动产生的现金流量：		
吸收投资收到的现金		
取得借款收到的现金		
收到其他与筹资活动有关的现金		
筹资活动现金流入小计		
偿还债务支付的现金		
分配股利、利润或偿付利息支付的现金		
支付其他与筹资活动有关的现金		
筹资活动现金流出小计		
筹资活动产生的现金流量净额		
四、汇率变动对现金及现金等价物的影响		
五、现金及现金等价物净增加额		
加：期初现金及现金等价物余额		
六、期末现金及现金等价物余额		

二、知识链接

(一) 财务报告概述

财务报告是指企业对外提供的反映企业某一特定日期的财务状况和某一会计期间的经营成果、现金流量等会计信息的文件。财务报告包括财务报表和其他应当在财务报告中披露的相关信息和资料。编制财务报告的目标是向财务报告使用者提供与企业财务状况、经营成果和现金流量等有关的会计信息,反映企业管理层受托责任履行情况,有助于财务报告使用者作出经济决策。

(二) 财务报表的组成及其结构

财务报表是对企业财务状况、经营成果和现金流量的结构性表述。一套完整的财务报表至少应当包括资产负债表、利润表、现金流量表、所有者权益(或股东权益)变动表以及附注。其中,资产负债表、利润表和现金流量表分别从不同角度反映企业的财务状况、经营成果和现金流量;所有者权益(或股东权益)变动表反映构成所有者权益的各组成部分当期的增减变动情况;附注是财务报表不可或缺的组成部分,是对在资产负债表、利润表、现金流量表和所有者权益(或股东权益)变动表等报表中列示项目的文字描述或明细资料,以及对未能在这些报表中列示项目的说明等。

1. 资产负债表的内容及其结构

资产负债表是反映企业在某一特定日期的财务状况的报表。该报表主要反映资产、负债和所有者权益三方面的内容,并满足"资产=负债+所有者权益"的平衡式。

我国企业的资产负债表采用账户式结构。账户式资产负债表分左右两方,左方为资产项目,大体按资产的流动性大小排列,流动性大的资产(如"货币资金""交易性金融资产")等排在前面,流动性小的资产(如"长期股权投资""固定资产"等)排在后面;右方为负债和所有者权益(或股东权益)项目,一般按要求清偿时间的先后顺序排列:"短期借款""应付票据""应付账款"等需要在1年以内或者长于1年的一个正常营业周期内偿还的流动负债排在前面,"长期借款"等在1年以上才需偿还的非流动负债排在中间,在企业清算之前不需要偿还的所有者权益项目排在后面(资产负债表的具体结构见表10-1)。

聪明屋

(1) 什么是资产、负债、所有者权益?资产和负债如何分类?所有者权益包括哪些内容?
(2) 说出几个流动资产和非流动资产的名称。
(3) 说出几个流动负债和非流动负债的名称。

2. 利润表的内容及其结构

利润表是指反映企业在一定会计期间的经营成果的报表。通过利润表,可以反映企业在一定会计期间收入、费用、利润(或亏损)的数额和构成情况,帮助财务报告使用者全面了解企业的经营成果,分析企业的获利能力及盈利增长趋势,从而为其作出经济决策提供依据。

我国企业的利润表采用多步式格式(具体结构见表10-2)。

3. 现金流量表的内容及其结构

现金流量表是反映企业在一定会计期间现金及现金等价物流入和流出的报表。现金是指企业库存现金以及可以随时用于支付的存款,包括库存现金、银行存款和其他货币资金等。不能随时用于支付的存款不属于现金。现金等价物是指企业持有的期限短、流动性强、易于转换为已知金额现金、价值变动风险很小的投资。期限短一般是指从购买日起 3 个月内到期。现金等价物通常包括 3 个月内到期的债券投资等。权益性投资变现的金额通常不确定,因而不属于现金等价物。企业应当根据具体情况确定现金等价物的范围,一经确定不得随意变更。

现金流量是指一定会计期间内企业现金和现金等价物的流入和流出。企业从银行提取现金、用现金购买短期到期的国库券等现金和现金等价物之间的转换不属于现金流量。

我国企业现金流量表采用报告式结构,分类反映经营活动产生的现金流量、投资活动产生的现金流量和筹资活动产生的现金流量,最后汇总反映企业某一期间现金及现金等价物的净增加额(具体结构见表 10-3)。

1. 下列各项中,属于现金流量表"现金及现金等价物"的有(　　)。
   A. 库存现金　　　　　　　　B. 银行本票
   C. 银行承兑汇票　　　　　　D. 持有 2 个月内到期的国债
2. 下列各项中,属于现金流量表中"现金及现金等价物"的有(　　)。
   A. 库存现金　　　　　　　　B. 其他货币资金
   C. 3 个月内到期的债券投资　D. 随时用于支付的银行存款
3. 下列项目中,属于资产负债表中流动资产项目的有(　　)。
   A. "预付款项"　　　　　　　B. "无形资产"
   C. "交易性金融资产"　　　　D. "存货"
4. 下列项目中,属于资产负债表中流动负债项目的有(　　)。
   A. "预收款项"　　　　　　　B. "应付债券"
   C. "长期应付款"　　　　　　D. "一年内到期的长期借款"

任务 10.2　编制资产负债表

一、任务布置

【任务 10-2】　编制资产负债表案例

青岛宏达服装有限公司 2023 年 4 月的余额试算平衡表见表 10-4。

表 10-4　　　　　　　　　　余额试算平衡表
2023 年 04 月 30 日　　　　　　　　　　　　　　　单位:元

会计科目	期末余额	
	借方	贷方
库存现金	740	
银行存款	168 300	
应收账款	85 460	

(续表)

会计科目	期末余额 借方	期末余额 贷方
坏账准备		6 500
原材料	66 500	
库存商品	101 200	
存货跌价准备		1 200
固定资产	468 900	
累计折旧		3 350
固定资产清理		5 600
长期待摊费用	14 500	
应付账款		93 000
预收账款		10 000
长期借款		250 000
实收资本		500 000
盈余公积		4 500
利润分配		19 300
本年利润		12 150
合计	905 600	905 600

补充资料：

(1)"应收账款"账户有关明细账期末余额情况为："应收账款——长城公司"账户借方余额98 000元，"应收账款——海天公司"账户贷方余额12 540元。

(2)"长期待摊费用"账户中含将于1年内摊销的金额8 000元。

(3)"应付账款"账户有关明细账期末余额情况为："应付账款——白云公司"账户借方余额5 000元，"应付账款——文创公司"账户贷方余额98 000元。

(4)"预收账款"账户有关明细账期末余额情况为："预收账款——方正公司"账户借方余额2 000元，"预收账款——华裕公司"账户贷方余额12 000元。

(5)"长期借款"账户期末余额中将于1年内到期归还的长期借款数为100 000元。

请代青岛宏达服装有限公司完成资产负债表的编制(表10-5)。

表10-5　　　　　　　　　　　资产负债表

编制单位：青岛宏达服装有限公司　　　2023年04月30日

会企01表
单位：元

资产	期末余额	上年年末余额	负债及所有者权益（或股东权益）	期末余额	上年年末余额
流动资产：		(略)	流动负债：		(略)
货币资金	(1)		短期借款		
交易性金融资产			交易性金融负债		
衍生金融资产			衍生金融负债		
应收票据			应付票据		
应收账款	(2)		应付账款	(9)	
应收款项融资	(3)		预收款项	(10)	

(续表)

资产	期末余额	上年年末余额	负债及所有者权益（或股东权益）	期末余额	上年年末余额
预付款项			合同负债		
其他应收款			应付职工薪酬		
存货	(4)		应交税费		
合同资产			其他应付款		
持有待售资产			持有待售负债		
一年内到期的非流动资产	8 000		一年内到期的非流动负债	(11)	
其他流动资产			其他流动负债		
流动资产合计	(5)		流动负债合计		
非流动资产：			非流动负债：		
债权投资			长期借款	(12)	
其他债权投资			应付债券		
长期应收款			其中：优先股		
长期股权投资			永续债		
其他权益工具投资			租赁负债		
其他非流动金融资产			长期应付款		
投资性房地产			预计负债		
固定资产	(6)		递延收益		
在建工程			递延所得税负债		
生产性生物资产			其他非流动负债		
油气资产			非流动负债合计	150 000	
使用权资产			负债合计	(13)	
无形资产			所有者权益(或股东权益)：		
开发支出			实收资本(或股本)	500 000	
商誉			其他权益工具		
长期待摊费用	(7)		其中：优先股		
递延所得税资产			永续债		
其他非流动资产			资本公积		
非流动资产合计	472 050		减：库存股		
			其他综合收益		
			专项储备		
			盈余公积	4 500	
			未分配利润	(14)	
			所有者权益（或股东权益)合计	(15)	
资产总计	(8)		负债和所有者权益（或股东权益）总计	914 090	

二、知识链接

(一)资产负债表项目的填列方法

资产负债表的各项目均需填列"上年年末余额"和"期末余额"两栏。

资产负债表"上年年末余额"栏内各项数字,应根据上年年末资产负债表的"期末余额"栏内所列数字填列。

资产负债表的"期末余额"栏内各项数字,其填列方法如下。

1. 根据总账科目的余额填列

(1) 直接根据有关总账科目的余额填列,如"交易性金融资产""短期借款""应付票据""应付职工薪酬"等项目。

(2) 根据几个总账科目的期末余额计算填列,如"货币资金"项目,需根据"库存现金""银行存款""其他货币资金"三个总账科目期末余额合计填列。

2. 根据有关明细科目的余额计算填列

资产负债表中的有些项目,需要根据明细科目余额计算填列,如"应付账款"项目,需要分别根据"应付账款"和"预付账款"两科目所属明细科目的期末贷方余额计算填列。

3. 根据总账科目和明细科目的余额分析计算填列

资产负债表的有些项目,需要依据总账科目和明细科目两者的余额分析填列,如"长期借款"项目,应根据"长期借款"总账科目余额扣除"长期借款"科目所属的明细科目中将在资产负债表日起1年内到期、且企业不能自主地将清偿义务展期的长期借款后的金额填列。

4. 根据有关科目余额减去其备抵科目余额后的净额填列

如资产负债表中的"长期股权投资"项目,应根据"长期股权投资"科目的期末余额减去"长期股权投资减值准备"科目余额后的净额填列;"固定资产"项目,应根据"固定资产"科目期末余额,减去"累计折旧""固定资产减值准备"科目余额后的净额填列;"无形资产"项目,应根据"无形资产"科目期末余额,减去"累计摊销""无形资产减值准备"科目余额后的净额填列。

课堂活动

某企业2023年12月31日"固定资产"科目余额为1 000万元,"累计折旧"科目余额为300万元,"固定资产减值准备"科目余额为50万元。该企业2023年12月31日资产负债表"固定资产"的项目金额为(　　)万元。

A. 650　　　　B. 700　　　　C. 950　　　　D. 1 000

5. 综合运用上述填列方法分析填列

如资产负债表中的"存货"项目,需先根据"原材料""库存商品""委托加工物资""周转材料""材料采购""在途物资""发出商品""材料成本差异"等总账科目期末余额的分析汇总数,再减去"存货跌价准备"备抵科目余额后的净额填列。"应收账款"项目,需根据"应收账款"明细账的借方余额和"预收账款"明细账的借方余额合计数,减去"坏账准备"科目中有关应收账款计提的坏账准备期末余额后的金额填列。

(二)资产负债表项目的具体填列说明

【任务10-2-1】 计算资产负债表往来项目的余额

甲公司2023年12月31日结账后有关科目余额见表10-6。

表 10-6　　　　　　　　　　　　结账后有关科目余额　　　　　　　　　　　　单位：万元

科目名称	借方余额	贷方余额
应收账款	500	
坏账准备——应收账款		50
预收账款	100	200
应付账款		300
预付账款	200	60

要求：计算资产负债表中以下各项目的金额：①应收账款。②预付款项。③应付账款。④预收款项。

资产负债表中资产、负债和所有者权益（或股东权益）主要项目的填列说明如下。

1. 资产项目的填列说明

（1）"货币资金"项目，反映企业库存现金、银行结算户存款、外埠存款、银行汇票存款、银行本票存款、信用卡存款、信用证保证金存款等的合计数。本项目应根据"库存现金""银行存款""其他货币资金"科目期末余额的合计数填列。

（2）"交易性金融资产"项目，反映企业持有的以公允价值计量且其变动计入当期损益的为交易目的所持有的债券投资、股票投资、基金投资、权证投资等金融资产。本项目应当根据"交易性金融资产"科目的期末余额填列。

（3）"应收票据"项目，反映企业因销售商品、提供劳务等而收到的商业汇票，包括银行承兑汇票和商业承兑汇票。本项目应根据"应收票据"科目的期末余额，减去"坏账准备"科目中有关应收票据计提的坏账准备期末余额后的金额填列。

（4）"应收账款"项目，反映企业因销售商品、提供劳务等经营活动应收取的款项。本项目应根据"应收账款"科目和"预收账款"科目的相关明细科目的期末借方余额合计数，减去"坏账准备"科目中有关应收账款计提的坏账准备期末余额后的金额填列。例如，"应收账款"科目所属明细科目期末有贷方余额的，应在资产负债表"预收款项"项目内填列。

（5）"应收款项融资"项目，反映资产负债表日以公允价值计量且其变动计入其他综合收益的应收票据和应收账款等。

（6）"预付款项"项目，反映企业按照购货合同规定预付给供应单位的款项等。本项目应根据"预付账款"和"应付账款"科目的相关明细科目的期末借方余额合计数，减去"坏账准备"科目中有关预付款项计提的坏账准备期末余额后的金额填列。例如，"预付账款"科目所属明细科目期末有贷方余额的，应在资产负债表"应付账款"项目内填列。

（7）"其他应收款"项目，反映企业除应收票据、应收账款、预付款项等经营活动之外的其他各种应收、暂付的款项。本项目应根据"应收股利""应收利息""其他应收款"科目的期末余额合计数，减去"坏账准备"科目中相关坏账准备期末余额后的金额填列。其中，"应收利息"科目仅反映相关金融工具已到期可收取但于资产负债表日尚未收到的利息。基于实际利率法计提的金融工具的利息应包含在相应金融工具的账面余额中。

（8）"存货"项目，反映企业期末在库、在途和在加工中的各种存货的可变现净值。本项目应根据"材料采购""原材料""低值易耗品""库存商品""周转材料""委托加工物资""委托代销商品""生产成本"等科目的期末余额合计数，减去"代销商品款""存货跌价准备"科目期末余额后的金额填列。材料采用计划成本核算，以及库存商品采用计划成本核算或售价核算的企业，还应按加或减材料成本差异、商品进销差价后的金额填列。

(9)"合同资产"项目,反映企业按照《企业会计准则14号——收入》的相关规定,根据本企业履行履约义务与客户付款之间的关系在资产负债表中列示合同资产。"合同资产"项目应根据"合同资产"科目的相关明细科目期末余额分析填列。同一合同下的合同资产和合同负债应当以净额列示,其中净额为借方余额的,应当根据其流动性在"合同资产"或"其他非流动资产"项目中填列,已计提减值准备的,还应以减去"合同资产减值准备"科目中相关的期末余额后的金额填列;其中净额为贷方余额的,应当根据其流动性在"合同负债"或"其他非流动负债"项目中填列。

(10)"持有待售资产"项目,反映资产负债表日划分为持有待售类别的非流动资产及划分为持有待售类别的处置组中的流动资产和非流动资产的期末账面价值。本项目应根据"持有待售资产"科目的期末余额减去"持有待售资产减值准备"科目的期末余额后的金额填列。

(11)"一年内到期的非流动资产"项目,反映企业将于1年内到期的非流动资产项目金额。本项目应根据有关科目的期末余额填列。

(12)"债权投资"项目,反映资产负债表日企业以摊余成本计量的长期债权投资的期末账面价值。本项目应根据"债权投资"科目的相关明细科目期末余额,减去"债权投资减值准备"科目中相关减值准备的期末余额后的金额分析填列。自资产负债表日起1年内到期的长期债权投资的期末账面价值,在"一年内到期的非流动资产"项目反映。企业购入的以摊余成本计量的1年内到期的债权投资的期末账面价值,在"其他流动资产"项目反映。

(13)"其他债权投资"项目,反映资产负债表日企业分类为以公允价值计量且其变动计入其他综合收益的长期债权投资的期末账面价值。本项目应根据"其他债权投资"科目的相关明细科目期末余额分析填列。自资产负债表日起1年内到期的长期债权投资的期末账面价值,在"一年内到期的非流动资产"项目反映。企业购入的以公允价值计量且其变动计入其他综合收益的1年内到期的债权投资的期末账面价值,在"其他流动资产"项目反映。

(14)"长期应收款"项目,反映企业租赁产生的应收款项和采用递延方式分期收款、实质上具有融资性质的销售商品和提供劳务等经营活动产生的应收款项。本项目应根据"长期应收款"科目的期末余额,减去相应的"未实现融资收益"科目和"坏账准备"科目的相关明细科目期末余额后的金额填列。

(15)"长期股权投资"项目,反映投资方对被投资单位实施控制、重大影响的权益性投资,以及对其合营企业的权益性投资。本项目应根据"长期股权投资"科目的期末余额,减去"长期股权投资减值准备"科目的期末余额后的净额填列。

(16)"其他权益工具投资"项目,反映资产负债表日企业指定为以公允价值计量且其变动计入其他综合收益的非交易性权益工具投资的期末账面价值。本项目应根据"其他权益工具投资"科目的期末余额填列。

(17)"固定资产"项目,反映资产负债日企业固定资产的期末账面价值和企业尚未清理完毕的固定资产清理净损益。本项目应根据"固定资产"科目的期末余额,减去"累计折旧"和"固定资产减值准备"科目的期末余额后的金额,以及"固定资产清理"科目的期末余额填列。

(18)"在建工程"项目,反映资产负债表日企业尚未达到预定可使用状态的在建工程的期末账面价值和企业在建工程准备的各种物资的期末账面价值。本项目应根据"在建工程"科目的期末余额,减去"在建工程减值准备"科目余额后的金额,以及"工程物资"科目的期末余额,减去"工程物资减值准备"科目的期末余额后的金额填列。

(19)"使用权资产"项目,反映资产负债表日承租人企业持有的使用权资产的期末账面价值。本项目应根据"使用权资产"科目的期末余额,减去"使用权资产累计折旧"和"使用权资产减值准备"科目的期末余额后的金额填列。

(20)"无形资产"项目,反映企业持有的无形资产,包括专利权、非专利技术、商标权、著作权、土地使用权等无形资产的成本减去累计摊销和减值准备后的净值。本项目应根据"无形资产"科目的期末余额,减去"累计摊销"科目和"无形资产减值准备"科目期末余额后的金额填列。

(21)"开发支出"项目,反映企业开发无形资产过程中能够资本化形成无形资产成本的支出部分。本项目应当根据"研发支出"科目中所属的"资本化支出"明细科目期末余额填列。

(22)"长期待摊费用"项目,反映企业已经发生但应有本期和以后各期负担的分摊期限在1年以上的各项费用。本项目应根据"长期待摊费用"科目的期末余额,减去将于1年内(含1年)摊销的数额后的金额分析填列。但长期待摊费用的摊销年限只剩1年或不足1年的,或预计在1年内(含1年)进行摊销的部分,不得归类为流动资产,仍在各该非流动资产项目中填列,不转入"一年内到期的非流动资产"项目。

(23)"递延所得税资产"项目,反映企业根据所得税准则确认的可抵扣暂时性差异产生的所得税资产。本项目应根据"递延所得税资产"科目的期末余额填列。

(24)"其他非流动资产"项目,反映企业除上述非流动资产之外的其他非流动资产。本项目应根据有关科目的期末余额填列。

2. 负债项目的填列说明

(1)"短期借款"项目,反映企业向银行或其他金融机构等借入的期限在1年以下(含1年)的各种借款。本项目应根据"短期借款"科目的期末余额填列。

(2)"交易性金融负债"项目,反映企业资产负债表日承担的交易性金融负债,以及企业持有的指定为以公允价值计量且其变动计入当期损益的金融负债的期末账面价值。本项目应根据"交易性金融负债"科目的相关明细科目余额填列。

(3)"应付票据"项目,反映企业资产负债表日从摊余成本计量的,因购买材料、商品和接受服务等而开出、承兑的商业汇票,包括银行承兑汇票和商业承兑汇票。本项目应根据"应付票据"科目的期末余额填列。

(4)"应付账款"项目,反映资产负债表日从摊余成本计量的,因企业因购买材料、商品和接受服务等经营活动应支付的款项。本项目应根据"应付账款"科目和"预付账款"科目的相关明细科目的期末贷方余额合计数填列。例如,"应付账款"科目所属明细科目期末有借方余额的,应在资产负债表"预付款项"项目内填列。

(5)"预收款项"项目,反映企业按照合同规定预收的款项。本项目应根据"预收账款"科目和"应收账款"科目的相关明细科目的期末贷方余额合计数填列。例如,"预收账款"科目所属明细科目期末有借方余额,应在资产负债表"应收账款"项目内填列。

(6)"合同负债"项目,反映企业已收或应收客户对价而应向客户转让商品的义务,是指根据本企业履行履约义务与客户付款之间的关系在资产负债表中列示的合同负债。本项目应根据"合同负债"的相关明细科目期末余额分析填列。

（7）"应付职工薪酬"项目，反映企业根据有关规定应付给职工的工资、职工福利、社会保险费、住房公积金、工会经费、职工教育经费、非货币性福利、辞退福利等各种薪酬。外商投资企业按规定从净利润中提取的职工奖励及福利基金，也在本项目列示。

（8）"应交税费"项目，反映企业按照税法规定计算缴纳的各种税费，包括增值税、消费税、城市维护建设税、教育费附加、企业所得税、资源税、土地增值税、房产税、城镇土地使用税、车船税、矿产资源补偿费等。企业代扣代缴的个人所得税，也在本项目列示。企业所交纳的税金不需要预计应交数的，如印花税、耕地占用税等，不在本项目列示。本项目应根据"应交税费"科目的期末贷方余额填列。如果"应交税费"科目下的"应交增值税""未交增值税""待抵扣进项税额""待认证进项税额""增值税留抵税额"等明细科目期末为借方余额，应根据情况在资产负债表中的"其他流动资产"或"其他非流动资产"项目列示。"待转销项税额"等科目期末贷方余额应根据情况，在资产负债表中的"其他流动负债"或"其他非流动负债"项目列示。"未交增值税""简易计税""转让金融商品应交增值税""代扣代交增值税"等科目期末贷方余额应在资产负债表中的"应交税费"项目列示。

（9）"其他应付款"项目，反映企业除应付票据、应付账款、预收款项等经营活动之外的其他各种应收、暂付的款项。本项目应根据"应付股利""应付利息""其他应付款"科目的期末余额合计数填列。其中，"应付利息"仅反映相关金融工具已到期应支付但于资产负债表日尚未支付的利息。基于实际利率法计提的金融工具的利息应包含在相应金融工具的账面余额中。

（10）"持有待售负债"项目，反映资产负债表日处置组中划分为持有待售类别的资产直接相关的负债的期末账面价值。本项目应根据"持有待售负债"科目的期末余额填列。

（11）"一年内到期的非流动负债"项目，反映企业非流动负债中将于资产负债表日后1年内到期部分的金额，如将于1年内偿还的长期借款。本项目应根据有关科目的期末余额分析填列。

（12）"长期借款"项目，反映企业向银行或其他金融机构借入的期限在1年以上（不含1年）的各项借款。本项目应根据"长期借款"科目的期末余额，扣除"长期借款"科目所属的明细科目中将自资产负债表日起1年内到期且企业不能自主地将清偿义务展期的长期借款后的金额计算填列。

（13）"应付债券"项目，反映企业为筹集长期资金而发行的债券本金及应付的利息。本项目应根据"应付债券"科目的期末余额分析填列。对于资产负债表日企业发行的金融工具，分类为金融负债的在本项目填列；对于优先股和永续债在本项目下的"优先股"和"永续债"项目分别填列。

（14）"租赁负债"项目，反映资产负债表日承租人企业尚未支付的租赁付款额的期末账面价值。本项目应根据"租赁负债"科目的期末余额填列。自资产负债表日起1年内到期应予以清偿的租赁负债的期末账面价值，在"一年内到期的非流动负债"项目反映。

（15）"长期应付款"项目，应根据"长期应付款"科目的期末余额，减去相关的"未确认融资费用"科目的期末余额后的金额，以及"专项应付款"科目的期末余额填列。

（16）"预计负债"项目，反映企业根据或有事项等相关准则确认的各项预计负债，包括对外提供担保、未决诉讼、产品质量保证、重组义务以及固定资产和矿区权益弃置义务等产生的预计负债。本项目应根据"预计负债"科目的期末余额填列。企业按照《企业会计准则第

22号——金融工具确认和计量》的相关规定,对贷款承诺等项目计提的损失准备,应当在本项目中填列。

(17)"递延收益"项目,反映尚待确认的收入或收益。本项目核算包括企业根据政府补助准则确认的应在以后期间计入当期损益的政府补助金额、售后租回形成融资租赁的售价与资产账面价值差额等其他递延性收入。本项目应根据"递延收益"科目的期末余额填列。本项目摊销期限只剩1年或不足1年的,或预计在1年内(含1年)进行摊销的部分,不得归类为流动负债,仍在本项目中填列,不转入"一年内到期的非流动负债"项目。

(18)"递延所得税负债"项目,反映企业根据所得税准则确认的应纳税暂时性差异产生的所得税负债。本项目根据"递延所得税负债"科目的期末余额填列。

(19)"其他非流动负债"项目,反映企业除以上非流动负债之外的其他非流动负债。本项目应根据有关科目的期末余额,减去将于1年内(含1年)到期偿还数后的余额填列。非流动负债各项目中将于1年内(含1年)到期的非流动负债,应在"一年内到期的非流动负债"项目内反映。

3. 所有者权益(或股东权益)项目的填列说明

(1)"实收资本(或股本)"项目,反映企业各投资者实际投入的资本(或股本)总额。本项目应根据"实收资本"(或"股本")科目的期末余额填列。

(2)"其他权益工具"项目,反映资产负债表日企业发行在外的除普通股之外分类为权益工具的金融工具的期末账面价值,并下设"优先股"和"永续债"两个项目,分别反映企业发行的分类为权益工具的优先股和永续债的账面价值。

(3)"资本公积"项目,反映企业收到投资者出自超出其在注册资本或股本中所长的份额,以及直接计入所有者权益的里的和损失等。本项目应根据"资本公积"科目的期末余额填列。

(4)"其他综合收益"项目,反映企业其他综合收益的期末余额。本项目应根据"其他综合收益"科目的期末余额填列。

(5)"专项储备"项目,反映高危行业企业按国家规定提取的安全生产费的期末账面价值。本项目应根据"专项储备"科目的期末余额填列。

(6)"盈余公积"项目,反映企业盈余公积的期末余额。本项目应根据"盈余公积"科目的期末余额填列。

(7)"未分配利润"项目,反映企业尚未分配的利润。本项目应根据"本年利润"科目和"利润分配"科目的余额计算填列。未弥补的亏损在本项目内以"一"号填列。

任务 10.3 编制利润表

一、任务布置

【任务 10-3】 编制利润表案例

青岛宏达服装有限公司2023年度损益类科目12月发生额和1~11月累计发生额见表10-7。

表 10-7　　　　　　　　　损益类科目发生额表　　　　　　　　单位：元

损益类科目	12月发生额	1~11月累计发生额
主营业务收入	600 000	9 002 055
主营业务成本	300 000	5 574 000
营业税金及附加	30 000	945 000
其他业务收入	60 000	600 000
其他业务成本	45 000	450 000
管理费用	6 000	933 000
财务费用	3 000	600 000
销售费用	3 690	405 000
投资收益	16 800	1 500 000
营业外收入	13 500	0
营业外支出	9 900	150 000
所得税费用	25%	25%

请根据以上资料代青岛宏达服装有限公司编制 2023 年度利润表（表 10-8）。

表 10-8　　　　　　　　　利　润　表

会企02表

编制单位：　　　　　　　　_____年___月　　　　　　　　单位：元

项　　目	本期金额
一、营业收入	
减：营业成本	
税金及附加	
销售费用	
管理费用	
研发费用	
财务费用	
其中：利息费用	
利息收入	
加：其他收益	
投资收益（损失以"—"号填列）	
其中：对联营企业和合营企业的投资收益	
以摊余成本计量的金融资产终止确认收益（损失以"—"号填列）	
净敞口套期收益（损失以"—"号填列）	
公允价值变动收益（损失以"—"号填列）	
信用减值损失（损失以"—"号填列）	
资产减值损失（损失以"—"号填列）	
资产处置收益（损失以"—"号填列）	

(续表)

项目	本期金额
二、营业利润(亏损以"—"号填列)	
加：营业外收入	
减：营业外支出	
三、利润总额(亏损总额以"—"号填列)	
减：所得税费用	
四、净利润(净亏损以"—"号填列)	

二、知识链接

利润表项目的填列方法如下：

(1)"营业收入"项目，反映企业经营主要业务和其他业务所确认的收入总额。本项目应根据"主营业务收入"科目和"其他业务收入"科目的发生额分析填列。

(2)"营业成本"项目，反映企业经营主要业务和其他业务所发生的成本总额。本项目应根据"主营业务成本"科目和"其他业务成本"科目的发生额分析填列。

(3)"税金及附加"项目，反映企业经营业务应负担的消费税、城市维护建设税、资源税、土地增值税和教育费附加等。本项目应根据"税金及附加"科目的发生额分析填列。

(4)"销售费用"项目，反映企业在销售商品过程中发生的包装费、广告费等费用和为销售本企业商品而专设的销售机构的职工薪酬、业务费等经营费用。本项目应根据"销售费用"科目的发生额分析填列。

(5)"管理费用"项目，反映企业为组织和管理生产经营发生的管理费用。本项目应根据"管理费用"科目的发生额分析填列。

(6)"研发费用"项目，反映企业进行研究与开发过程中发生的费用化支出以及计入管理费用的自行开发无形资产的摊销。本项目应根据"管理费用"科目下的"研发费用"明细科目的发生额，以及"管理费用"科目下"无形资产摊销"明细科目的发生额分析填列。

(7)"财务费用"项目，反映企业为筹集生产经营所需资金等而发生的应予费用化的利息支出。本项目应根据"财务费用"科目的相关明细科目发生额分析填列。其中，"利息费用"项目，反映企业为筹集生产经营所需资金等而发生的应予费用化的利息支出，本项目应根据"财务费用"科目的相关明细科目的发生额分析填列；"利息收入"项目，反映企业应冲减财务费用的利息收入，本项目应根据"财务费用"科目的相关明细科目的发生额分析填列。

(8)"其他收益"项目，反映计入其他收益的政府补助，以及其他与日常活动相关且计入其他收益的项目。本项目应根据"其他收益"科目的发生额分析填列。企业作为个人所得税的扣缴义务人，根据《中华人民共和国个人所得税法》收到的扣缴税款手续费，应作为其他与日常活动相关的收益在本项目中填列。

(9)"投资收益"项目，反映企业以各种方式对外投资所取得的收益。本项目应根据"投资收益"科目的发生额分析填列。如为投资损失，本项目用"—"号填列。

(10)"净敞口套期收益"项目，反映净敞口套期下被套期项目累计公允价值变动转入当期损益的金额或现金流量套期储备转入当期损益的金额。本项目应根据"净敞口套期损益"科目的发生额分析填列。如为套期损失,本项目以"一"号填列。

(11)"公允价值变动收益"项目,反映企业应当计入当期损益的资产或负债公允价值变动收益。本项目应根据"公允价值变动损益"科目的发生额分析填列。如为净损失,本项目以"一"号填列。

(12)"信用减值损失"项目,反映企业按照《企业会计准则 22 号——金融工具确认和计量》的要求计提的各项金融工具信用减值准备所确认的信用损失。本项目应根据"信用减值损失"科目的发生额分析填列。

(13)"资产减值损失"项目,反映企业有关资产发生的减值损失。本项目应根据"资产减值损失"科目的发生额分析填列。

(14)"资产处置收益"项目,反映企业出售划分为持有待售的非流动资产(金融工具、长期股权投资和投资性房地产除外)或处置组(子公司和业务除外)时确认的处置利得或损失,以及处置未划分为持有待售的固定资产、在建工程、生产性生物资产及无形资产而产生的处置利得或损失。债务重组中因处置非流动资产(金融工具、长期股权投资和投资性房地产除外)产生的利得或损失和非货币性资产交换中换出非流动资产(金融工具、长期股权投资和投资性房地产除外)产生的利得或损失,也在本项目列示。本项目应根据"资产处置损益"科目的发生额分析填列。如为处置损失,本项目以"一"号填列。

(15)"营业利润"项目,反映企业实现的营业利润。如为亏损,本项目以"一"号填列。

(16)"营业外收入"项目,反映企业发生的除营业利润之外的收益,主要包括非流动资产毁损报废收益、与企业日常活动无关的政府补助、盘盈利得、捐赠利得(企业接受股东或股东的子公司直接或间接的捐赠,属于股东对企业的资本性投入的除外)等。本项目应根据"营业外收入"科目的发生额分析填列。

(17)"营业外支出"项目,反映企业发生的除营业利润之外的支出,主要包括公益性捐赠支出、非常损失、盘亏损失、非流动资产毁损报废损失等。本项目应根据"营业外支出"科目的发生额分析填列。

(18)"利润总额"项目,反映企业实现的利润。如为亏损,本项目以"一"号填列。

(19)"所得税费用"项目,反映企业应从当期利润总额中扣除的所得税费用。本项目应根据"所得税费用"科目的发生额分析填列。

(20)"净利润"项目,反映企业实现的净利润。如为亏损,本项目以"一"号填列。

(21)"其他综合收益的税后净额"项目,反映企业根据企业会计准则规定未在损益中确认的各项利得和损失扣除所得税影响后的净额。

(22)"综合收益总额"项目,反映企业净利润和其他综合收益(税后净额)的合计金额。

(23)"每股收益"项目,包括基本每股收益和稀释每股收益两项指标,反映普通股或潜在普通股已公开交易的企业,以及正处在公开发行普通股或潜在普通股过程中的企业的每股收益信息。

下列各项中,影响企业营业利润的有(　　)。
A. 处置固定资产净收益　　　　　B. 出租包装物取得的收入
C. 接受公益性捐赠利得　　　　　D. 经营租出固定资产的折旧费

任务 10.4 编制现金流量表

一、任务布置

【任务 10-4】 编制现金流量表案例

青岛宏达服装有限公司 2023 年 12 月 31 日的资产负债表和 2023 年度利润表分别见表 10-9 和表 10-10。

表 10-9　　　　　　　　　　　　　　资产负债表

编制单位：青岛宏达服装有限公司　　　2023 年 12 月 31 日

会企 01 表　单位：元

资产	期末余额	上年年末余额	负债及所有者权益（或股东权益）	期末余额	上年年末余额
流动资产：		（略）	流动负债：		（略）
货币资金	49 000		短期借款		
交易性金融资产			交易性金融负债		
衍生金融资产			衍生金融负债		
应收票据			应付票据		
应收账款	36 000		应付账款	5 000	
应收款项融资			预收款项		
预付款项			合同负债		
其他应收款			应付职工薪酬		
存货			应交税费		
合同资产			其他应付款		
持有待售资产			持有待售负债		
一年内到期的非流动资产			一年内到期的非流动负债		
其他流动资产			其他流动负债		
流动资产合计	85 000		流动负债合计	5 000	
非流动资产：			非流动负债：		
债权投资			长期借款		
其他债权投资			应付债券		
长期应收款			其中：优先股		
长期股权投资			永续债		
其他权益工具投资			租赁负债		
其他非流动金融资产			长期应付款		
投资性房地产			预计负债		
固定资产			递延收益		
在建工程			递延所得税负债		

（续表）

资产	期末余额	上年年末余额	负债及所有者权益（或股东权益）	期末余额	上年年末余额
生产性生物资产			其他非流动负债		
油气资产			非流动负债合计		
使用权资产			负债合计	5 000	
无形资产			所有者权益（或股东权益）：		
开发支出			实收资本（或股本）	60 000	
商誉			其他权益工具		
长期待摊费用			其中：优先股		
递延所得税资产			永续债		
其他非流动资产			资本公积		
非流动资产合计			减：库存股		
			其他综合收益		
			专项储备		
			盈余公积	3 400	
			未分配利润	16 600	
			所有者权益（或股东权益）合计	80 000	
资产总计	85 000		负债和所有者权益（或股东权益）总计	85 000	

表 10-10　　　　　　　　　　　　利　润　表

编制单位：青岛宏达服装有限公司　　　2023 年 12 月　　　　　　　　　　会企 02 表
　　　　　　　　　　　　　　　　　　　　　　　　　　　　　　　　　　　单位：元

项　目	本期金额
一、营业收入	125 000
减：营业成本	65 000
税金及附加	
销售费用	
管理费用	20 000
研发费用	
财务费用	
其中：利息费用	
利息收入	
加：其他收益	
投资收益（损失以"—"号填列）	
其中：对联营企业和合营企业的投资收益	
以摊余成本计量的金融资产终止确认收益（损失以"—"号填列）	

(续表)

项　目	本期金额
净敞口套期收益(损失以"—"号填列)	
公允价值变动收益(损失以"—"号填列)	
信用减值损失(损失以"—"号填列)	
资产减值损失(损失以"—"号填列)	
资产处置收益(损失以"—"号填列)	
二、营业利润(亏损以"—"号填列)	
加：营业外收入	
减：营业外支出	
三、利润总额(亏损总额以"—"号填列)	40 000
减：所得税费用	6 000
四、净利润(净亏损以"—"号填列)	34 000

该公司的其他资料如下：

（1）本年度支付了 14 000 元的现金股利。

（2）营业成本的组成项目：①接受其他单位提供的劳务 30 000 元。②以现金支付给职工的工资 35 000 元。

（3）以现金支付其他管理费用 20 000 元。

（4）按净利润的 10% 提取法定盈余公积。

请根据以上资料，编制调整分录，用工作底稿法编制现金流量表。

二、知识链接

（一）编制现金流量表的意义

现金流量表是反映企业一定会计期间现金和现金等价物的流入和流出的报表。它表明企业获得现金和现金等价物的能力。此时的现金是指企业库存现金及可以随时用于支付的存款。不能随时用于支付的存款不属于现金。现金等价物是指企业持有的期限短、流动性强、易于转换为一定金额的现金、价值风险变动很小的投资。期限短一般指从购买日起 3 个月内到期。现金等价物一般包括 3 个月到期的债券投资等。编制现金流量表有如下意义：

（1）现金流量表能够说明企业一定期间内现金流入和流出的原因。

（2）现金流量表能够说明企业的现金偿债能力和支付股利的能力。

（3）现金流量表可用来分析企业未来获取现金的能力。

（4）现金流量表可用来分析企业投资活动和理财活动对经营成果和财务状况的影响。

（5）现金流量表能够提供不涉及现金的投资和筹资活动的信息。

（二）现金流量的分类

1. 经营活动产生的现金流量

经营活动产生的现金流量是指与企业销售商品、提供劳务有关的活动产生的现金流量，包括企业除投资活动和筹资活动以外的所有交易或事项产生的现金流量。经营活动产生的现金流量分为销售商品、提供劳务产生的现金流入量；购买商品、接受劳务、支付工资和交纳税款等产生的现金流出量,以及经营活动产生的现金净流量。

2. 投资活动产生的现金流量

投资活动产生的现金流量是指与非流动资产的取得或处置有关的活动产生的现金流量,包括企业长期资产的构建和不包括在现金等价物范围内的投资及其处置活动产生的现金流量。投资活动产生的现金流量分为投资活动产生的现金流入量、现金流出量和现金净流量。

3. 筹资活动产生的现金流量

筹资活动产生的现金流量是指涉及企业财务规模的更改或财务结构组成变化的活动,也就是指导致企业资本及债务规模和构成发生变化的活动产生的现金流量。筹资活动产生的现金流量分为筹资活动产生的现金流入量、现金流出量和现金净流量。

(三)现金流量表的编制

1. 现金流量表的编制方法

企业应当采用直接法列示经营活动产生的现金流量。直接法是指通过现金收入和现金支出的主要类别列示经营活动的现金流量。采用直接法编制经营活动的现金流量时,一般以利润表中的营业收入为起算点,调整与经营活动有关的项目的增减变动,计算出经营活动的现金流量。采用直接法具体编制现金流量表时,可以采用工作底稿法或 T 形账户法,也可以根据有关科目记录分析填列。

2. 现金流量表主要项目说明

1) 经营活动产生的现金流量

(1)"销售商品、提供劳务收到的现金"项目,反映企业本期销售商品、提供劳务收到的现金,以及前期销售商品、提供劳务本期收到的现金(包括销售收入和应向购买者收取的增值税销项税额)和本期预收的款项,减去本期销售本期退回的商品和前期销售本期退回的商品支付的现金。企业销售材料和代购代销业务收到的现金,也在本项目反映。

(2)"收到的税费返还"项目,反映企业收到返还的各种税费,如收到返还的增值税、所得税、消费税、关税和教育费附加等各种税费的返还款。

(3)"收到其他与经营活动有关的现金"项目,反映企业经营租赁收到的租金等其他与经营活动有关的现金,金额较大的应当单独列示。

(4)"购买商品、接受劳务支付的现金"项目,反映企业本期购买商品、接受劳务实际支付的现金(包括增值税进项税额),以及本期支付前期购买商品、接受劳务的未付款项和本期预付款项,减去本期发生的购货退回收到的现金。企业购买材料和代购代销业务支付的现金,也在本项目反映。

(5)"支付给职工以及为职工支付的现金"项目,反映企业本期实际支付给职工的现金及为职工支付的现金,包括企业为获得职工提供的服务,本期实际给予各种形式的报酬及其他相关支出(包括代扣代缴的职工个人所得税),如支付给职工的工资、奖金、各种津贴和补贴等,以及为职工支付的其他费用。

(6)"支付的各项税费"项目,反映企业按规定支付的各项税费,包括本期发生并支付的税费,以及本期支付以前各期发生的税费和预交的税金,如支付的所得税、增值税、消费税、印花税、房产税、土地增值税、车船税、教育费附加等。

(7)"支付其他与经营活动有关的现金"项目,反映企业除上述各项目外,支付的其他与经营活动有关的现金,如支付的罚款、差旅费、业务招待费、保险费、经营租赁租金等。其他与经营活动有关的现金,如果金额较大的,应单列项目反映。

2) 投资活动产生的现金流量

(1) "收回投资收到的现金"项目,反映企业除出售、转让或到期收回除现金等价物以外的对其他企业的权益工具、债务工具和合营中的权益。

(2) "取得投资收益收到的现金"项目,反映企业除现金等价物以外的对其他企业的权益工具、债务工具和合营中的权益等分回的现金股利和利息等。

(3) "处置固定资产、无形资产和其他长期资产收回的现金净额"项目,反映企业出售、报废固定资产、无形资产和其他长期资产所取得的现金(包括因资产毁损而收到的保险赔偿收入),减去因处置这些资产而支付的有关费用后的净额。

(4) "处置子公司及其他营业单位收到的现金净额"项目,反映企业处置子公司及其他营业单位所取得的现金,减去子公司或其他营业单位持有的现金和现金等价物以及相关处置费用后的净额。

(5) "收到其他与投资活动有关的现金"项目,反映企业除上述(1)~(4)项目外收到的其他与投资活动有关的现金,金额较大的应当单独列示。

(6) "购建固定资产、无形资产和其他长期资产支付的现金"项目,反映企业购买、建造固定资产、取得无形资产和其他长期资产支付的现金(含增值税款等),包括购买机器设备所支付的现金、建造工程支付的现金、支付在建工程人员的工资等现金支出。

(7) "投资支付的现金"项目,反映企业取得除现金等价物以外的对其他企业的长期股权投资等所支付的现金以及支付的佣金、手续费等附加费用,但取得子公司及其他营业单位支付的现金金额除外。

(8) "取得子公司及其他营业单位支付的现金净额"项目,反映企业取得子公司及其他营业单位购买出价中以现金支付的部分,减去子公司或其他营业单位持有的现金和现金等价物后的净额。

(9) "支付其他与投资活动有关的现金"项目,反映企业除上述(6)~(8)项目外支付的其他与投资活动有关的现金,金额较大的应当单独列示。

3) 筹资活动产生的现金流量

(1) "吸收投资收到的现金"项目,反映企业以发行股票、债券等方式筹集资金实际收到的款项,减去直接支付给金融企业的佣金、手续费、宣传费等发行费用后的净额。

(2) "取得借款收到的现金"项目,反映企业举借各种短期、长期借款而收到的现金。

(3) "收到其他与筹资活动有关的现金"项目,反映企业除上述(1)和(2)项目外,收到的其他与筹资活动有关的现金,金额较大的应当单独列示。

(4) "偿还债务支付的现金"项目,反映企业以现金偿还债务的本金,包括归还金融企业的借款本金、偿付企业到期的债券本金等。

(5) "分配股利、利润或偿付利息支付的现金"项目,反映企业实际支付的现金股利、支付给其他投资单位的利润或用现金支付的借款利息、债券利息。

(6) "支付其他与筹资活动有关的现金"项目,反映企业除上述(4)和(5)项目外,支付的其他与筹资活动有关的现金,金额较大的应当单独列示。

【例10-1】 青岛东方股份有限公司2023年12月31日的资产负债表和2023年度的利润表分别见表10-11和表10-12。

表 10-11　　　　　　　　　　　　　资产负债表

编制单位：青岛东方股份有限公司　　2023 年 12 月 31 日　　　　　　　　　　　会企 01 表
单位：元

资产	期末余额	上年年末余额	负债及所有者权益（或股东权益）	期末余额	上年年末余额
流动资产：			流动负债：		
货币资金	54 000	37 000	短期借款		
交易性金融资产			交易性金融负债		
衍生金融资产			衍生金融负债		
应收票据			应付票据		
应收账款	69 000	26 000	应付账款	33 000	40 000
应收款项融资			预收款项		
预付款项			合同负债		
其他应收款			应付职工薪酬		
存货	54 000		应交税费		
合同资产			其他应付款		
持有待售资产			持有待售负债		
一年内到期的非流动资产			一年内到期的非流动负债		
其他流动资产			其他流动负债		
流动资产合计	176 000	63 000	流动负债合计	33 000	40 000
非流动资产：			非流动负债：		
债权投资			长期借款		
其他债权投资			应付债券	110 000	150 000
长期应收款			其中：优先股		
长期股权投资			永续债		
其他权益工具投资			租赁负债		
其他非流动金融资产			长期应付款		
投资性房地产			预计负债		
固定资产	389 000	317 000	递延收益		
在建工程			递延所得税负债		
生产性生物资产			其他非流动负债		
油气资产			非流动负债合计	110 000	150 000
使用权资产			负债合计	143 000	190 000
无形资产			所有者权益（或股东权益）：		
开发支出			实收资本（或股本）	220 000	60 000
商誉			其他权益工具		
长期待摊费用	4 000	6 000	其中：优先股		
递延所得税资产			永续债		
其他非流动资产			资本公积		
非流动资产合计	393 000	386 000	减：库存股		

(续表)

资产	期末余额	上年年末余额	负债及所有者权益（或股东权益）	期末余额	上年年末余额
			其他综合收益		
			专项储备		
			盈余公积	18 500	6 000
			未分配利润	187 500	130 000
			所有者权益（或股东权益）合计	426 000	196 000
资产总计	569 000	386 000	负债和所有者权益（或股东权益）总计	569 000	386 000

表 10-12　　　　　　　　　　　利　润　表

编制单位：青岛东方股份有限公司　　　　2023 年 12 月　　　　　　会企 02 表　　单位：元

项　目	本期金额
一、营业收入	890 000
减：营业成本	465 000
税金及附加	
销售费用	
管理费用	221 000
研发费用	
财务费用	1 200
其中：利息费用	
利息收入	
加：其他收益	
投资收益（损失以"—"号填列）	
其中：对联营企业和合营企业的投资收益	
以摊余成本计量的金融资产终止确认收益（损失以"—"号填列）	
净敞口套期收益（损失以"—"号填列）	
公允价值变动收益（损失以"—"号填列）	
信用减值损失（损失以"—"号填列）	
资产减值损失（损失以"—"号填列）	
资产处置收益（损失以"—"号填列）	
二、营业利润（亏损以"—"号填列）	192 000
加：营业外收入	
减：营业外支出	2 000
三、利润总额（亏损总额以"—"号填列）	190 000
减：所得税费用	65 000
四、净利润（净亏损以"—"号填列）	125 000

该公司的其他资料如下：

(1) 本年度支付 55 000 元的现金股利。

(2) 营业成本(不包括折旧、工资等间接费用)为 465 000 元。

(3) 管理费用的组成：①以现金支付给职工的工资 160 000 元。②折旧费用 33 000 元。③长期待摊费用摊销 2 000 元。④以现金支付其他管理费用 26 000 元。

(4) 以现金支付利息费用 12 000 元。

(5) 以现金购买固定资产 166 000 元。

(6) 出售固定资产一台，账面原值为 66 000 元，已提折旧 5 000 元，取得银行存款 59 000 元。

(7) 以账面价值赎回应付债券 40 000 元，以银行存款支付。

(8) 平价增发股票 160 000 元。

(9) 按净利润的 10% 提取法定盈余公积。

(10) "累计折旧"账户上年年末余额为 21 000 元，期末余额为 49 000 元。

(11) 交纳所得税 65 000 元。

该公司应编制如下调整分录：

(1) 借：经营活动现金流量——销售商品收到的现金	848 000	
应收账款	42 000	
贷：营业收入		890 000
(2) 借：营业成本	465 000	
应付账款	7 000	
存货	54 000	
贷：经营活动现金流量——购买商品支付的现金		526 000
(3) 借：管理费用	221 000	
贷：经营活动现金流量——支付给职工的现金		160 000
累计折旧		33 000
长期待摊费用		2 000
经营活动现金流量——支付其他与经营活动有关的现金		26 000
(4) 借：财务费用	12 000	
贷：筹资活动现金流量——分配股利、利润或偿还利息支付的现金		12 000
(5) 借：营业外支出	2 000	
累计折旧	5 000	
投资活动现金流量——处置固定资产收回的现金净额	59 000	
贷：固定资产		66 000
(6) 借：所得税费用	65 000	
贷：经营活动现金流量——支付的各项税费		65 000
(7) 借：固定资产	166 000	
贷：投资活动现金流量——购建固定资产支付的现金		166 000
(8) 借：应付债券	40 000	
贷：筹资活动现金流量——偿还债务支付的现金		40 000
(9) 借：筹资活动现金流量——吸收投资收到的现金	160 000	
贷：股本		160 000

(10) 借：利润分配——未分配利润　　　　　　　　　　　　　　12 500
　　　贷：盈余公积　　　　　　　　　　　　　　　　　　　　　　　　12 500
(11) 借：利润分配——未分配利润　　　　　　　　　　　　　　55 000
　　　贷：筹资活动现金流量——分配股利支付的现金　　　　　　　　55 000
(12) 借：净利润　　　　　　　　　　　　　　　　　　　　　　125 000
　　　贷：利润分配——未分配利润　　　　　　　　　　　　　　　　125 000
(13) 借：货币资金　　　　　　　　　　　　　　　　　　　　　　17 000
　　　贷：现金净增加额　　　　　　　　　　　　　　　　　　　　　　17 000

根据上述调整分录,该公司编制现金流量表工作底稿(表10-13)和现金流量表(表10-14)。

表10-13　　　　　　　　　　　　现金流量表工作底稿　　　　　　　　　　　单位：元

项　目	期初金额	调整分录 借方	调整分录 贷方	期末金额
一、利润表项目				
营业收入			(1)890 000	890 000
营业成本		(2)465 000		465 000
管理费用		(3)221 000		221 000
财务费用		(4)12 000		12 000
营业外支出		(5)2 000		2 000
所得税费用		(6)65 000		65 000
净利润		(12)125 000		125 000
二、资产负债表项目				
货币资金	37 000	(13)17 000		54 000
应收账款	26 000	(1)42 000		68 000
存货		(2)54 000		54 000
固定资产	317 000	(5)5 000 (7)166 000	(3)33 000 (5)66 000	389 000
长期待摊费用	6 000		(3)2 000	4 000
应付账款	40 000	(2)7 000		33 000
应付债券	150 000	(8)40 000		110 000
股本	60 000		(9)160 000	220 000
盈余公积	6 000		(10)12 500	18 500
未分配利润	130 000	(10)12 500 (11)55 000	(12)125 000	187 500
三、现金流量表项目				
(一)经营活动产生的现金流量：				
销售商品、提供劳务收到的现金		(1)848 000		
购买商品、接受劳务支付的现金			(2)526 000	
支付给职工以及为职工支付的现金			(3)160 000	
支付的各项税费			(6)65 000	

（续表）

项　目	期初金额	调整分录 借方	调整分录 贷方	期末金额
支付其他与经营活动有关的现金			(3)26 000	
（二）投资活动产生的现金流量：				
处置固定资产、无形资产和其他长期资产收回的现金净额		(5)59 000		
购建固定资产、无形资产和其他长期资产支付的现金			(7)166 000	
（三）筹资活动产生的现金流量：				
吸收投资收到的现金		(9)160 000		
偿还债务支付的现金			(8)40 000	
分配股利、利润或偿付利息支付的现金			(4)12 000 (11)55 000	
合计		1 067 000	1 050 000	+17 000
五、现金及现金等价物净增加额			(13)17 000	

表 10-14　　　　　　　　　　　　　　现金流量表

编制单位：青岛东方股份有限公司　　　　2023 年 12 月　　　　　　　　　　　会企 03 表
　　　　　　　　　　　　　　　　　　　　　　　　　　　　　　　　　　　　　　单位：元

项　目	本期金额	上期金额
一、经营活动产生的现金流量：		（略）
销售商品、提供劳务收到的现金	848 000	
收到的税费返还		
收到其他与经营活动有关的现金		
经营活动现金流入小计	848 000	
购买商品、接受劳务支付的现金	526 000	
支付给职工以及为职工支付的现金	160 000	
支付的各项税费	65 000	
支付其他与经营活动有关的现金	26 000	
经营活动现金流出小计	777 000	
经营活动产生的现金流量净额	71 000	
二、投资活动产生的现金流量：		
收回投资收到的现金		
取得投资收益收到的现金		
处置固定资产、无形资产和其他长期资产收回的现金净额	59 000	
处置子公司及其他营业单位收到的现金净额		
收到其他与投资活动有关的现金		
投资活动现金流入小计	59 000	

(续表)

项　　目	本期金额	上期金额
购建固定资产、无形资产和其他长期资产支付的现金	166 000	（略）
投资所支付的现金		
取得子公司及其他营业单位支付的现金净额		
支付其他与投资活动有关的现金		
投资活动现金流出小计	166 000	
投资活动产生的现金流量净额	−107 000	
三、筹资活动产生的现金流量：		
吸收投资收到的现金	160 000	
取得借款收到的现金		
收到其他与筹资活动有关的现金		
筹资活动现金流入小计	160 000	
偿还债务支付的现金	40 000	
分配股利、利润或偿付利息支付的现金	67 000	
支付其他与筹资活动有关的现金		
筹资活动现金流出小计	107 000	
筹资活动产生的现金流量净额	53 000	
四、汇率变动对现金及现金等价物的影响		
五、现金及现金等价物净增加额	17 000	
加：期初现金及现金等价物余额		
六、期末现金及现金等价物余额	17 000	

思政案例

"人无信不立、国无信则衰""君子爱财、取之有道""不义之财、取之有害"

康美药业股份有限公司（以下简称康美药业）是一家以中药饮片、化学原料药及制剂生产为主导的国家级重点高新技术企业，但却被曝出2016年至2018年年报存在重大财务造假的丑闻，财务报表账实不符达14处虚增货币资金近300亿元。其采用的造假手段主要包括以下三种：

（1）使用虚假银行单据虚增存款。据康美药业自查，康美药业应收账款少计64.1亿元；存货少计19.55亿元；在建工程少计6.31亿元。由于康美药业核算账户资金时存在错误、使用虚假银行单据，货币资金多计299.44亿元。

（2）通过伪造业务凭证进行收入造假。康美药业对2017年财务报表进行会计差错更正，货币资金多计299.44亿元，营业收入多计88.98亿元，销售费用、财务费用少计共计7.25亿元。康美药业通过伪造业务凭证等一系列操作，虚增正常营业利润，提高其总市值。

（3）部分资金转入关联方账户买卖本公司股票。据相关消息透露，自2001年上市以来，康美药业获得包括许冬瑾（康美药业副董事长）在内的多位高管增持。从2017年5月开始，康美药业开始频繁增持。其还存在多个关联方，如持股1.87%的普宁市金信典当行有限公司、持股1.87%的普宁市国际信息咨询服务有限公司，他们的控股股东分别为马兴田（康美药业董事长）与许冬瑾。

康美药业造假的表现主要体现在以下四个方面：

（1）存贷双高。存贷双高，顾名思义是指企业账面上银行存款和银行贷款数字金额都很高，而群众因为康美药业存贷双高这一点而议论纷纷的原因在于企业如果银行贷款高，意味着企业有大量贷款利息需要偿还，但是康美药业的银行账户上却有大量的银行存款可以去偿还贷款和贷款利息，这种不符合企业正常的经营的行为持续了很长时间，着实匪夷所思。

（2）经营现金流不足。康美药业第二个令人质疑的方面在于企业的净现金流量比净利润低，并且这两者之间的差额有一定距离。用专业术语来讲，康美药业的净现比低于1，意味着企业的经营现金流量不足，将会难以维持企业的经营活动。虽然，中药行业的现金流量与其他行业对比而言确实不高，但康美药业的净现比还是在同行业中的落后位置。康美药业作为中医药行业的领头羊，但是经营现金流却不足，很难不引起人们的质疑。

（3）毛利率异常。在公开、公正、公平、透明且开放的市场中，企业的毛利率通常会顺应市场的规律。通常来说，不论经济如何变化、市场如何波动，该企业若还是保持稳定抑或极端的毛利率，人们常常会对此现象产生怀疑，这是因为企业的毛利率或多或少会受外部环境的影响。虽然在中医药行业中，毛利率较高现象比较普遍，但康美药业，不论经济如何变化、市场如何波动，它的毛利率始终超过24%。

（4）大股东股权质押比例过高。股权质押一向是作为企业融资的一种手段，但是一旦股权质押得过多，企业就会承担无法预计的风险。例如，如果企业股价低于股票质押的价格时，企业可能会有平仓的风险。然而，康美药业竟不顾极高的风险系数，进行大量股权质押，使其最大股东已经掌控该公司近92%的股权。

资料来源：每日经济新闻.财务造假300亿，罚款60万！细数康美药业"四宗罪"，附爆雷全过程[EB/OL].(2020-5-15)[2023-6-20].http://www.nbd.com.cn/rss/toutiao/articles/1434195.html.

思考：通过回顾康美药业财务造假事件，谈谈你的想法。

【项目总结】 完善本项目思维导图

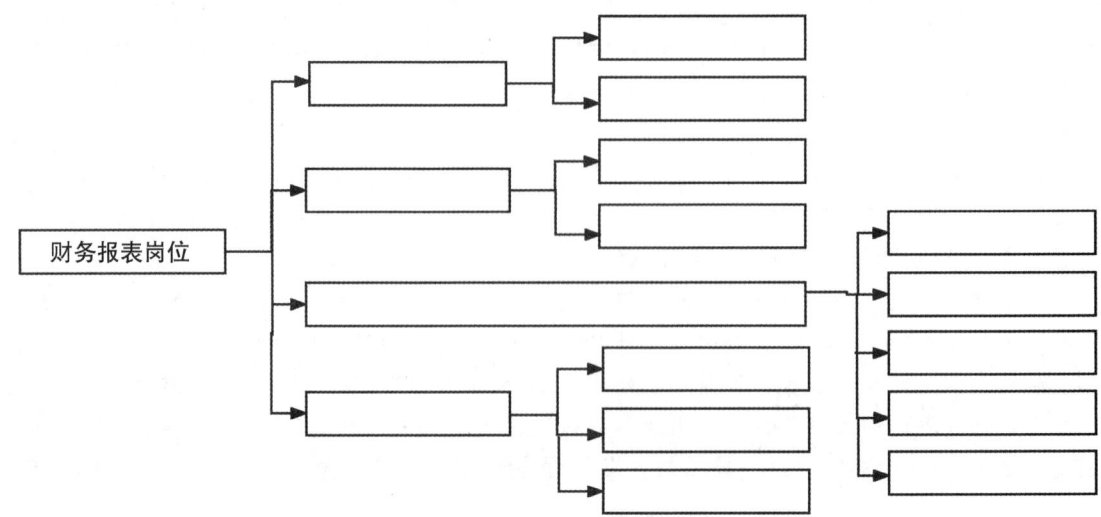

项目练习

一、单项选择题

1. 某企业于2023年4月1日从银行借入期限为3年的长期借款1 000万元,编制2023年12月31日资产负债表时,此项借款应填入的报表项目是( )。
   A. "短期借款" B. "长期借款"
   C. "其他长期负债" D. "一年内到期的非流动负债"

2. 甲公司为房地产开发企业,现有存货商品房一栋,实际开发成本为9 000万元。2023年3月31日,甲公司将该商品房以经营租赁方式提供给乙公司使用,租赁期为10年。甲公司对该商品房采用成本模式进行后续计量并按年限平均法计提折旧,预计使用寿命为50年,预计净残值为零。假定不考虑其他因素,下列关于甲公司2023年12月31日资产负债表项目列报的说法中,正确的是( )。
   A. "存货"项目为9 000万元 B. "固定资产"项目8 865万元
   C. "投资性房地产"项目为8 820万元 D. "投资性房地产"项目为8 865万元

3. 某企业2023年12月31日"固定资产"账户余额为1 000万元,"累计折旧"账户余额为300万元,"固定资产减值准备"账户余额为50万元。该企业2023年12月31日资产负债表"固定资产"项目的金额为( )万元。
   A. 650 B. 700 C. 950 D. 1 000

4. 下列各项中,不应在资产负债表"存货"项目列示的是( )。
   A. 库存商品 B. 生产成本
   C. 工程物资 D. 委托加工物资

5. 下列各项中,应列入资产负债表"其他应付款"项目的是( )。
   A. 应付租入包装物租金 B. 应付融资租入固定资产租金
   C. 结转到期无力支付的应付票据 D. 应付由企业负担的职工社会保险费

6. 下列各项中,不应在利润表"营业收入"项目列示的是( )。
   A. 政府补助收入 B. 设备安装劳务收入
   C. 代修品销售收入 D. 固定资产出租收入

7. 某企业2023年度发生以下业务:以银行存款购买将于2个月后到期的国债500万元,偿还应付账款200万元,支付生产人员工资150万元,购买固定资产300万元。假定不考虑其他因素,该企业2023年度现金流量表中"购买商品、接受劳务支付的现金"项目的金额为( )万元。
   A. 200 B. 350 C. 650 D. 1 150

8. 下列各项中,属于工业企业现金流量表"经营活动产生的现金流量"的是( )。
   A. 收到的现金股利 B. 支付的银行借款利息
   C. 收到的设备处置价款 D. 支付的经营租赁租金

9. 下列各项中,不属于现金流量表"筹资活动产生的现金流量"的是( )。
   A. 取得借款收到的现金 B. 吸收投资收到的现金
   C. 处置固定资产收回的现金净额 D. 分配股利、利润或偿付利息支付的现金

10. 下列各项中,应在利润表中的"营业税金及附加"项目反映的是(　　)。
A. 车船税
B. 城市维护建设税
C. 印花税
D. 房产税

二、多项选择题

1. 下列各项中,属于资产负债表中流动资产项目的有(　　)。
A. "预付款项"
B. "开发支出"
C. "交易性金融资产"
D. "存货"

2. 下列各项中,属于资产负债表中流动负债项目的有(　　)。
A. "预收款项"
B. "应付债券"
C. "长期应付款"
D. "一年内到期的长期借款"

3. 下列各项中,应在资产负债表"应收账款"项目列示的有(　　)。
A. "预付账款"科目所属明细科目的借方余额
B. "应收账款"科目所属明细科目的借方余额
C. "应收账款"科目所属明细科目的贷方余额
D. "预收账款"科目所属明细科目的借方余额

4. 下列各项中,应根据有关科目余额减去备抵科目余额后的净额填列的有(　　)。
A. "存货"　　B. "无形资产"　　C. "应收账款"　　D. "长期股权投资"

5. 下列各项中,期末余额应列入资产负债表"存货"项目的有(　　)。
A. 库存商品
B. 材料成本差异
C. 生产成本
D. 委托加工物资

6. 下列各项中,应列入资产负债表"应收账款"项目的有(　　)。
A. 预付职工差旅费
B. 代购货单位垫付的运杂费
C. 销售产品应收取的款项
D. 对外提供劳务应收取的款项

7. 下列各项中,应列入资产负债表"应付利息"项目的有(　　)。
A. 计提的短期借款利息
B. 计提的一次还本付息的债券利息
C. 计提的分期付息到期还本的债券利息
D. 计提的分期付息到期还本的长期借款利息

8. 下列各项中,应列入利润表"资产减值损失"项目的有(　　)。
A. 原材料盘亏损失
B. 固定资产减值损失
C. 应收账款减值损失
D. 无形资产处置净损失

9. 下列各项中,影响企业营业利润的有(　　)。
A. 出售原材料损失
B. 计提无形资产减值准备
C. 公益性捐赠支出
D. 出售交易性金融资产损失

10. 下列各项中,应列入利润表"营业成本"项目的有(　　)。
A. 销售材料成本
B. 无形资产处置净损失
C. 固定资产盘亏净损失
D. 经营出租固定资产折旧费

11. 下列各项中,影响企业营业利润的有(　　)。
A. 处置固定资产净收益
B. 出租包装物取得的收入

C. 接受公益性捐赠利得　　　　　　D. 经营租出固定资产的折旧费

12. 下列各项中,属于现金流量表"现金及现金等价物"的有(　　)。
A. 库存现金　　　　　　　　　　　B. 银行本票
C. 银行承兑汇票　　　　　　　　　D. 持有2个月内到期的国债

13. 下列各项中,属于现金流量表"现金及现金等价物"的有(　　)。
A. 库存现金　　　　　　　　　　　B. 其他货币资金
C. 3个月内到期的债券投资　　　　　D. 随时用于支付的银行存款

14. 下列各项中,属于工业企业现金流量表"筹资活动产生的现金流量"的有(　　)。
A. 吸收投资收到的现金　　　　　　B. 分配利润支付的现金
C. 取得借款收到的现金　　　　　　D. 投资收到的现金股利

15. 下列各项中,属于现金流量表"经营活动产生的现金流量"的有(　　)。
A. 收到的税费返还　　　　　　　　B. 偿还债务支付的现金
C. 销售商品、提供劳务收到的现金　D. 支付给职工以及为职工支付的现金

16. 下列各项中,会引起现金流量表"投资活动产生的现金流量净额"发生变化的有(　　)。
A. 购买股票支付的现金　　　　　　B. 向投资者派发的现金股利
C. 购建固定资产支付的现金　　　　D. 收到被投资单位分配的现金股利

17. 下列各项中,属于筹资活动现金流量的有(　　)。
A. 分配股利支付的现金　　　　　　B. 清偿应付账款支付的现金
C. 偿还债券利息支付的现金　　　　D. 清偿长期借款支付的现金

18. 下列各项中,应作为现金流量表中经营活动产生的现金流量的有(　　)。
A. 销售商品收到的现金　　　　　　B. 取得短期借款收到的现金
C. 采购原材料支付的增值税　　　　D. 取得长期股权投资支付的手续费

19. 下列各项中,属于企业现金流量表中筹资活动产生的现金流量的有(　　)。
A. 偿还应付账款　　　　　　　　　B. 偿还短期借款
C. 发放现金股利　　　　　　　　　D. 支付借款利息

三、判断题

1. 资产负债表中的"长期借款"项目应根据"长期借款"总账科目余额填列。(　　)
2. 企业出售固定资产应交的营业税,应列入利润表的"营业税金及附加"项目。(　　)
3. 现金流量表中"销售商品、提供劳务收到的现金"项目,反映本企业自营销售商品或提供劳务收到的现金,不包括委托代销商品收到的现金。(　　)

四、实务题

1. 2023年12月31日,甲公司结账后有关科目余额见表10-15。

表10-15　　　　　　　　　结账后有关科目余额　　　　　　　　　单位:万元

科目名称	借方余额	贷方余额
应收账款	500	
坏账准备——应收账款		50
预收账款	100	200
应付账款		300
预付账款	200	60

要求：根据上述资料，计算资产负债表中下列项目的金额：
(1)"应收账款"。
(2)"预付款项"。
(3)"应付账款"。
(4)"预收款项"。

2. 甲有限责任公司（以下简称甲公司）为一家从事机械制造的增值税一般纳税人。2023年1月1日，该公司所有者权益总额为5 400万元，其中实收资本为4 000万元，资本公积为400万元，盈余公积为800万元，未分配利润为200万元。2023年度，甲公司发生如下经济业务：

(1) 经批准，甲公司接受乙公司投入不需要安装的设备一台并交付使用，合同约定的价值为3 500万元（与公允价值相符），增值税额为455万元；同时，甲公司增加实收资本2 000万元，相关法律手续已办妥。

(2) 一项专利技术，售价为25万元，款项存入银行，不考虑相关税费。该项专利技术实际成本为50万元，累计摊销金额为38万元，未计提减值准备。

(3) 被投资企业丙公司可供出售金融资产的公允价值净增加300万元，甲公司采用权益法按30%持股比例确认应享有的份额。

(4) 结转固定资产清理净收益50万元。

(5) 摊销递延收益31万元（该递延收益是以前年度确认的与资产相关的政府补助）。

(6) 年末，某研发项目完成并形成无形资产，该项目研发支出资本化金额为200万元。

(7) 除上述经济业务外，甲公司当年实现营业收入10 500万元，发生营业成本4 200万元、税金及附加600万元、销售费用200万元、管理费用300万元、财务费用200万元，经计算确定营业利润为5 000万元。按税法规定当年准予税前扣除的职工福利费为120万元，实际发生并计入当年利润总额的职工福利费为150万元。除此之外，不存在其他纳税调整项目，也未发生递延所得税。甲公司适用的所得税税率为25%。

(8) 确认并结转全年所得税费用。

(9) 年末，将"本年利润"账户贷方余额3 813万元结转至"利润分配——未分配利润"账户。

(10) 年末，提取法定盈余公积381.3万元，提取任意盈余公积360万元。

(11) 年末，将"利润分配——提取法定盈余公积""利润分配——提取任意盈余公积"明细账户余额结转至"利润分配——未分配利润"账户。

假定除上述资料外，不考虑其他相关因素。

要求：
(1) 根据资料(1)~(6)，逐项编制甲公司相关经济业务的会计分录。
(2) 根据资料(2)~(7)，计算甲公司2023年度利润总额和全年应交所得税。
(3) 根据资料(8)~(11)，逐项编制甲公司相关经济业务的会计分录。
(4) 计算甲公司2023年12月31日资产负债表中"实收资本""资本公积""盈余公积""未分配利润"项目的期末余额。

3. W股份有限公司2023年有关资料如下：
(1) 1月1日，部分总账及其所属明细账余额见表10-16。

表 10-16　　　　　　　　　部分总账及其所属明细账余额　　　　　　　　单位：万元

总账	明细账	借或贷	余额
应收账款	A公司	借	600
坏账准备		贷	30
长期股权投资	B公司	借	2 500
固定资产	厂房	借	3 000
累计折旧		贷	900
固定资产减值准备		贷	200
应付账款	C公司	借	150
	D公司	贷	1 050
长期借款	甲银行	贷	300

注：①该公司未单独设置"预付账款"账户。②表中"长期借款"为2022年10月1日从银行借入,借款期限为2年,年利率为5%,每年付息一次。

(2) 3月10日,收回2022年已作为坏账转销的应收A公司账款70万元并存入银行。

(3) 4月15日,收到C公司发来的材料一批并验收入库,增值税专用发票上注明的货款为100万元,增值税额为13万元,其款项2022年已预付。

(4) 4月20日,对厂房进行更新改造,发生后续支出总计500万元,所替换的旧设施账面价值为300万元(该设施原价为500万元,已提折旧为167万元,已提减值准备为33万元)。该厂房于12月30日达到预定可使用状态,其后续支出符合资本化条件。

(5) 1～4月,该厂房已计提折旧100万元。

(6) 6月30日,从乙银行借款200万元,期限为3年,年利率为6%,每半年付息一次。

(7) 10月,以票据结算的经济业务有(不考虑增值税):持银行汇票购进材料500万元;持银行本票购进库存商品300万元;签发6个月的商业汇票购进物资800万元。

(8) 12月31日,经计算本月应付职工工资200万元,应计提社会保险费50万元。同日,以银行存款预付下月住房租金2万元,该住房供公司高级管理人员免费居住。

(9) 12月31日,经减值测试,应收A公司账款预计未来现金流量现值为400万元。

(10) 对B公司的长期股权投资采用权益法核算,其投资占B公司的表决权股份的30%。2023年,B公司实现净利润9 000万元。长期股权投资在资产负债表日不存在减值迹象。

除上述资料外,不考虑其他因素。

要求：计算W股份有限公司2023年12月31日资产负债表下列项目的年末余额：

(1) "应收账款"。
(2) "预付款项"。
(3) "长期股权投资"。
(4) "固定资产"。
(5) "应付票据"。
(6) "应付账款"。
(7) "应付职工薪酬"。
(8) "长期借款"。

4. 甲有限责任公司(以下简称甲公司)为增值税一般纳税人,适用的增值税税率为13%。原材料等存货按实际成本进行日常核算。2023年1月1日,甲公司有关账户余额见表10-17。

表10-17　　　　　　　　　　　有关账户余额　　　　　　　　　　　单位：万元

账户名称	借方余额	贷方余额
银行存款	450	
应收票据	32	
应收账款	300	
原材料	350	
库存商品	300	
低值易耗品	100	
生产成本——A产品	110	
长期股权投资——丁公司	550	
坏账准备		30
存货跌价准备		76
长期股权投资减值准备		0

2023年,甲公司发生如下交易或事项：

(1) 收到已作为坏账核销的应收乙公司账款50万元并存入银行。

(2) 收到丙公司作为资本投入的原材料并验收入库。投资合同约定该批原材料价值为840万元,丙公司已开具增值税专用发票。假设合同约定的价值与公允价值相等,未发生资本溢价。

(3) 行政管理部门领用低值易耗品一批,实际成本为2万元,采用一次转销法进行摊销。

(4) 因某公司破产,应收该公司账款80万元不能收回,经批准确认为坏账并予以核销。

(5) 因自然灾害毁损原材料一批,其实际成本为100万元,应负担的增值税进项税额为13万元。该毁损材料未计提存货跌价准备,尚未经有关部门批准处理。

(6) 采用权益法核算对丁公司的长期股权投资,其投资占丁公司有表决权股份的20%。丁公司宣告分派2022年度现金股利1 000万元。

(7) 收到丁公司发放的2022年度现金股利并存入银行。

(8) 丁公司2023年度实现净利润1 500万元,甲公司确认实现的投资收益。

(9) 将持有的面值为32万元的未到期、不带息银行承兑汇票背书转让,取得一批材料并验收入库,增值税专用发票上注明的价款为30万元,增值税进项税额为3.9万元。其余款项以银行存款支付。

(10) 年末,甲公司经减值测试,确认对丁公司的长期股权投资可收回金额为560万元;存货的可变现净值为1 800万元;决定按年末应收账款余额的10%计提坏账准备。

假定除上述资料外,不考虑其他因素。

要求：

(1) 编制甲公司上述(1)~(9)项交易或事项的会计分录。

(2) 计提甲公司长期股权投资减值准备并编制会计分录。

(3) 计算甲公司存货应计提或转回的存货跌价准备并编制会计分录。

(4) 计算甲公司应收账款应计提或转回的坏账准备并编制会计分录。

(5) 计算甲公司2023年年末资产负债表中下列项目的期末数：①"货币资金"。②"存货"。③"应收账款"。④"长期股权投资"。

("应交税费"账户要求写出明细账户及专栏名称)

5. 甲公司为增值税一般纳税人，适用的增值税税率为13%，商品、原材料售价中不含增值税。假定销售商品、原材料和提供劳务均符合收入确认条件，其成本在确认收入时逐笔结转，不考虑其他因素。2023年4月，甲公司发生如下交易或事项：

(1) 销售商品一批，按商品标价计算的金额为200万元，由于是成批销售，甲公司给予客户10%的商业折扣并开具了增值税专用发票，款项尚未收回。该批商品实际成本为150万元。

(2) 向本公司行政管理人员发放自产产品作为福利，该批产品的实际成本为8万元，市场售价为10万元。

(3) 向乙公司转让一项软件的使用权，一次性收取使用费20万元并存入银行，并且不再提供后续服务。

(4) 销售一批原材料，增值税专用发票上注明的售价为80万元，款项收到并存入银行。该批材料的实际成本为59万元。

(5) 将以前会计期间确认的与资产相关的政府补助在本月分配计入当月收益300万元。

(6) 确认本月设备安装劳务收入。该设备安装劳务合同总收入为100万元，预计合同总成本为70万元，合同价款在前期签订合同时已收取。采用完工百分比法确认劳务收入。截至本月末，该劳务的累计完工进度为60%，前期已累计确认劳务收入50万元、劳务成本35万元。

(7) 以银行存款支付管理费用20万元、财务费用10万元和营业外支出5万元。

要求：

(1) 逐笔编制甲公司上述交易或事项的会计分录("应交税费"账户要求写出明细账户及专栏名称)。

(2) 计算甲公司4月的营业收入、营业成本、营业利润、利润总额。

项目 11

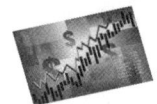

综 合 实 训

一、模拟企业的基本资料

模拟企业的基本资料如下：

企业名称：青岛天奇食品有限公司

成立时间：2011 年 8 月

主要产品：猪肉水饺和羊肉水饺（销往市内各超市）

注册地址：青岛市黄岛区环岛路 41 号

纳税人识别号：370205167860763

注册资金：50 万元

主营产品：猪肉馅水饺、羊肉馅水饺（主要供应青岛开发区各大超市）

开户银行：青岛银行黄岛支行

银行账号：8702044189243217623

二、期初账户余额

2023 年 12 月 1 日，模拟企业的各账户期初余额和生产成本明细账期初余额分别见表 11-1 和表 11-2。

表 11-1　　　　　　　　　　　期初各账户余额

2023 年 12 月 01 日　　　　　　　　　　　　　单位：元

总　账	明细账	借方余额	贷方余额
库存现金		2 600.00	
银行存款		198 680.00	
	青岛银行黄岛支行	198 680.00	
其他货币资金		100 000.00	
	存出投资款	100 000.00	
应收账款			
	青岛盛马特超市	160 000.00	
预付账款		248.00	
	青岛日报社	48.00	
	平安保险公司	200.00	

（续表）

总　　账	明细账	借方余额	贷方余额
原材料		36 860.00	
	猪肉(数量500千克)	11 500.00	
	羊肉(数量300千克)	17 100.00	
	饺子粉(数量800千克)	4 400.00	
	花生油(数量50千克)	1 700.00	
	蔬菜(数量800千克)	960.00	
	添加剂(数量80千克)	1 200.00	
周转材料		2 450.00	
	修理工具(数量15套)	750.00	
	工作服(数量20套)	1 200.00	
	包装袋	500.00	
生产成本		16 855.00	
	猪肉水饺	12 995.00	
	羊肉水饺	3 860.00	
库存商品		33 600.00	
	猪肉水饺(数量500千克)	18 000.00	
	羊肉水饺(数量300千克)	15 600.00	
固定资产		1 020 800.00	
	厂房	560 000.00	
	生产设备	120 950.00	
	办公设备	155 580.00	
	冷库	184 270.00	
累计折旧			120 210.00
短期借款			100 000.00
应付账款			98 000.00
	河南六和饲料有限公司		98 000.00
应付职工薪酬			205 658.00
	工资		137 900.00
	职工福利		
	社会保险费		41 370.00
	住房公积金		16 388.00
	工会经费		10 000.00
	职工教育经费		
应交税费			141 978.00

(续表)

总账	明细账	借方余额	贷方余额
	未交增值税		40 500.00
	应交城市维护建设税		2 780.00
	应交教育费附加		1 220.00
	应交地方教育附加		823.00
	应交地方水利建设基金		405.00
	应交企业所得税		96 250.00
	应交个人所得税		
应付利息			7 500.00
	借款利息		7 500.00
其他应付款			
	应付职工住房公积金		
	应付职工社会保险		
实收资本			300 000.00
	山东工贸公司		200 000.00
	青岛市黄岛贸易公司		200 000.00
盈余公积			86 000.00
	法定盈余公积		86 000.00
	任意盈余公积		
本年利润			450 000.00
利润分配			62 747.00
	提取法定盈余公积		
	提取任意盈余公积		
	应付现金股利		
	未分配利润		62 747.00
合计		1 572 093.00	1 572 093.00

表 11-2　　　　　　　　　　生产成本明细账期初余额

2023 年 12 月 01 日　　　　　　　　　　　　　　　　　　单位：元

项目	直接材料	直接人工	燃料及动力	制造费用	合计
猪肉水饺	7 325	3 900	720	1 050	12 995
羊肉水饺	2 750	750	160	200	3 860

三、经济业务的原始凭证

模拟企业 2023 年 12 月发生的经济业务如下：

(1) 1 日，提取现金 2 000 元以备用。有关单据见图 11-1。

项目 11 综合实训

图 11-1 现金支票存根

（2）2 日，销售猪肉馅水饺 50 000 元、羊肉馅水饺 72 000 元，增值税额共计 15 860 元，款项已收存银行，产品已发出。有关单据见图 11-2 至图 11-4（本题学生应自行填写出库单）。

图 11-2 增值税专用发票

出 库 单

提货部门：销售部　　　2023 年 12 月 02 日　　　结算方式：

品名	规格	单位	应发	实发	金额(元)
合计					

主管：　　　会计：　　　收货：　　　采购：　　　制单：

图 11-3　出库单

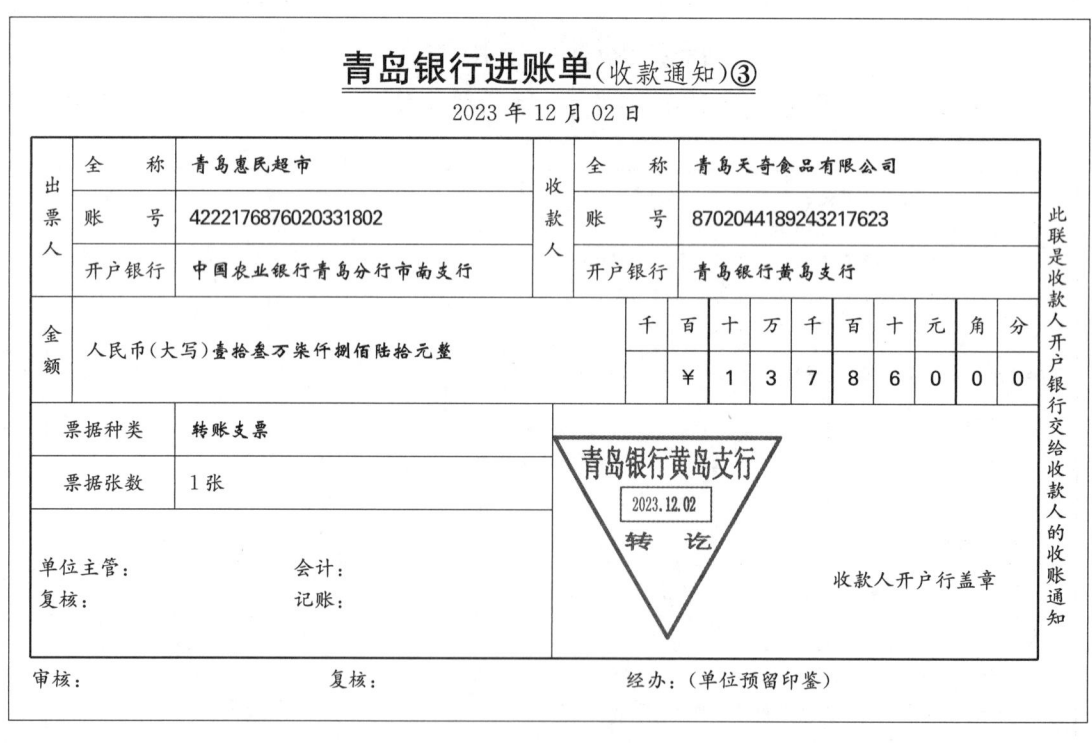

图 11-4　进账单

(3) 2 日，购买机器 2 台，价款共计 30 000 元，增值税额为 3 900 元，机器已投入使用，款项已付。有关单据见图 11-5 至图 11-7(本题学生应自行填写固定资产入账通知书)。

山东增值税专用发票

31120256212　　　　　　　　　　发票联　　　　　　　　　　No 23215963

开票日期：2023 年 12 月 02 日

购买方	名　称：青岛天奇食品有限公司 纳税人识别号：370205167860763 地址、电话：青岛市黄岛区环岛路41号　0532-89620318 开户行及账号：青岛银行黄岛支行　8702044189243217623	密码区	S454－＋＞4521＜＜54100 ＜458－265＞＋5451104 50－＋＞400＜＜558000－＜ ＜4151240－＞＋＋545＜＞＋	加密版本：12 31120256212 23215963

货物及应税劳务、服务名称	规格型号	单位	数量	单价	金额	税率	税额
和面机		台	2	15 000.00	30 000.00	13％	3 900.00
合计					￥30 000.00		￥3 900.00

价税合计（大写）	⊗叁万叁仟玖佰元整	（小写）￥33 900.00

销售方	名　称：济南市方诺贸易公司 纳税人识别号：3701124135908426 地址、电话：济南市经纬路路35号　0531-83979999 开户行及账号：招商银行济南支行　6698896671287691231	备注	（济南市方诺贸易公司 发票专用章）

收款人：　　　复核：　　　开票人：肖迪　　　销售方：（章）

图 11-5　增值税专用发票

固定资产入账通知书

2023 年 12 月 02 日

固定资产名称	数量	单位	原值	预计使用年限	折旧率	入账原因
				10 年	10％	
合计						

使用部门负责人：张良　　　　　　　　　　　　　　　　　　　　　　　验收人：王丹

图 11-6　固定资产入账通知书

```
                    青岛银行 电汇凭证
☑普通  □加急    委托日期  2023 年 12 月 02 日        0978656789
```

汇款人	全称	青岛天奇食品有限公司	收款人	全称	济南市方诺贸易公司
	账号	8702044189243217623		账号	6698896671287691231
	汇出行名称	青岛银行黄岛支行		汇入行名称	招商银行济南支行

金额 人民币（大写）叁万叁仟玖佰元整

亿	千	百	十	万	千	百	十	元	角	分
			¥	3	3	9	0	0	0	0

汇出行签章（青岛银行黄岛支行 2023.12.02 业务办讫章）

支付密码

附加信息及用途：支付购买面粉款

复核　　　　　　　记账

图 11-7　电汇凭证

（4）2 日，向银行借入短期借款 100 000 元。有关单据见图 11-8。

```
              青岛银行贷款转存凭证（进账通知）      0056789
                    2023 年 12 月 02 日        贷款种类：短期
```

借款人	全称	青岛银行黄岛支行	收款人	全称	青岛天奇食品有限公司
	账号	4326527849415212178		账号	8702044189243217623
	开户银行	青岛银行黄岛支行		开户银行	青岛银行黄岛支行

金额（币种）人民币 壹拾万元整

亿	千	百	十	万	千	百	十	元	角	分
			¥	1	0	0	0	0	0	0

委托你行将上述款项金额转存/支付青岛银行黄岛支行存款户。

业务主管：赵明　　经办人：张宏　　合同号：87897678

借款人（盖章）：　　　　　（信贷部盖章）：

图 11-8　贷款转存凭证

（5）4 日，购买饺子粉，价款为 8 250 元，增值税额为 1 072.50 元，款项未付，材料未收。有关单据见图 11-9。

图 11-9 增值税专用发票

（6）4日，以现金预支差旅费2 000元。有关单据见图11-10。

图 11-10 借款单

（7）4日，购买包装袋，价款为2 000元，增值税额为260元，款项已付。有关单据见图11-11至图11-13。

346 财务会计

青岛银行
转账支票存根
PIV 0165187

科　　目：_____
对方科目：周转材料、应交税费
出票日期：2023 年 12 月 04 日

| 收款人：青岛恒大包装有限公司 |
| 金　　额：￥2 260.00 |
| 用　　途：购包装袋 |

单位主管：　　　　　会计：
复核：　　　　　　　记账：

图 11-11　转账支票存根

青岛增值税专用发票

3513076903　　　　　发票联　　　　　No 62501236
开票日期：2023 年 12 月 04 日

| 购买方 | 名　　称：青岛天奇食品有限公司
纳税人识别号：370205167860763
地址、电话：青岛市黄岛区环岛路 41 号 0532-89620318
开户行及账号：青岛银行黄岛支行 8702044189243217623 | 密码区 | S454－＋＞4521＜＜54100　加密版本：06
＜458－265＞＋5451104　3513076903
50－＋＞400＜＜558000－＜　62501236
＜4151240－＞＋＋545＜＞＋ |

货物或应税劳务、服务名称	规格型号	单位	数量	单价	金额	税率	税额
包装袋		捆	100	20.00	2 000.00	13%	260.00
合计					￥2 000.00		￥260.00

价税合计（大写）　⊗贰仟贰佰陆拾元整　　　　　（小写）￥2 260.00

| 销售方 | 名　　称：青岛恒大包装有限公司
纳税人识别号：371311857623412
地址、电话：青岛市城阳区青年路 25 号 0532-88626345
开户行及账号：中国工商银行青岛分行城阳分理处
6222604562367717811 | 备注 | （青岛恒大包装有限公司发票专用章） |

收款人：　　　复核：　　　开票人：马莉　　　销售方：（章）

第三联　发票联　购买方记账凭证

图 11-12　增值税专用发票

材料入库单

供应单位：青岛恒大包装有限公司　　2023 年 12 月 04 日

发票号：111069　　　　　　　　　　　　　　　　　字第　　号

材料名称	规格材质	计量单位	应收数量	实收数量	单价	金额								
						千	百	十	万	千	百	十	元	角	分
包装袋		包	200	200	10.00					2	0	0	0	0	0
运杂费															
合计										2	0	0	0	0	0
备注															

仓库：　　　　会计：　　　　收料员：王仟　　　　制单：

图 11-13　材料入库单

（8）6 日，4 日购买的饺子粉验收入库，同时承担运费 200 元，增值税额为 18 元，所有款项已付。有关单据见图 11-14 至图 11-16（本题学生应自行填写原材料入库单）。

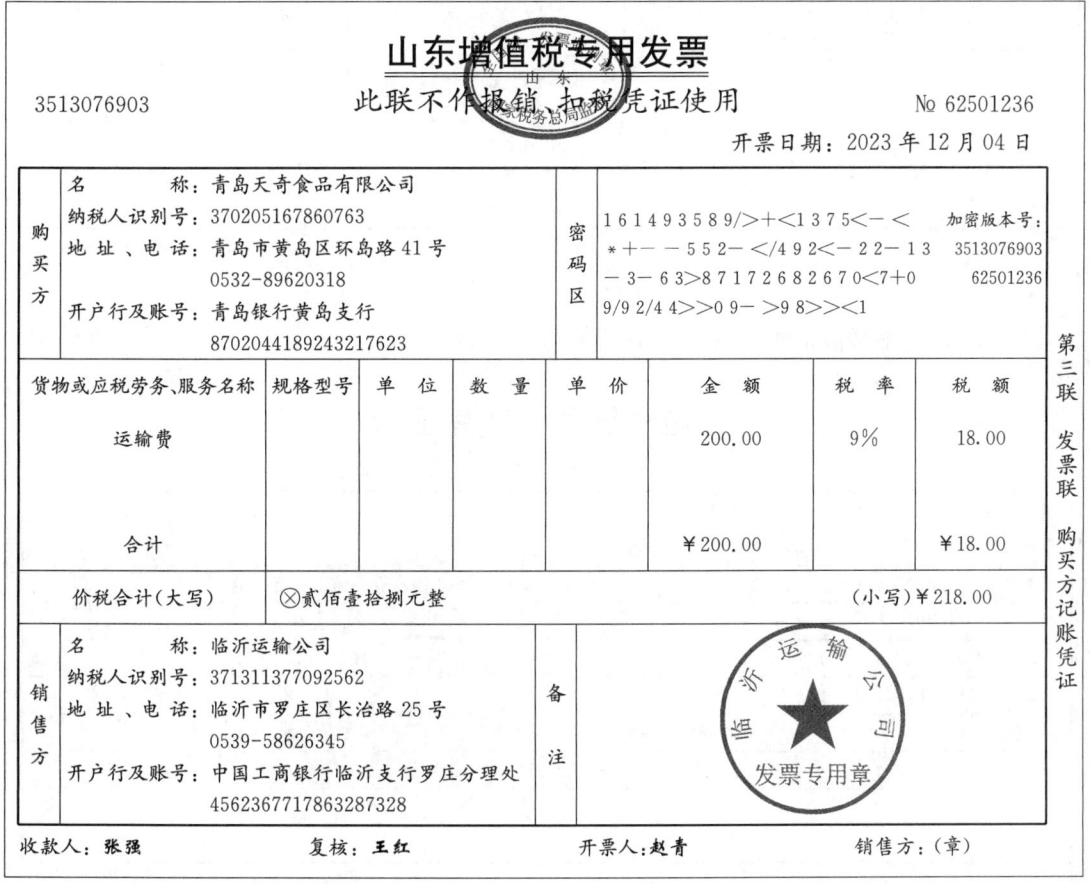

图 11-14　增值税专用发票

材料入库单

供应单位：　　　　　　　　　年　月　日　　　　　　结算方式：

材料名称	单位	数量		实际成本			
		应收	实收	买价	采购费用	其他	总成本
合计							

主管：　　　　会计：　　　　收货：　　　　采购：　　　　制单：

图 11-15　原材料入库单

青岛银行 电汇凭证（回单）

☐普通　☐加急　　委托日期　2023 年 12 月 06 日　　　0978656789

汇款人	全称	青岛天奇食品有限公司	收款人	全称	临沂粮油公司
	账号	8702044189243217623		账号	4562367717863287328
	汇出地点	青岛	汇出行名称	青岛银行黄岛支行	汇入地点	临沂	汇入行名称	中国工商银行临沂支行罗庄分理处

金额　人民币（大写）　玖仟伍佰肆拾元伍角整　　亿千百十万千百十元角分　￥　9 5 4 0 5 0

汇款用途：货款　　支付密码：2589544322

附加信息：汇出行盖章　复核记账

（青岛银行黄岛支行 2023.12.06 业务办讫章）

图 11-16　电汇凭证

（9）7 日，交纳增值税 40 500 元。有关单据见图 11-17。

电子缴税付款凭证

2023 年 12 月 07 日　　凭证字号：1370261409011941657

纳税人全称及纳税人识别号：青岛天奇食品有限公司　370205167860763

付款人账号：8702044189243217623	征税机关名称：青岛市黄岛区税务局
付款人开户银行：青岛银行黄岛支行	收款国库名称：黄岛区支库
小写（金额）合计：40 500.00	缴款书流水号：1370261409011941657
大写（金额）合计：肆万零伍佰元整	完税票号码：1370261409011941657

税（费）种名称	所属时期	实际金额
增值税	2023.11.01—2023.11.30	40 500.00

（青岛市国家税务业务专用章）

图 11-17　电子缴税付款凭证

(10) 7日,交纳城市维护建设税2 780元、教育费附加1 220元、地方教育附加823元、地方水利建设基金405元。有关单据见图11-18。

图11-18 电子缴税付款凭证

(11) 8日,购买猪肉,价款为44 000元,增值税额为5 720元,承担运费1 000元,增值税额为90元,猪肉已验收入库,款项未付。有关单据见图11-19至图11-21(本题学生应自行填写原材料入库单)。

图11-19 增值税专用发票

河南增值税专用发票

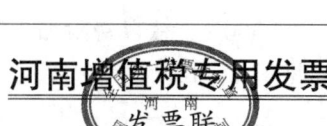

4153063295
No 43806235
开票日期：2023 年 12 月 08 日

购买方	名　　称：青岛天奇食品有限公司 纳税人识别号：370205167860763 地　址、电　话：青岛市黄岛区环岛路 41 号　0532-89620318 开户行及账号：青岛银行黄岛支行　8702044189243217623	密码区	161493589/>+<1375<−< *+−−552−</492<−22−13 −3−63>8717268 2670<7+0 9/9 2/4 4>>09−>98>><1	加密版本号： 3513076903 62501236

货物或应税劳务、服务名称	规格型号	单位	数量	单价	金　额	税率	税　额
运输费					1 000.00	9%	90.00
合　计					￥1 000.00		￥90.00

价税合计（大写）　⊗壹仟零玖拾元整　　　（小写）￥1 090.00

销售方	名　　称：商丘顺达运输公司 纳税人识别号：411405137709256 地　址、电　话：河南省商丘市宏达路 21 号　0370-6956905 开户行及账号：中国工商银行商丘支行宏达分理处　3366578102604536978	备注	（商丘顺达运输公司发票专用章）

收款人：王胜　　复核：荀琪琪　　开票人：王保安　　销售方：（章）

图 11-20　增值税专用发票

原材料入库单

供应单位：　　　　　　　　年　月　日　　　　　结算方式：

材料名称	单位	数量		实际成本			
		应收	实收	买价	采购费用	其他	总成本
合计							

主管：　　　　会计：　　　　收货：　　　　采购：　　　　制单：

图 11-21　原材料入库单

（12）8 日，以现金购买办公用品，其中打印纸 750 元，墨盒 420 元，签字笔 50 元。有关单据见图 11-22。

图 11-22 商业零售统一发票

(13) 9日,发放上月工资。有关单据见图 11-23 和图 11-24。

工资结算汇总表

2023 年 12 月 09 日   单位:元

项目		应付工资					代扣款项				实发工资
		计时工资	计件工资	奖金	缺勤扣款	合计	社会保险	个人所得税	住房公积金	合计	
基本生产车间	生产工人		78 000	10 000	400	87 600	9 636	66	10 512	20 214	67 386
	管理人员	8 000		500		8 500	935		1 020	1 955	6 545
	小计	8 000	78 000	10 500	400	96 100	10 571	66	11 532	22 169	73 931
行政管理部门		12 000		4 000		16 000	1 920		1 760	3 680	12 320
专设销售机构		20 000		6 000	200	25 800	2 838	110	3 096	6 044	19 756
合 计		40 000	78 000	20 500	600	137 900	15 329	176	16 388	31 893	106 007

图 11-23 工资结算汇总表

```
┌─────────────────────────────────┐
│          青岛银行                │
│         转账支票存根             │
│         PIV 0165187              │
│  科  目：_____             │
│  对方科目：应付职工薪酬          │
│  出票日期：2023 年 12 月 09 日   │
│ ┌─────────────────────────────┐ │
│ │ 收款人：                    │ │
│ │ 金  额：¥ 106 007.00        │ │
│ │ 用  途：工资                │ │
│ └─────────────────────────────┘ │
│  单位主管：           会计：     │
│  复核：               记账：     │
└─────────────────────────────────┘
```

图 11-24 转账支票存根

(14) 10 日，转账预付羊肉款 80 000 元，同时支付银行手续费 50 元。有关单据见图 11-25 和图 11-26。

```
┌─────────────────────────────────────────────────────────────────────┐
│                  青岛银行 电汇凭证（回单）                          │
│  □普通  □加急      委托日期  2023 年 12 月 10 日    0978656789     │
│       全  称  青岛天奇食品有限公司  │ 全  称  包头市肉联厂          │
│  汇   账  号  8702044189243217623   │收 账  号  2342367717834594236 │
│  款   汇出地点 青岛  汇出行 青岛银行│款 汇入地点 包头市 汇入行 中国 │
│  人          名称 黄岛支行          │人          名称 农业银行包头市│
│                                     │                  支行         │
│       人民币  捌万元整              │  亿千百十万千百十元角分       │
│  金额 （大写）                      │  ¥      8 0 0 0 0 0 0         │
│  汇款用途：预付购羊肉款             │  支付密码  2589544322         │
│                                     │  附加信息：                   │
│                                     │  汇出行盖章                   │
│                                     │  复核记账                     │
└─────────────────────────────────────────────────────────────────────┘
```

图 11-25 电汇凭证

青岛银行业务收费凭证

2023 年 12 月 10 日

币别：人民币　　　　　　　　　　　　　　　　　　　　流水号：0098782

付款人	柳州市青年创业公司		账号	25269014925545102768	
项目名称	工本费	手续费	电子汇划费	邮电费	金额
汇款		50.00			50.00
					￥50.00
金额（大写）	人民币伍拾元整				
付款方式	银行转账				

（盖章：青岛银行黄岛支行 2023.12.10 业务办讫章）

图 11-26　业务收费凭证

（15）11 日，销售水饺，价款为 233 000 元，增值税额为 30 290 元，商品已发出，款项未收，同时以现金支付运杂费 500 元。有关单据见图 11-27 至图 11-29（本题学生应自行填写出库单）。

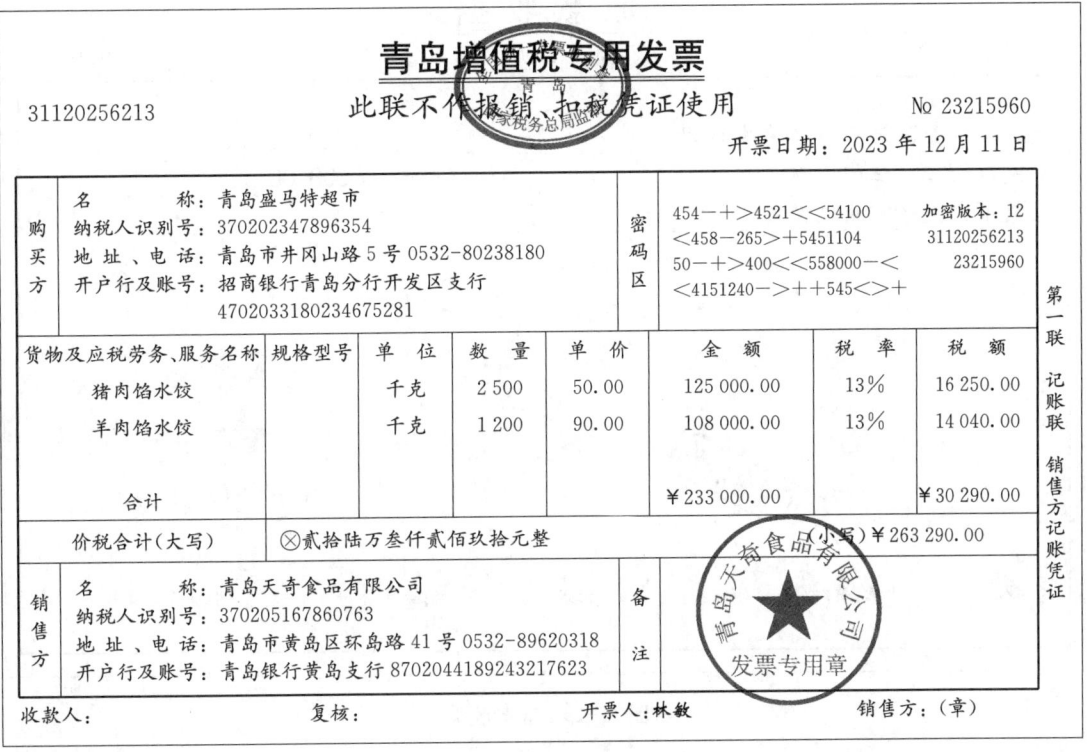

图 11-27　增值税专用发票

出 库 单

提货部门：　　　　　　　　年　月　日　　　　　结算方式：

品名	规格	单位	应发	实发	金额(元)
合计					

主管：　　　　会计：　　　　收货：　　　　采购：　　　　制单：

图 11-28　出库单

收 款 收 据

2023 年 12 月 11 日　　　　　　　　　　　　No 3902487

交款单位 青岛天奇食品有限公司　　　　收款方式 现金
人民币(大写) 伍佰元整　　　　　　　　￥500.00
收款事由 支付市内运杂费

经办人：　　出纳：赵红　　审核：　　记账：　　财会主管：　　单位盖章：

图 11-29　收款收据

(16) 13 日,报销差旅费 1 850 元,收回余款 150 元。有关单据见图 11-30 和图 11-31。

差旅费报销单

报账日期：2023 年 12 月 13 日

姓名：	孙浩		部门	办公室		出差事由：	办事		出差日期:2023 年 12 月 06 日至 12 月 13 日			
日期		地点		车船费		住宿费		伙食补贴	工杂补贴	未购卧铺补贴	会务费	其他	合计
起	讫	起	讫	车次或船名	时间	金额	天数	金额					
06	07	青岛	包头	火车			7	1 365	320	165			1 850
12	13	包头	青岛	火车									
以上单据共：4 张				金额合计(大写)：⊗壹仟捌佰伍拾元整					￥1 850.00				
预借差旅费：￥2 000.00				缴回现款：￥150.00				补付金额：			备注：		
总经理				部门负责人：		张琪		财务负责人：			马芳		

图 11-30　差旅费报销单

收 款 收 据

2023 年 12 月 13 日　　　　　　　　　　　　　　　　　　　　No 3906649

交款单位 孙浩　　　　　　　　　　　收款方式 现金
人民币(大写) 贰仟元整　　　　　　　￥2 000.00
收款事由 归还借款

现金收讫　　　　　　　　　　　　　　　　　　　　　（青岛天奇食品有限公司 财务专用章）

经办人：　　出纳：廖菊　　审核：　　记账：　　财会主管：　　单位盖章：

图 11-31　收款收据

(17) 13 日,购买山羊肉,价款为 110 000 元,增值税额为 14 300 元,同时承担运费 1 200 元,增值税额为 108 元,货已入库,款项已于 10 日预付。有关单据见图 11-32 至图 11-34(本题学生应自行填写原材料入库单)。

内蒙古增值税专用发票

发票联

45120256214　　　　　　　　　　　　　　　　　　　　　　　　　　No 23215901

开票日期：2023 年 12 月 13 日

购买方	名　称：青岛天奇食品有限公司 纳税人识别号：370205167860763 地　址、电　话：青岛市黄岛区环岛路 41 号 0532-89620318 开户行及账号：青岛银行黄岛支行 8702044189243217623	密码区	S454—+>4521<<54100 <458—265>+5451104 50—+>400<<558000—< <4151240—>++545<>+	加密版本：01 45120256214 23215901

货物及应税劳务、服务名称	规格型号	单位	数量	单价	金　额	税率	税　额
山羊肉		千克	2 000	55.00	110 000.00	13%	14 300.00
合计					¥110 000.00		¥14 300.00

价税合计（大写）	⊗壹拾贰万肆仟叁佰元整	（小写）¥124 300.00

销售方	名　称：包头市肉联厂 纳税人识别号：047901223908156 地　址、电　话：包头市北站路 10 号 0472-82866345 开户行及账号：中国农业银行包头分行北站路支行 　　　　　　　　3362367717823157542	备注	（包头市肉联 发票专用章）

收款人：　　　　　　复核：　　　　　　开票人：张含　　　　　　销售方：（章）

第三联 发票联 购买方记账凭证

图 11-32　增值税专用发票

原材料入库单

供应单位：　　　　　　　　　　年　　月　　日　　　　　　　结算方式：

材料名称	单位	数量		实际成本			
		应收	实收	买价	采购费用	其他	总成本
合计							

主管：　　　　　会计：　　　　　收货：　　　　　采购：　　　　　制单：

图 11-33　原材料入库单

内蒙古增值税专用发票

发票联

4502197666　　　　№ 62310185

开票日期：2023 年 12 月 13 日

购买方	名　　称：青岛天奇食品有限公司 纳税人识别号：370205167860763 地 址 、电 话：青岛市黄岛区环岛路 41 号 0532-89620318 开户行及账号：青岛银行黄岛支行 8702044189243217623	密码区	161493589/>+<1375<-<　加密版本号： *+--552-</492<-22-13　3513076903 -3-63>87172682670<7+0　62501236 9/92/44>>09->98>><1

货物或应税劳务、服务名称	规格型号	单位	数量	单价	金额	税率	税额
运输费					1 200.00	9%	108.00
合计					¥1 200.00		¥108.00
价税合计(大写)	⊗壹仟叁佰零捌元整				(小写)¥1 308.00		

销售方	名　　称：内蒙古运达运输公司 纳税人识别号：047901770925662 地 址 、电 话：内蒙古包头市东河区 53 号 0472-4140250 开户行及账号：中国工商银行包头支行东河分理处 6222607043200067518	备注	内蒙古运达运输公司 发票专用章

收款人：程安安　　复核：马可光　　开票人：车红梅　　销售方：(章)

第三联 发票联 购买方记账凭证

图 11-34　增值税专用发票

(18) 13 日，签发转账支票，补付货款 45 608 元。有关单据见图 11-35。

青岛银行

转账支票存根

PIV 0165187

科　　目：

对方科目：预付账款

出票日期：2023 年 12 月 13 日

收款人：包头市肉联厂
金　额：¥45 608.00
用　途：补付货款

单位主管：　　会计：

复核：　　记账：

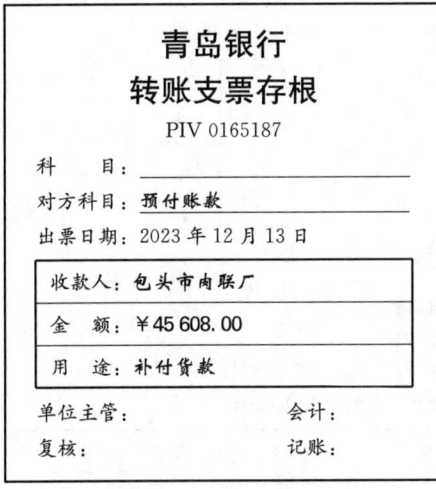

图 11-35　转账支票存根

(19)13日,购买蔬菜,价款为7 200元,增值税额为936元,款项已付,货已入库。有关单据见图11-36至图11-38(本题学生应自行填写原材料入库单)。

原材料入库单

供应单位：　　　　　　　　年　月　日　　　　　结算方式：

材料名称	单位	数量		实际成本			
		应收	实收	买价	采购费用	其他	总成本
合计							

主管：　　　　　会计：　　　　　收货：　　　　　采购：　　　　　制单：

图11-36　原材料入库单

图11-37　增值税专用发票

```
                青岛银行
               转账支票存根
              PIV 0165187
    科    目：_____
    对方科目：原材料、应交税费
    出票日期：2023 年 12 月 13 日
    收款人：青岛广贸食品公司
    金  额：￥8 136.00
    用  途：支付货款
    单位主管：         会计：
    复核：           记账：
```

图 11-38　转账支票存根

（20）15 日，支付"五险一金"共计 89 475 元。有关单据见图 11-39 至图 11-41。

住房公积金汇(补)缴书

2023 年 12 月 15 日

收款单位	全　称	青岛市住房公积金管理中心	缴款单位	全　称	青岛天奇食品有限公司
	公积金账号	4502145215885113741		账　号	8702044189243217623
	开户银行	中国建设银行龙城路支行		开户银行	青岛银行黄岛支行

单位公积金账号	年度	月份	金额（百十万千百十元角分）	备注
8012546	2023	12	￥　　　3 2 7 7 6 0 0	青岛银行黄岛支行 2023.12.15 业务办讫章

金额人民币（大写）：叁万贰仟柒佰柒拾陆元整

上月汇缴		本月增加汇缴		本月减少汇缴		本月汇缴	
人数	金额	人数	金额	人数	金额	人数	金额

第一联　银行盖章后退缴款单位记账

图 11-39　住房公积金汇(补)缴书

山东省社会保险费委托收款凭证（付款通知）

日期：2023 年 12 月 15 日

付款人	全称	青岛天奇食品有限公司	收款人	全称	青岛市社会保险管理中心
	账号	8702044189243217623		账号	4265487952125416783
	开户行	青岛银行黄岛支行		开户行	中国工商银行城中分行

金额	人民币（大写）	伍万陆千陆佰玖拾玖元整	千	百	十	万	千	百	十	元	角	分
					￥	5	6	6	9	9	0	0

款项内容	单位缴纳	个人缴纳	补缴	滞纳金	合计
基本养老保险	27 580.00	11 132.00			38 712.00
综合医疗保险	10 342.50	2 818.00			13 160.50
失业保险	1 379.00	1 379.00			2 758.00
工伤保险	689.50				689.50
生育保险	1 379.00				1 379.00

备注　　单据类型：正常缴费

付款人注意：
1. 上列款项已全部划给收款人。
2. 该款项不得拒付，如需拒付，应按照相关规定，由付款人与收款人自行联系解决。

（青岛银行黄岛支行 2023.12.15 业务办讫章）

图 11-40　社会保险费委托收款凭证

图 11-41　社会保险基金专用收款收据

（21）15 日，收到货款 200 000 元。有关单据见图 11-42。

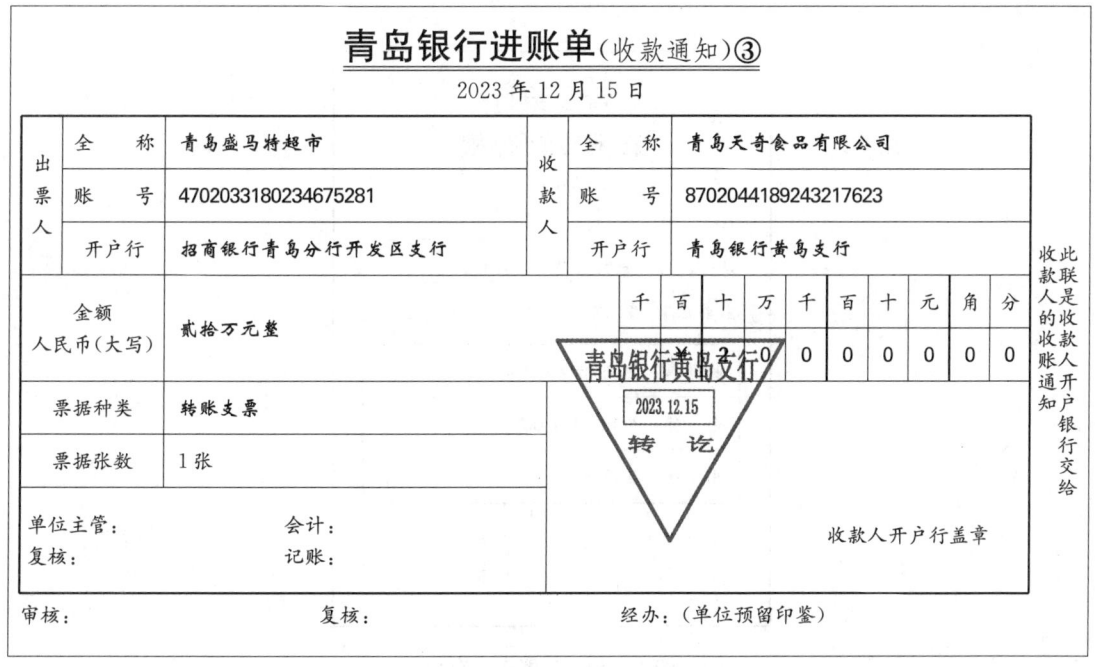

图 11-42　进账单

（22）16 日，以现金报销业务招待费 570 元。有关单据见图 11-43。

图 11-43　费用报销单

(23) 17 日,偿还前欠的货款 100 000 元。有关单据见图 11-44。

青岛银行
转账支票存根
PIV 0165187

科　目：_____
对方科目：应付账款
出票日期：2023 年 12 月 17 日

收款人：河南六和饲料有限公司
金　额：￥100 000.00
用　途：偿还货款

单位主管：　　　　　会计：
复核：　　　　　　　记账：

图 11-44　转账支票存根

(24) 17 日,通过民政部门向福利院捐款 5 000 元。有关单据见图 11-45 和图 11-46。

青岛银行
转账支票存根
WQV 00960221

科　目：_____
对方科目：营业外支出
出票日期：2023 年 12 月 17 日

收款人：青岛市福利院
金　额：￥5 000.00
用　途：捐款

单位主管：　　　　　会计：
复核：　　　　　　　记账：

图 11-45　转账支票存根

青岛市福利院接收捐赠物品专用收据

2023 年 12 月 17 日　　　　　　　　　　No 3906612

交款单位 青岛天奇食品有限公司　　　　　收款方式 银行转账
人民币（大写）伍仟元整　　　　　　　　（小写）¥ 5 000.00
收款事由 捐赠

经办人：　　出纳：王向红　　审核：　　记账：　　财会主管：　　单位盖章：

图 11-46　接收捐赠物品专用收据

（25）17 日，购买股票作为交易性金融资产持有，成本为 75 000 元，交易费用为 200 元。有关单据见图 11-47。

成交过户交割凭单

股东代码：	7852	股东姓名：	青岛天奇食品有限公司
资金账号：	7578478		
合同账号：	87478		
证券名称：	东盛科技	委托时间：	09:50:01
成交号码：	5478	成交时间：	10:05:12
成交股数：	5 000 股	本次余额：	10 000 股
成交价格：	15.00	成交金额：	75 000.00
手续费：	100.00	印花税：	50.00
过户费：	50.00	其他收费：	0.00
清算费：	0.00		
收付余额：	75 200.00		
上次余额：	100 000.00	买卖方向：	买
本次余额：	24 800.00		
成交日期：	2023.12.17		
备注信息：	确认为交易性金融资产		

图 11-47　成交过户交割凭单

(26) 18日，分配并支付职工福利费5 800元。有关单据见图11-48和图11-49。

职工福利分配表

编报单位：　　　　　　　2023年12月18日　　　　　　　金额单位：元

部门	部门人员		人数	分配标准	分配金额
	人员				
车间	猪肉水饺生产工人		9		1 800
	羊肉水饺生产工人		9		1 800
	车间管理人员		2		400
	小计		20		4 000
行政管理部门			4		800
专设销售机构			5		1 000
合计			29	200	5 800

图 11-48　职工福利分配表

青岛银行
现金支票存根
PIV 0165188

科　目：＿＿＿＿＿＿＿＿
对方科目：应付职工薪酬
出票日期：2023年12月18日
收款人：青岛天奇食品有限公司
金　额：￥5 800.00
用　途：支付职工福利

单位主管：　　　会计：
复核：　　　　　记账：

图 11-49　现金支票存根

(27) 18 日，报废 2 台设备，原值为 2 400 元，已提折旧为 2 300 元，处置残料 50 元。有关单据见图 11-50 和图 11-51。

固定资产报废单

固定资产编号：096　　　　2023 年 12 月 18 日　　　　固定资产卡账号：11

固定资产名称	规格型号	单位	数量	预计使用年限	原值	已提折旧	备注
和面机		台	2	5	2 400.00	2 300.00	清理报废

使用部门：生产车间			
固定资产状况及报废原因	正常报废		
处理意见	使用部门	技术鉴定小组	固定资产管理部门	主管部门审批
	申请报废。 鼎东	符合报废条件。 郑益	同意申请报废。 辛红	同意报废。 尚天

图 11-50　固定资产报废单

图 11-51　增值税专用发票

(28) 19日，支付设备修理费5 000元，增值税额为650元。有关单据见图11-52和图11-53。

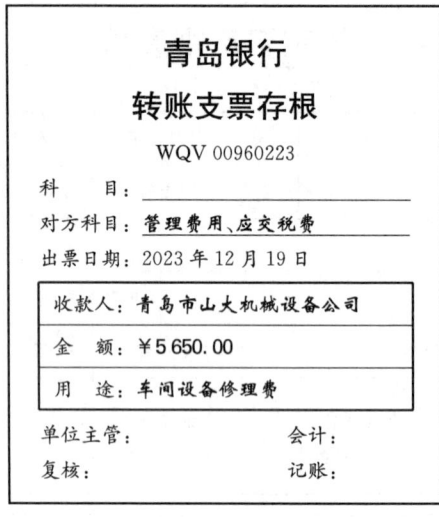

图11-52 转账支票存根

图11-53 增值税专用发票

(29) 19日，购买材料价款共计18 400元，增值税额为2 392元，同时承担运费920元，增值税额为82.8元，货已入库，已签发银行承兑汇票。有关单据见图11-54至图11-58(本题学生应自行填写原材料入库单和运费分配表)。

山东增值税专用发票

发票联

3513076903　　　　　　　　　　　　　　　　　　　　　　　　　　No 62501236

开票日期：2023 年 12 月 19 日

购买方	名　称：青岛天奇食品有限公司 纳税人识别号：370205167860763 地　址、电话：青岛市黄岛区环岛路 41 号 0532-89620318 开户行及账号：青岛银行黄岛支行 8702044189243217623	密码区	S454－＋>4521<<54100　加密版本：06 <458－265>＋5451104　3513076903 50－＋>400<<558000－<　62501236 <4151240－>＋＋545<>＋

货物及应税劳务、服务名称	规格型号	单位	数量	单价	金额	税率	税额
饺子粉		千克	2 200	5.50	12 100.00	13％	1 573.00
花生油		升	200	31.50	6 300.00		819.00
合计					¥ 18 400.00		¥ 2 392.00

价税合计（大写）	⊗贰万零柒佰玖拾贰元整	（小写）¥ 20 792.00

销售方	名　称：临沂粮油公司 纳税人识别号：371311857623412 地　址、电话：临沂市罗庄区长治路 25 号 0539-58626345 开户行及账号：中国工商银行临沂支行罗庄分理处 4562367717863287328	备注	（临沂粮油公司 发票专用章）

收款人：　　　　复核：　　　　开票人：马莉　　　　销售方：（章）

图 11-54　增值税专用发票

图 11-55　增值税专用发票

原材料入库单

供应单位：　　　　　　　　　年　月　日　　　　　　　　　结算方式：

材料名称	单位	数量		实际成本			
		应收	实收	买价	采购费用	其他	总成本
合计							

注：按金额分配运输费

主管：　　　　　会计：　　　　　收货：　　　　　采购：　　　　　制单：

图 11-56　原材料入库单

运费分配表

年　月　日

材料名称	价款	分配率	分配金额（元）
合计			

收料人：　　　　　　　　　　　　经手人：

图 11-57　运费分配表

银行承兑汇票　2

签发日期(大写) 贰零贰叁年壹拾贰月壹拾玖日　　　第 IC0498 号

出票人全称	青岛天奇食品有限公司	收款人	全称	临沂粮油公司		
出票人账号	8702044189243217623		账号	4562367717863287328		
付款行全称	青岛银行黄岛支行	行号 3695	开户行	中国银行中山支行	行号	3535

汇票金额　人民币(大写)　贰万壹仟柒佰玖拾肆元捌角整　　￥ 2 1 7 9 4 8 0

汇票到期日　贰零贰肆年零贰月壹拾玖日　　本汇票已经承兑到期由本行付款

本汇票请你行承兑，到期无条件付款

承兑协议编号　00196
科目(借)
对方科目(贷)

出票人签章　2023 年 12 月 19 日　　承兑日期 2023 年 12 月 19 日　　转账　年　月　日

备注　　　　　　　复核 王象　记账 李好

图 11-58　银行承兑汇票

(30) 20日，支付下年办公室租金 60 000 元。有关单据见图 11-59 和图 11-60。

青岛华佳大厦管理公司收款收据

2023 年 12 月 20 日　　　　　　　　　　　　　　　No 3906487

交款单位 青岛天奇食品有限公司　　　　　收款方式 银行转账
人民币(大写) 陆万元整　　　　　　　　　(小写) ￥60 000.00
收款事由 支付下年企业管理办公室租金

（青岛华佳大厦管理公司 财务专用章）

经办人：　　出纳：张超　　审核：　　记账：　　财会主管：　　单位盖章：

图 11-59　收款收据

青岛银行
转账支票存根
WQV 00960223

科　　目：
对方科目：预付账款
出票日期：2023 年 12 月 20 日

收款人：青岛华佳大厦管理公司
金　额：￥60 000.00
用　途：下年企管办租金

单位主管：　　　　会计：
复核：　　　　　　记账：

图 11-60　转账支票存根

(31) 20日，支付2024年报刊费576元。有关单据见图11-61和图11-62。

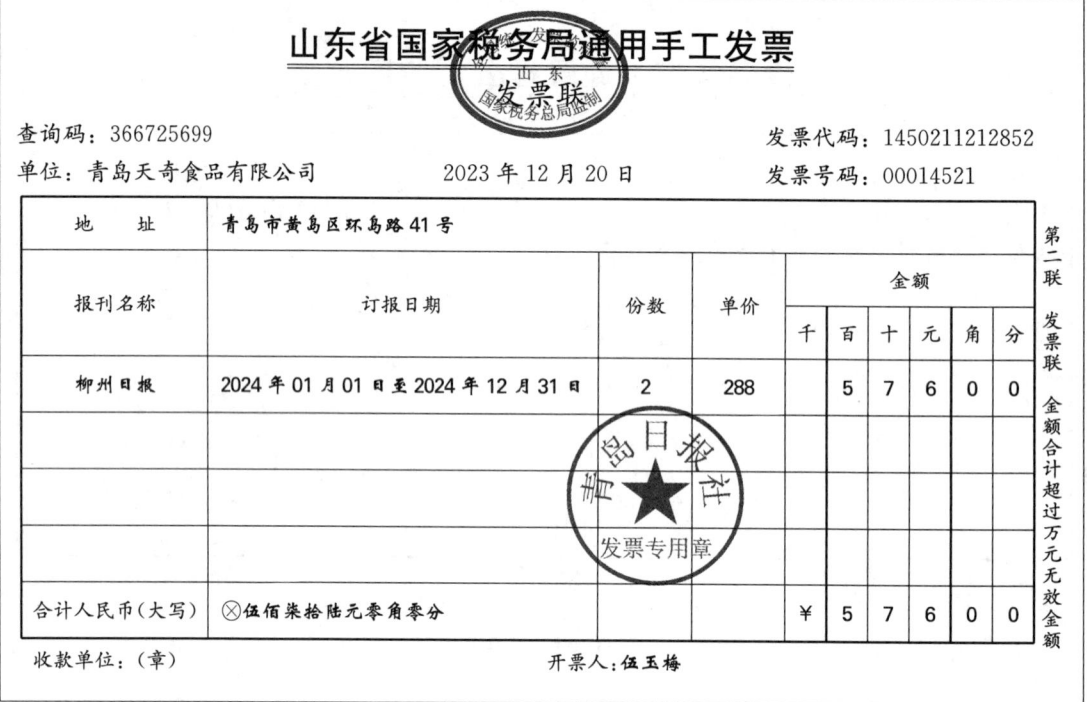

图11-61　通用手工发票

图11-62　转账支票存根

(32) 21 日,购买猪肉,价款为 22 500 元,增值税额为 2 925 元,款项已付,货未收。有关单据见图 11-63 和图 11-64。

图 11-63 增值税专用发票

图 11-64 转账支票存根

(33) 22日,收到押金200元。有关单据见图11-65。

收 款 收 据

2023 年 12 月 22 日　　　　　　　　　No 3906615

交款单位：张笑、王芳、赵琳　　　　收款方式：现金
人民币(大写)：贰佰元整　　　　　　(小写)¥200.00
收款事由：工作服押金　　　　（现金收讫）

（青岛天奇食品有限公司 财务专用章）

经办人：　　出纳：廖莉　　审核：　　记账：　　财会主管：　　单位盖章：

图 11-65　收款收据

(34) 24日,21日购买的猪肉验收入库,同时支付运杂费500元。有关单据见图11-66和图11-67(本题学生应自行填写原材料入库单)。

收 款 收 据

2023 年 12 月 24 日　　　　　　　　　No 3906612

交款单位：青岛天奇食品有限公司　　收款方式：现金
人民币(大写)：伍佰元整　　　　　　(小写)¥500.00
收款事由：市内运杂费(购猪肉)

（现金收讫）　　（青岛宏远货运公司 财务专用章）

经办人：　　出纳：张云　　审核：　　记账：　　财会主管：　　单位盖章：

图 11-66　收款收据

原材料入库单

供应单位：　　　　　　　年　月　日　　　　结算方式：

材料名称	单位	数量		实际成本			
		应收	实收	买价	采购费用	其他	总成本
合计							

主管：　　会计：　　收货：　　采购：　　制单：

图 11-67　原材料入库单

(35) 25 日,销售水饺,价款为 193 050 元,增值税额为 21 450 元,货已发出,款项未收。有关单据见图 11-68 和图 11-69(本题学生应自行填写出库单)。

图 11-68 增值税专用发票

图 11-69 出库单

(36) 25 日,收到罚款 200 元。有关单据见图 11-70。

收款收据
2023 年 12 月 25 日　　　　　　　　　　　　　No 3906648

交款单位 张宏志　　　　　　　　收款方式 现金
人民币(大写) 贰佰元整　　　　　(小写) ¥200.00
收款事由 违规操作罚款

经办人：　出纳：廖莉　审核：　记账：　财会主管：　单位盖章：

图 11-70　收款收据

(37) 26 日,支付电话费 1 620 元。有关单据见图 11-71 和图 11-72。

图 11-71　增值税专用发票

图 11-72 转账支票存根

(38) 28 日,收到货款 186 450 元。有关单据见图 11-73。

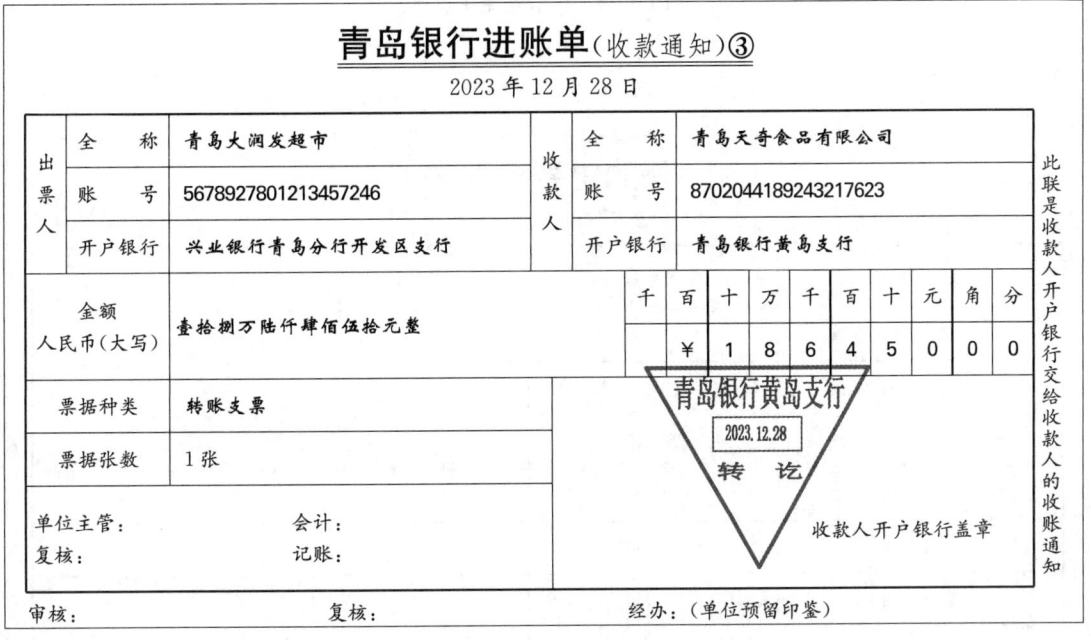

图 11-73 进账单

(39) 30 日,分配并支付电费 34 691 元。有关单据见图 11-74 至图 11-76(本题学生应自行填写外购电费分配表)。

青岛增值税专用发票

5100041140　　　　　　　　　　　　　　　　　　　　　　　　　　No 10212200

开票日期：2023 年 12 月 30 日

购买方	名　　称：青岛天奇食品有限公司 纳税人识别号：370205167860763 地　址、电话：青岛市黄岛区环岛路 41 号 0532-89620318 开户行及账号：青岛银行黄岛支行 8702044189243217623	密码区	016542—4—275<1+46*54*　　加密版本：01 781301><8102*59*09012　　5100041140 <4<3*2182—9>9*—163</0　　10212200 *01/4>*>>2—5*0/9/>>17

货物或应税劳务、服务名称	规格型号	单位	数量	单价	金额	税率	税额
电费		度	38 375	0.80	30 700.00	13%	3 991.00
合　计					￥30 700.00		￥3 991.00

价税合计（大写）	⊗叁万肆仟陆佰玖拾壹元整	（小写）￥34 691.00

销售方	名　　称：青岛市电业局 纳税人识别号：510700733398367 地　址、电话：青岛市香港路 32 号 0532-82343121 开户行及账号：青岛银行香港路支行 　　　　　　　07020140200000023119	备注	（青岛市电业局发票专用章）

收款人：　　　　　复核：　　　　　开票人：林静　　　　　销售方：（章）

第三联　发票联　购买方记账凭证

图 11-74　增值税专用发票

外购电费分配表

2023 年 12 月 30 日

应借科目		耗用量（度）	单价（元）	金额（元）
生产成本	猪肉水饺	17 000		
	羊肉水饺	13 815		
	小　计	30 815		
制造费用		3 800		
销售费用		560		
管理费用		3 200		
合　计		38 375		

审核：　　　　　记账：　　　　　制单：

图 11-75　外购电费分配表

```
        青岛银行
       转账支票存根
       WQV 00960220

  科    目: _____
  对方科目: 制造费用等
  出票日期: 2023 年 12 月 30 日

  收款人: 青岛市电业局
  金  额: ￥34 691.00
  用  途: 支付电费

  单位主管:           会计:
  复  核:            记账:
```

图 11-76 转账支票存根

(40) 31 日,分配水费 7 416 元。有关单据见图 11-77。

水费分配表
2023 年 12 月 31 日

项目部门	耗用量(吨)	单价(元/吨)	分配金额(元)
生产车间	6 000	1.2	7 200
行政管理部门	100	1.2	120
专设销售机构	80	1.2	96
合 计	6 350	1.2	7 416

图 11-77 水费分配表

(41) 31 日,偿还借款 100 000 元,利息 4 500 元。有关单据见图 11-78 和图 11-79(按月计息,12 月未计提利息)。

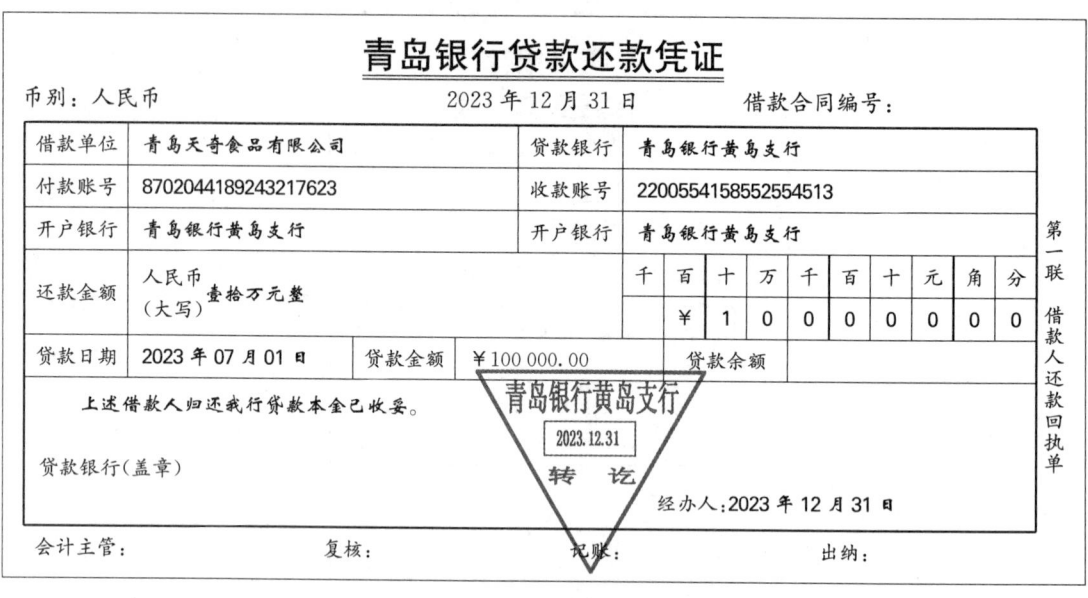

图 11-78 贷款还款凭证

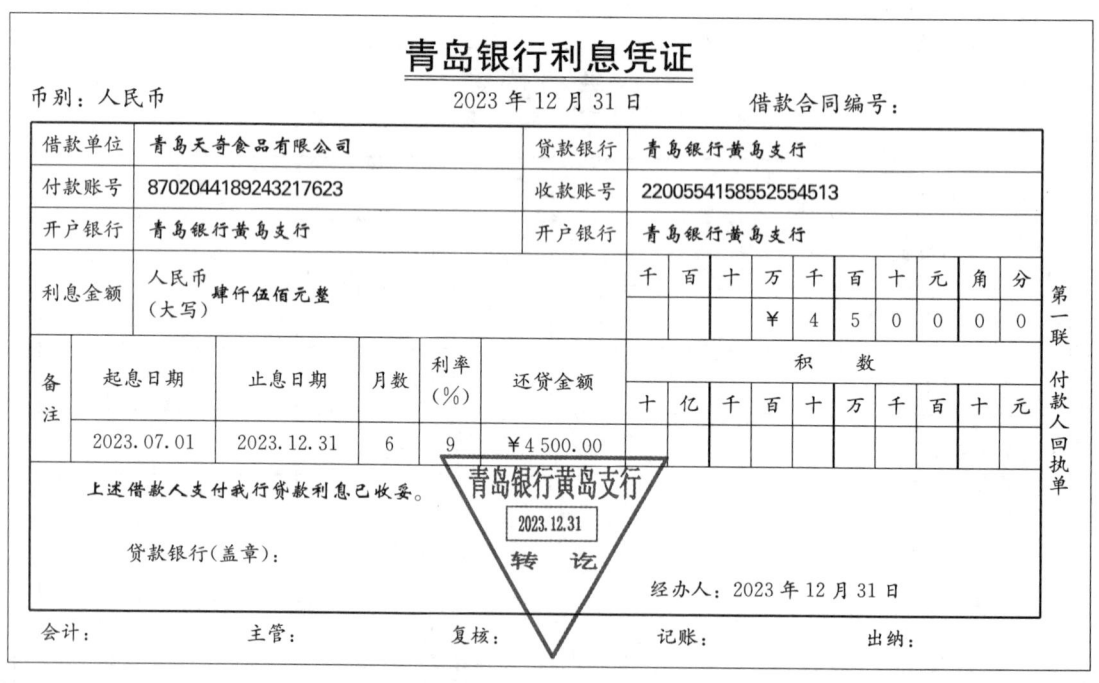

图 11-79 利息凭证

(42) 31日,填写发料汇总表和周转材料耗用汇总表(采用月末一次加权平均法计算原材料和周转材料的发出成本,周转材料采用一次转销法摊销),编制会计分录。有关单据见图11-80 和图 11-81。

发料汇总表

2023 年 12 月

材料种类		生产产品		合 计
		猪肉水饺	羊肉水饺	
猪肉	数量(千克)	2 600		
	金额			
山羊肉	数量(千克)		1 500	
	金额			
饺子粉	数量(千克)	2 437	1 463	
	金额			
花生油	数量(千克)	94	56	
	金额			
蔬菜	数量(千克)	3 242	1 958	
	金额			
添加剂	数量(千克)	37	23	
	金额			
金额合计				

图 11-80　发料汇总表

周转材料耗用汇总表

2023 年 12 月

材料种类		车间耗用	管理部门耗用	专设销售机构耗用	合 计
修理工具	数量(套)	5			
	金额				
工作服	数量(套)	4			
	金额				
包装袋	金额			1 800	
合 计					

图 11-81　周转材料耗用汇总表

(43) 31 日,填写工资分配表及工资附加费计算表,编制会计分录。有关单据见图 11-82 和图 11-83。

工资分配表

2023 年 12 月

应借账户	生产工时(小时)	分配率	分配金额(元)
生产成本:			
猪肉水饺	1 800		
羊肉水饺	1 200		
小计	3 000		90 000
制造费用			8 500
销售费用			2 770
管理费用			23 500
合 计			124 770

图 11-82 工资分配表

工资附加费计算表

2023 年 12 月   单位:元

应借账户	应付职工薪酬	住房公积金 (12%)	企业负担的社会保险						工会经费 (2%)
			医疗保险 (7%)	失业保险 (2%)	养老保险 (18%)	生育保险 (1%)	工伤保险 (0.7%)	小计	
生产成本									
——猪肉水饺									
——羊肉水饺									
小 计	90 000								
制造费用	8 500								
销售费用	2 770								
管理费用	23 500								
合 计	124 770								

图 11-83 工资附加费计算表

(44) 31 日，分摊保险费、报刊费和办公室租金。有关单据见图 11-84。

预付账款摊销表

2023 年 12 月 31 日　　　　　　　　　　　　　　　　　　单位：元

项目	财产保险费	报刊费	办公租金	合计
生产车间	200			200
管理部门		48	5 000	5 048

图 11-84　预付账款摊销表

(45) 31 日，计提折旧费。有关单据见图 11-85。

折 旧 计 算 表

2023 年 12 月

类别	上月折旧额	上月增加 原值	上月增加 折旧额	上月减少 原值	上月减少 折旧额	本月折旧额
基本生产车间						
厂房	4 200					4 200
设备	4 200	50 000	500	20 000	600	4 100
小计	8 400		500		600	8 300
管理部门						
办公设备	1 500	70 000	600			2 100
冷库	3 800					3 800
小计	5 300		600			5 900
合计	13 700		1 100		600	14 200

图 11-85　折旧计算表

(46) 31 日，填写制造费用分配表(分配率保留 2 位小数)，编制会计分录。有关单据见图 11-86。

制造费用分配表

2023 年 12 月　　　　　　　　　　　　　　　　　　　　　单位：元

分配对象	生产工人工资	分配率	应分配费用
猪肉水饺			
羊肉水饺			
合计			

审核：　　　　　　　记账：　　　　　　　制单：

图 11-86　制造费用分配表

(47) 31 日,填写完工成本计算单,编制会计分录。有关单据见图 11-87 和图 11-88。

完工产品成本计算单

2023 年 12 月 31 日

月初在产品数量:500 千克

投产数量:5 500 千克　　完工产品数量:5 300 千克

产品名称:猪肉水饺　　在产品数量:700 千克　　完工程度 50%

项　目	直接材料	直接人工	燃料及动力	制造费用	合计

图 11-87　完工产品成本计算单

完工产品成本计算单

2023 年 12 月 31 日

月初在产品数量:100 千克

投产数量:3 500 千克　　完工产品数量:3 200 千克

产品名称:羊肉水饺　　在产品数量:400 千克　　完工程度 50%

项　目	直接材料	直接人工	燃料及动力	制造费用	合计

图 11-88　完工产品成本计算单

(48) 31日,填写出库单汇总表,结转已销产品成本(采用月末一次加权平均法计算库存商品发出成本)。有关单据见图11-89和图11-90。

库存商品出库单汇总表

用途:销售　　　　　　　　　　年　月　日　　　　　　　　　　仓库:成品仓

名称及规格	计量单位	发出数量	单位成本(元)	总成本(元)
猪肉水饺	千克			
羊肉水饺	千克			

主管:　　　　　　会计:　　　　　　收货:　　　　　　采购:　　　　　　制单:

图11-89　库存商品出库单汇总表

主营业务成本计算单

2023年12月31日　　　　　　　　　　　　　　金额单位:元

产品名称	期初结存			本期完工			本期销售		
	数量	单位成本	金额	数量	单位成本	金额	数量	单位成本	金额
猪肉水饺									
羊肉水饺									
合　计									

图11-90　主营业务成本计算单

(49) 31日,填写城市维护建设税和教育费附加计算表,编制会计分录。有关单据见图11-91。

城市维护建设税和教育费附加计算表

2023年12月31日

计税依据		应交税费项目				税金及附加合计
		城市维护建设税(7%)	教育费附加(3%)	地方教育附加(2%)	地方水利建设基金(1%)	
增值税						
消费税						
合　计						

图11-91　城市维护建设税和教育费附加计算表

(50) 31日,填写交易性金融资产市价表,编制会计分录。有关单据见图11-92。

交易性金融资产市价表

2023年12月31日　　　　　　　　　　　　　　金额单位:元

投资项目	持有股(份)数	单位市价	账面价值	市价总额
股票投资:				
东盛科技		16.00		
合　计				

图11-92　交易性金融资产市价表

(51) 31 日,填写损益类账户发生额汇总表,结转损益类账户。有关单据见图 11-93。

损益类账户发生额汇总表
2023 年 12 月

账 户 名 称	借方发生额	贷方发生额

图 11-93　损益类账户发生额汇总表

(52) 31 日,填写所得税计算表,计算应交所得税并结转所得税费用。有关单据见图 11-94。

应交所得税计算表
年　月　日　　　　　　　　　　　　　　单位:元

项　目	金　额
1~11 月利润	
12 月利润	
全年利润总额	
纳税调整额	
全年应纳税所得额	
所得税税率	
全年应纳所得税税额	
全年已交所得税	
未交所得税	

财务主管:　　　　　　审核:　　　　　　制单:

图 11-94　应交所得税计算表

(53) 31日,结转净利润。

(54) 31日,填写利润分配表,编制会计分录。有关单据见图11-95。

利润分配计算表

2023年12月31日   单位:元

项 目	提 取 比 例	金 额
一、净利润		
二、提取盈余公积		
其中:		
提取法定盈余公积	10%	
提取任意盈余公积	10%	
三、可供投资者分配的利润		

图11-95 利润分配计算表

(55) 结转"未分配利润"明细账户外的其他明细账户至"利润分配——未分配利润"账户。

四、实训要求

(1) 完成总分类账户试算平衡表(表11-3)。

表11-3   总分类账户试算平衡表

年   月   日   单位:元

科目名称	期初余额		本期发生额		期末余额	
	借方	贷方	借方	贷方	借方	贷方
库存现金						
银行存款						
应收票据						
应收账款						
预付账款						
其他应收款						
在途物资						
原材料						
周转材料						
库存商品						
待摊费用						
固定资产						
累计折旧						
固定资产清理						
无形资产						
待处理财产损溢						
短期借款						

(续表)

科目名称	期初余额		本期发生额		期末余额	
	借方	贷方	借方	贷方	借方	贷方
应付账款						
其他应付款						
应付职工薪酬						
应交税费						
应付股利						
实收资本						
资本公积						
盈余公积						
本年利润						
利润分配						
生产成本						
制造费用						
主营业务收入						
主营业务成本						
税金及附加						
销售费用						
管理费用						
财务费用						
营业外支出						
所得税费用						
合 计						

财务主管：　　　　　　复核：　　　　　　制单：

(2) 完成"原材料"总账与所属明细账试算平衡表（表11-4）。

表11-4　　　　　　　"原材料"总账与所属明细账试算平衡表

年　　月　　　　　　　　　　　　　　　　单位：元

明细分类账户	期初余额		本期发生额		期末余额	
	借方	贷方	借方	贷方	借方	贷方
合 计						

财务主管：　　　　　　复核：　　　　　　制单：

（3）完成"应收账款"总账与所属明细账试算平衡表（表 11-5）。

表 11-5　　　　　　　　　"应收账款"总账与所属明细账试算平衡表

　　　　　　　　　　　　　　　年　　月　　　　　　　　　　　　　　　　　单位：元

明细分类账户	期初余额		本期发生额		期末余额	
	借方	贷方	借方	贷方	借方	贷方
合　计						

财务主管：　　　　　　　　　复核：　　　　　　　　　制单：

（4）完成"生产成本"总账与所属明细账试算平衡表（表 11-6）。

表 11-6　　　　　　　　　"生产成本"总账与所属明细账试算平衡表

　　　　　　　　　　　　　　　年　　月　　　　　　　　　　　　　　　　　单位：元

明细分类账户	期初余额		本期发生额		期末余额	
	借方	贷方	借方	贷方	借方	贷方
合　计						

财务主管：　　　　　　　　　复核：　　　　　　　　　制单：

（5）完成"库存商品"总账与所属明细账试算平衡表（表 11-7）。

表 11-7　　　　　　　　　"库存商品"总账与所属明细账试算平衡表

　　　　　　　　　　　　　　　年　　月　　　　　　　　　　　　　　　　　单位：元

明细分类账户	期初余额		本期发生额		期末余额	
	借方	贷方	借方	贷方	借方	贷方
合　计						

财务主管：　　　　　　　　　复核：　　　　　　　　　制单：

(6) 编制资产负债表(表 11-8)。

表 11-8　　　　　　　　　　　　　　资　产　负　债　表

会企 01 表

编制单位：　　　　　　　　　　　　　　　　年　　月　　日　　　　　　　　　　　　　　单位：元

资产	期末余额	上年年末余额	负债及所有者权益（或股东权益）	期末余额	上年年末余额
流动资产：			流动负债：		
货币资金			短期借款		
交易性金融资产			交易性金融负债		
衍生金融资产			衍生金融负债		
应收票据			应付票据		
应收账款			应付账款		
应收款项融资			预收款项		
预付款项			合同负债		
其他应收款			应付职工薪酬		
存货			应交税费		
合同资产			其他应付款		
持有待售资产			持有待售负债		
一年内到期的非流动资产			一年内到期的非流动负债		
其他流动资产			其他流动负债		
流动资产合计			流动负债合计		
非流动资产：			非流动负债：		
债权投资			长期借款		
其他债权投资			应付债券		
长期应收款			其中：优先股		
长期股权投资			永续债		
其他权益工具投资			租赁负债		
其他非流动金融资产			长期应付款		
投资性房地产			预计负债		
固定资产			递延收益		
在建工程			递延所得税负债		
生产性生物资产			其他非流动负债		
油气资产			非流动负债合计		
使用权资产			负债合计		
无形资产			所有者权益（或股东权益）：		
开发支出			实收资本（或股本）		
商誉			其他权益工具		
长期待摊费用			其中：优先股		
递延所得税资产			永续债		
其他非流动资产			资本公积		

（续表）

资产	期末余额	上年年末余额	负债及所有者权益（或股东权益）	期末余额	上年年末余额
非流动资产合计			减：库存股		
			其他综合收益		
			专项储备		
			盈余公积		
			未分配利润		
			所有者权益（或股东权益）合计		
资产总计			负债和所有者权益（或股东权益）总计		

（7）编制利润表（表11-9）。

表11-9　　　　　　　　　　　利　润　表

编制单位：　　　　　　　　　　　＿＿＿＿年＿＿月

会企02表
单位：元

项　目	本期金额	上期金额
项目	本期金额	上期金额
一、营业收入		
减：营业成本		
税金及附加		
销售费用		
管理费用		
财务费用		
加：投资收益（损失以"－"号填列）		
其中：对联营企业和合营企业的投资收益		
公允价值变动收益（损失以"－"号填列）		
资产减值损失（损失以"－"号填列）		
二、营业利润（亏损以"－"号填列）		
加：营业外收入		
减：营业外支出		
三、利润总额（亏损总额以"－"号填列）		
减：所得税费用		
四、净利润（净亏损以"－"号填列）		
五、每股收益：		
（一）基本每股收益		
（二）稀释每股收益		